Globalisierung: Wirtschaft und Politik

Eckart Koch

Globalisierung: Wirtschaft und Politik

Chancen – Risiken – Antworten

2., aktualisierte und erweiterte Auflage

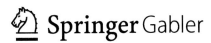

Eckart Koch
München, Deutschland

ISBN 978-3-658-08706-7   ISBN 978-3-658-08707-4 (eBook)
DOI 10.1007/978-3-658-08707-4

Die Deutsche Nationalbibliothek verzeichnet diese Publikation in der Deutschen Nationalbibliografie; detaillierte bibliografische Daten sind im Internet über http://dnb.d-nb.de abrufbar.

Springer Gabler
© Springer Fachmedien Wiesbaden 2014, 2017
Das Werk einschließlich aller seiner Teile ist urheberrechtlich geschützt. Jede Verwertung, die nicht ausdrücklich vom Urheberrechtsgesetz zugelassen ist, bedarf der vorherigen Zustimmung des Verlags. Das gilt insbesondere für Vervielfältigungen, Bearbeitungen, Übersetzungen, Mikroverfilmungen und die Einspeicherung und Verarbeitung in elektronischen Systemen.
Die Wiedergabe von Gebrauchsnamen, Handelsnamen, Warenbezeichnungen usw. in diesem Werk berechtigt auch ohne besondere Kennzeichnung nicht zu der Annahme, dass solche Namen im Sinne der Warenzeichen- und Markenschutz-Gesetzgebung als frei zu betrachten wären und daher von jedermann benutzt werden dürften.
Der Verlag, die Autoren und die Herausgeber gehen davon aus, dass die Angaben und Informationen in diesem Werk zum Zeitpunkt der Veröffentlichung vollständig und korrekt sind. Weder der Verlag, noch die Autoren oder die Herausgeber übernehmen, ausdrücklich oder implizit, Gewähr für den Inhalt des Werkes, etwaige Fehler oder Äußerungen.

Gedruckt auf säurefreiem und chlorfrei gebleichtem Papier

Springer Gabler ist Teil von Springer Nature
Die eingetragene Gesellschaft ist Springer Fachmedien Wiesbaden GmbH
Die Anschrift der Gesellschaft ist: Abraham-Lincoln-Strasse 46, 65189 Wiesbaden, Germany

Vorwort zur zweiten Auflage

Die Weltwirtschaft verändert sich immer schneller. Nationale Grenzen haben für die weltweit agierenden Akteure an Bedeutung verloren: Unternehmen werden *global player* und bilden globale Netzwerke, Staaten schließen sich zu regionalen Vereinigungen zusammen und versuchen wirtschafts- und finanzpolitische Probleme auf globaler Ebene zu lösen. Nationale Finanzmärkte werden abgelöst von globalen Finanzmärkten mit freiem Marktzugang für alle Teilnehmer, die gewaltige Beträge in unterschiedlichen Währungen blitzschnell austauschen und bei stark schwankenden Wertpapier- und Devisenkursen schnelle Gewinne und schnelle Verluste realisieren.

Während Informations- und Transaktionskosten sinken, steigt die Krisenanfälligkeit der Systeme. Anzahl und Strukturen internationaler Kooperationen, Allianzen und Fusionen werden immer unübersichtlicher. Länder und Regionen wachsen immer mehr zu einer Welt zusammen: das Bewusstsein, dass wirtschaftliche Transaktionen grenzüberschreitend stattfinden, nimmt zunehmend ab – internationale Wirtschaftsbeziehungen werden zu *intraglobalen Wirtschaftsbeziehungen*. Vielfach sind einzelne Staaten nur noch räumliche Verdichtungen innerhalb eines regionalen oder weltweiten Wirtschaftsnetzes.

Die Globalisierung beeinflusst wirtschaftliche, politische, soziale und ökologische Prozesse. Dabei entstehen sowohl neue Chancen als auch neue Risiken mit Vorteilen aber auch Nachteilen für Beteiligte und Nichtbeteiligte, für Länder, Gruppen, Institutionen oder Individuen. Viele der Globalisierung zugeschriebenen Wirkungen und Probleme sind allerdings nur mittelbar durch diese verursacht, häufig ist Globalisierung nur der mächtige Katalysator – oder auch Brandbeschleuniger. Einzelne Staaten sind kaum noch in der Lage unerwünschte Wirkungen zu entschärfen: Das sich globalisierende Wirtschafts- und Politikgeschehen wird immer weniger kontrollier- und steuerbar, während die großen wirtschaftlichen Akteure ihnen unangenehme Entscheidungen von Nationalstaaten leicht umgehen können.

Es gibt daher vielfältige Bestrebungen auf globaler Ebene Regeln für die global handelnden Akteure bereitzustellen und die nationalen Regeln auf diese Weise zu ergänzen oder zu ersetzen. Die sich dabei abzeichnende Globale Wirtschaftsordnung besteht im Wesentlichen aus drei sich in unterschiedlichem Bauzustand befindlichen „Säulen": aus einer globalen Sicherheitsarchitektur, dem Kernbereich: der globalen Wirtschaftsarchitektur – mit seinen beiden Elementen, einer globalen Handels- und Wettbewerbsordnung und einer globalen Währungs- und Finanzordnung – sowie einer globalen Nachhaltigkeitsarchitektur.

Die Handels- und Wettbewerbsordnung ist für die reale Welt des Handels- und Dienstleistungsaustausches sowie für die Expansion von Unternehmen und die daraus entstehenden vielfältigen realwirtschaftlichen Verflechtungen zuständig. Sie hat das Ziel, Märkte zu öffnen oder offenzuhalten, um zu verhindern, dass unerwünschte Wettbewerber verdrängt und bestehende Privilegien unzulässig geschützt und dem Wettbewerb entzogen werden. Hierdurch sollen die Vorteile *internationaler Arbeitsteilung* und die optimale *Allokation der Ressourcen* gesichert werden, um zu verhindern, dass die ökonomischen und ökologischen Grundlagen von Gesellschaften zerstört werden. Gleichzeitig hat sie dafür zu sorgen, dass unfairer Wettbewerb und unfaire Handelspraktiken unterbunden werden.

Die globale Währungs- und Finanzordnung soll dazu beitragen, das unkontrollierte Wachstum der internationalen Finanzströme transparenter zu machen, um Finanz- und Wirtschaftskrisen besser voraussagen und vermeiden oder ihre Folgen besser beherrschen zu können. Im Wesentlichen geht es hierbei um eine verbesserte Krisenprävention, eine verringerte Krisenanfälligkeit und um ein leistungsfähigeres globales Krisenmanagement.

Die thematische Breite der skizzierten Aspekte, die Fülle der Informationen, mit denen uns die Medien laufend versorgen, führen dazu, dass auch der interessierte Beobachter leicht den Überblick verlieren kann, da Strukturen und übergeordnete Zusammenhänge zugunsten von Sensations- und Krisenmeldungen und punktuell wechselnden Themen nur zu selten aufgezeigt werden. Dieses Buch versucht daher einen Beitrag zu einer sinnvollen Strukturierung dieser komplexen Materie zu leisten und so die Globalisierung mit ihren Schwerpunkten Wirtschaft und Politik für alle Interessierten transparenter, übersichtlicher und damit auch beurteilbarer zu machen.

Dabei sollen vor allem zwei Lesergruppen angesprochen werden: Einerseits Studierende an Universitäten, Hochschulen und Berufsakademien, die ihr theoretisches Wissen im Bereich der Außen- und Weltwirtschaft sowie von weltpolitischen Fragen durch aktuelle, praxisorientierte Themen gezielt ergänzen möchten und andererseits alle Interessierten, die sich intensiver mit der uns ständig und überall im Alltagsleben begegnenden Globalisierungsthematik beschäftigen möchten und auf der Suche nach einem strukturierenden Erkenntnisraster sind.

Die einzelnen Kapitel bauen aufeinander auf, können aber auch als abgeschlossene Einheiten zu den jeweiligen Sachgebieten unabhängig voneinander mit Gewinn gelesen und bearbeitet werden. Der Text wird veranschaulicht durch zahlreiche Tabellen, Schaubilder und Artikel, die sowohl die Aktualität der Thematik verdeutlichen als auch Zusatzinformationen liefern sollen. Für die zweite Auflage wurde der gesamte Text vollständig überarbeitet, aktualisiert und zum Teil erweitert. Zudem wurde Kapitel 7, „Folgen der Globalisierung", neu strukturiert.

Trotz des Bemühens um Aktualität kann dieses Buch nur den Erkenntnisstand und die zur Verfügung stehenden Daten zum Zeitpunkt der Fertigstellung des Manuskriptes wiedergeben. Der Autor bittet, dies zu berücksichtigen und hofft durch die Art der Darstellung und Strukturierung des Stoffes den Leser in die Lage zu versetzen, auch zukünftige Entwicklungen angemessen ein- und zuordnen und hierdurch gleichzeitig die Überlegungen und Thesen dieses Buches einer ständigen kritischen Überprüfung unterziehen zu können. Anmerkungen, Ergänzungen sowie didaktische Hinweise oder Vorschläge sind jederzeit willkommen. Bedanken möchte ich mich schließlich bei meinem Kollegen, Prof. Dr. Günther Abstein, für die kritische Durchsicht des Manuskripts und viele Anregungen und konstruktive Hinweise.

München im Sommer 2016   Eckart Koch

Abkürzungsverzeichnis

ABM	Anti Ballistic Missiles
ADB	Asian Development Bank
AEC	ASEAN Economic Community
AFTA	ASEAN Free Trade Association
AHK	Außenhandelskammer
AKP	Afrika-Karibik-Pazifik-Staaten
AKUF	Arbeitsgemeinschaft Kriegsursachenforschung
APEC	Asia-Pacific Economic Cooperation
APG	Asia/Pacific Group on Money Laudering
ARGE	Arbeitsgemeinschaft
ASEAN	Association of South-East Asian Nations
ATTAC	association pour la taxation des transactions financières et pour l'action citoyenne
AWO	Arbeiterwohlfahrt
BaFin	Bundesanstalt für Finanzdienstleistungsaufsicht
BCBS	Basel Committee on Banking Supervision (BIZ)
BDI	Bundesverband der Deutschen Industrie
BEPS	Base Erosion and Profit Shifting
BIP	Bruttoinlandsprodukt (GDP)
BIS	Bank for International Settlements (BIZ)
BIZ	Bank für Internationalen Zahlungsausgleich (BIS)
BMZ	Bundesministerium für Wirtschaftliche Zusammenarbeit und Entwicklung
BNP	Bruttonationalprodukt
BOT	build, operate, transfer
BRICS	Brasilien, Russland, Indien, China, Südafrika
BSH	Bosch und Siemens Hausgeräte GmbH
CBD	Convention on Biodiversity and Development
CBO	Congressional Budget Office
CCC	Clean Clothes Campaign

CCD	Convention on Combat Desertification
CDO	Collateralized Debt Obligations
CEO	Chief Executive Officer
CETA	Comprehensive Economic and Trade Agreement (EU – Kanada)
CFA	Committee on Fiscal Affairs
CFATF	Carribean Financial Action Task Force
CGFS	Committee on the Global Financial System
CI	Corporate Identity
CKD	completely knocked down
COP	Conference of Parties
CRIM	Special Committee on Organized Crime, Corruption and Money Laundering
CSD	Commission on Sustainable Development
CSIS	Center for Strategic & International Studies
CSR	Corporate Social Responsibility
CTE	Committee for Trade and Environment (WTO)
DAC	Development Assistance Committee (OECD)
DFB	Deutscher Fußballbund
DGB	Deutscher Gewerkschaftsbund
DGVN	Deutsche UN Gesellschaft
DIFID	Department for International Development
DIHT	Deutscher Industrie- und Handelskammertag
DIW	Deutsches Institut für Wirtschaftsforschung
DPA	Department of Political Affairs
DPKO	Department of Peace-Keeping Operations
DSB	Dispute Settlement Body (WTO)
E&Z	Entwicklung und Zusammenarbeit
EAS	East Asia Summit
EBR	Europäische Betriebsräte
EPRG	Ethno-, Poly-, Regio-, Geozentrisches Modell
ESM	Europäischer Stabilitätsmechanismus
EU	Europäische Union
EWS	Europäisches Währungssystem
EWWU	Europäische Wirtschafts- und Währungsunion
EZ	Entwicklungszusammenarbeit
EZB	Europäische Zentralbank
F&E	Forschung und Entwicklung
FAO	Food and Agricultural Organization
FATF	Financial Action Task Force
FAZ	Frankfurter Allgemeine Zeitung
FCKW	Fluor-Chlor-Kohlenwasserstoffe
FDI	Foreign Direct Investment

FES	Friedrich-Ebert-Stiftung
FIFA	Fédération Internationale de Football Association
FSB	Financial Stability Board (BIZ)
FSF	Forum für Finanzstabilität
FTAA	Free Trade Agreement of the Americas
FTC	Federal Trade Commission (USA)
FTD	Financial Times Deutschland
GAFISUD	Financial Action Task Force of South America
GATS	General Agreement on Trade in Services (WTO)
GATT	General Agreement on Tariffs and Trade
GDDS	General Data Dissemination System (IWF)
GDP	Gross Domestic Product (BIP)
GFC	Global Forum on Competition (OECD)
GFCI	Global Financial Centres Index
GIZ	Deutsche Gesellschaft für Internationale Zusammenarbeit
GPRS	General Packet Radio Service
GPS	Global Positioning System
GSM	Global System for Mobile Communication
GWB	Gesetz gegen Wettbewerbsbeschränkungen
GWO	Globale Wirtschaftsordnung
HB	Handelsblatt
HRD	Human Resource Development
HRM	Human Resource Management
I&K	Information und Kommunikation
IAIS	Internationale Vereinigung der Versicherungsaufsichtsbehörden
IAS	International Accounting Standards
IASB	International Accounting Standards Board
IASC	International Accounting Standards Committee
IBFG	Internationaler Bund Freier Gewerkschaften
IBRD	International Bank for Reconstruction and Development (Weltbank)
ICAO	International Civil Aviation Organization
ICC	International Criminal Court
ICGN	International Corporate Governance Network
ICN	International Competition Network
IFRS	International Financing Reporting Standard
IGB	Internationaler Gewerkschaftsbund
IIF	Institute of International Finance
ILO	International Labour Organization
IMF	International Monetary Fund (IWF)
INTOSAI	International Organization of Surpreme Audit Institutions
IO	Internationale Organisation
IOSCO	International Organization of Securities Commissions

IRP	Integriertes Rohstoffprogramm
ISDN	Integrated Services Digital Network
ISGH	Internationaler Seegerichtshof
ISO	International Organization for Standardization
ITA	Information Technology Agreement (WTO)
ITO	International Trade Organization
IuK	Informations- und Kommunikationstechnologie
IWF	Internationaler Währungsfonds (IMF)
KAS	Konrad-Adenauer-Stiftung
KfW	Kreditanstalt für Wiederaufbau
KMU	Klein- und Mittelunternehmen
KSZE	Konferenz für Sicherheit und Zusammenarbeit in Europa
LDCs	Least Developed Countries
LTCM	Long-Term Capital Management (Fund)
M&A	Mergers and Acquisitions
MAI	Multilaterales Investitionsschutzabkommen
MDG	Millenium Development Goals
MERCOSUR	Gemeinsamer Markt des Südens
MFN	most favoured nation
MIPS	Million Instructions per Second
MOE	Mittel- und osteuropäische Staaten
NAFTA	North American Free Trade Agreement
NAMA	Non-Agricultural Market Access
NATO	North Atlantic Treaty Organization
NGO	Non Governmental Organization
NIE	Newly Industrializing Economies
NMD	National Missile Defense
NRO	Nicht-Regierungsorganisation (NGO)
NTH	Nicht-tarifäre Handelshemmnisse
NWWO	Neue Weltwirtschaftsordnung
OAS	Organisation amerikanischer Staaten
ODA	Official Development Aid
OECD	Organization for Economic Cooperation and Development
OEEC	Organization for European Economic Cooperation
OFC	Offshore Financial Center
OPEC	Organization of Petrol Exporting Countries
OSZE	Organisation für Sicherheit und Zusammenarbeit in Europa
p.a.	pro Jahr, per annum
PIN	Public Information Notes (IWF)
PPP	Public Private Partnership

REDD+	Reducing emissions from deforestation and forest degradation and the role of conservation, sustainable management of forests and enhancement of forest carbon stocks in developing countries
RWI	Rheinisch-Westfälisches Institut für Wirtschaftsforschung
SAARC	South Asian Association for Regional Cooperation
SADC	Southern African Development Community
SDDS	Special Data Dissemination Standard (IWF)
SDG	Sustainable Development Goals
SDI	Strategic Defense Initiative (USA)
SEC	Securities and Exchange Commission (USA)
SIS	Safeguard Information Systems
SPV	Special Purpose Vehicle
SSM	Special Safeguard Mechanism
SSM	Single Supervisory Mechanism
STABEX	System zur Stabilisierung der Exporterlöse (EU)
SWZ	Sonderwirtschaftszone
SYSMIN	System zur Unterstützung des Bergbausektors (EU)
SZ	Süddeutsche Zeitung
TABD	Transatlantic Business Dialogue
TAFTA	Transatlantic Free Trade Area
TISA	Trade in Service Agreement
TNCs	Transnational Corporations
TNI	Transnationalitätsindex
TRIMs	Trade-related Investment Measures (WTO)
TRIPs	Trade-related Intellectual Property Rights (WTO)
TTIP	Transatlantic Trade and Investment Partnership (EU – USA)
TUC	Trade Union Council
u.U.	unter Umständen
UBS	Union Bank of Switzerland
UMTS	Universal Mobile Telecommunication System
UN	United Nations
UNASUR	Union of South American Nations
UNCED	UN Conference on Ecology and Development
UNCTAD	UN Conference on Trade and Development
UNDP	UN Development Programme
UNEO	UN Environment Organization
UNEP	UN Environment Programme
UNESCO	UN Educational, Scientific and Cultural Organization
UNFCCC	UN Framework Convention on Climate Change
UNHCR	UN High Commissioner for Refugees
UNICEF	UN Children's Fund
UNIDO	UN Industrial Development Organization

UNODC	UN Office on Drugs and Crime
UNODC	UN Office on Drugs and Crime
USAID	United States Agency for International Development
WEB	Weltentwicklungsbericht (Weltbank)
WEED	World Economy, Ecology and Development
WEO	Weltumweltorganisation
WFP	World Food Programme
WHO	World Health Organization
WIPO	World Intellectual Property Organization
WIR	World Investment Report (UNCTAD)
WISU	Wirtschaftswissenschaftliches Studium
WTO	World Trade Organization
WWF	Worldwide Fund for Nature
www	world wide web

Inhaltsverzeichnis

Teil I	**Globalisierung der Wirtschaft**		1
1	**Einführung: Globalisierung**		3
2	**Was verstehen wir unter wirtschaftlicher Globalisierung?**		7
	Literatur		12
Teil II	**Politik**		13
3	**Ursachen der Globalisierung**		15
	3.1	Politische Rahmenbedingungen	15
		3.1.1 Politische Liberalisierung und Deregulierung	15
		3.1.2 Internationale Vereinbarungen	18
		3.1.3 Ausweitung der Märkte	18
	3.2	Technisch-wirtschaftliche Rahmenbedingungen	20
		3.2.1 Entwicklung der Informations- und Kommunikationstechnologie	20
		3.2.2 Zunahme der weltweiten Transportkapazitäten	24
		3.2.3 Erleichterte Möglichkeiten der Produktionsverlagerung	24
		3.2.4 Zunehmender internationaler Wettbewerb	26
	3.3	Soziokulturelle Rahmenbedingungen	27
	Literatur		29
4	**Erscheinungsformen der Globalisierung**		31
	4.1	Internationaler Güterhandel	32
	4.2	Internationaler Dienstleistungshandel	34
	4.3	Internationaler Kapitalverkehr	37
	4.4	Internationale Investitionen	40
	4.5	Internationale Migration	42
	Literatur		47

5	**Akteure der Globalisierung**		49
	5.1 Eine Vielzahl globaler Akteure		49
	5.2 Transnationale Unternehmen		56
	Literatur		61
6	**Globalisierungsformen und -strategien**		63
	6.1 Warum globalisieren?		63
		6.1.1 Skalen-, Scope- und Skilleffekte	63
		6.1.2 Reaktion auf veränderte Markt- und Wettbewerbsstrukturen	64
		6.1.3 Eklektische Theorie	65
	6.2 Wie globalisieren?		66
	6.3 Markteintritts- und Marktbearbeitungsstrategien		69
		6.3.1 Exporte und globale Beschaffung	70
		6.3.2 Vertragliche Kooperationen	72
		6.3.3 Globale Präsenz	75
	6.4 Unternehmensstrategie zwischen Standardisierung und Spezialisierung		80
	6.5 Unternehmenskultur		85
	Literatur		87
7	**Folgen der Globalisierung**		89
	7.1 Grenzen verlieren ihre Schutzfunktion		90
		7.1.1 Zunehmender Anpassungsdruck	90
		7.1.2 Hohe Transparenz	92
	7.2 Rasche Zunahme grenzüberschreitender Transaktionen		95
		7.2.1 Zunehmende Komplexität	95
		7.2.2 Steigende Umweltbelastungen	96
	7.3 Intensivierung des Wettbewerbs		98
		7.3.1 Unternehmen – Staaten – Individuen	100
		7.3.2 Internationale Kriminalität	109
	7.4 Spezialisierung und Konzentration		113
		7.4.1 Unternehmen	113
		7.4.2 Staaten	115
	7.5 Ungleiche Verteilung		116
		7.5.1 Ökonomische Verteilungsprobleme	118
		7.5.2 Politische Sicherheitsprobleme	126
	Literatur		131
Teil III	**Globalisierung der Politik**		133
8	**Nationale Politikoptionen**		135
	8.1 Autonome Politikgestaltung?		136
		8.1.1 Beschränkung der Autonomie	136
		8.1.2 Möglichkeiten nationaler Politikgestaltung	140

8.2	Standortpolitik: Förderung von Globalisierungsvoraussetzungen	144
	8.2.1 Förderung der Wettbewerbsvoraussetzungen	144
	8.2.2 Allgemeine politische Voraussetzungen (Metaebene)	146
	8.2.3 Makroökonomische Stabilität (Makroebene)	147
	8.2.4 Direkte Standortpolitik (Mesoebene)	151
8.3	Kompensationspolitik: Beschränkung von Risiken und Nachteilen	154
	8.3.1 Arbeitsmarktpolitik	155
	8.3.2 Direkte Verhinderungs- und Kompensationspolitik	156
	8.3.3 Protektionismus und Kapitalverkehrskontrollen	157
Literatur		158

9 Grundlagen einer Globalen Wirtschaftsordnung ... 161
9.1 Begründungsansätze ... 161
9.2 Global Governance – die mögliche Struktur einer Globalen Wirtschaftsordnung ... 163
Literatur ... 168

10 Globale Sicherheitsarchitektur ... 169
10.1 Globale Sicherheitsordnung ... 169
10.2 Internationale Verbrechensbekämpfung und Gerichtsbarkeit ... 178
10.3 Zukunftssicherung durch Entwicklungskooperation ... 183
Literatur ... 189

11 Globale Handels- und Wettbewerbsordnung ... 191
11.1 Vorbemerkung ... 191
11.2 Globale Handelspolitik ... 194
  11.2.1 Liberalisierung des internationalen Warenverkehrs ... 194
  11.2.2 Liberalisierung des internationalen Dienstleistungsverkehrs ... 197
  11.2.3 Bilaterale Handelsabkommen ... 199
11.3 Globale Wettbewerbspolitik ... 203
  11.3.1 Elemente einer globalen Wettbewerbsordnung ... 203
  11.3.2 Wettbewerbsregeln für Unternehmen ... 205
  11.3.3 Wettbewerbsregeln für Staaten ... 208
Literatur ... 222

12 Globale Währungs- und Finanzordnung ... 225
12.1 Stabilisierung der Wechselkurse ... 226
12.2 Verbesserung der Frühwarnsysteme durch höhere Transparenz ... 229
12.3 Finanzmarktstrukturen: Sicherheitsstandards ... 233
12.4 Finanzmarktaufsicht ... 239
12.5 Reduzierung der internationalen Kapitalströme ... 242
12.6 Neue Herausforderungen ... 247
Literatur ... 250

13	**Globale Nachhaltigkeitsarchitektur**	253
	13.1 Ansätze und Akteure	253
	13.2 Ansätze einer globalen Sozialordnung	258
	13.3 Umsetzung – Träger und Initiativen	260
	13.3.1 Internationale Arbeitsorganisation ILO	260
	13.3.2 Unternehmen und Gewerkschaften	265
	13.4 Globale Umweltordnung	269
	13.5 Abschließende Bemerkungen	276
	Literatur	278
Weiterführende Literatur		281

Teil I
Globalisierung der Wirtschaft

Einführung: Globalisierung 1

Ein großes Unternehmen der Sportartikelbranche, das seinen Sitz in Seattle, USA, hat, lässt seine Sportschuhe überwiegend in eigenen Unternehmen in China, Indonesien, Mexiko und der Slowakei produzieren. Die Maschinen, auf denen die Schuhe hergestellt werden, stammen vorwiegend aus Deutschland und Japan. Das Rechnungswesen wird in Indien abgewickelt und per Standleitung in die amerikanischen Computer übernommen. Die letzte weltweite Werbekampagne wurde von drei Firmen aus Südafrika, Argentinien und Hongkong entwickelt und schließlich in Portugal produziert.

Es ist offensichtlich, dass solche global ausgerichteten Unternehmensstrategien, die durch eine große Anzahl neuerer Entwicklungen begünstigt wurden und in den meisten Fällen zur Aufrechterhaltung der globalen Wettbewerbsfähigkeit der Unternehmen notwendig sind, begleitet sind von einem sprunghaften Ansteigen internationaler Wirtschaftsbeziehungen und einer immer stärkeren Verflechtung der Volkswirtschaften in allen Bereichen. Globalisierung im wirtschaftlichen Bereich zeigt sich damit nicht nur in einem raschen Wachstum des internationalen Waren- und Dienstleistungshandels, sondern vor allem auch in der Zunahme internationaler Produktions-, Arbeits- und Finanzbeziehungen und damit in dem grenzüberschreitenden Einsatz der mobilen *Produktionsfaktoren* Kapital und Arbeit, d.h. in der Zunahme internationaler Investitionen und grenzüberschreitender Arbeitsbeziehungen und Arbeitsmigration.

Aus **volkswirtschaftlicher** Sicht kann Globalisierung damit gesehen werden als eine Verstärkung und Intensivierung der ständigen Versuche den *Einsatz der Produktionsfaktoren* zu optimieren, der immer weniger durch nationale Grenzen gebremst wird, und daher in beständig zunehmendem Maße auf die globale Ebene verlagert wird. Aus **betriebswirtschaftlicher** Sicht wird Globalisierung zum Sammelbegriff für die globale Ausweitung sämtlicher einzelwirtschaftlicher Aktivitäten der nunmehr zu *global player* avancierten Unternehmen. Es geht hierbei um *global selling*, das durch *global marketing* und *global sourcing*, also durch globale Beschaffungsstrategien, gefördert und unterstützt wird und sich durch die Nutzung der weltweit günstigsten Produktionsmöglichkeiten durch Produktionsverlagerung, durch *outsourcing* und *offshoring*, sowie durch grenzüberschreitende *mergers and acquisitions* (M&A) beschleunigt.

In diesem Prozess schließen sich Unternehmen zu globalen oder *transnationalen Unternehmensnetzen* zusammen, wobei diese wiederum mit anderen Unternehmensnetzen kooperieren und selbst wieder Teil weiterer Netze werden. Diese Entwicklung kann allerdings nur deswegen so rasch voranschreiten, weil auch die Investitionstätigkeit der Unternehmen kaum noch Grenzen kennt und die grenzüberschreitenden Investitionen, die *Direktinvestitionen,* und damit auch die internationalen Kapitalströme und insgesamt die *globalen Finanztransaktionen* mit z. T. dramatischen Zuwachsraten ansteigen. Die Mobilität der Produktionsfaktoren Arbeitskraft und Sachkapital, die *Faktormobilität*, insbesondere aber diejenige des Kapitals steigt also laufend, während gleichzeitig die für diese Tätigkeiten anfallenden Kosten, die *Transaktionskosten*, laufend sinken.

Wirtschaftliche Globalisierung lässt sich damit zu einem großen Teil durch folgende Entwicklungen beschreiben:

- Das rasche Wachstum des internationalen Handels führte zur Entstehung eines Weltmarkts für Waren und Dienstleistungen. Die *Internationalisierung der Märkte für Güter und Dienstleistungen* ließ beispielsweise das Welthandelsvolumen für Güter und Dienstleistungen in den letzten fünfzig Jahren etwa doppelt so schnell ansteigen wie die Weltproduktion von Gütern und Dienstleistungen.
- Die zunehmende Nutzung kostengünstigerer Produktionsmöglichkeiten im Ausland führte zu einer *Internationalisierung der Produktion*, die sich zeigt in einem raschen Anstieg von grenzüberschreitenden Investitionen (Direktinvestitionen) und Zusammenschlüssen von Unternehmen und damit den weltumspannenden Produktionsaktivitäten der *transnationalen Unternehmen.*
- Ungleiche Entwicklungssituationen und Arbeitsbedingungen in den verschiedenen Weltregionen und Ländern führen zu hoher Arbeitslosigkeit auf der einen und Arbeitskräftemangel auf der anderen Seite, beschleunigen die *internationale Migration* und führen zur Entstehung *internationaler Arbeitsmärkte*. Allerdings beschränkt sich die Mobilität von Arbeitskräften im Wesentlichen auf niedrig qualifizierte Arbeitskräfte aus Niedriglohnländern bzw. aus Ländern mit niedrigen Sozialstandards sowie auf hoch qualifizierte Arbeitnehmer und Spezialisten aus ganz unterschiedlichen Ländern.
- *Die Internationalisierung der Finanzmärkte* zeigt sich schließlich in dem sprunghaften Wachstum internationaler Finanztransaktionen, deren Volumen sich trotz mehrerer internationaler Finanzkrisen inzwischen auf über eine Billarde US$ pro Jahr (p. a.) beläuft.

Von besonderer Bedeutung ist hierbei die Intensivierung des weltweiten **Standortwettbewerbs**, wobei zunehmend *die* Länder Vorteile aus dieser Entwicklung ziehen, die in der Lage sind, bei wirtschaftsfreundlichen Rahmenbedingungen innovative Technologien mit tendenziell niedrigen Produktionskosten und hoher Qualität zu verbinden. Länder, die es aus unterschiedlichsten Gründen hingegen versäumen, sich der Wirtschaftsdynamik aktiv zu stellen, etwa durch Abschottung, Bürokratisierung oder zu geringe Innovationskraft, sind eher auf der Verliererseite zu finden.

Andererseits stellt der internationale Wettbewerbsdruck nicht nur überkommene Privilegien der etablierten Industrienationen in Frage, sondern auch politisch-soziale Errungenschaften der bisherigen wirtschaftlichen Entwicklung, wie beispielsweise hohe Sozial- und Umweltstandards. Diese Entwicklung hat sowohl politische als auch wirtschaftliche Konsequenzen: Die internationale Interdependenz der an der Weltwirtschaft beteiligten Staaten führt zu einer Zunahme *internationaler politisch-ökonomischer Abhängigkeiten*, die die internationalen Wirtschafts- und Finanzkrisen – wie die Verschuldungskrisen der Schwellenländer in den 1980er- und 1990er-Jahren, die internationalen Finanzkrisen 2001/2002 und 2008/2009 und die europäische Schuldenkrise der letzten Jahre – verschärft.

Was verstehen wir unter wirtschaftlicher Globalisierung? 2

Die Entstehung von Produkten und Leistungen lässt sich inzwischen nur noch ausnahmsweise einzelnen Ländern, Unternehmen oder gar Herstellungsorten zuordnen. Die nationale Verankerung von Unternehmen und Produkten hat sich gelockert. Unternehmensbereiche tauschen mit spezialisierten Bereichen des eigenen Unternehmens oder mit anderen Unternehmen, die irgendwo auf dem Globus angesiedelt sind und mit denen sie mehr oder weniger fest vernetzt sind, laufend Teilprodukte oder spezialisierte Dienstleistungen aus, wobei auch diese Einzelkomponenten nicht vollständig einem Land zugeordnet werden können, sondern selbst wieder Ergebnis einer globalen Zusammenarbeit sind. Folge, Voraussetzung und Begleiterscheinung dieser Entwicklung sind zunehmende grenz- und kulturüberschreitende und damit *interkulturelle Kontakte* zwischen allen Beteiligten, also beispielsweise Managern,[1] Mitarbeitern, Kunden, Lieferanten oder Kooperationspartnern auf verschiedenen Ebenen. Soweit diese Kontakte wirtschaftlicher Natur sind, geht es hierbei grundsätzlich darum, bestimmte, meist auf Organisations- bzw. Unternehmensebene festgeschriebene Ziele zu erreichen und dies in einem zunehmend komplexer gewordenen und werdenden Geschäftsumfeld.

Seit Mitte der 1980er-Jahre nehmen diese grenzüberschreitenden wirtschaftlichen Interaktionen und Aktivitäten nicht nur absolut, sondern auch relativ im Verhältnis zu nationalen Entwicklungen und Interaktionen stark zu. Die Welt wächst dabei immer mehr zu Einer Welt zusammen, der nationale Bezug von Unternehmen und Unternehmensleistungen verliert an Bedeutung. Ich möchte den Beginn der „Globalisierung" daher auf diesen

---

[1] Aus Vereinfachungs- und Lesbarkeitsgründen wird auf die Nennung beider Geschlechter verzichtet. So schließt beispielsweise die Bezeichnung Manager selbstverständlich auch weibliche Manager bzw. Managerinnen mit ein.

Zeitpunkt datieren und dies in den folgenden Kapiteln auch noch ausführlich begründen. Selbstverständlich gab es auch zuvor schon eine Vielzahl von Phasen intensiver grenzüberschreitender Austauschbeziehungen, die bis in die Antike – wie etwa der transkontinentale Handel über die Seidenstraße und später über die „Seidenstraße des Meeres" zeigt – zurückreichen. Wichtige Indikatoren, siehe Abb. 4.1, zeigen jedoch einen neuartigen weitgehend stabilen Anstieg vielfältiger grenzüberschreitender Aktivitäten, die es rechtfertigen, erst diese neue Phase als Globalisierung zu bezeichnen.[2]

Der Begriff der „internationalen" Wirtschaftsbeziehungen wird dieser Entwicklung immer weniger gerecht: Wirtschaftsbeziehungen finden nur noch vordergründig *zwischen* einzelnen Ländern oder Akteuren einzelner Länder statt, tatsächlich vollziehen sie sich *innerhalb* einer sich immer stärker integrierenden globalen Wirtschaft: Die traditionellen *internationalen* Wirtschaftsbeziehungen werden damit von *intraglobalen* Wirtschaftsbeziehungen abgelöst. Das Bewusstsein, dass es sich hierbei um grenzüberschreitende Transaktionen handelt, nimmt dabei ebenfalls ständig ab oder besteht kaum noch. Die Akteure bewegen sich im globalen Raum bzw. in wesentlichen Teilen desselben und interagieren, ohne sich durch nationale Grenzen oder sonstige reale Schranken wesentlich behindert zu fühlen. Abb. 2.1 zeigt diese weltweite Verflechtung am Beispiel der *internationalen Handelsströme*.

Globalisierung nimmt dabei auch Einfluss auf die „Kultur". Allerdings durchdringen kulturelle Standardisierungen noch keineswegs alle kulturellen Schichten, sondern beschränken sich häufig nur auf die „kulturelle Oberfläche" von Gesellschaften oder auf bestimmte, einen „westlich orientierten" Lebensstil praktizierende soziale Gruppen. Die kulturellen Unterschiede bleiben daher trotz Globalisierung häufig weiterhin intakt – Kulturen scheinen häufig ähnlicher, als sie es tatsächlich sind bzw. sind unterschiedlicher als sie scheinen. Gleichzeitig werden alte kulturelle Grenzen durch Migration und neue grenzüberschreitende Impulse immer unschärfer, sodass neue komplexe *multikulturelle* Räume entstehen.

Kultur und kulturelle Unterschiede müssen also nach wie vor von den Akteuren berücksichtigt werden und bleiben relevant für den Erfolg der *global player*. Die eigenen kulturell geprägten Standards und Verhaltensweisen können nur in sehr eingeschränktem Umfang auf die Interaktionspartner jenseits der eigenen Grenzen übertragen, bei diesen erwartet oder gar vorausgesetzt werden. Damit bleibt der Stellenwert von *interkultureller Kompetenz*, mit dessen Hilfe kulturell geprägte Verhaltensweisen, Reaktionen und Eigenheiten der Interaktionspartner besser erkannt und eingeordnet werden können, gleichbleibend hoch bzw. steigt mit dem Wachstum der ökonomischen Transaktionen. Die

---

[2] vgl. hierzu auch die abschließenden Überlegungen am Ende von Kapitel 3.

Das Wort Globalisierung wurde übrigens erst während der 1990er-Jahre populär. So stiegen die Gesamtnennungen des Wortes Globalisierung in der FAZ zwischen 1993 und 1996 von 34 über 76 und 135 auf 535, um dann bis 2001 um rund 1.000 Nennungen p.a. zu schwanken, vgl. Deutscher Bundestag (2002), S. 9.

2 Was verstehen wir unter wirtschaftlicher Globalisierung?

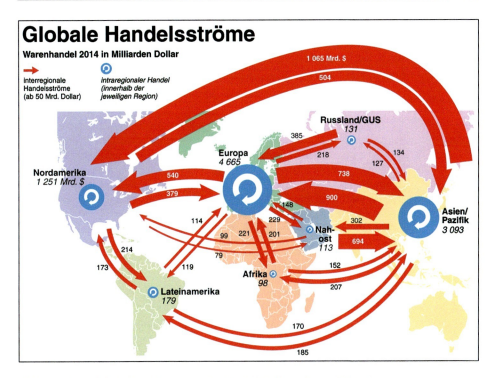

Abb. 2.1 Intraglobale Handelsströme (Quelle: WTO, Darstellung: Globus)

Notwendigkeit in solchen komplexen interkulturellen Situationen erfolgreich kommunizieren und managen zu können, wird damit immer bedeutsamer (Koch 2012).

Globalisierung vernetzt nicht nur die einzelwirtschaftlichen Akteure, sondern auch die Volkswirtschaften immer stärker miteinander, sodass die Weltwirtschaft sich zunehmend integriert und die einzelnen Staaten häufig nur noch *räumliche Verdichtungen* innerhalb eines globalen Wirtschaftsnetzes darstellen. Diese sind einerseits (temporärer) Standort der Unternehmen und Unternehmensbereiche und repräsentieren andererseits Teile der Märkte, auf denen die global erzeugten Produkte und Leistungen gehandelt werden. Diese Neu-Positionierung beschleunigt die Notwendigkeit wirtschaftlich-sozialer Strukturveränderungen und beeinflusst das Verhalten der politischen Akteure in erheblichem Umfang: Nationale Entscheidungen, etwa das Verhalten in internationalen Organisationen oder die Verabschiedung nationaler Haushalte, erhalten auf diese Weise globale Bedeutung.[3] Andererseits werden die *global player* gegenüber Entscheidungen der Nationalstaaten unempfindlicher: Waren diese bisher vorwiegend von einzelstaatlichen Rahmenfestlegungen abhängig, können sie nun ihnen nicht genehmen Entscheidungen, etwa der Entscheidung neue Steuern oder rechtliche Beschränkungen einzuführen, durch ihre räumliche Mobilität

---

[3] Ein jüngeres Beispiel ist die Politik Griechenlands 2015/2016 bei der Durch- und Umsetzung einer politisch-wirtschaftlichen Reformagenda.

ausweichen, sodass sich die Möglichkeiten und die Zielwirksamkeit von nationalen politischen Entscheidungen verringern. Kurz: Globalisierung eröffnet Unternehmen und Volkswirtschaften neue *Chancen* und konfrontiert sie gleichzeitig mit neuen *Risiken*. Ausgehend von diesen Überlegungen und im Vorgriff auf die weiteren Ausführungen lässt sich Globalisierung wie folgt beschreiben:

> „Globalisierung ist ein *dynamischer Prozess*, der die wirtschaftliche Vernetzung der Welt durch den zunehmenden Austausch von Gütern, Dienstleistungen, Kapital und Arbeitskräften vorantreibt, die *wirtschaftliche Bedeutung nationaler Grenzen ständig verringert* und den internationalen Wettbewerb intensiviert; sodass durch das Zusammenwachsen aller *wichtigen Teilmärkte* die Möglichkeiten *internationaler Arbeitsteilung* immer intensiver genutzt werden, sich der weltweite *Einsatz der Ressourcen* laufend – wirtschaftlich – verbessert, ständig vielfältige neue *Chancen und Risiken* entstehen und die *nationalen und internationalen politischen Akteure* gezwungen sind, neue Rollen bei der Gestaltung der Globalisierung zu übernehmen, die eine Zunahme *interkultureller Interaktionen* und Herausforderungen mit sich bringen."

Hierbei ist allerdings zu berücksichtigen, dass Globalisierungsprozesse keineswegs alle Länder gleichermaßen erfassen: Globalisierung ist keine wirklich globale Veranstaltung. Zwar sind immer mehr Länder an Globalisierungsprozessen beteiligt, dennoch konzentrieren sich die grenzüberschreitenden wirtschaftlichen Aktivitäten auf die Industrieländer Europas, Nordamerikas und Asiens und damit auf die OECD-Länder, die BRICS-Staaten und eine kleine Gruppe weiterer Schwellenländer in Asien und Lateinamerika. Insgesamt entfallen derzeit etwa vier Fünftel der wichtigsten Globalisierungsaktivitäten auf 25 Länder und damit auf nur etwa 12 % aller Länder (von insgesamt ca. 210) und knapp 90 % auf nur etwa 20 % aller Länder (vgl. Abb. 2.2). Die große Mehrheit der Staaten dieser

Kategorie	Top 10 Länder	Top 25 Länder	Top 40 Länder	Gesamtes Volumen in Bio US$
Güterexporte	49%	76%	88%	18,4
Güterimporte	52%	78%	88%	18,6
Dienstleistungsexporte	51%	78%	89%	4,4
Dienstleistungsimporte	48%	75%	86%	4,2
Direktinvestitionen (FDI) (Geberländer: Bestand im Ausland)	66%	88%	93%	25,6
Direktinvestitionen (FDI) (Empfängerländer: Bestand im Inland)	51%	71%	80%	26,0
Direktinvestitionen (FDI) (Geberländer: im Ausland 2014)	74%	93%	99%	1,4
Direktinvestitionen (FDI) (Empfängerländer: im Inland 2014)	57%	78%	87%	1,2
Durchschnitt (ungewichtet)	**56%**	**80%**	**89%**	---

Abb. 2.2 Weltmarktanteile der wichtigsten Länder (in %, Stand 2012/2014, gerundet) (Quellen: WTO International Trade Statistics 2014 (Stand 2012); UNCTAD 2015, eigene Berechnungen)

2 Was verstehen wir unter wirtschaftlicher Globalisierung?

Nr.	Güter-exporte	Güter-importe	Dienst-leistungs-exporte	Dienst-leistungs-importe	Direktinvestitionen (FDI)			
					Bestand im Ausland (Geberländer)	Bestand im Inland (Empfängerländer)	Investitionen im Ausland 2014 (Geberländer)	Empfangene Investitionen 2014 (Empfängerländer)
1	China	USA	USA	USA	USA	USA	China	USA
2	USA	China	Großbritannien	Deutschland	Großbritannien	Großbritannien	Hongkong	Hongkong
3	Deutschland	Deutschland	Deutschland	China	Deutschland	Hongkong	USA	China
4	Japan	Japan	Frankreich	Japan	Hongkong	China	Großbritannien	Japan
5	Niederlande	Großbritannien	China	Großbritannien	Frankreich	Singapur	Singapur	Deutschland

Abb. 2.3 Die jeweils fünf wirtschaftlich wichtigsten Länder im Rahmen der Globalisierung (Quellen: WTO International Trade Statistics 2014, Stand 2012; UNCTAD 2015)

Erde, die restlichen 80 %, spielt damit nur eine marginale Rolle im Globalisierungsprozess. Das bedeutet keineswegs, dass diese Länder nicht in die Weltwirtschaft eingebunden sind, allerdings ist ihr Vernetzungsgrad nur gering. Sie leisten also i. d. R keine quantitativ wichtigen Beiträge, sodass tatsächlich eher von einer *partiellen* Globalisierung oder auch von einer ungleichgewichtigen Globalisierung gesprochen werden kann. Unter geografischen Aspekten liegen die Top-Länder in den drei großen Regionen West-Europa, Ostasien und Nord-Amerika, der *Triade* im weiteren Sinne (Abb. 2.3).[4]

Der Bestand an Direktinvestitionen, einem der wichtigsten Indikatoren der Globalisierung, verfünfzehnte sich in den fast 25 Jahren zwischen 1990 und 2014 von knapp 1,8 auf 26 Bio US$. In diesen zentralen Dekaden der Globalisierung verschoben sich die Gewichte zwischen der kleinen Gruppe der Industrieländer und der großen Anzahl der Entwicklungs- und Schwellenländer nur leicht: Geberländer und damit Eigentümer der Investitionen waren mit knapp 80 % immer noch die klassischen Industrieländer (1990: 92 %), die mit 65 % auch die Hauptempfänger (1990: 79 %) waren (UNCTAD; eigene Berechnungen).

Während Globalisierung die weltweite interkontinentale Verflechtung bezeichnet, kennzeichnet **Regionalisierung** die regionale intrakontinentale Verdichtung von Wirtschaftsbeziehungen, das immer engere Zusammenwachsen regionaler Ländergruppen, wie dies bei der Europäischen Union (EU), der Nordamerikanischen Freihandelszone (NAFTA), der südamerikanischen Ländergruppe Mercosur oder bei der ASEAN Free Trade Asso-

---

[4] Im engeren Sinne verstand man unter der Triade bis Anfang dieses Jahrhunderts im Allgemeinen die USA, Japan und die EU (15).

ciation (AFTA) der Fall ist. Dies sind in erster Linie Staatengruppen, die aufgrund ihrer Wirtschaftsstruktur durch *Spezialisierung* oder Nutzung von *Massenproduktionsvorteilen* aus größeren Absatzmärkten auch größeren Nutzen ziehen können (Germann et al. 1996, S. 22 f; Koch 2006, S. 39 ff.).

Regionalisierung kann sowohl als *Reaktion* auf die zunehmende Globalisierung, als auch als *Voraussetzung* für eine Verstärkung der Globalisierung gesehen werden. *Einerseits* möchten integrationsbereite Länder den mit der Globalisierung verbundenen ökonomischen Gefahren und Risiken durch *Kooperation* oder *Integration*, also durch eine Bündelung von Kräften begegnen, mit der möglichen Folge einer stärkeren regionalen Abschottung. *Andererseits* können durch geschickte Nutzung regionaler Stärken auch *Synergieeffekte* mobilisiert werden: Mit der Steigerung der regionalen Leistungsfähigkeit nimmt das Volumen der ökonomischen Außenbeziehungen zu und damit ebenfalls die Chance für eine stärkere Vernetzung im Rahmen der globalen Wirtschaftsbeziehungen (Albert et al. 1999, 103 ff.). Oder anders ausgedrückt: Erfolgreiche regionale Zusammenarbeit zwingt die Teilnehmer zu strukturellen Anpassungen, erhöht damit ihre Wettbewerbsfähigkeit und verbessert somit ihre Chancen einer immer größeren wirtschaftlichen Nutzen aus der Globalisierung zu ziehen.

Literatur

Albert, M. et al. (1999). *Die Neue Weltwirtschaft. Entstofflichung und Entgrenzung der Ökonomie.* Frankfurt.
Deutscher Bundestag, Enquete-Kommission. (2002). *Globalisierung der Weltwirtschaft – Herausforderungen und Antwort Schlussbericht*, Bundestagsdrucksache Nr. 14/9200 vom 12.06.2002.
Germann, H., et al. (1996). *Globalisierung der Wirtschaft*: Begriffe, Bereiche, Indikatoren. In U. Steger (Hrsg.), *Globalisierung der Wirtschaft* (S. 18–55). u. a. Berlin.
Koch, E. (2006) *Internationale Wirtschaftsbeziehungen*, 3. Aufl., München.
Koch, E. (2012). *Interkulturelles Management.* München.
UNCTAD (2015). *World Investment Report 2015.*
WTO. *International Trade Statistics 2014.*

Links

UNCTAD: unctad.org/en/pages/PublicationWebflyer.aspx?publicationid = 1245. Zugegriffen im Nov 2015.

Teil II

Politik

Ursachen der Globalisierung   3

Globalisierung ist im Wesentlichen Folge von gravierenden Änderungen der politischen, technisch-wirtschaftlichen und gesellschaftlichen Rahmenbedingungen der letzten Jahrzehnte. Diese sind entweder Auslöser oder Verstärker der Globalisierungstendenzen und werden so selbst wieder zu Merkmalen der Globalisierung. Die meisten der im Folgenden dargestellten Entwicklungen begannen – vor allem als Folge globaler wirtschaftlicher Krisen in den 1970er und zu Beginn der 1980er-Jahre – ab Mitte der 1980er-Jahre zunächst ökonomische und später auch politische Wirkungen zu zeigen.

3.1 Politische Rahmenbedingungen

Die Globalisierung wurde durch eine Reihe neuerer Entwicklungen vorangetrieben, etwa die Beseitigung ideologischer Grenzen, die weltweite wirtschaftliche Deregulierung und Liberalisierung, die steigende Leistungsfähigkeit und Diversifizierung der Informations- und Kommunikationstechnologie (IuK) und die damit verbundene rasche Ausbreitung des technischen Fortschritts sowie die neuen Wachstumszentren in Asien und die stark gewachsene Mobilität des Kapitals. Hinzu kommt eine aus sehr unterschiedlichen Gründen ständig steigende Mobilität der Menschen sowohl innerhalb ihrer Länder als auch grenzüberschreitend. (vgl. Abb. 3.1).

3.1.1 Politische Liberalisierung und Deregulierung

Ab Mitte der 1980er-Jahre begannen sich im Zuge eines weltweiten wirtschaftspolitischen Paradigmenwechsels *Monetarismus* und *Neo-Liberalismus* langsam durchzusetzen. Immer mehr Staaten versuchten das neue „Markt-Paradigma" mit den Schlagworten:

Abb. 3.1 Übersicht – Ursachen der Globalisierung © Eckart Koch

Liberalisierung, Deregulierung, Privatisierung, „mehr Markt weniger Staat", freier Handel und mehr Wettbewerb politisch umzusetzen. Vor allem die Versuche vieler Staaten, durch die liberalere Gestaltung des grenzüberschreitenden Handels- und Finanzverkehrs und den Abbau von restriktiven bürokratischen Regulierungen ihre Wettbewerbsfähigkeit zu steigern, verringerte die wirtschaftliche Bedeutung nationaler Grenzen, förderte so die weltweite Mobilität und begünstigte die zunehmende Verflechtung der Volkswirtschaften.

Deregulierung ist ein Prozess, in dem die bestehenden nationalen Gesetze, Vorschriften und Regelungen einer eingehenden Revision unterzogen werden, mit dem generellen Ziel als überflüssig erachtete Bestimmungen (Überregulierung) abzubauen, um Hindernisse für die Marktkräfte zu beseitigen und damit als Standort attraktiver zu werden. Hierbei geht es vor allem um den Abbau von Bürokratie auf allen relevanten Märkten, wie den Arbeits-, Finanz- und Gütermärkten. Es geht um die Verschlankung und Vereinfachung von staatlichen Genehmigungsverfahren und -prozeduren, von zu restriktiven Vorschriften, allzu komplizierten steuerrechtlichen Regelungen, wie auch um die Erleichterung des Umgangs mit staatlichen Organen, etwa durch die Bündelung von Informationen und Kompetenzen bei zentralen Ansprechpartnern in der Staatsbürokratie. Deregulierung erhöht Geschwindigkeit und Transparenz, verbessert die Informationssituation, entlastet die Unternehmen durch geringere Kosten und Zeitaufwand, stärkt den Markt als Koordinationssystem, fördert kreative wirtschaftliche Aktivität und trägt auch dazu bei, die in vielen Ländern bestehende *Schattenwirtschaft* zu reduzieren. Gleichzeitig entlastet sie auch den Staat durch die Steigerung der Effizienz des Wirtschaftssystems und trägt durch die sich erhöhende wirtschaftliche Aktivität dazu bei die Staatseinnahmen zu erhöhen.

In den letzten Jahren zeigte sich allerdings, dass die Lockerung und vor allem die nicht entsprechende Weiterentwicklung staatlicher Aufsichtsregelungen dem Markt eine unangemessen weit reichende und damit zunehmend gefährlicher werdende Gestaltungsfreiheit überlassen hat. Den staatlichen Instanzen fehlen nun immer häufiger die passenden Instrumente für eine wirksame Steuerung und Kontrolle der mächtiger gewordenen Marktteilnehmer. Im Zusammenhang mit den Möglichkeiten der globalen Vernetzung, der Entwicklung extrem riskanter Instrumente, vor allem im Finanzbereich, und der Entstehung kaum noch kontrollierbarer Marktmacht und Klumpenrisiken wurden so auch die Grundlagen für die zerstörerischen globalen Wirtschafts- und Finanzkrisen in den letzten Jahrzehnten geschaffen.

Durch **Privatisierung** sollten Staatsmonopole beseitigt, Staatsunternehmen profitabler gemacht und staatlich reglementierte Sektoren, wie Telekommunikation, Energie, Infrastruktur, Transport geöffnet werden. Auf diese Weise wurden neue Märkte geschaffen, auf denen nun private Anbieter ihre Produkte und vor allem Dienstleistungen wie Transport- oder Telekommunikationsleistungen unter Markt- und Wettbewerbsverhältnissen anbieten können. Hierbei handelt es sich um Wachstumsmärkte, die aufgrund der langjährigen staatlichen Dominanz zunächst noch wenig erschlossen waren und damit hohe Zuwachsraten und Gewinne erwarten ließen. Zudem sind diese Sektoren außerordentlich kapital- und technologieintensiv, so dass sich damit interessante Investitionsmöglichkeiten für internationale Investoren boten. Diese Maßnahmen entlasteten die Staaten auch von ihrer Unternehmerfunktion, die sie in diesen Sektoren in der Vergangenheit meist nur unzulänglich ausfüllen konnten. Damit wurden nicht nur die hierin liegenden Gewinnmöglichkeiten nicht ausgeschöpft, häufig waren diese Bereiche auch längerfristig defizitär, verleiteten zu Korruption und Nepotismus und erhöhten so die staatliche In- und Auslandsverschuldung.

Liberalisierung lässt sich als Prozess der weltweiten Realisierung der vier zentralen wirtschaftlichen „Freiheiten" beschreiben: der Freiheit des *Waren-* und *Dienstleistungsverkehrs*, des freien *Kapitalverkehrs,* der *Freizügigkeit von Personen* und der *Niederlassungsfreiheit* für Unternehmer und Freiberufler. Diese Strategie wurde Anfang der 1990er-Jahre bei der Einrichtung des *Europäischen Binnenmarktes*,[1] dann zunehmend aber auch auf globaler Ebene in immer mehr Ländern umgesetzt. Durch den Abbau von Handelsbeschränkungen, wie Zöllen und anderen behindernden Regulierungen des Außenhandels, wurde der grenzüberschreitende Handel mit Gütern und Dienstleistungen stimuliert. Die Reduzierung von Devisen- und Kapitalverkehrsvorschriften beschleunigte die Globalisierung des internationalen Kapitalverkehrs, den Zugang zu neuen Finanzierungsmöglichkeiten und Finanzprodukten sowie zu Kapitalimporten und grenzüberschreitenden Investitionen (Direktinvestitionen oder auch Foreign Direct Investments, FDI).

Trotz der nach wie vor bestehenden natürlichen Interaktionshindernisse, zu denen auch Sprachbarrieren und Kulturunterschiede zählen, stellte der Abbau der protektionistischen Beschränkungen eine der wichtigsten Globalisierungsvoraussetzungen dar. In einer liberalisierten Welt haben Unternehmen leichteren Zugang zu den Ressourcen, die sie benötigen, also zu Arbeitskräften, Technologien, Kapital, Lieferanten oder Kunden. In- und ausländische Investoren erhalten einen besseren Zugang zu neuen Märkten, Spezialisierungs- und Größenvorteile werden geschaffen, neue Technologien werden zu attraktiven Konditionen ins Land geholt, der strukturelle Erneuerungsprozess wird beschleunigt und Arbeitsmigration erleichtert.

---

[1] Die Vorbereitung des Europäischen Binnenmarktes erfolgte in den 1980er-Jahren, bis er zum Jahreswechsel 1992/1993 offiziell in Kraft trat; allerdings gibt es bis heute in Einzelbereichen bei einigen Staaten noch Nachhol- und Umsetzungsbedarf.

3.1.2 Internationale Vereinbarungen

Internationale Vereinbarungen im Bereich von Währung und Wirtschaft schaffen einen verbindlichen Rahmen und damit die Voraussetzungen für eine Intensivierung der Globalisierung. Angesichts der zunehmend geringer werdenden Effizienz nationaler Steuerungsmaßnahmen nehmen der Bedarf und das Potenzial für solche Vereinbarungen laufend zu. Die Entwicklung des Welthandels wurde insbesondere von den weltweiten Bemühungen um den Abbau von Handelshemmnissen und damit die Ausweitung von Handel und Investitionen begünstigt. Darüber hinaus werden Globalisierungsprozesse durch eine Vielzahl weiterer internationaler Vereinbarungen gefördert:

- Bessere **Handels- und Wettbewerbsgrundlagen** können durch internationale Vereinbarungen zu ökologischen und sozialen Mindeststandards, zur Begrenzung der Marktmacht einzelner Unternehmen oder zur Verhinderung wettbewerbsbeschränkenden Verhaltens, zum Ausbau des internationalen Investitionsschutzes oder zur Verbesserung der internationalen Schiedsgerichtsbarkeit geschaffen werden. Diese Vereinbarungen führen zu mehr Sicherheit und wirken so einer schrankenlosen Globalisierung entgegen. Damit sind sie Katalysatoren für eine weitere Beschleunigung von Globalisierung.
- **Internationale Finanz- und Währungsvereinbarungen**, die insbesondere vom Internationalen Währungsfonds (IWF), der Bank für Internationalen Zahlungsausgleich (BIZ) oder der G7 bzw. in den letzten Jahren von der G20 vorangetrieben werden, verbessern tendenziell die Stabilität der Weltwirtschaft und können globalisierungsbehindernde Krisen zumindest entschärfen. Zudem wirken sie auf die Etablierung einer effizienteren internationalen Finanzarchitektur hin und schaffen hierdurch laufend bessere Voraussetzungen für die Globalisierung. Auch hier gilt allerdings, dass diese Vereinbarungen zwar notwendig sind für die Dynamik der Globalisierung insbesondere in Krisensituationen, meist aber mit den realen Entwicklungen nicht Schritt halten und zu langsam weiter entwickelt werden.
- Ein anderer Bereich ist die **Vereinbarung internationaler Standards**, wie internationale Prüf- und Sicherheitsnormen (ISO), Kommunikationsnormen (GSM und UMTS), Vereinbarungen über die Nutzung globaler Positionierungssysteme (GPS), aber auch internationale Vereinbarungen über Frequenzen und Übertragungsrechte. Hierdurch wird internationale Kommunikation und die Vernetzung der Märkte erleichtert, so dass der internationale Wirtschaftsverkehr gefördert wird und die Welt ökonomisch immer stärker zusammen wachsen kann.

3.1.3 Ausweitung der Märkte

Eine direkte Folge des Paradigmenwechsels in der Wirtschaftspolitik, der zunehmenden Liberalisierung und der Globalisierung des Marktmodells selbst, sind zunehmende Integrationsbestrebungen und das Auftreten „neuer Länder" auf dem Weltmarkt, durch die sich die globalen Handlungsmöglichkeiten der Marktteilnehmer erweitern.

Die **Integrationsbestrebungen** in Europa, die in Entscheidungen zum Aufbau des europäischen Binnenmarktes und später zur *Europäischen Währungsunion* mündeten, beeinflussten ähnliche Tendenzen in anderen Regionen. Die Bildung und der Ausbau von freihandelsfördernden regionalen Integrationen, wie die *AFTA* in Südostasien, die *Asia-Pacific Economic Cooperation* (*APEC*) der wichtigsten Pazifikanrainerstaaten, die nordamerikanische *NAFTA* oder der *Gemeinsame Markt des Südens* (*Mercosur*) in Südamerika wurden maßgeblich durch den europäischen Zusammenschluss beeinflusst. Die Impulse, die von diesen regionalen Zusammenschlüssen ausgingen, führten zu der Entscheidung, nationale Märkte für ausländische Anbieter und Investoren zu öffnen und hatten eine Vorreiterrolle für die Intensivierung der Freihandelsbemühungen auf internationaler Ebene (vgl. Abb. 5.3).

Seit Anfang, spätestens aber seit Mitte der 1980er-Jahre bekamen die **neuen Wachstumszentren** in Asien, zunächst Japan, dann die *Vier kleinen Tiger*, Südkorea, Taiwan, Singapur und Hongkong, und später auch weitere Schwellenländer Südost-, Ost- und Südasiens – zunächst Thailand und Malaysia, dann China und Indien – sowie Lateinamerikas zunehmende weltökonomische und -politische Bedeutung. Der wachsende Wohlstand und die wirtschaftliche Entwicklung in diesen Ländern führten zu einem steilen Anstieg der grenzüberschreitenden Wirtschaftsaktivitäten. Der sich hierdurch verschärfende globale Wettbewerb erforderte zunehmend die globale Präsenz der *global player* und führte so zu einer permanenten Erweiterung des Aktionsradius' der relevanten Marktteilnehmer, damit zu einer ständigen Vergrößerung des global gehandelten Marktvolumens und letztlich zu den sprunghaft zunehmenden internationalen und interkulturellen Kontakten der global handelnden Akteure.

Seit Mitte, endgültig aber seit Ende der 1980er-Jahre führten die wachsenden wirtschaftlichen Probleme in der damaligen Sowjetunion und den Staaten Mittel- und Osteuropas (MOE-Staaten) zu einer raschen Auflösung der politischen Systeme und damit zu einer schnellen **Beseitigung der bestehenden ideologischen Grenzen** mit der Folge zügig einsetzender ökonomischer *Transformationsprozesse*. Unter Einbeziehung der Volksrepublik China, die ab 1984 unter Deng Xiao Ping marktwirtschaftliche Reformen eingeleitet hatte und 1993 den Beschluss zur Einführung einer sozialistischen Marktwirtschaft gefasst hatte, wurde nun fast ein Drittel der Weltbevölkerung zusätzlich in die Weltwirtschaft integriert. Dies führte zu einer immensen Vergrößerung der Absatz- und Beschaffungsmärkte auf der einen und einer wachsenden Anzahl neuer Wettbewerber auf der anderen Seite. Die zunehmende Kaufkraft in vielen Ländern brachte einen rasch ansteigenden Bedarf an Investitions- und Konsumgütern sowie immer neue ökonomische Chancen, aber auch Notwendigkeiten Kooperationen einzugehen und grenzüberschreitende Investitionen zu tätigen. Nicht zuletzt stieg hiermit auch das weltweite Angebot an qualifizierten Arbeitskräften ständig an. So verfügte allein die alte Sowjetunion über 800.000 zum Teil hervorragend ausgebildete Ingenieure und Wissenschaftler, von denen viele nun gezwungen waren als Arbeitsmigranten in den „alten" Industrieländern zu arbeiten.

Die 1980er-Jahre wurden als das verlorene Jahrzehnt für *Lateinamerika* bezeichnet. In immer mehr Ländern übernahmen Militärdiktaturen die Regierung, die die Bevölkerung brutal unterdrückten, sich sowohl wirtschaftlich als auch politisch nach außen abschotteten und keine Konzepte für eine nachhaltige wirtschaftliche Entwicklung besaßen. Die Unfähigkeit, die vorwiegend zur Finanzierung der Staatsausgaben aufgenommenen hohen Auslandsschulden, die häufig gleich wieder per Kapitalflucht das Land verließen, zurückzuzahlen, führte zur ersten großen Finanzkrise der Globalisierung, der „Schuldenkrise der Dritten Welt" zu Beginn der 1980er-Jahre sowie zu einer immer größeren Verelendung breiter Bevölkerungsschichten. Gegen Ende des Jahrzehnts hatten die Militärregime abgewirtschaftet und im Rahmen eines Demokratisierungs- und Liberalisierungsprozesses setzen sich demokratische Regierungen durch. Der Protektionismus wurde zurückgedrängt und der Kontinent begann sich zunehmend wieder in den globalen Markt einzugliedern. Ende der 1990er-Jahre wurden alle 32 Mitglieder der Organisation amerikanischer Staaten (OAS), mit Ausnahme von Kuba, das dieser Organisation seit 1962 nicht mehr angehört, von demokratisch gewählten Regierungen geführt. Es entstanden Regionalintegrationen, wie 1995 der *Mercosur* mit inzwischen 10 Mitgliedsstaaten[2] oder der 1988 wiederbelebte *Andenpakt*, Maßnahmen, die dazu beitrugen, die Märkte zu öffnen. Überlegungen, alle amerikanischen Staaten in eine große Freihandelszone, die FTAA (Free Trade Agreement of the Americas) einzubinden, liegen derzeit allerdings auf Eis und dürften in naher Zukunft auch kaum realisiert werden.

3.2 Technisch-wirtschaftliche Rahmenbedingungen

3.2.1 Entwicklung der Informations- und Kommunikationstechnologie

Die auch als „dritte industrielle Revolution" bezeichnete Entwicklung der Informations- und Kommunikationstechnologie (IuK) führte spätestens seit Mitte der 1980er-Jahre zu einer permanenten Steigerung der *Informationsgeschwindigkeit* und der Datenspeichermengen bei gleichzeitiger radikaler Senkung der *Informationskosten* und damit auch zu einem gewaltigen Anstieg der Nutzeranzahlen und -gewohnheiten. Schlagworte hierzu sind Computerisierung, Miniaturisierung und Digitalisierung und die hierdurch möglich gewordenen Fortschritte in der Speichertechnik, der Leitungstechnik (Glasfasertechnik), der Satellitenkommunikation, der Mobilfunktechnik, des Internets, insbesondere des *world wide web* (www), der digitalen Kommunikation, der Online-Dienste und später auch der sozialen Netzwerke.

---

[2] Vollmitglieder bzw. assoziierte Mitglieder sind: Argentinien, Brasilien, Bolivien, Chile, Ecuador, Kolumbien, Paraguay, Peru, Uruguay, Venezuela.

3.2 Technisch-wirtschaftliche Rahmenbedingungen

> Die „*Phase der Mobilisierung*" wurde mit der Einführung des Laptops Ende der 1980er-Jahre eingeleitet und mit der Verbreitung des Mobiltelefons ab Mitte der 1990er-Jahre entscheidend intensiviert (Reimann 2002, S. 55 ff.). Die Bereitstellung von Funknetzen in zuvor funkfreien Räumen (Eisenbahn, Flughäfen) u. a. durch eine zunehmende Anzahl von *hot spots* durch die Bereitstellung von *Wireless LAN* seit Beginn der 2000er-Jahre verschaffte der Mobilisierung eine zusätzliche Dimension. Die „*Phase weltweiter Interaktion*" wurde zunächst durch die Verbreitung der Telefax-Technologie, seit Anfang der 1990er-Jahre und dann – seit Mitte der 1990er-Jahre – durch das Internet bestimmt. Die Verbreitung des www-Standards seit Mitte/Ende der 1990er-Jahre, von E-Mails und später E-Commerce, etwa ab Ende der 1990er-Jahre, die Einrichtung von Chatrooms und Internetforen katapultierten die Leistungsfähigkeit der zugrundeliegenden Techniken ebenfalls in neue Dimensionen. Unterstützt werden diese Interaktionstechnologien durch die Bereitstellung immer schnellerer Übertragungstechniken, wie zunächst ISDN und später DSL.
>
> Die „Multimediale Phase" ist charakterisiert durch das Zusammenwachsen der Informations-, Telekommunikations- und Medientechnik auf der Basis einer umfassenden Digitalisierung (Bühl 1997, S. 94). Wichtige, sich seit Mitte der 1990er-Jahre entwickelnde Erscheinungsformen sind die Ermöglichung von Videokonferenzen, durch die u. a. auch nicht-sprachliche Informationen zeitgleich weitergegeben werden, die Integration von PC und Telefon/Fax sowie von PC und TV und schließlich auch die zunehmende Integration der multimedialen Fähigkeiten des Internet in die Informations- und Kommunikationswelt, die unterstützt wird durch die Leistungsfähigkeit moderner Suchmaschinen, wie Google, seit Ende der 1990er-Jahre. Wiederum neue Dimensionen werden durch die „Virtuelle Phase" erschlossen. Die Ablösung realer Vorgänge durch virtuelle Darstellungen (Virtual Reality) auf der Basis digitaler Techniken in einer wachsenden Anzahl von Sektoren (Militär, Wissenschaft, Unterhaltung, Ausbildung etc.) vereinfacht den Zugang zu komplexen Informationen. Reproduzierbare Simulationen ersetzen Realität und erlauben Einblicke in Funktionsweisen und Vorstellungen, die mit raum-/zeitgebundenen realen Akteuren und realen Situationen nicht möglich sind.

Die Möglichkeit, sich jederzeit an fast allen Orten zu geringen Preisen mit Hilfe leistungsfähiger Medien und Technologien Informationen zu beschaffen und zu kommunizieren, bei gleichzeitiger laufender Verringerung der Kosten, gehört zu den wichtigsten Beschleunigungsfaktoren für die Globalisierung. Für die *global player* wurden hierdurch die Informationsbeschaffung und die weltweite Steuerung ihrer Aktivitäten weiter erleichtert, so dass sich die Kosten des Zugangs zu neuen Märkten verringerten und sich neue Chancen ergaben, auf dem globalen Markt aktiv zu werden.

Es wird geschätzt, dass im letzten Viertel des 20. Jahrhunderts die Kosten pro verarbeiteter Informationseinheit um den Faktor 100.000 abnahmen (Siemens 2002, S. 22; Zerdick et al. 1999). „Beispielhaft dafür ist die Entwicklung der Kosten und der Rechenleistung von Mikroprozessoren. Im Jahr 1980 kosteten Mikroprozessoren mit einer Rechenkapazität von einer Million Befehlen pro Sekunde (MIPS) fast 600 US $. 1995 war die gleiche Leistung für 1,30 US $ zu haben....Bei den Speichermedien hat sich das Preis-Leistungs-Verhältnis im vergangenen Jahrzehnt jährlich um 40 % verbessert." (Bryan et al. 2000, S. 46). Allein zwischen 1975 und 1994 fielen die Kosten der Informationsverarbeitung um den Faktor 100. Ebenso sanken die reinen Kommunikationskosten dramatisch. Während 1966 die konventionelle Technologie maximal 138 gleichzeitige Gespräche zwischen den USA und Europa ermöglichte, sind heute via Satellit Millionen Gespräche zur gleichen Zeit möglich. Dadurch sanken beispielsweise die Kosten für ein Drei-Minuten-Gespräch von New York nach London von über 50 US $ (1950) über gut 3 US $ (1990) bis auf wenige US-Cents heute oder ist per *Skype* sogar kostenlos möglich. Mehr noch als die Entwicklungen auf dem Transportsektor verringern also Entwicklungen im Bereich IuK die ökonomische Bedeutung von geographischen Entfernungen. Vgl. hierzu die in Abb. 3.2 dargestellten Kostenentwicklungen.

Wissensmängel lassen sich allenfalls durch den Zwang einer sich ständig verkürzenden Reaktionszeit entschuldigen mit der Folge, dass die Anforderungen an Entscheidungsträger und Mitarbeiter laufend zunehmen. Wegen des hohen Grenznutzens neuen Wissens bei gleichzeitig sinkender Halbwertzeit von „Alt-Wissen" muss Wissen permanent *upgedatet* werden und sich möglichst schnell in entsprechenden Strategien, Leistungen und (marktfähigen) Produkten niederschlagen, weil nur so die Möglichkeit besteht, Pioniergewinne zu sichern und Entwicklungskosten wieder einzuspielen: Nur die Anbieter, die mit angepassten Strategien und Produkten zuerst auf dem Markt sind, wobei die Kundennähe von großer Bedeutung ist, sind in der Lage, die für die Erzielung hoher Renditen notwendigen Pioniergewinne zu erreichen. Insgesamt steigt so die weltweite *Markttransparenz,* während sich die *Reaktionsverbundenheit* der Märkte und politischen Systeme intensiviert und die *Wettbewerbsintensität* ansteigt. Damit steigt gleichzeitig die Notwendigkeit in neuen Märkten auch physisch, durch Direktinvestitionen, präsent zu sein.

Hinzu kommt, dass der Zugriff auf die Informations- und Kommunikationsquellen jederzeit und von praktisch jedem Punkt des Globus' erfolgen kann, so dass sich die Verfügbarkeit von Informationen und damit die Fundierung von Entscheidungsprozessen permanent verbessert – bei einer Zugriffszeit, die gegen Null tendiert. Die leichte Verfügbarkeit von Wissen für alle Interessierten, schränkt die Monopolisierung von Wissen erheblich ein, wird damit allerdings auch immer mehr vorausgesetzt. Damit erhöhen sich die wissensrelevanten Anforderungen an alle Akteure. Erleichtert wird der Zugang durch das Vorhandensein einer globalen Sprache, der *Weltsprache* Englisch, der *lingua franca* der globalen Welt. Obwohl Englisch nur Muttersprache für weniger als 400 Mio. Menschen ist, ist sie Amtssprache für fast 2 Mrd. Menschen und die mit weitem Abstand wichtigste Interaktionssprache der globalen Gesellschaft.

3.2 Technisch-wirtschaftliche Rahmenbedingungen

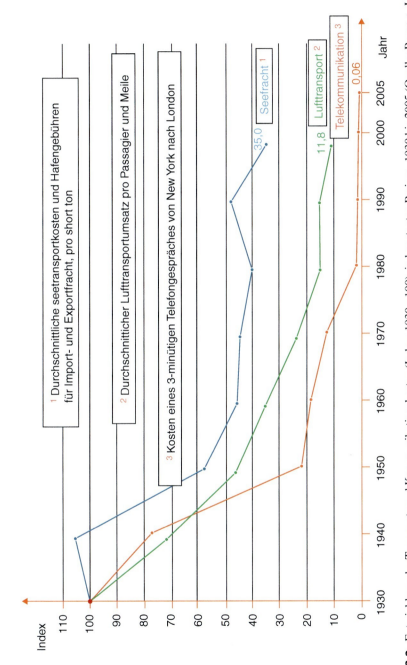

Abb. 3.2 Entwicklung der Transport- und Kommunikationskosten (Index: 1930 = 100), in konstanten Preisen, 1930 bis 2005 (Quelle: Busse o. J.; BDI 2002, www.bpb.de/nachschlagen/zahlen-und-fakten/globalisierung/52499/transport-und-kommunikation)

3.2.2 Zunahme der weltweiten Transportkapazitäten

Seit Beginn der 1980er-Jahre nahmen die weltweit angebotenen Transportkapazitäten, vor allem auch durch die Bereitstellung immer größerer Transporteinheiten – Container- und Tankschiffe, Großraumflugzeuge im Personen- und Cargobereich – ständig zu. Zusammen mit der Zunahme von Direktverbindungen und der Reduzierung der Energiekosten pro Entfernungseinheit führte dies bei kontinuierlich wachsendem Welthandelsvolumen zu einer ständigen Abnahme der *Transportkosten* pro Transporteinheit.[3] Neben anderen war hierfür die 1966 von der *International Standards Organization* getroffene Entscheidung den 20-Fuß-Container als weltweiten Container-Standard einzuführen, eine wichtige Grundlage.

Insbesondere durch die Zunahme der Luftfrachtkapazitäten konnten zudem die *Transportzeiten* reduziert werden, so dass leicht verderbliche Waren, wie etwa Schnittblumen oder Früchte, oder für die Produktion benötigte Spezialteile mobiler wurden und international gehandelt bzw. geliefert werden konnten. Dagegen spielen bei kleineren, leichten und/oder teuren Gütern, etwa bei konsumnahen elektronischen Gütern, deren Anteil am Welthandel sich in den letzten Jahrzehnten erheblich vergrößerte, die Transportkosten pro Einheit keine wesentliche Rolle mehr. Geographische Entfernungen behindern Globalisierungstendenzen zumindest bei diesen Gütern nur noch unwesentlich.

Günstige Transportkapazitäten sind ebenfalls Voraussetzung für die wachsende Inanspruchnahme ausländischer Dienstleistungen und insbesondere für die ständig zunehmende internationale Reisetätigkeit, eine wichtige Voraussetzung für das Anbahnen und die Pflege von Geschäftskontakten sowie die Kontrolle und das Management von international getätigten Investitionen. Zudem fördert Reisetätigkeit den interkulturellen Austausch und möglicherweise das interkulturelle Verständnis und senkt damit u. U. noch vorhandene Hemmschwellen für die Globalisierung. Die laufende Verbesserung der Effizienz der internationalen Umschlagplätze für Menschen und Güter, der Flughäfen und Häfen, deren Elektronisierung, Vernetzung und Standardisierung beschleunigen die Abfertigung und reduzieren die Kosten. Störungen in diesem Bereich sind am ehesten aufgrund politischer Risiken, etwa einer Sperrung des Suezkanals oder der Straße von Hormus, von Terrorgefahren, Angriffen von Piraten, einen *cyberwar* oder durch stark steigende Energiepreise möglich. Trotzdem dürfte die weitere Entwicklung der Globalisierung hierdurch nur kurzfristig verzögert, jedoch nicht aufgehalten werden.

3.2.3 Erleichterte Möglichkeiten der Produktionsverlagerung

Die Entwicklungen im IuK-Bereich, die Standardisierung von Fertigungsprozeduren, die rasche weltweite Verfügbarkeit neuester Technologien sowie die Senkung der Transaktionskosten ermöglichten neue Formen der Arbeitsteilung und schufen in kurzer Zeit die

---

[3] Die Verbreiterung des Suez-Kanals (2015) und die Erweiterung und Vertiefung des Panamakanals werden die Dynamik des Welthandels weiter erhöhen.

Voraussetzungen für eine planmäßige *Massenproduktion* im globalen Maßstab. Auch komplexe Abläufe können ortsunabhängig gestaltet werden und mit Hilfe der IuK-Technologien und durch Zerlegung in kleinere Einheiten, durch *Modularisierung*, global optimiert werden. Teile der Produktion, etwa komplette Komponentenfertigungen, können leicht *outgesourct* und von anderen – vernetzten – Unternehmen oder per *offshoring* von in andere Regionen ausgelagerten Bereichen des eigenen Unternehmens bezogen werden. Dies gilt auch für alle Arten von unternehmensbezogenen Dienstleistungen, wie Informationsverarbeitung, Forschung und Entwicklung (F&E), Rechnungswesen, Kundenservice (Callcenter) oder die Erstellung von Marketing- und Vertriebskonzepten. Durch die in vielen Unternehmen nach wie vor betriebene Konzentration auf *Kernkompetenzen* sinkt die Fertigungstiefe, so dass die Entwicklung immer leistungsfähigerer Methoden der Standardisierung und Flexibilisierung begünstigt wird. Im Automobilbereich wurde dies schon frühzeitig durch die *Plattformfertigung*, die Fertigung verschiedener Automobilmodelle, die auf einer gemeinsamen „Plattform" basieren, umgesetzt. All dies ermöglicht eine hohe Mobilität und Anpassungsfähigkeit der Akteure an Marktgegebenheiten bei gleichzeitig wachsender Standortkonkurrenz.

> „Die Firma American Standard, einer der weltweit größten Anbieter von Badezimmerausstattungen, vertrieb früher eine Palette von auf regionale Märkte zugeschnittenen Standardprodukten über Produktionsstätten, die in verschiedenen Weltregionen angesiedelt waren. In den 1990er-Jahren befanden sich die Konstruktionsbüros des Unternehmens in Mailand, die ingenieurtechnische Abteilung in der Nähe von München, der Formenbaubetrieb in Frankreich und die Produktionsanlagen in Deutschland, Mexiko und Korea. Dank seines innerbetrieblichen Kommunikationsnetzes konnte das Unternehmen diese diversen Einrichtungen sowie seine Finanz-, Verwaltungs- und sonstigen Abteilungen mit seinem weltumspannenden Verkaufsnetz integrieren und war so in der Lage, Kunden überall in der Welt eine breit gefächerte Produktpalette anzubieten. Es konnte so direkt auf den Geschmack und die Anforderungen seiner Kunden eingegangen werden, ohne dabei auf eine Vielzahl differenzierter und vergleichsweise ineffizienter nationaler oder regionaler Produktionseinrichtungen zurückgreifen zu müssen."
> Quelle: Hart 1996, S. 274.

Im Bereich des Handels verstärkt sich die Globalisierung durch die immer weiter zunehmende Bedeutung von *E-Commerce*. So weisen die meisten Formen des klassischen Einzelhandels inzwischen fast nur noch Vorteile im sozialen und psychologischen bzw. im Servicebereich auf, sind in ökonomischen Aspekten jedoch meist unterlegen, so dass hier konsequenterweise der Unterhaltungs-, Erlebnis- und soziale Wert zu Wettbewerbsvorteilen ausgebaut werden.

Diese Entwicklung geht einher mit einer tendenziell *sinkenden Bedeutung des Faktors Arbeit* im Produktionsprozess. Arbeit wird immer weniger zum Träger von Know-how, vielmehr wird menschliches Wissen durch in Sachkapital umgesetztes und dort gebundenes Wissen ersetzt. Der damit einhergehende Automatisierungsprozess führt zu einer laufenden

Substitution von Arbeit durch Kapital. Dies gilt im Prinzip sowohl für maschinenunterstützte Arbeit als auch für qualitativ hochwertige Steuerungs- und Aufsichtsfunktionen. Da Arbeit hierbei immer mehr zu einem austauschbaren Kostenfaktor wird, schwindet auch der komparative Vorteil der klassischen Industrieländer: Kapital ist überall einsetzbar, Hilfsfunktionen können überall wahrgenommen werden und auch die höher qualifizierten Funktionen können in einem immer noch zunehmendem Maße von einer wachsenden Anzahl immer besser ausgebildeter Fachkräfte in den Schwellenländern, gegebenenfalls mit Unterstützung von Fachkräften aus den Industrieländern (*expatriates*), wahrgenommen werden. Dies gilt inzwischen auch für unterstützende Tätigkeiten des tertiären Sektors, wie Entwicklungs- und Marketingfunktionen oder die bereits genannten Steuerungs- und Aufsichtsfunktionen. Gleichzeitig wird damit die *Ausbreitung* des *technischen Fortschritts* beschleunigt, so dass immer mehr Länder in der Lage sind, ähnliche Produkte in vergleichbarer Qualität aber zu sinkenden Kosten bereitzustellen. Die neuen Industrieländer, wie Südkorea, Taiwan und Singapur, und die neuen Schwellenländer, wie die BRICS- oder die ASEAN-Länder bestätigen dies eindrucksvoll.

Auch wenn dieser Trend nach wie vor intakt ist, so ist doch zu beobachten, dass sich zumindest in Teilmärkten, bei denen schnelle Reaktionen auf Kundenwünsche und Markttrends gefragt sind, Rückverlagerungen von Produktionsstätten von Asien nach Osteuropa, z. T. aber auch schon nach Westeuropa zu beobachten sind. Gründe hierfür sind steigende Lohnkosten in den früheren Billiglohnländern, insbesondere für Fach- und Führungskräfte, die im Vergleich zu den Industriestaaten geringere Bedeutung des *rule of law,* also die zunehmende negative Auswirkung von Rechtsunsicherheiten und die doch vergleichsweise zeitintensiven Transportwege von Asien nach Europa.

3.2.4 Zunehmender internationaler Wettbewerb

Seit Mitte der 1980er-Jahre hat der weltweite Wettbewerb an Intensität zugenommen. Er zeichnet sich aus durch eine ständig eskalierende Rivalität zwischen den Unternehmen, ein immer aggressiveres Ringen um Marktanteile und vor allem durch immer kürzere Innovations-, Design- und Produktzyklen aus. Ursachen sind – wie oben beschrieben – u. a. der steigende Kostendruck, die zunehmende Anzahl von internationalen Wettbewerbern, die durch die technologischen Innovationen sinkenden Eintrittsbarrieren in neue Märkte und die damit zunehmenden Möglichkeiten in fremde Märkte vorzudringen. Unternehmen sind gezwungen, sich den aus diesen Entwicklungen ergebenden Herausforderungen zu stellen und sich mit ihren Geschäftsideen und Marketingkonzepten, ihren Organisations- und Leitungsstrukturen, ihren Produktions- und Kostenstrukturen und vor allem ihren kundenbezogenen Leistungen auf diesen immer intensiver werdenden Wettbewerb einzustellen. Daraus ergibt sich sowohl die Notwendigkeit die global günstigsten Produktionsmöglichkeiten zu nutzen, als auch die Kundenorientierung und -nähe durch internationale Präsenz voranzutreiben.

Zunehmender Wettbewerb beschleunigt Globalisierung und führt auch bei Unternehmen, die sich der Globalisierung noch weitgehend entziehen konnten, dazu, sich strategisch in diese Richtung zu entwickeln.[4] Dabei wurde der klassische Außenhandel mit Gütern und Dienstleistungen seit Beginn der 1990er-Jahre zunehmend durch grenzüberschreitende Investitionen, durch komplementäre Serviceangebote und neuartige Finanzierungsstrukturen ergänzt. Diese auf Unternehmensebene stattfindenden Prozesse führten auf nationaler und internationaler Ebene zu einer Beschleunigung des wirtschaftlichen und gesellschaftlichen *Strukturwandels*.

3.3 Soziokulturelle Rahmenbedingungen

Gesellschaften, die sich einst durch die engen Bindungen an Traditionen, Religion und lokale Gemeinschaften auszeichneten, verloren unter dem Einfluss der schnellen wirtschaftlichen Entwicklung, der Auswirkungen der Informations- und Kommunikationstechnologien und der „modernen" global kommunizierten Verhaltensweisen, Werte und Konsumvorstellungen ihre Bindungskraft und vor allem ihre normsetzende Wirkung für ihre Mitglieder. Die Menschen wurden dadurch zugleich freier und bindungsloser und damit offener für Einflüsse, die von globalen Akteuren genutzt werden (können).

So führen die *dualen Wirtschaftsstrukturen* in Entwicklungsländern, also das Nebeneinander von häufig ländlich-traditionalen Wirtschaftsformen und hoch entwickelten Metropolen, zu einer zunehmenden Lockerung sozialer Bindungen an Familie und Abstammungsregion. Religiöse Vorschriften, traditionelle Bräuche und Normen verlieren für einen wachsenden Teil der Bevölkerung gegenüber den „neuen" Werten des modernen Sektors an Bedeutung. Diese meist westlich geprägten Werte, wie Individualismus und Rationalismus, gehen einher mit den Prozessen der Industrialisierung und späteren Globalisierung, wie Rationalisierung und Ökonomisierung aller Lebensbereiche, Technisierung und beruflicher Differenzierung und Spezialisierung. Dieser Wertewandel wird zudem maßgeblich beeinflusst von den Folgen der durch die mangelhaften ökonomischen Bedingungen verursachten Landflucht und der daraus resultierenden Verstädterung sowie andererseits durch die mit weltweit ähnlichen Inhalten werbenden und argumentierenden Massenmedien.

In den Industrieländern dagegen setzt sich der Trend zur multikulturellen Gesellschaft fort. Die Fähigkeit, die Globalisierungsanforderungen und -einflüsse produktiv zu verarbeiten, scheint von der Integrationsfähigkeit und -willigkeit dieser Gesellschaften abzuhängen. Auch wenn diese mit dieser Aufgabe häufig noch überfordert erscheinen und es hier immer wieder zu Rückschlägen kommt, so hat es doch den Anschein, als ob die Einsicht in die Vorteile einer Integrationsstrategie und damit in die Notwendigkeit, eine solche zu entwickeln und konstruktiv umzusetzen, zunimmt.

---

[4] Aus diesem Grund ist Wettbewerb zum einen Ursache und Beschleuniger, aber auch gleichzeitig Folge der Globalisierung, vgl. Abschn. 7.3 in diesem Buch.

Insgesamt befinden sich daher viele Gesellschaften in unterschiedlichen Stadien von Transformationsprozessen von statischen zu dynamischen Gesellschaften bzw. von Gesellschaften, in denen Veränderungsprozesse mit unterschiedlicher Intensität und Geschwindigkeit stattfinden. Damit verstärken sich auch Angleichungsprozesse trotz weiter bestehender kultureller Unterschiede: nationale Gesellschaften werden immer mehr Teil einer globalen Gesellschaft. Analog dazu werden fremde Länder schon lange nicht mehr als feindliche Welten, sondern als zusätzliche Märkte bzw. als Teil des Weltmarkts gesehen.[5]

Aus diesen Entwicklungen ergeben sich neue Absatz-, Produktions- und Beschäftigungsmöglichkeiten: Die *Mobilität* der Menschen in immer mehr Ländern nimmt zu. Gleichzeitig erhöhen sich auch die Einsatzmöglichkeiten der Menschen, da auch weltweit die Bedeutung von Bildung und Ausbildung erkannt wird: Das Arbeitskräftepotenzial, insbesondere die Anzahl der qualifizierten Arbeitskräfte nimmt zu. So stieg allein zwischen 1970 und 1992 der Anteil der Entwicklungsländer, einschließlich der Schwellenländer, am weltweiten Arbeitskräftepotenzial nur von 79 % auf 83 %, während gleichzeitig ihr Anteil an den besser gebildeten Arbeitskräften von etwa einem Drittel auf fast 50 % anstieg (Weltbank 1995, S. 61).[6] Gleichzeitig nahmen durch die tendenzielle Erhöhung des Wohlstands und die Angleichung der weltweiten Konsumstandards die Absatz- und damit auch die Produktionsmöglichkeiten in diesen Ländern überproportional zu.

Die Veränderungen der Rahmenbedingungen können als eine Folge dynamischer Prozesse gesehen werden, die sich wechselseitig beeinflussen oder sich sogar gegenseitig verstärken. Diese Prozesse verlaufen keineswegs linear und sind durch Krisen, Rückschläge und nationale Gegentendenzen geprägt. Dennoch sind sie wesentliche Treiber einer Globalisierung, die zwar zeitweise krisenbedingte Rückschläge hinnimmt, aber hieraus bislang stets gestärkt – mit erstaunlichen Zuwachsraten der wesentlichen Indikatoren – hervorgeht.

> **Historische Parallelen**
> Zu den dargestellten Entwicklungen lassen sich einige Parallelen zu einer ersten großen „Globalisierungswelle" ziehen, die sich zwischen der Mitte des 19. Jahrhundert und dem Beginn des Ersten Weltkriegs vollzog. Auch damals war ein massiver Anstieg der grenzüberschreitenden Güter- und Kapitalströme und umfangreiche Arbeitskräftewanderungen, meist europäischer Einwanderer in die USA, zu verzeichnen. Die industrielle Revolution sorgte u. a. für bahnbrechende Erfindungen im Transportbereich, wie dem Dampfschiff oder der Eisenbahn, und im Kommunikationsbereich, wie der Telegrafie oder dem Telefon. Es gab internationale Finanzkrisen, die ausgelöst wurden durch Kursstürze argentinischer Eisenbahnanleihen, deutscher Schatzbriefe

---

[5] Diese Entwicklung wurde von *McLuhan* schon 1962 als Entwicklung der Welt zu einem *Global Village* skizziert; vgl. McLuhan 1962.
[6] Hierzu passt, dass 2015 – in Erfüllung eines Millenium-Entwicklungsziels – mehr als 90 % aller Kinder in Entwicklungsländern immerhin eine Grundschulausbildung absolvieren, vgl.: www.undp.org/content/undp/en/home/librarypage/mdg.html.

oder lettischer Regierungsanleihen. Die aus diesen Ereignissen gezogenen politischen Schlussfolgerungen lassen sich mit ähnlichen Überlegungen heute vergleichen. So wurde auf dem ersten Kongress des britischen Gewerkschaftsdachverbandes TUC unter anderem gefordert, sich mit der Konkurrenz aus den asiatischen Kolonien auseinanderzusetzen, sowie die britischen Aus- und Fortbildungsstandards denen der ausländischen Wettbewerber anzupassen.

Dennoch darf die Vergleichbarkeit nicht überstrapaziert werden: Entscheidende Unterschiede sind, dass von der ersten Globalisierungswelle nur sehr wenige Länder berührt wurden, die grenzüberschreitenden Volumina absolut gesehen eher klein und Tempo und Intensität vergleichsweise gering waren (Friedman 1999, S. 14 ff.).

Literatur

Bryan, L., et al. (2000). *Die neue Weltliga. Wie Unternehmen von grenzenlosen Märkten profitieren.* Frankfurt/New York.
Bühl, A. (1997). *Die virtuelle Gesellschaft. Ökonomie, Politik und Kultur im Zeichen des Cyberspace.* Opladen.
Bundesverband der Deutschen Industrie (BDI). (2002). *Außenwirtschaftsreport* 4/2002.
Busse, M. (o. J.). *HWWA Discussion Paper Nr. 166.*
Friedmann, T. (1999). *Globalisierung verstehen.* Berlin.
Hart, M. (1996). *Der nächste Schritt: Aushandlung von Regeln für eine globale Wirtschaft.* In OECD (Hrsg.), Neue Dimensionen des Marktzugangs im Zeichen der wirtschaftlichen Globalisierung (S. 269–295). Paris.
McLuhan, M. (1962). *The End of Geography.* Toronto.
Reimann, H. (2002). *Globalisierung: Die universelle Herausforderung.* Konstanz.
Siemens. (Hrsg.). (2002). *Globalisierung aus Sicht der Wirtschaft.* Erlangen.
Weltbank. (1995). *Weltentwicklungsbericht 1995.* Washington, DC.
Zerdick, A., et al. (1999). *European Communication Council Report: Die Internet-Ökonomie. Strategien für die digitale Wirtschaft.* Berlin/Heidelberg.

Links

Millenium Development Goals (MDG). www.undp.org/content/undp/en/home/librarypage/mdg.html. Zugegriffen im Nov 2015.

Erscheinungsformen der Globalisierung 4

Wirtschaftliche Globalisierung zeigt sich vor allem darin, dass die grenzüberschreitenden Verflechtungen und Vernetzungen, und damit alle wichtigen Formen grenzüberschreitender wirtschaftlicher Aktivitäten insbesondere seit Mitte der 1980er-Jahre, zum Teil erheblich schneller zunahmen als die globale Produktion. Indikatoren sind hier im Wesentlichen:

- der grenzüberschreitende *Güter- und Dienstleistungshandel*, der einen globalen Güter- und Dienstleistungsmarkt entstehen ließ,
- die grenzüberschreitenden *Finanzströme* auf einem inzwischen global integrierten Weltkapitalmarkt,
- die grenzüberschreitenden *Investitionen* (Direktinvestitionen) sowie die grenzüberschreitenden Unternehmenszusammenschlüsse, die zu einer Internationalisierung der Produktion führten und schließlich
- die weltweite *Arbeitsmigration*, die für viele Bereiche internationale Arbeitsmärkte entstehen ließ.

Die Entwicklung verlief keineswegs kontinuierlich, sondern wurde durch die verschiedenen Wirtschafts- und Finanzkrisen (1991/1992; 2001/2002; 2007/2009) unterbrochen. Die dadurch verursachten Rückschläge wurden jedoch rasch wieder kompensiert. Abb. 4.1 zeigt die Entwicklung der einzelnen Indikatoren im Überblick. Dabei wird deutlich, dass die Wachstumsraten aller Globalisierungsindikatoren – bis auf die Migrationsdaten – deutlich über der Wachstumsrate des Weltsozialprodukts liegen. Das heißt, der internationale Handel, der Güter- und der Dienstleistungshandel, sowie die Finanzmarktindikatoren, der internationale Handel mit ausländischen Währungen und die Auslandsinvestitionen, weisen in den letzten 25 Jahren in jedem Jahr (!) jeweils etwa doppelt so hohe Zuwachsraten auf, wie diejenige der international erzeugten Güter und Leistungen.

Indikator	Volumen in Bio US$				Wachstum p.a. 1990–2013
	1990	2000	2010	2013	
Internationaler Handel (Güter + Dienstleistungen) [1)]	3,8	5	19	23[6)]	9 %
Internationale Devisentransaktionen (pro Tag) [2)]	0,6	2	4	5	10 %
Direktinvestitionen [3)] (FDI) Bestand im Ausland (outward stock)	2,3	19	21	26[7)]	11 %
Migration Mio Menschen im Ausland lebend [4)]	154	175	221	247	2 %
Zum Vergleich: Weltsozialprodukt [5)]	22,5	33	65	76	5 %

Quellen:
1) WTO: International Trade Statistics div. Jahre;
2) BIZ;
3) UNCTAD WIR; div. Jahre;
4) UN_MigrantStock_2013T1-1.xls (Table 1), MigrationandDevelopmentBrief24.pdf;
5) WorldBank: knoema.de/mhrzolg/gdp-statistics-from-the-world-bank#World; Eigene Berechnungen, Zahlen gerundet (1980: 11)
6) 2012 ; 7) 2014

Abb. 4.1 Indikatoren der Globalisierung

4.1 Internationaler Güterhandel

Die Entwicklung der grenzüberschreitenden Handelsbeziehungen kann als Basisindikator für die Globalisierung herangezogen werden. Der allgemeine Vorteil des Außenhandels liegt darin, dass dieser es den beteiligten Ländern ermöglicht, sich auf den Auf- und Ausbau derjenigen Wirtschaftssektoren und Produktebereiche zu konzentrieren, bei denen sie im Vergleich mit dem Ausland über komparative Vorteile verfügen und sie sich somit in die Lage versetzen nationale wie internationale Potenziale der Arbeitsteilung besser zu nutzen. Der Außenhandel ist eine schon immer praktizierte Möglichkeit, die Begrenztheit des nationalen Marktes aufzuheben und das Warenangebot auf dem Inlandsmarkt auszuweiten und gleichzeitig die Beschäftigungs- und Gewinnmöglichkeiten durch die Wahrnehmung von Absatzmöglichkeiten auf Auslandsmärkten zu erhöhen. Da hier jedoch „lediglich" Güter die Grenzen überschreiten und Handelsbeziehungen grundsätzlich jederzeit unterbrochen werden können, können diese nur eingeschränkt als Globalisierungsbeleg herangezogen werden.

Eine wichtige Rolle bei der Ausweitung des internationalen Handels spielte das *Allgemeine Zoll- und Handelsabkommen* GATT, ein im Oktober 1947 von 23 Staaten in Genf unterzeichnetes Vertragswerk, das als Forum für acht internationale Verhandlungsrunden (*Welthandelsrunden*) über den Abbau von Handelsschranken diente. Ein wichtiger Schritt zur Intensivierung der Globalisierung waren dabei insbesondere die Beschlüsse der letzten abgeschlossenen GATT-Verhandlungsrunde, der Uruguay-Runde, die 1993 beendet wurde. Zudem wurde hier die Gründung der *Welthandelsorganisation* WTO beschlossen, der der 2015 schon 161 Staaten angehören und deren Regeln von weiteren Staaten angewandt werden. Die erste im Rahmen der WTO durchgeführte Welthandelsrunde wurde bereits 2001 in Doha (Katar) begonnen (Doha-Runde), konnte allerdings bis Ende 2016 immer noch nicht abgeschlossen werden.[1]

Wichtige Ergebnisse der letzten GATT-Verhandlungsrunde 1986 bis 1993

1. Die *Zölle für Industrieprodukte* wurden bis zum Jahre 2003 in fünf Stufen um durchschnittlich 40% gesenkt. Die Handelsbedingungen für Textilien wurden in das GATT-System integriert. Zudem wurden Standards für *Dumping* schärfer formuliert und der Ablauf von Antidumping-Verfahren genau festgelegt.
2. Das *Allgemeine Abkommen über Dienstleistungshandel*, GATS, das hier beschlossen wurde, bezieht sich grundsätzlich auf alle Dienstleistungsbereiche, also beispielsweise auf grenzüberschreitende Transporte oder touristische Dienstleistungen. Hier wurden, ähnlich wie beim Warenverkehr, die GATT-Prinzipien der *Inländerbehandlung* und *Meistbegünstigung* vereinbart: Ausländische Dienstleistungsunternehmen müssen wie Inländer behandelt werden, zudem müssen Vorteile und Vergünstigungen, die einem Mitgliedsland gewährt werden, auch allen anderen Mitgliedsländern eingeräumt werden. Folge dieser Vereinbarung ist, dass viele nationale Schutzregelungen vereinheitlicht wurden und das Niederlassungsrecht liberalisiert wurde.[2] Für Telekommunikations- und Finanzdienstleistungen wurden Sonderabkommen geschlossen. Ausgenommen von den Liberalisierungsregeln bleiben lediglich der Seeverkehr und der Handel mit Film- und Fernsehrechten.
3. Mit einem *Abkommen zum Schutz geistiger Eigentumsrechte* (TRIPs) wurde der Tatsache Rechnung getragen, dass mit dem Handel von Gütern immer auch immaterielle Leistungen verknüpft sind, die häufig erst den eigentlichen Wert der Güter ausmachen und deren Urheber vor unzulässiger Nutzung der Rechte geschützt werden sollen. Hierbei geht es im Wesentlichen um die Verbesserung des Urheberschutzes für Marken und Patente, sowie für künstlerische Produkte, wie Musikstücke und Bücher und um Computerprogramme, um zu vermeiden, dass Produkt- und Patent-Piraterie, illegale Softwarekopien und sonstige Nachahmungen den Handel mit den Originalen beeinträchtigen.

Quelle: Koch 2006, S. 165 ff.

---

[1] vgl. u. a. www.bmwi.de/DE/Themen/Aussenwirtschaft/Handelspolitik/wto,did=615530.html.
[2] vgl. hierzu auch Abschnitt 4.2.

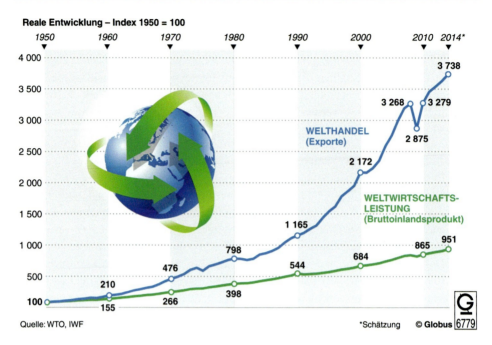

Abb. 4.2 Handel in der globalisierten Welt

Die erfolglosen Bemühungen der WTO die Doha-Runde abzuschließen veranlasste viele WTO-Mitglieder dazu, bilaterale Handelsabkommen mit ihren wichtigsten Handelspartnern abzuschließen. Beispiele hierfür sind die derzeit viel diskutierten EU-Abkommen mit Kanada (CETA) und den USA (TTIP) (vgl. Abschnitt 11.2.3) (Abb. 4.2).

4.2 Internationaler Dienstleistungshandel

Grenzüberschreitende Dienstleistungsbeziehungen umfassen eine große Spannbreite von Transaktionen, die sowohl im eigenen Land für das Ausland bereitgestellt werden, als auch im Ausland direkt angeboten und wahrgenommen werden, wobei sie entweder einmalig stattfinden oder über Repräsentanzen und Agenturen auf Dauer angelegt sein können.

> **Das General Agreement on Trade in Services (GATS) unterscheidet:**
>
> - Bei *grenzüberschreitenden Dienstleistungen* überschreiten nur die Dienstleistungen die Grenze jedoch keine Personen. Beispiele sind die grenzüberschreitende Bereitstellung von Informationen (Online-Dienste, Makler etc.), Beratung durch Brief, Telefon, Internet etc. oder die Inspruchnahme von Transportleistungen eines ausländischen Anbieters.

- Nehmen Inländer Dienstleistungen im Ausland in Anspruch, bzw. umgekehrt, so handelt es sich um *Dienstleistungsnutzung im Ausland* (bzw. um ausländische Nutzung von Dienstleistungen im Inland). Typische Beispiele hierfür sind Leistungen im Rahmen des Auslandstourismus, also etwa die Inanspruchnahme von Hotel-, Verpflegungs-, Transport- oder Bankdienstleistungen durch Ausländer.
- Überschreitet der inländische Dienstleistungserbringer die Grenze, um die Dienstleistung im Ausland zu erbringen (bzw. umgekehrt), so handelt es sich um *Dienstleistungserbringung durch Präsenz*. Diese Dienstleistungen können sowohl durch sich vorübergehend im Ausland befindliche natürliche Personen, wie Berater, Vermittler oder Agenten oder durch juristische Personen, also etwa Repräsentanzen des Dienstleistungsanbieters im Ausland erbracht werden.
- Schließt ein inländischer Kunde mit einem ausländischen Versicherungsunternehmen eine Versicherung ab, kann dies durch das Zusenden eines Vertragsformulars und die entsprechende Rücksendung, durch den Besuch des Kunden am ausländischen Sitz des Unternehmens, durch den Besuch eines ausländischen oder durch die inländische Agentur des ausländischen Unternehmens zustande kommen. In allen Fällen wird eine ausländische Dienstleistung von einem inländischen Kunden in Anspruch genommen, sodass aus Sicht des Inlands ein *Dienstleistungsimport* stattfindet.

Quelle: Hummer und Weiss 1998, S. 1008.

Für die Entwicklung des internationalen Dienstleistungsaustausches sind insbesondere *unternehmensbezogene Dienstleistungen* von Bedeutung, vor allem solche, die Unternehmen im Zusammenhang mit Handelsbeziehungen oder Investitionsvorhaben im oder aus dem Ausland beziehen sowie jene, die in engem Zusammenhang mit der Ausweitung des internationalen Reiseverkehrs oder mit der Entwicklung der internationalen Finanzbeziehungen stehen. Ein erheblicher Teil dieser unternehmensbezogenen Dienstleistungen steht in engem Zusammenhang mit dem *Güterhandel*, wie etwa die Nutzung ausländischer Transportunternehmen, die Informationsbeschaffung, die Inanspruchnahme von Beratung bezüglich globaler Ein- und Verkaufsaktivitäten (*global sourcing* und *global selling*), die Leistungen ausländischer Telekommunikationsanbieter, Bank- und Versicherungsdienstleistungen, Service- und Reparaturleistungen, die Inanspruchnahme ausländischer Dienstleister für Werbung, Marketing oder Messegestaltung oder gegebenenfalls Konstruktions- und Montageleistungen. Viele Dienstleistungen basieren auf einem direkten persönlichen Kontakt zum Kunden. Die Möglichkeit, zusätzliche Marktchancen im Ausland wahrnehmen zu können, setzt daher entweder eine intensive Reisetätigkeit oder Investitionen im Ausland voraus, dies ist für Güterexporte nur bedingt der Fall.

Das Welt-Bruttoinlandsprodukt belief sich 2013 auf etwa 76 Bio US$ und war damit mehr als dreimal so hoch wie 1990. Das international gehandelte Güter- und Dienstleistungsvolumen wuchs im gleichen Zeitraum auf etwa das Sechsfache. Damit wurde 2013 etwa 30 % des Weltsozialprodukts grenzüberschreitend gehandelt (im Jahr 2000 lag der Anteil noch bei etwa 25 %, 1950 bei 7 %). Umgekehrt bedeutet dies aber auch, dass etwa 70 % der weltweit erzeugten Güter und Dienstleistungen nur national gehandelt werden. Bei diesen Überschlagrechnungen bleiben Mehrfacherfassungen ausgeklammert.

Abb. 4.3 zeigt die Entwicklung bei einer besonders typischen Form des internationalen Dienstleistungshandels, dem grenzüberschreitenden Reiseverkehr.

Abb. 4.3 Internationaler Reiseverkehr

4.3 Internationaler Kapitalverkehr

Grenzüberschreitende Finanztransaktionen sind entweder zwangsläufige Folge von realen Transaktionen, also im Wesentlichen von Handels- oder Investitionsbeziehungen, oder sie dienen Spekulations- oder Anlagezwecken. Richtung und Volumen von internationalen Finanztransaktionen werden bestimmt von den unterschiedlichen Ertragserwartungen und der individuellen Risikobereitschaft. Grundsätzlich wird das Kapital vorzugsweise dorthin fließen, wo es unter Berücksichtigung eines individuell tolerierten Risikos nach Maßgabe der erwarteten Rendite am knappsten ist. Die diversen Finanzkrisen der letzten Jahrzehnte haben deutlich gemacht, dass Kapital, das überwiegend aus spekulativen Erwägungen einem Land zufließt, auch äußerst schnell wieder abgezogen werden kann. Längerfristige, von Vertrauen in die politisch-ökonomische Entwicklung des jeweiligen Landes getragene Investitionen sind daher ein bedeutender Indikator für eine dauerhafte finanzielle Vernetzung von Staaten.

Die wichtigsten Ursachen für das rasche Anwachsen der internationalen Finanzströme unterscheiden sich grundsätzlich nicht von den schon zuvor genannten Ursachen. Im Wesentlichen brachte jedoch die nach dem Zusammenbruch des festen Wechselkurssystems von *Bretton Woods* notwendige Neugestaltung der internationalen Währungsbeziehungen ab Mitte der 1970er-Jahre praktisch alle ökonomisch wichtigen Länder dazu, ihre Kapitalmarktkontrollen schrittweise zu beseitigen, ein Prozess, der Anfang der 1990er-Jahre weitgehend abgeschlossen war und den internationalen Akteuren eine Vielzahl zusätzlicher und neuartiger Möglichkeiten für Finanzierungen und Anlagen und damit auch für spekulative Finanztransfers eröffnete. Neben dieser *Liberalisierung* des grenzüberschreitenden Kapitalverkehrs und den weitreichenden *Deregulierungen* der nationalen Finanzmärkte verbesserte sich die Informationsqualität, reduzierten sich Reaktionszeiten und Kosten für internationale Finanztransaktionen, vor allem auch durch die in rasantem Tempo stattfindende *Entwicklung der Informations- und Kommunikationstechnologie*.

> Die Globalisierung der Finanzgeschäfte, welche lange Zeit durch direkte Bank-Kunden-Beziehungen geprägt waren, wurde massiv begünstigt durch die Entstehung eines Marktes für *commercial papers* (z. B. *Euronotes*) in den späten 1960er-Jahren. Hierbei handelt es sich um (kurzfristige) Geldmarktpapiere, meist mit einer Laufzeit von 30 bis zu 270 Tagen, die von Großunternehmen zwecks Kapitalbeschaffung über Broker auf den Finanzmärkten platziert werden. In den 1980er-Jahren setzte dann ein genereller Trend zur *securitization* ein, zur Verbriefung von Krediten und Einlagepositionen, sodass diese nun auch auf Sekundärmärkten, auf Märkten für bereits platzierte Wertpapiere, gehandelt werden konnten. Diese Entwicklung wurde in den 1990er-Jahren verstärkt durch die Entwicklung einer Vielzahl neuer Finanzierungsinstrumente *(Finanzinnovationen)*, die zunächst zur Abdeckung von Risiken entwickelt

> wurden (*hedging*), inzwischen aber für kurzfristige Devisenspekulationsgeschäfte eingesetzt werden. Verbriefte Kreditforderungen, in diesem Fall für gebündelte und neu zusammengestellte US-amerikanische Hypothekenkredite, sog. Collateralized Debt Obligations (CDOs), waren auch der Auslöser für die Finanz- und Wirtschaftskrise 2007/2008, aus der sich die Europäische Staatsschuldenkrise ab 2010 entwickelte.

Aufgrund des sprunghaften Anwachsens der internationalen Finanzströme entwickelten sich die ursprünglich nationalen Finanzmärkte zu *internationalen Finanzmärkten*, auf denen in wachsendem Umfang Transaktionen in den verschiedensten Währungen getätigt werden, wobei allerdings nach wie vor über 50 % aller internationalen Finanztransaktionen auf den vier großen Finanzplätzen London, New York, Hongkong und Singapur abgewickelt werden, vgl. Abb. 4.4.

Über zwei Drittel der weltweiten Bankenaktiva sind in den Finanzzentren der USA und der EU konzentriert. Hier werden zudem über drei Viertel der weltweiten Erträge aus dem Investmentbanking erwirtschaftet und drei Viertel aller Aktienderivate weltweit gehandelt. Außerdem sind hier über 70 % aller Schuldtitel aus dem privaten und öffentlichen Sektor und knapp 80 % aller ausstehenden Zinsderivate registriert, knapp drei Viertel aller neuen internationalen Schuldtitel werden hier emittiert. Mit rund zwei Dritteln der weltweiten Aktienmarktkapitalisierung sind die traditionellen Börsen in den USA, der EU, Japan, Hongkong und Singapur weiterhin dominierend, zudem entfallen auf sie knapp 80 % des weltweiten Aktienhandels. Der Devisenhandel konzentriert sich dagegen auf

Centre	Rank	Rating
New York	1	785
London	2	784
Hong Kong	3	758
Singapore	4	754
Tokyo	5	722
Zurich	6	719
Seoul	7	718
San Francisco	8	708
Chicago	9	707
Boston	10	706

Abb. 4.4 Die 10 wichtigsten globalen Finanzplätze 2015 (Quelle: www.longfinance.net/images/GFCI17_23March2015.pdf; The Global Financial Centres Index 17March 2015)

London und Chicago, 70 % aller Transaktionen mit Devisenderivaten werden in den USA und der EU durchgeführt (Deutsche Bank Research 2010, S. 2 f.).[3]

Wichtige Merkmale des globalisierten Kapitalverkehrs sind freier Marktzugang für alle Interessenten, stark gesunkene Informations- und Transaktionskosten, hohe Gewinn und Verlustmöglichkeiten, hohe Transaktionsfrequenz und große Transaktionsvolumina, bei gleichzeitig sinkenden Aufsichts- und Einflussmöglichkeiten nationaler Organe und damit auch einer allgemein hohen systemischen Krisenanfälligkeit.

Merkmal und Folge der Finanzmarktglobalisierung sind ferner Kooperationen, Allianzen und Fusionen im Finanzsektor, und zwar für Banken und Versicherungen, wie auch für die Börsen selbst. Auch das Börsengeschehen ist inzwischen zu einem Markt ohne Grenzen geworden. Die Börsenplätze selbst sind dabei nur noch von sekundärer Bedeutung. Entscheidend sind die Rahmenbedingungen, das Handelsvolumen und damit die Liquidität der gehandelten Wertpapiere und die Leistungsfähigkeit der vorhandenen elektronischen Netze und Systeme, was u. a. dazu führt, dass der Parketthandel mit Wertpapieren nur noch eine geringe Rolle spielt. Das Wachstum internationaler Finanzmärkte zeigt sich beispielsweise an den in der Abb. 4.5 zusammengefassten Indikatoren.

Die internationalen Finanztransaktionen sind nur zu einem geringen Teil *induziert*, also Folge von realwirtschaftlichen Transaktionen des internationalen Handels- oder Dienstleistungsverkehrs, wie Handelskrediten oder notwendigen Devisentausch- oder Kurssicherungsgeschäften. Der weitaus größte Teil der internationalen Finanztransaktionen zählt zu den *autonomen* Transaktionen, also den langfristig orientierten Direktinvestitionen und vor allem den unabhängig von realwirtschaftlichen Geschäften kurzfristigen, meist aus spekulativen Überlegungen getätigten Finanzgeschäften. Zu letzteren zählen in erster Linie die mit dem Kauf und Verkauf von ausländischen Wertpapierenoder Finanzderivaten verbundenen Kapitaltransfers sowie die Aufnahme bzw. Gewährung von Krediten in Fremdwährungen.

Wachstum der globalen Finanzmärkte					
Jahr [1]	1990	1995	2000	2005	2010
Volumen der globalen Finanzmärkte (in Bio US-$) [2]	40	60	100	160	250

1) Zahlen stark gerundet, 2010: Schätzung
2) Summe aus weltweiter Aktienmarktkapitalisierung, Volumen an ausstehenden Rentenpapieren und Bankenaktiva der 100 größten Banken weltweit

Abb. 4.5 Wachstum der globalen Finanzmärkte (Quelle: Deutsche Bank Research 2010, S. 5, basierend auf verschiedenen öffentlichen Quellen, veränderte Darstellung)

---

[3] www.dbresearch.de/PROD/DBR_INTERNET_DE-PROD/PROD0000000000266888/Globale+Finanzzentren+nach+der+Krise.pdf.

Während das Verhältnis zwischen induzierten und autonomen Transaktionen kurz vor dem Zusammenbruch des festen Wechselkurssystems von Bretton Woods zu Anfang der 1970er-Jahre Schätzungen zufolge noch bei etwa 90:10 lag (Went 1997, S. 20), liegt der Anteil der induzierten Finanztransaktionen heute nur noch bei rund 1 %. Bei den autonomen Finanztransaktionen dominieren mit einem geschätzten Anteil von über 80 % an den gesamten internationalen Finanztransaktionen die *kurzfristigen*, spekulativ orientierten Transaktionen. Häufig handelt es sich hierbei um *Intra-Day-Geschäfte*, bei denen u. a. aus Zins- und Wechselkursschwankungen kurzfristige Spekulationsgewinne erzielt werden sollen. Hierbei dominieren mit *zinsorientierten Transaktionen* solche Finanztransaktionen, bei denen versucht wird, von durch Zinsänderungen verursachten Kursänderungen festverzinslicher Wertpapiere zu profitieren. Da es sich hierbei um grenzüberschreitende Transaktionen handelt, sind hiermit auch stets Devisentransaktionen verbunden. Bei *währungsorientierten Transaktionen* sind hingegen (erwartete) Wechselkursschwankungen Auslöser der Transaktionen. Auf neue Informationen oder Gerüchte reagieren die Finanzanleger häufig mit kurzfristigen Verlagerungen von Finanzströmen (*hot money movements*). Aufgrund der Kumulierung der eingesetzten Volumina gelingt es den Märkten in einer solchen Phase häufig die erwartete Reaktion einer Ab- bzw. Aufwertung herbeizuführen, es kommt zu einer *self-fulfilling prophecy*.

Die Reaktionsverbundenheit der Märkte, die hohe Kapitalmobilität und die erheblichen Volumina führen dazu, dass die *geld- und währungspolitischen Handlungsspielräume* der Nationalstaaten und damit deren Möglichkeiten, wirtschaftlichen Schieflagen durch den Einsatz wirtschaftspolitischer Instrumente zu begegnen, abnehmen. Da gleichzeitig die *Krisenanfälligkeit* der Finanzmärkte zunimmt, werden immer höhere Anforderungen an eine effiziente grenzüberschreitende Kooperation der nationalen Aufsichtsbehörden bei der Wahrnehmung von *Kontroll- und Aufsichtsaufgaben* gestellt.

Trotz der verschiedenen Finanz- und Wirtschaftskrisen stieg das Volumen des internationalen Devisenhandels in den letzten 25 Jahren kontinuierlich an. Während die Summe der bei allen Finanzinstitutionen gehandelten Devisentransaktionen zu Beginn der Globalisierung Ende der 1980er-Jahre noch rund eine halbe Billion US$ pro Tag (!) betrug, lag das Volumen 2015 (hochgerechnet) bei über 6 Bio US$ pro Tag, also bei über 1.500.000 Mrd. US$ pro Jahr.

Die mit Abstand wichtigste Tauschwährung ist nach wie vor der US-Dollar mit knapp 44 %, vor dem Euro, dessen Bedeutung leicht auf knapp 17 % zurückgegangen ist. Im Übrigen sind die fünf wichtigsten Währungen (US-Dollar, Euro, Japanischer Yen, Britisches Pfund und Australischer Dollar) an 82 % aller Devisentransaktionen beteiligt, vgl. Abb. 4.6.

4.4 Internationale Investitionen

Nach der gewachsenen Mobilität des Finanzkapitals wurde auch der *Produktionsfaktor* Sachkapital immer mobiler und globaler eingesetzt. Global orientierte Unternehmen treffen ihre Produktions- und Niederlassungsentscheidungen aufgrund von Marktbedingungen und

4.4 Internationale Investitionen

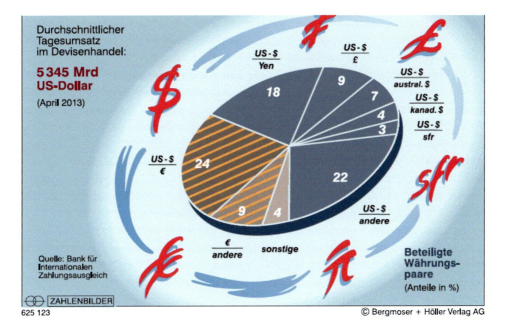

Abb. 4.6 Devisentransaktionen

Standortvorteilen. Die Globalisierung der Produktion, durch die Vorteile internationaler Arbeitsteilung noch intensiver wahrgenommen werden können, ist neben der Globalisierung der Finanzmärkte die auffälligste Erscheinungsform der wirtschaftlichen Globalisierung. Entsprechende Aktivitäten der Unternehmen schlagen sich nieder in dem rasch wachsenden Volumen der *Direktinvestitionen (Foreign Direct Investments, FDI)*. Dies sind grenzüberschreitende Kapitaltransfers, mit denen der Investor sich langfristig im Ausland engagieren und unmittelbar und dauerhaft auf die Geschäftstätigkeit des betreffenden kapitalempfangenden Unternehmens im Ausland Einfluss nehmen möchte.

Neben der weltweiten Liberalisierungswelle und den zunehmend kostengünstigeren Kommunikations- und Transportbedingungen spielt für Investitionsentscheidungen auch der ungehinderte Zugang zu Arbeitsmärkten mit niedrigen Kosten eine wichtige Rolle. Zudem erfordert die wachsende Kaufkraft und differenzierter werdende Nachfragerstrukturen in vielen Ländern immer häufiger eine Präsenz vor Ort.

Direktinvestitionen zielen somit auf den Aufbau oder die Erweiterung von Produktions- und Vertriebseinrichtungen im Ausland durch Neugründungen, Gemeinschaftsunternehmen zusammen mit ausländischen Partnern *(joint ventures)*, Fusionen oder Übernahmen ausländischer Unternehmen *(Mergers and Acquisitions, M&A)*, den Erwerb von Kapitalbeteiligungen bzw. die Erhöhung des Beteiligungskapitals an ausländischen Unternehmen, einschließlich der Kreditvergabe und der Reinvestition von Gewinnen. Im Fall einer *De-Investition* wird entsprechend das unternehmerische Engagement verringert: Es werden Unternehmen oder Unternehmensanteile verkauft, Kredite getilgt oder Gewinne nicht im Land reinvestiert, sondern an die Muttergesellschaft ausgeschüttet. Direktinvestitionen, Unternehmensbeteiligungen ab 10 % des Kapitals oder Stimmrechts, unterscheiden sich somit von kurzfristigen spekulationsorientierten Finanztransaktionen wie auch von langfristigen renditeorientierten *Portfolioinvestitionen*. Allerdings lassen sich kurz- und langfristig orientierte Kapitalströme kaum zweifelsfrei voneinander trennen.

Die *Rolle von Direktinvestitionen* wurde lange kontrovers diskutiert. Noch in den 1980er-Jahren standen negative Wirkungen auf die Empfängerländer, wie etwa die Fremdbestimmung der Wirtschaft durch ausländische Unternehmen und die Abhängigkeit vom Ausland im Vordergrund. Heute werden ausländische Investitionen eher als Träger von neuen Technologien gesehen und damit als Möglichkeit, Zugang zu Innovationen und modernen Produktionsmethoden zu erhalten. Sie ermöglichen den Aufbau neuer Sektoren und durch Exporte eine Verbesserung der Devisenbilanz, vor allem schaffen sie jedoch zusätzliche und zunehmend auch qualifizierte Arbeitsplätze. Nach Schätzungen der ILO hatten 2008 etwa 130 Länder ca. 3.500 Sonderwirtschaftszonen *(export processing zones)* eingerichtet, in denen ausländische Unternehmer besonders vorteilhafte Produktionsbedingungen vorfinden, und die gezielte Förderung ausländischer Investoren unterstreicht diese Einschätzung. Dennoch dominieren schon seit Mitte der 1990er-Jahre Investitionen im tertiären Sektor, im Dienstleistungsbereich. Dies korrespondiert mit dem Bemühen im Ausland nicht nur zu produzieren, sondern die Kundenbeziehungen durch Service und Beratung zu verstärken.

Auch wenn Direktinvestitionen den autonomen Finanztransaktionen zuzurechnen sind, hängen sie doch in vielen Fällen mit Handelsströmen zusammen. So entschließen sich immer mehr Unternehmen ihre Geschäftsbeziehungen zu einem Abnehmerland durch Handelsniederlassungen, Repräsentanzen und später auch durch Produktionsstätten auszubauen. Hierdurch können reine Exportbeziehungen u. U. ersetzt werden, sie können sich aber auch auf andere Produkte verlagern, etwa wenn Unternehmen nur Teile ihrer Fertigung auslagern und damit verstärkt Halbfertigprodukte exportieren. Exporte können damit sogar steigen, auch wenn das betreffende Unternehmen nun in der Lage ist, aufgrund seiner neuen Präsenz neue Teilmärkte auch für andere Unternehmensprodukte zu erschließen. Abb. 4.7 zeigt die Entwicklung der Direktinvestitionen. Hier wird deutlich, dass diese äußerst sensibel auf Finanz- und Wirtschaftskrisen reagieren, sich aber im Anschluss daran auch wieder deutlich erholen. Ebenso zeigt die Darstellung den zunehmenden Bedeutungszuwachs der Entwicklungsländer, der allerdings zu über 50 % auf nur vier Länder (China, Hongkong, Singapur und Brasilien) zurückzuführen ist.

4.5 Internationale Migration

Vertrauen in die ökonomisch-politischen Verhältnisse und die Entwicklungsmöglichkeiten eines anderen Landes, gepaart mit der individuellen Bereitschaft zur *Mobilität*, sehr häufig aufgrund fehlender oder eingeschränkter Beschäftigungsmöglichkeiten im eigenen Land, sind Voraussetzungen für das Eingehen eines Arbeitsverhältnisses in einem anderen Land. Sofern es sich hierbei nicht lediglich um kurzfristige saisonabhängige Arbeiten handelt,

4.5 Internationale Migration

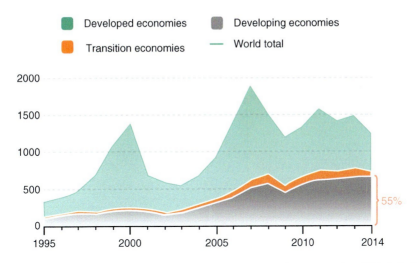

in Mrd. US$ Quelle: UNCTAD: World Investment Report 2015 (www.unctad.org/fdstatistics)

Abb. 4.7 Entwicklung der empfangenen Direktinvestitionen

sind auch diese *Wanderungsbewegungen des Produktionsfaktors Arbeit* ein Indikator für Globalisierung.

Allerdings ist die Mobilität von Arbeitskräften trotz der Tatsache, dass Arbeit in der Volkswirtschaftslehre als *mobiler Produktionsfaktor* bezeichnet wird, doch vergleichsweise begrenzt. Dies liegt zum einen an einer in vielen Ländern restriktiven Gesetzgebung, die den inländischen Arbeitsmarkt in erheblichem Umfang reguliert und den legalen Zuzug ausländischer Arbeitnehmer möglichst zu unterbinden sucht und andererseits an der Vielzahl kultureller und sprachlicher Schranken, die als eine Art natürlicher Barriere Wanderungsbewegungen von Arbeitskräften tendenziell erschweren. Damit sind die Arbeitsmärkte trotz der intensiven und kontroversen Integrationsdebatten eher „Nachzügler der Globalisierung" (vgl. Abb. 4.8).

Ende der 1990er-Jahre lebten weltweit etwa 150 Mio. Menschen außerhalb ihrer Herkunftsländer, 15 Jahre später waren es fast 300 Mio. Menschen, einschließlich der geschätzten Anzahl irregulärer bzw. illegaler Migranten, etwa doppelt so viele. Trotz dieser Steigerung hat sich die Mobilitätsrate nach Berechnungen der Weltbank seit den 1970er-Jahren nicht wesentlich verändert: etwa 3 - 4% der Weltbevölkerung leben und arbeiten außerhalb ihres Heimatlandes.

Bei den international mobilen Arbeitskräften handelt es sich im Wesentlichen um zwei Gruppen. Es sind Arbeitskräfte aus Ländern mit vergleichsweise niedrigen Löhnen und hoher Arbeitslosigkeit, wobei diese immer häufiger gut ausgebildet sind, aber keine adäquate Beschäftigung im Zielland finden (Koch 2010, S. 5) sowie gut und sehr gut qualifizierte

Internationale Migration	255 Mio
davon: Flüchtlinge	5 - 10%
zusätzlich: Irreguläre Migration	10 - 15%
aus: **Entwicklungsländern**	**184 Mio** (72%)
in: Entwicklungsländer (Süd-Süd)	94 Mio (37%)
Industrieländer (Süd-Nord)	89 Mio (35%)
Remittances	
gesamt	586 Mrd US$
davon: **in Entwicklungsländer**	**440**
zum Vergleich: 2000	85
zusätzlich: durch informelle Kanäle	ca. 50 %

Alle Daten: 2015, hochgerechnet oder geschätzt

Abb. 4.8 Daten zur Internationalen Migration (Quellen: World Bank 2008–2015; UNDP 2009; UNHCR 2011, 2014)

Fach- und Führungskräfte, die häufig Kernfunktionen in ausländischen Niederlassungen besetzen oder Spezialistenfunktionen wahrnehmen. Dies umfasst auch die Übernahme von Fachkraftfunktionen, wie die Besetzung von vakanten Stellen für Krankenpfleger und -schwestern oder von IT-Fachkräften.[4]

Migranten aus wirtschaftlich schwächeren Ländern stufen die Arbeitsmöglichkeiten in ihren Ländern als zu gering ein und hoffen gleichzeitig auf wirtschaftliche Chancen in den Zielländern. Von besonderer Bedeutung ist hierbei auch der rasch wachsende Bedarf an Arbeitskräften in den Schwellenländern, der häufig mit Einheimischen nicht mehr gedeckt werden kann und so zu Zuwanderungen von „Gastarbeitern" führt. Dies zeigt sich beispielsweise daran, dass die Zahl der Migranten, die in anderen Entwicklungsländern – häufig auch Nachbarländern – Arbeit suchen, etwa doppelt so groß ist, wie die Zahl derjenigen, die in Industrieländer emigrieren. Ist das Migrationsvolumen entsprechend groß, entstehen in den Zielländern durch räumliche Konzentrationen der Einwanderer häufig ethnische oder auch *multikulturelle Zentren*, die die Anziehungskraft verstärken und Neuankömmlingen die Eingliederung und Arbeitsaufnahme erleichtern.

Die durch Globalisierung und Wettbewerb gestiegenen Anforderungen an die Unternehmungen, sowie die globale Expansion und die steigenden Direktinvestitionen führen insgesamt zu einem höheren Bedarf an erfahrenen, mit interkultureller Kompetenz ausgestatteten *Fach- und Führungskräften*, die möglichst weltweit einsetzbar sind, für eine reibungslose

---

[4] Eine entsprechende Arbeitsnachfrage führt in den Arbeitskräfte „exportierenden" Ländern sehr schnell zu entsprechenden Reaktionen. Als in den 1990er-Jahren die Nachfrage nach ausländischen Ärzten in den USA zurückging, ließen sich viele philippinische Ärzte in privaten Ausbildungsinstitutionen ihres Heimatlandes zum Krankenpfleger umschulen, um ihre Aussichten auf einen gut bezahlten Job als Krankenpfleger in den USA zu verbessern.

Durchführung der Auslandsaktivitäten sorgen, aber auch neue Marktchancen entwickeln und steuern sollen. Damit ergeben sich Einsatzmöglichkeiten für Fachkräfte außerhalb ihres Heimatarbeitsmarktes, die diese auch deswegen wahrnehmen, weil globale Mobilität inzwischen zu den Karrierevoraussetzungen in global operierenden Unternehmen gehört. So bemühen sich Arbeitnehmer, die schneller vorankommen wollen, um meist zeitlich begrenzte Auslandspositionen; Freiberufler, die im Ausland größere Möglichkeiten der Selbstverwirklichung sehen, wandern aus, um im Ausland ihre Chance zu ergreifen und Menschen, die aus ihrem bisherigen Beruf aussteigen wollen, sehen vielfach im Ausland eher die Möglichkeit, einen neuen Beruf zu ergreifen (Riedel 1997; Koch 2012).

Dies korrespondiert mit der Notwendigkeit der *global player* in allen Bereichen, mit neuen Methoden und immer schneller ihre Wettbewerbsfähigkeit zu erhalten bzw. zu erhöhen. Voraussetzung hierfür sind kompetente, international und interkulturell denkende und handelnde Mitarbeiter, die zunehmend auf dem globalen Arbeitsmarkt gesucht und gefunden werden müssen. Dabei verstärkt sich im globalen Wettbewerb die Tendenz, die Gruppe der Fach- und Führungskräfte international zusammenzusetzen, was weitere Herausforderungen an die interkulturelle Kompetenz der betroffenen Personen mit sich bringt.

Wesentliche Voraussetzung für die Arbeitsaufnahme in anderen Ländern ist ein hohes Maß an Freizügigkeit. Dies ist jedoch, insbesondere im Vergleich mit den niedrigen Schranken für den Handel mit Gütern und Dienstleistungen, für Investitionen in anderen Ländern und für den gesamten internationalen Finanzverkehr, keineswegs grundsätzlich gegeben. Viele Länder schützen ihre nationalen Arbeitsmärkte vor fremden Arbeitskräften, die versuchen ihre Arbeitskraft zu für sie subjektiv günstigen Bedingungen außerhalb ihres Heimatlandes anzubieten. Dies bezieht sich beispielsweise auch auf die restriktive Anerkennung nationaler Bildungsabschlüsse und Qualifikationen, die sich wie „moderne Zollgrenzen" auf den globalen Arbeitsmärkten auswirken: Während Weltmärkte für Waren oder Kapital schon seit langem existieren, ist ein Weltmarkt für Arbeit immer noch Utopie.

Grundsätzlich haben Arbeitskräftewanderungen Auswirkungen auf die Arbeitsmärkte in den Ziel- wie in den Herkunftsländern. In den Zielländern können die zusätzlichen Arbeitskräfte entweder komplementär oder substitutiv eingesetzt werden. Sie haben eine komplementäre oder ergänzende Funktion, wenn sie diejenigen Arbeitsplätze einnehmen, die von einheimischen Arbeitnehmern nicht besetzt werden oder werden können. Qualifizierte Zuwanderer transferieren Know-how, weniger qualifizierte Zuwanderer begünstigen die Kapitaleigner in diesen Ländern und ermöglichen zum Teil erst bestimmte Produktionen. So wurde beispielsweise die Steigerung der Palmölproduktion in Malaysia im Wesentlichen durch zugewanderte indonesische Arbeitskräfte möglich. In einzelnen Ländern, etwa in Kanada, den USA, Australien oder Neuseeland waren Zuwanderer, meist aus Asien, häufig eine Quelle wirtschaftlicher Dynamik (Weltbank 1995, S. 78 ff.). Substituieren ausländische Arbeitskräfte in Form von zusätzlicher Arbeitskonkurrenz einheimische Arbeitskräfte, wird das Lohnniveau sinken oder die Arbeitslosigkeit zunehmen, mit der möglichen Folge sozialer und politischer Destabilisierungserscheinungen. Durch den sinkenden Zwang zur Rationalisierung und zur Substituierung von Arbeit durch Kapital verlangsamt sich der Strukturwandel und damit auch der Produktivitätsfortschritt in diesem Land.

In den *Herkunftsländern* verringern sich durch einen *brain drain*, also eine Abwanderung von qualifizierten Arbeitskräften, tendenziell die wirtschaftlichen Entwicklungsmöglichkeiten. Dies trifft insbesondere bei „Elitenwanderungen" zu, also bei der Emigration von Managern, Wissenschaftlern, Spezialisten oder Künstlern, die inzwischen einen weithin globalisiert Arbeitsmarkt vorfinden. Da andererseits aber die Absorptionsfähigkeit der heimischen Arbeitsmärkte für diese Berufsgruppen meist verhältnismäßig gering ist, trägt Migration auch zu seiner Entlastung und damit möglicherweise zur sozio-politischen Stabilität des Landes bei. Wenn diese Arbeitskräfte, etwa aufgrund verbesserter ökonomisch-politischer Bedingungen, in ihr Land zurückkehren, können die Herkunftsländer von den im Ausland gesammelten Erfahrungen der Rückkehrer profitieren. So waren beispielsweise indische und taiwanesische Rückkehrer aus dem kalifornischen *Silicon Valley* die treibenden Kräfte für die Entwicklung bzw. Weiterentwicklung der Software- bzw. Computerindustrie in ihren Ländern.

In jedem Fall profitiert das Herkunftsland jedoch von den Geldzuflüssen (*Remittances*) der Arbeitsemigranten, die in Einzelfällen bis zu 50 % des Sozialprodukts erreichen können. Allerdings sind auch hier die Zuflüsse sehr ungleich verteilt: so entfielen 2014 64 % aller Geldzuflüsse auf nur 10 (Entwicklungs-)Länder. Andererseits erhielten mehr als 80 Länder mindestens jeweils 1 Mrd. US $ jährlich. Hervorzuheben ist zudem, dass das Volumen der Remittances inzwischen fast das Vierfache der den Entwicklungsländern

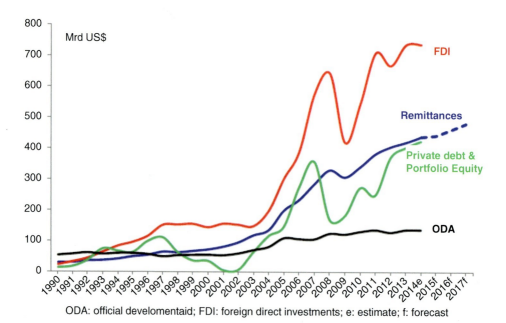

Abb. 4.9 Entwicklung der Remittances im Vergleich mit anderen Kapitalzuflüssen (Quelle: World Bank 2015)

Abb. 4.10 Die Bedeutung von Remittances für Entwicklungsländer

zufließenden Entwicklungshilfe (Official Development Assistance, ODA) beträgt und konstanter fließt als etwa private Kapitaltransfers -mit Ausnahme der Direktinvestitionen. (Koch 2010, S. 6 ff.; World Bank 2015).

Während Abb. 4.8 die Höhe der Remittances zeigt, wird in Abb. 4.9 die Entwicklung der Remittances im Vergleich zur Entwicklung der Zuflüsse aus Mitteln der internationalen Entwicklungszusammenarbeit (ODA), Direktinvestitionen (FDI) und sonstigen eher kurzfristigen Kapitalzuflüssen in Entwicklungs- und Schwellenländer dargestellt. Abb. 4.10 zeigt dann die große wirtschaftliche Bedeutung der Remittances für einzelne – meist kleinere – Entwicklungsländer, die einen hohen Anteil ihrer Arbeitskräfte in andere Länder „exportieren".

Literatur

Deutsche Bank Research. (2010). *Globale Finanzzentren nach der Krise*, Frankfurt, 30.11.2010. www.dbresearch.de/PROD/DBR_INTERNET_DE-PROD/PROD0000000000266888/Globale+Finanzzentren+nach+der+Krise.pdf. Zugegriffen im November 2015.
Koch, E. (2006). *Internationale Wirtschaftsbeziehungen* (3. Aufl.). München.
Koch, E. (2010). Remittances and brain gain – Impacts of international migration. In Koch, E. & Speiser, S. (Hrsg.), Internationale Migration – Chancen und interkulturelle Anforderungen (S. 1–22). München/Mering.
Koch, E. (2012). *Interkulturelles Management*. München.
Riedel, B. (1997). *Lebe deinen Traum*. München.
UNDP. (2009). *Human development report: Overcoming barriers: Human mobility and development*. New York.

UNHCR. (2011). *Global trends 2010*, June 2011.
UNHCR. (2014). *Global trends forced displacements in 2014*. Geneva.www.unhcr.org/556725e69.html. Zugegriffen im November 2015.
Weltbank. (1995). *Weltentwicklungsbericht 1995*. Washington, DC.
Went, R. (1997). *Ein Gespenst geht um... Globalisierung*. Zürich.
World Bank. (2008–2011). *Migration and remittances factbook*. Washington D.C.
World Bank. (2015). *Migration and development*, Brief 24. Washington D.C. worldbank.org/INTPROSPECTS/Resources. Zugegriffen im November 2015.

Links[5]

GDP Weltbankstatistiken: knoema.de/mhrzolg/gdp-statistics-from-the-world-bank#World.
UN Bevölkerungs- und Migrationsstatistiken: UN_MigrantStock_2013T1-1.xls (Table 1).
Internationaler Güterhandel.
WTO und Doha-Runde: www.wto.org/English/res_e/statis_e/its2014_e/its2014_e.pdf; www.bmwi.de/DE/Themen/Aussenwirtschaft/Handelspolitik/wto,did=615530.html; www.gov.uk/government/uploads/system/uploads/attachment_data/file/32476/11-964-worldtrade-and-the-doha-round.pdf.
Internationaler Kapitalverkehr.
Globale Finanzzentren: www.longfinance.net/images/GFCI17_23March2015.pdf; www.dbresearch.de/PROD/DBR_INTERNET_DE-PROD/PROD0000000000266888/Globale+Finanzzentren+nach+der+Krise.pdf
Internationale Devisentransaktionen: www.bis.org/publ/rpfx13fx.pdf
Internationale Investitionen.
UNCTAD Daten: unctad.org/en/PublicationsLibrary/wir2015_en.pdf.
Internationale Migration.
World Bank. Migration and development Brief 24: worldbank.org/INTPROSPECTS/Resources
Migration & Remittances Data: worldbank.org/WBSITE/EXTERNAL/EXTDEC/EXTDECPROSPECTS/0,,contentMDK:22759429~pagePK:64165401~piPK:64165026~theSitePK:476883,00.html#Remittances.

---

[5] Abrufdatum bzw. Überprüfung der Internetinformationen: November 2015.

Akteure der Globalisierung 5

5.1 Eine Vielzahl globaler Akteure

Auch wenn Unternehmen, hier die Transnationalen Unternehmen (Transnational Corporations, TNCs), die Globalisierung entscheidend vorantreiben, so bedeutet dies keineswegs, dass sie die einzigen Akteure der Globalisierung sind. Akteure sind Privatpersonen in ihren unterschiedlichen Funktionen, Länder und Zusammenschlüsse von Ländern, wie etwa die Europäische Union (EU), Internationale Organisationen, wie der Internationale Währungsfonds (IWF) oder die Welthandelsorganisation (WTO), nationale Organisationen, wie der Deutsche Gewerkschaftsbund (DGB) oder politische Stiftungen, wie etwa die Friedrich-Ebert-Stiftung (FES), aber auch Städte oder Regionen versuchen als *global player* die Chancen der Globalisierung zu nutzen. Auf der anderen Seite sind auch kriminelle Organisationen, wie Mafia-Organisationen, oder Terrornetzwerke, wie Al Qaida, Nutznießer der Globalisierung. Abb. 5.1 gibt einen Überblick über die Akteure der Globalisierung.

Privatpersonen, die als Arbeitnehmer in global agierenden Unternehmen beschäftigt sind, erhalten hierdurch Beschäftigungsmöglichkeiten. Andere Arbeitnehmer verlieren durch die Aktivitäten der *global player* ihre Arbeitsplätze und sind gezwungen – auch grenzüberschreitend – neue Beschäftigungs- oder Einkommensmöglichkeiten zu suchen. Als Konsumenten fragen sie die von den Unternehmen – meist global – produzierten und auf nationalen Märkten angebotenen Produkte nach.

Staaten setzen die Rahmenbedingungen nach innen (Steuern, nationale Gesetze, Standortbedingungen) und nach außen durch ihre Außen- oder Außenwirtschaftspolitik, indem sie beispielsweise den Grad der Protektion durch Zölle oder Wechselkurse bestimmen. Dadurch begünstigen (oder behindern) sie Unternehmensaktivitäten und tragen so zur Schaffung (oder Vernichtung) von Arbeitsplätzen bei. Als Mitglieder in Staatenbündnissen oder

Abb. 5.1 Globale Akteure: Übersicht © Eckart Koch

internationalen Institutionen, wie beispielsweise den Vereinten Nationen (UN), der Gruppe der 20 (G20) oder dem Internationalen Währungsfonds (IWF), sind sie in der Lage, aktiv auf die Gestaltung der weltweiten Rahmenbedingungen und damit auf die Entwicklung der Globalisierung einzuwirken.

In den letzten 10 Jahren wurden unterschiedliche Globalisierungsindizes erstellt, die Staaten nach verschiedenen Kriterien entsprechend ihrer internationalen Vernetzung bewerten. Abb. 5.2 zeigt ein solches Ranking, bei dem verschiedene wirtschaftliche, soziale und politische Indikatoren ermittelt und bewertet wurden. Folgt man diesem Ranking, sind die verhältnismäßig kleinen Länder Irland, die Niederlande und Belgien die am stärksten globalisierten Staaten, während Deutschland auf Platz 27 liegt. Allerdings sind Rankings immer sehr umstritten und auch die Bewertung der Einzelkriterien ist durchaus hinterfragbar.

Staatenbündnisse/ Regionalintegrationen: Staaten sind keineswegs immer in der Lage ihre globalen Interessen im Alleingang durchzusetzen. Sie schließen sich daher zu Bündnissen zusammen. Werden nationale Funktionen auf eine supranationale Ebene verlagert, werden diese Staatenzusammenschlüsse auch als Regionalintegration bezeichnet.

5.1 Eine Vielzahl globaler Akteure

	Globalisierungsindex 2015	
1	Irland	91,3
2	Niederlande	91,2
3	Belgien	91,0
4	Österreich	90,2
5	Singapur	87,5
6	Schweden	86,6
7	Dänemark	86,3
8	Portugal	86,3
9	Schweiz	86,0
10	Finnland	85,6
19	Großbritannien	83,0
20	Frankreich	82,7
27	Deutschland	78,9
34	USA	74,8
75	China	60,2

KOF Globalisierungsindex (KOF = Konjunkturforschungsstelle der ETH Zürich)

Der KOF Globalisierungsindex 2015 bildet die Globalisierungssituation 2012 ab. Er umfasst wirtschaftliche (z.B. Handels- und Investitionsströme, Handelsschranken und Kapitalverkehrskontrollen), soziale (z.B. Anteil der ausländischen Bevölkerung an der Gesamtbevölkerung, Zahl der Internetnutzer) und politische Aspekte (z.B. Anzahl der Botschaften, Mitgliedschaft in internationalen Organisationen).

Quelle: globalization.kof.ethz.ch, dievolkswirtschaft.ch/de/2010/10/dreher/

Abb. 5.2 „Globalisierte" Staaten

Beispiele für solche Regionalintegration, die sich jedoch in unterschiedlichen Stadien der Zusammenarbeit befinden, sind etwa die EU, die NAFTA, die ASEAN oder der Mercosur (Abb. 5.3).[1]

Neben den primär wirtschaftlich motivierten Zusammenschlüssen von Staaten arbeiten Staaten auch immer stärker politisch zusammen. So entwickelten sich aus den in den 1970er-Jahren von Frankreich und Deutschland initiierten Weltwirtschaftsgipfeln der *Gruppe der Sieben* (G7) eine sich inzwischen auch intensiv mit anderen wichtigen politischen Fragen auseinander setzende Ländergruppe, vgl. Abb. 5.4. Daneben gewinnen auch die G20, die bei der Erarbeitung von Lösungen zur Finanzkrise Ende der 2000er-Jahre eine größere Rolle spielten, zunehmend weiter an Bedeutung.[2]

Eine andere Möglichkeit, sich auf internationaler Ebene abzustimmen und eigene Interessen soweit möglich auch durchzusetzen, ist die Mitgliedschaft in **internationalen Organisationen**, die global oder auch regional orientiert sind und wiederum als globale Akteure supranationale Interessen vertreten. Wichtigste Organisation sind die Vereinten Nationen (UN) mit ihren Sonder- und Spezialorganisationen. Zu den Sonderorganisationen gehören beispielsweise die Welternährungsorganisation FAO, der Internationale Wäh-

---

[1] NAFTA = North American Free Trade Agreement (www.nafta-sec-alena.org/en/view.aspx); ASEAN = Association of South-East Asian Nations (www.asean.or.id); (Mercosur = Mercado Común del Sur Gemeinsamer Markt des Südens) (www.mercosur.org.uy).

[2] vgl. hierzu auch Kapitel 12.6.

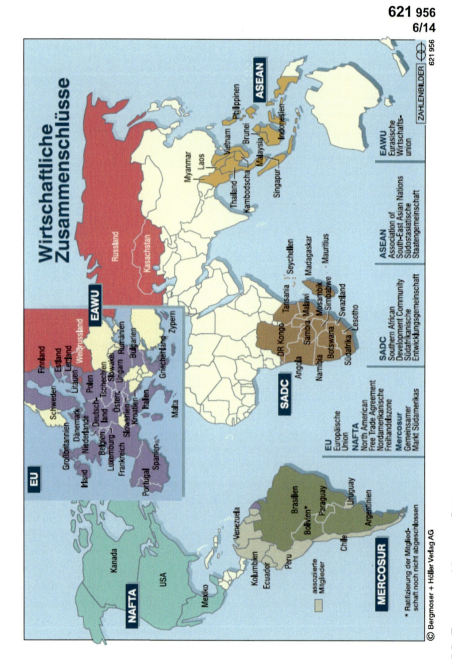

Abb. 5.3 Zusammenschlüsse von Staaten

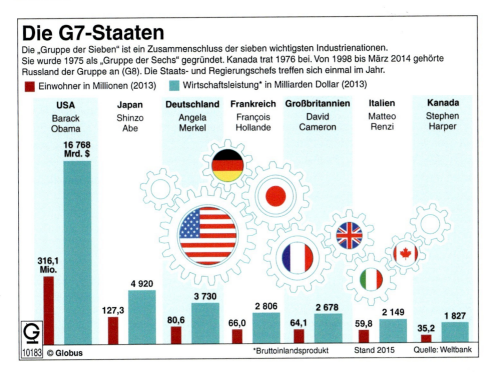

Abb. 5.4 Die Gruppe der 7 (G7)

rungsfonds IWF, die Bildungs- und Wissenschaftsorganisation UNESCO und die Weltbank. Zu den UN-Spezialorganisationen zählen u. a. die Handels- und Entwicklungsorganisation UNCTAD, die UN-Entwicklungshilfeorganisation UNDP und die Umweltorganisation UNEP (vgl. Abb. 10.2).

Weitere Organisationen sind beispielsweise Welthandelsorganisation WTO, die NATO, die Organisation für Sicherheit und Zusammenarbeit OSZE, der „Industrieländerclub" OECD, die Organisation erdölfördernder Staaten OPEC, der Europarat, die Arabische Liga oder die „Zentralbank der Zentralbanken" die Bank für Internationalen Zahlungsausgleich BIZ (BIS) in Basel. Hinzu kommen so unterschiedliche Organisationen, wie der Internationale Strafgerichtshof (International Criminal Court, ICC) in Den Haag oder internationale Entwicklungsbanken, wie die Asian Development Bank (ADB) in Manila. Auf europäischer Ebene zählen hierzu die verschiedenen Institutionen und Organe der Europäischen Gemeinschaften, wie die Europäische Zentralbank EZB, das Europäische Patentamt oder die Europäische Kommission.

Internationale nichtstaatliche Organisationen (international non-governmental organizations, INGOs), die sich meist um soziale und Umweltfragen kümmern, wie Greenpeace,

Amnesty International, Ärzte ohne Grenzen, Human Rights Watch oder der Worldwide Fund for Nature (WWF), spielen eine immer wichtigere globale Rolle. Sie beeinflussen die Themen auf der internationalen Agenda und übernehmen häufiger Aufgaben, mit denen staatliche Organe überfordert sind, wie Nothilfe bei Epidemien oder Umweltkatastrophen.[3]

Als **Global Cities** werden Städte bezeichnet, die aufgrund bestimmter Attribute und global relevanter Leistungs- und Bedeutungsspektren in globaler Sicht vor allem politisch und/oder wirtschaftlich relevant sind. Dies sind Städte und Stadtregionen, wie beispielsweise New York, London, Shenzhen, Tokyo, Brüssel, Hamburg oder Bangalore, aber natürlich auch Stadtstaaten, wie Singapur, Hongkong oder Luxemburg, die auf der globalen Bühne ihre Interessen mit erheblichem Gewicht vertreten können.

Die Unternehmensberatung A.T. Kearney stellt jährliche Rankings der Global Cities zusammen, wobei 25 Einzelkriterien, die zu fünf Dimensionen zusammengefasst werden, bewertet werden.

> „The first is business activity: including the value of its capital markets, the number of Fortune Global 500 firms headquartered there, and the volume of the goods that pass through the city. The second dimension measures human capital, or how well the city acts as a magnet for diverse groups of people and talent. This includes the size of a city's immigrant population, the quality of the universities, the number of international schools, and the percentage of residents with university degrees. The third dimension is information exchange – how well news and information is dispersed about and to the rest of the world. The number of international news bureaus, the level of censorship, the amount of international news in the leading local papers, and the broadband subscriber rate round out that dimension. The final two areas of analysis are unusual for most rankings of globalized cities or states. The fourth is cultural experience, or the level of diverse attractions for international residents and travellers. That includes everything from how many major sporting events a city hosts to the number of performing arts venues and diverse culinary establishments it boasts and the sister city relationships it maintains. The final dimension – political engagement – measures the degree to which a city influences global policymaking and dialogue. How? By examining the number of embassies and consulates, major think tanks, international organizations, and political conferences a city hosts." (o. V. Foreign Policy 2010).

In Global Cities (vgl. Abb. 5.5) konzentrieren sich die Steuerungsfunktionen sowie die Finanz- und Dienstleistungsfunktionen für die anderen globalen Akteure, also für Staaten, Unternehmen und internationale Organisationen. Die hierfür benötigten internationalen Fach- und Führungskräfte einerseits sowie der Bedarf an einfachen Dienstleistungen andererseits, zudem die Notwendigkeit hochwertige Kultur-, Erholungs- und Vergnügungseinrichtungen bereitzustellen, machte die Global Cities zunächst zu Anziehungspunkten, später zu Zentren internationaler Migration. Global Cities zeichnen sich durch freien Zugang zu Information und Technologie sowie zu kulturellen und anderen Dienstleistungen aus (*open cities*), sie sind – vielfach – attraktive *lifestyle centers* und

---

[3] siehe hierzu auch eine interessante Zusammenstellung von INGO Aktivitäten im entwicklungspolitischen Bereich in der Zeitschrift: Entwicklung und Zusammenarbeit 2015.

5.1 Eine Vielzahl globaler Akteure

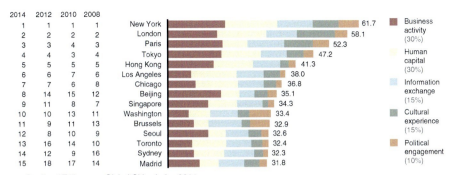

Quelle : AT Kearney: Global Cities Index 2014
www.atkearney.com/documents/10192/4461492/Global+Cities+Present+and+Future-GCI+2014.pdf/3628fd7d-70be-41bf-99d6-4c8eaf984cd5

Abb. 5.5 Global Cities

ziehen dadurch relevante und interessante Unternehmen und Persönlichkeiten an (*regional gateways*). Sehr häufig prägen sie das Image oder sogar die Identität ihres Landes oder sind dessen Aushängeschild (*national leaders*), sie sind möglicherweise als politische Zentren (*policy hubs*) Sitz internationaler Organisationen und wichtiger politischer Institutionen. Auch aus diesen Gründen ziehen sie erhebliche Investitionen auf sich, dienen als Finanzzentren und als Plattform für internationale Wirtschaftskontakte (*platform cities*) (o. V. Foreign Policy 2008).

Auch **Regionen** sind ähnlich wie Städte aktive Akteure der Globalisierung. Hierbei handelt es sich um subnationale Einheiten, die vor allem aufgrund ihrer wirtschaftlichen Stärke, Infrastruktur, Offenheit und Ausrichtung besonders intensiv in die Globalisierung eingebunden sind. Beispiele hierfür sind Shutoken in Japan (Tokio + 4 weitere Städte mit 35 Mio. Einwohnern und einem BIP, das über 50 % des deutschen BIPs beträgt), die Ile de France um Paris, Norditalien um die Städte Mailand und Turin, Bayern, Guandong in Südchina, Dalian in Nordchina, das Silicon Valley in Kalifornien oder die Mumbai-Region in Indien.

Da globale Entwicklungen sich in besonderer Weise auf Wirtschaft und Politik in diesen Regionen auswirken, sind diese daran interessiert, direkt in entsprechenden Organisationen oder indirekt über ihre Regierungen für sie günstige Entscheidungen zu bewirken. Dies gilt im Übrigen zum Teil auch schon für grenzübergreifende regionale Kooperationen (*Regio*), wie etwa im Ländereck Deutschland, Frankreich und Schweiz.

Schließlich sind auch staatliche oder nicht-staatliche **nationale Organisationen** meist indirekt als Mitglieder in internationalen Vertretungen oder Zusammenschlüssen global aktiv. Dies sind etwa der Deutsche Fußball Bund (DFB) als Mitglied der FIFA, die Kirchen, die Deutsche Bundesbank als Mitglied der BIZ und der EZB, die IG Metall als Mitglied des Internationalen Gewerkschaftsbundes (IGB) oder die Arbeitgeberverbände. Unmittelbar sind dies der Deutsche Industrie- und Handelskammertag (DIHK), dessen Mitglieder die Außenhandelskammern (AHKs) sind, die politischen Stiftungen, wie die Friedrich-Ebert-Stiftung (FES) oder die Konrad-Adenauer-Stiftung (KAS) sowie Organisationen, die im Bereich der Entwicklungszusammenarbeit aktiv sind, wie die Gesellschaft für Internationale Zusammenarbeit (GIZ), die hier ein spezielles Arbeitsfeld sehen, wie AWO International, der Fachverband der Arbeiterwohlfahrt für Humanitäre Hilfe und Entwicklungszusammenarbeit, oder das Bildungswerk des Deutschen Gewerkschaftsbunds (DGB). Ebenso vertreten internationale oder kirchliche Hilfsorganisationen ihre Interessen auf internationaler Ebene und sind damit Akteure mit grenzüberschreitender Wirkung und aktive *global player*. Grenzüberschreitende Kooperation findet jedoch auch mit vielen anderen Partnern und auf verschiedenen Ebenen statt, wie auch folgende der Artikelauszug zeigt.

> **Dein Freund, dein Bruder**
> Police-Inspector Nyangogo Justine Mbwana und Police-Constable Hassan H. Mndeme kamen als Fremde, und sie gingen als Freunde – der bayerischen Bereitschaftspolizei. Drei Wochen lang konnten die beiden Polizisten aus Tansania den Kollegen über die Schulter schauen und „die deutsche Effizienz kennenlernen", wie sie selber sagten. Der grenzüberschreitende Austausch ist einer von vielen, bayerische Polizeieinheiten sind mittlerweile weltweit vernetzt. „Die gegenseitigen Einblicke werden immer tiefer, und wir lernen, über den Tellerrand hinauszuschauen", sagt Herbert Gröschel, Sprecher der Bereitschaftspolizei.
> Internationale Zusammenarbeit gewinnt in einer Welt, in der die Täter über den ganzen Globus vernetzt sind, enorm an Bedeutung. Es geht darum, sich auszutauschen, die Standards anzugleichen und natürlich auch Kontakte zu knüpfen, die man im Polizeialltag später auf dem kleinen Dienstweg nutzen kann. „Der Polizeichef aus Moskau war da, Delegationen aus Montenegro, Südkorea …", zählt Ludwig Waldinger vom Landeskriminalamt auf. Das LKA hat sogar ein eigenes Sachgebiet, das sich der internationalen Zusammenarbeit widmet. Zwei Forensikerinnen von den Philippinen etwa interessierten sich für die Kriminaltechnik am LKA, die ungarische Polizeiakademie für die Netzwerkfahndung und Stipendiaten aus Süd- und Mittelamerika für die Bekämpfung der Rauschgiftkriminalität. Im Gegenzug sind die Entschärfer des LKA – top secret – bei Lehrgängen im Ausland, und die Staatsschützer ließen sich beispielsweise schon in den USA beim FBI schulen.
> Quelle: Wimmer 2015

5.2 Transnationale Unternehmen

> **LI & FUNG LIMITED – Wachstum durch globale Integration**
> Mit einem Netz aus 10.000 Lieferanten und Mitarbeitern in 40 verschiedenen Ländern kann Li & Fung Limited, ein Unternehmen mit Sitz in Hongkong, Waren von praktisch überall auf der Welt beziehen und maßgeschneiderte Lösungen für seine

> Kunden, d. h. die Einzelhändler, erstellen. Das Unternehmen kauft Baumwolle in Amerika, lässt sie in Pakistan weben und färben und in Kambodscha Bekleidung herstellen – entscheidend ist stets die Konstellation, die zum besten Ergebnis führt. Interessant dabei ist, dass das Unternehmen die Lieferketten koordiniert, ohne dass ihm selbst ein Teil davon gehört. Li & Fung hat sich kontinuierlich in der Wertschöpfungskette nach oben gearbeitet, indem es seinen Mix aus Fähigkeiten, Wissen und Assets verändert hat, um anspruchsvollere und rentablere Services bereitzustellen. Um in seinem größten Markt, den USA, Services für Produktdesign und Markenentwicklung anzubieten, baute sich das Unternehmen eine bedeutende Präsenz im Land selbst auf. Li & Fung gelingt es so, global zu agieren und dabei lokalen Ansprüchen gerecht zu werden. Für Li & Fung sind Übernahmen – mehr als 20 in den letzten zehn Jahren – eine wichtige Möglichkeit, um den Marktanteil in seinen Zielmärkten auszubauen. In der Regel behält das Unternehmen die Schnittstelle zum Kunden bei und innerhalb von 100 Tagen nach Abschluss des Übernahmevertrags das Back-End mit seinen eigenen Prozessen. Dieses von Li & Fung Limited angewandte Rezept für die globale Integration scheint zu funktionieren: Zwischen 1992 und 2006 erhöhte sich der Umsatz des Unternehmens um durchschnittlich mehr als 22 Prozent pro Jahr.
>
> Quelle: IBM 2008, S. 33 ff.

Internationale Handels- und Dienstleistungsaktivitäten werden von kleinen, mittleren oder großen Unternehmen durchgeführt. Abnehmer der ex- und importierten Produkte und Dienstleistungen sind sowohl Unternehmen als auch private Haushalte. Auf den internationalen Finanzmärkten agieren Privatpersonen, Unternehmen, institutionelle Anleger und Finanzinstitute. Direktinvestitionen werden von auf internationalen Märkten agierenden Unternehmen, von Transnationalen Unternehmen (*Transnational Corporations, TNCs*) getätigt, zu denen auch viele kleinere und mittlere Unternehmen (KMU) zählen, insbesondere die sog. *hidden champions*, die unbekannten Weltmarktführer (Simon 2007).

Der Begriff TNC wurde zuerst von Bartlett und Ghoshal (2002) definiert, die hierunter „ein kontextgesteuertes Netz von geographisch verteilten Unternehmenseinheiten, das flexibel transnationale Integrationsanforderungen (economies of scale) mit nationalen Differenzierungsnotwendigkeiten (responsiveness) verbinden soll" (Dörrenbächer und Riedel 2000, S. 18), verstehen. Damit verbunden ist die Notwendigkeit, dass das Management neben allgemeinen Managementkompetenzen auch über internationales und interkulturelles Managementwissen verfügt (Abb. 5.6).

Nach UNCTAD-Schätzungen gab es im Jahre 2008 weltweit über 80.000 TNCs, mit über 800.000 Tochtergesellschaften, die weltweit etwa 45 Mio. Mitarbeiter außerhalb ihres Heimatstandortes beschäftigten.[4] Insgesamt stiegen diese Werte in dem 15-Jahreszeitraum zwischen 1993 und 2008 im Schnitt um etwa 7 % p. a. Ähnliche Wachstumsraten ermittel-

---

[4] Eine aktuelle Untersuchung von McKinsey (2015) geht nach konservativen Schätzungen ebenfalls von gut 80.000 TNCs auch für das Jahr 2013 aus.

	1993	1995	1999	2003	2010	2014
Anzahl: TNCs	38.000	45.000	60.000	70.000	80.000 [1]	k.A.
Anzahl: Tochter-unternehmen	250.000	280.000	508.000	690.000	800.000 [1]	k.A.
Ausland: *Aktiva (Bio US$) * Umsatz (Bio US$) * Beschäftigte (Mio) (nur Top 100)	1,3 1,6 5,6	1,7 2,0 5,8	1,8 2,1 6,0	3,9 3,0 7,2	7,5 5,0 8,7	8,3 (60%) [2] 6,1 (66%) 9,6 (57%)
	Top 100 = ca. 60 % der Gesamtgröße (2010)					

1) 2008, nach (konservativen) Schätzungen von McKinsey (2015) hat sich die Anzahl der Muttergesellschaften bis 2013 nicht nennenswert erhöht.

2) Prozentsätze jeweils Anteile an den Gesamtdaten: Inland + Ausland (2014)

Quelle: UNCTAD: WIR, verschiedene Jahrgänge

Abb. 5.6 Transnationale Unternehmen – Entwicklung

te die UNCTAD auch für die 100 größten TNCs in den letzten 20 Jahren seit 1993: Hier stieg der Auslandsumsatz um knapp 8 % p.a. und das im Ausland investierte Vermögen um über 9 % p.a., während die Anzahl der im Ausland beschäftigten Mitarbeiter der Unternehmen nur um knapp 3 % p.a. zunahm.

> Die BSH Bosch und Siemens Hausgeräte GmbH ist eine weltweit tätige Unternehmensgruppe mit 41 Fabriken in 13 Ländern; zusammen mit einem globalen Netz von Vertriebs- und Kundendienstgesellschaften sind mehr als 60 Gesellschaften in fast 40 Ländern mit fast 40.000 Mitarbeitern für die BSH tätig (www.bsh-group.de). Die Linde Group verfügt über 600 Konzerngesellschaften in mehr als 100 Ländern (www.the-linde-group.com). Die Volkswagen AG betreibt in 15 Ländern Europas und 7 Ländern Amerikas, Asiens und Afrikas 62 Fertigungsstätten, die Fahrzeuge werden in 153 Ländern angeboten (www.volkswagenag.com). Die Siemens AG ist in 190 Ländern an 1.640 Standorten weltweit präsent (www.siemens.com).

Abb. 5.7 zeigt die 25 größten TNCs (Stand 2013). Das Ranking richtet sich hier nach dem absoluten Volumen des Auslandsvermögens. Die zweite Spalte zeigt das Ranking entsprechend des Transnationalitätsindex TNI. Dieser wird als einfacher ungewichteter Durchschnitt aus den drei Teilindizes berechnet: Ausländisches Vermögen am Gesamtvermögen des Unternehmens, Auslandsumsätze am Gesamtumsatz und ausländische Beschäftigte an der Gesamtzahl aller Beschäftigten des Unternehmens. Der TNI ist damit in hohem Maße von dem als Hauptsitz genannten Staat abhängig. Transnationale Unternehmen, die ihren Sitz in einem kleinen Land haben, wie etwa der Schweiz oder Belgien, weisen daher regelmäßig vergleichsweise hohe Indexziffern auf.

5.2 Transnationale Unternehmen

Web table 28. The world's top 100 non-financial TNCs, ranked by foreign assets, 2013 [a]
(Millions of dollars and number of employees)

Ranking by:						Assets		Sales		Employment [d]		TNI [b]
Foreign assets	TNI [b]	Corporation	Home economy	Industry [c]		Foreign	Total	Foreign	Total	Foreign	Total	(Per cent)
1	81	General Electric Co	United States	Electrical & electronic equipment		331 160	656 560	74 382	142 937	135 000	307 000	48,8
2	34	Royal Dutch Shell plc	United Kingdom	Petroleum expl./ref./distr.		301 898	357 512	275 651	451 235	67 000	92 000	72,8
3	67	Toyota Motor Corporation	Japan	Motor vehicles		274 380	403 088	171 231	256 381	137 000	333 498 [e]	58,6
4	56	Exxon Mobil Corporation	United States	Petroleum expl./ref./distr.		231 033	346 808	237 438	390 247	45 216	75 000	62,6
5	21	Total SA	France	Petroleum expl./ref./distr.		226 717	238 870	175 703	227 901	65 602	98 799	79,5
6	38	BP plc	United Kingdom	Petroleum expl./ref./distr.		202 899	305 690	250 372	379 136	64 300	83 900	69,7
7	9	Vodafone Group Plc	United Kingdom	Telecommunications		182 837	202 763	59 059	69 276	83 422	91 272 [e]	88,9
8	68	Volkswagen Group	Germany	Motor vehicles		176 656	446 555	211 488	261 560	317 800	572 800	58,6
9	66	Chevron Corporation	United States	Petroleum expl./ref./distr.		175 736	253 753	122 982	211 664	32 600	64 600	59,3
10	36	Eni SpA	Italy	Petroleum expl./ref./distr.		141 021	190 125	109 886	152 313	56 509	83 887	71,2
11	73	Enel SpA	Italy	Electricity, gas and water		140 396	226 006	61 867	106 924	37 125	71 394	57,3
12	17	Glencore Xstrata PLC	Switzerland	Mining & quarrying		135 080	154 932	153 912	232 694	180 527	190 000	82,8
13	3	Anheuser-Busch InBev NV	Belgium	Food, beverages and tobacco		134 549	141 666	39 414	43 195	144 887	154 587	93,3
14	97	EDF SA	France	Utilities (Electricity, gas and water)		130 161	353 574	46 978	100 364	28 975	158 467	34,0
15	1	Nestlé SA	Switzerland	Food, beverages and tobacco		124 730	129 969	98 034	99 669	322 996	333 000	97,1
16	33	E.ON AG	Germany	Utilities (Electricity, gas and water)		124 429	179 988	115 072	162 573	49 809	62 239	73,3
17	75	GDF Suez	France	Utilities (Electricity, gas and water)		121 402	219 759	72 133	118 561	73 000	147 199	55,2
18	59	Deutsche Telekom AG	Germany	Telecommunications		120 350	162 671	50 049	79 835	111 953	228 596	61,9
19	64	Apple Computer Inc	United States	Electrical & electronic equipment		119 918	207 000	104 713	170 910	50 322	84 400	59,6
20	31	Honda Motor Co Ltd	Japan	Motor vehicles		118 476	151 965	96 055	118 176	120 985	190 338 [e]	74,3
21	88	Mitsubishi Corporation	Japan	Wholesale trade		112 762	148 752	17 645	75 734	19 790	65 975 [e]	43,0
22	25	Siemens AG	Germany	Electrical & electronic equipment		110 462	137 863	85 441	99 543	244 000	362 000	77,8
23	8	ArcelorMittal	Luxembourg	Metal and metal products		109 602	112 308	74 369	79 440	175 565	232 000	89,0
24	46	Iberdrola SA	Spain	Utilities (Electricity, gas and water)		108 679	127 235	23 534	44 106	18 702	30 680	66,6
25	58	Johnson & Johnson	United States	Pharmaceuticals		96 803	132 683	39 402	71 312	75 220	128 100	62,3

Abb. 5.7 Die größten transnationalen Unternehmen 2013

Die deutsche Volkswagen Group hatte ein Auslandsvermögen in Höhe von 176 Mrd. US$ und stand damit weltweit an 9. Stelle. Würde ein Ranking entsprechend des TNI erstellt, nähme sie Platz 68 ein. Dieser Platz ergibt sich aus dem errechneten TNI in Höhe von 58,6, dem ungewichteten Mittel aus den drei Teilindizes. Im Vergleich dazu hatte das Unternehmen Nestlé mit Sitz in der Schweiz auf Platz 15 einen TNI von 97,1 und damit den höchsten TNI aller TNCs.

Globalisierung findet üblicherweise zunächst innerhalb des eigenen **Wirtschaftsblocks** statt und erweitert sich dann auf die *Triade*, hier als Bezeichnung für die wirtschaftlich wichtigsten Länder Europas, Nordamerikas und Asiens verwendet. Die Europäische Union hat bislang die Globalisierung am weitesten vorangetrieben. Betrachtet man die regionale Verteilung, so dominieren daher auch europäische Unternehmen die Liste der Top 100 der transnationalen Unternehmen, sie verzeichnete 2008 58 Unternehmen aus der EU (1999:47), 18 aus den USA (1999:29) und 9 aus Japan (1999:17) (UNCTAD 2010, S. 18). Viele transnationale Unternehmen haben Umsätze, die größer sind als die BIPs souveräner Staaten. So war beispielsweise der Umsatz von WalMart größer als das BIP von Griechenland oder Argentinien und Shells Umsatz war größer als das BIP von Irland oder Südafrika. Einen interessanten aktuellen Überblick über Vergleichszahlen von global operierenden Technologieunternehmen mit Staaten gibt Abb. 5.8.

Abb. 5.8 Vergleich von TNCs mit Staaten

Globale Unternehmen sind die großen Nutznießer der Globalisierung. Sie profitierten von

- einer permanent steigenden Nachfrage nach Konsum- und Investitionsgütern durch neue Märkte und eine wachsende kaufkräftige Mittelschicht in Schwellen- und Entwicklungsländern,
- sinkenden Lohn- und Beschaffungskosten durch ein steigendes Angebot von immer besser ausgebildeten Arbeitskräften auf den internationalen Arbeitsmärkten und durch die Nutzung von global sourcing,
- Halbierung des Körpersteuersatzes in den Industrieländern zwischen 1980 und 2013 auf etwa 20 bis 30 % und
- durch in diesem Zeitraum erheblich gesunkenen Refinanzierungskosten durch sinkende Zinssätze auf den Kapitalmärkten.

Als Ergebnis stieg im gleichen Zeitraum das EBIT (Earnings before Interest and Taxes) der *global player* von 10,5 auf 13 % des in diesem Zeitraum von 11 auf 76 Bio US$ angestiegenen Weltsozialprodukts (GDP) (McKinsey und Company 2015, S. 28 ff.).

Literatur

Bartlett, C., & Ghoshal, S. (2002). *Managing across borders. The transnational solution*. London.
Dörrenbächer, C., & Riedel, C. (2000). *Strategie, Kultur und Macht. Ein kleiner Streifzug durch die Literatur zur Internationalisierung von Unternehmen*. In C. Dörrenbächer & D. Plehwe (Hrsg.), Grenzenlose Kontrolle? Organisatorischer Wandel und Politische Macht multinationaler Unternehmen (S. 15–41). Berlin.
Entwicklung und Zusammenarbeit (E+Z). (2015). *Internationale NGOs*, Heft 11–12/2015.
IBM. (2008). *Global CEO Study 2008 „Das Unternehmen der Zukunft"*.
McKinsey & Company. (2015). *Playing to win: The new global competition for corporate profits*. Full Report. Sept 2015. www.mckinsey.com/business-functions/strategy-and-corporate-finance/our-insights/the-new-global-competition-for-corporate-profits. Zugegriffen im Nov 2015.
o. V. (2008). *The 2008 global cities index*. Foreign Policy, 15.10.2008.
o. V. (2010). *Global cities index methodology*. Foreign Policy, 18.08.2010.
Simon, H. (2007). *Hidden Champions des 21. Jahrhunderts. Die Erfolgsstrategien unbekannter Weltmarktführer*. Frankfurt/New York.
UNCTAD. (2010). *World investment report, 2010*.
Wimmer, S. (2015). *Dein Freund dein Bruder*. Süddeutsche Zeitung vom 01.12.2015.

Links[5]

APEC: www.apec.org/
ASEAN: www.asean.or.id

---

[5] Abrufdatum bzw. Überprüfung der Internetinformationen: November 2015.

G7: www.bundesregierung.de/Content/DE/StatischeSeiten/Breg/G8G20/G7-G8-uebersicht.html
G20: g20.org
GlobalCities: www.atkearney.com/documents/10192/4461492/Global+Cities+Present+and+Future-GCI+2014.pdf/3628fd7d-70be-41bf-99d6-4c8eaf984cd5
Internationaler Terrorismus: bildungsserver.hamburg.de/krieg-gegen-den-terror/2604450/was-ist-internationaler-terrorismus/
IWF: www.imf.org/
NAFTA: www.nafta-sec-alena.org/en/view.aspx
Mercosur: www.mercosur.org.uy
Transnationale Unternehmen: UNCTAD: World Investment Report 2011, unctad.org/Sections/dite_dir/docs/WIR11_web%20tab%2029.pdf; www.mckinsey.de/2015-09-09/playing-win-new-global-competition-corporate-profits
UN: www.un.org/depts/german/
UNCTAD: www.unctad.org
Weltbank: www.worldbank.org/

Globalisierungsformen und -strategien 6

Zunächst soll die Frage geklärt werden, aus welchen unterschiedlichen Gründen Unternehmen in ausländische Märkte expandieren. Anschließend wird es darum gehen, wie globalisiert wird, in welche Region und in welcher Form. Und schließlich werden organisatorische und unternehmenskulturelle Implikationen sowie Konsequenzen für die Gestaltung und Steuerung des Unternehmens diskutiert.

6.1 Warum globalisieren?

Internationalisierungstheorien versuchen Ursachen und Prozesse der Globalisierung zu erklären. Schon früh wurden daher theoretische Ansätze entwickelt, die unternehmerische Globalisierung erklären sollten. Diese werden hier in drei Strukturierungsmustern zusammengefasst und kurz erläutert:

6.1.1 Skalen-, Scope- und Skilleffekte

Skaleneffekte (Größeneffekte): Hierbei handelt es sich um Wirkungen, die sich aus der Zunahme von Unternehmensgröße und Produktionsmengen ergeben und sich vor allem auf die Nutzung von Kostensenkungs- und Rationalisierungspotenzialen beziehen, aber auch die Wirkungen steigender Marktmacht mit einschließen. Insbesondere sind dies niedrigere Kosten und günstigere logistische Bedingungen. Hinzu kommen die Vorteile größerer Marktanteile, wie größere Marktmacht, bessere Nutzung von globalen Lieferanten, von Vertriebs- und Kundennetzen, woraus sich auch Schutzwirkungen gegen potenzielle Übernahmen ableiten können.

Scopeeffekte (Angebotseffekte): Durch die Erweiterung des Produkt- und Leistungsangebots verbessert sich die globale Wettbewerbsposition, sodass sich konjunkturelle und strukturelle Risiken verringern sowie neue Absatzmärkte mit neuen Kundengruppen und Marktpotenzialen erschließen. Damit können Gefahren von speziellen Außenhandelsrisiken, wie Wechselkursänderungen oder protektionistische Behinderungen tendenziell reduziert und gleichzeitig spezifische Vorteile, wie etwa durch das Ausland bereit gestellte Subventionen wahrgenommen werden.

Skilleffekte (Lerneffekte): Der Zuwachs an personell-fachlichem, marktbezogenem, regionalem und/oder kulturellem Know-how verschafft Wettbewerbsvorteile, dies gilt insbesondere dann, wenn auch der Zugang zu F&E-Ressourcen und deren Ergebnissen, zu Patenten und sonstigen Schutzrechten erschlossen wird. Hinzu kommt das spezifische Wissen, das mit der Beschäftigung der ausländischen Mitarbeiter für das Unternehmen verfügbar wird. In jedem Fall erhöhen neue Marktkenntnisse das Wissen über neue Kundengruppen, Produkte, Vorgehensweisen und Verfahren das Wissensspektrum und die Innovationsfähigkeit des Unternehmens und seiner Mitarbeiter.

6.1.2 Reaktion auf veränderte Markt- und Wettbewerbsstrukturen

Grundsätzlich können diese Erklärungsansätze als konstruktive Auseinandersetzung mit den neuen Marktbedingungen gesehen werden, also insbesondere den Angebots- und Nachfragebedingungen sowie der sich dadurch geänderten Wettbewerbssituation auf den nationalen und internationalen Märkten. Dies wiederum hat Einfluss auf die Struktur des Unternehmens.[1]

Wettbewerbssituation Durch die Änderung der weltwirtschaftlichen Rahmenbedingungen seit den 1980er-Jahren sind die Unternehmen gezwungen, sich dem hierdurch verschärften Wettbewerb zu stellen. Dies bedeutet u. a. auch, dass sie die Globalisierungsaktivitäten der anderen Marktteilnehmer permanent beobachten und analysieren, um hieraus für sich entsprechende strategische Überlegungen abzuleiten. Nur durch zunehmende *globale Präsenz* können *Weltmarktanteile* vergrößert bzw. gesichert, *Marktmacht* aufgebaut und *Kostenvorteile* genutzt werden.

Angebotsstruktur Eng hiermit verknüpft sind Erklärungsansätze, die sich verallgemeinernd, ähnlich wie die Scope-Effekte, als Strategien zur Verbesserung der Angebotsstruktur bezeichnen lassen. Hierbei geht es darum, sich die Vorteile der weltweiten Beschaffungsmöglichkeiten (*global sourcing*), der Nähe zu *Ressourcen* (wie Fachkräfte oder Rohstoffe), zu *Technologien* und *Lieferanten,* also generell von produktionsrelevanten *Standortvorteilen* zunutze zu machen. Dies beinhaltet auch staatliche oder staatlich beeinflusste Parameter, wie die Nutzung von *Subventionen*, den Fortfall von *Importrestriktionen* oder *gesetzlichen*

---

[1] siehe zu der folgenden Darstellung auch die Aufstellung von Meckl 2006, S. 33 ff. und 88 f.

Beschränkungen (wie Umwelt- oder Arbeitsgesetze) oder auch Folgen von *Wechselkursänderungen*. Letztlich führen angebotsorientierte Strategien dazu, das Angebot laufend zu verbessern, zu erweitern und zu erneuern und Risiken zu diversifizieren.

Nachfragestrukturen Auf die differenzierten *lokalen Kundenwünsche* kann durch größere Nähe und lokale Anpassung schneller und angemessener reagiert werden und *interkulturell* bedingte *Verständnisdifferenzen* kommen weniger zum Tragen. Zudem kann auch der generell zunehmenden *Nachfrage* auf *neuen Märkten*, vor allem durch die rasch wachsenden Mittelschichten in den Schwellenländern, Rechnung getragen werden und die kürzer werdenden *Produktlebenszyklen* besser aufgefangen oder umgesetzt werden, etwa durch die gezielte Integration regional verfügbarer *F&E-Kapazitäten* und innovativer Kompetenz in die Unternehmensstruktur.

Interne Strukturen Es sollte nicht übersehen werden, dass Globalisierungsaktivitäten auch aufgrund subjektiver Erwägungen und *Interessen von Entscheidungsträgern* initiiert werden. Darüber hinaus können derartige Entscheidungen logische Konsequenz der Unternehmensstrategie, der Unternehmenskultur oder der Produktpalette sein und zum Unternehmen „passen". Auch die hierdurch erzielbaren Lerneffekte, die zusätzlichen Erfahrungen, Qualifikationen und Kompetenzen können wichtige Motivatoren darstellen.

6.1.3 Eklektische Theorie

Da zu Recht argumentiert wurde, dass nur ein komplexerer Ansatz ein realistischeres Erklärungsmuster für die heterogenen Triebkräfte der unternehmerischen Globalisierung liefern kann, kombinierte *John Dunning* drei unterschiedliche Theorieansätze und stellte sie schon 1977 unter der Bezeichnung *eklektische Theorie* vor (Meckl 2006, S. 80 ff.; Dunning 1979).[2]

Danach erzielt ein Unternehmen zunächst **Eigentumsvorteile** (*ownership advantages*). Hierbei handelt es sich im Wesentlichen um Wettbewerbsvorteile, die sich, ähnlich wie die Skill-Effekte, aus dem Zugang und Besitz von Ressourcen ergeben, wie erweiterte Marktkenntnisse, Management- und Fachkompetenzen, organisatorische bzw. Netzwerkvorteile, angepasste Produkte und neue Technologien, aber auch die Möglichkeiten Risiken zu diversifizieren.

Unter **Internalisierungsvorteilen** (*internalization advantages*) wird vor allem die Verringerung von Transaktionskosten verstanden, zudem aber auch die Möglichkeit der steuersparenden Gewinnverlagerung durch eine für das Unternehmen günstige Gestaltung von Transferpreisen zwischen den Unternehmenseinheiten, der Verringerung von Wechselkursrisiken, des besseren Schutzes von Eigentums- und Vermögensrechten

---

[2] Bei den Theorieansätzen handelt es sich um die Theorie des monopolistischen Vorteils, die Standorttheorie und die Internalisierungstheorie, vgl. Meckl 2006, S. 43 ff. und 75 f.

und die Vermeidung des Abflusses von Know-how und Informationen und wiederum die Möglichkeit staatliche Anreize zu nutzen.

Standortvorteile (*location advantages*) ergeben sich schließlich als Nettovorteile, indem die Nachteile eines Standorts mit dessen Vorteilen verglichen werden. Beispiele für positive Standortfaktoren sind wiederum die bessere bzw. preisgünstigere Verfügbarkeit von Rohstoffen und Arbeitskräften, Kundennähe, politische, rechtliche und kulturelle Faktoren sowie die Verringerung der psychischen Distanz zu den ausländischen Märkten.

Auch wenn dieser Ansatz der komplexen Situation besser Rechnung trägt, so wird doch deutlich, dass es zwischen den drei „Vorteilsbereichen" Überschneidungen und wechselseitige Abhängigkeiten gibt und einige der weiter oben genannten Aspekte ausgeklammert bleiben. Ein einheitlicher überzeugender Erklärungsansatz, der alle wesentlichen Gründe für unternehmerische Globalisierung zusammenfasst, fehlt damit noch.

6.2 Wie globalisieren?

Konkrete Globalisierungsentscheidungen werden von zahlreichen strategischen und betriebswirtschaftlichen Aspekten beeinflusst. Tab. 6.1 stellt einige – im konkreten Einzelfall ergänzungsbedürftige – zentrale Fragen zusammen, die vor einer Entscheidung für konkrete Markteintritts- und -bearbeitungsstrategien beantwortet werden sollten.[3]

Um diese Fragen beantworten zu können, bedarf es intensiver Vorbereitungen und einer tragfähigen *Strategie*. So müssen in einer Situationsanalyse zunächst die nationalen Entwicklungsmöglichkeiten, die Produktpalette und die eigenen Ressourcen, also insbesondere Personal- und Managementkapazitäten, die organisatorischen Voraussetzungen sowie das Eigenkapital und die Finanzierungsmöglichkeiten analysiert und bewertet werden. Anschließend müssen Entscheidungen über die Zielmärkte über die Region und das konkrete Land sowie über die Form und das Timing des Markteintritts und die betreffende Markteintrittsstrategie getroffen werden. Dabei werden die Risiken und mögliche Strategievarianten geprüft. Zudem müssen Überlegungen bezüglich möglicher Kooperations- und Netzwerkpartner angestellt werden.

Bei der Frage, in welcher Form der Ausbau der Auslandsaktivitäten erfolgt, zählt das Modell der *Uppsala-Schule*, das von den schwedischen Forschern *Johanson/Vahlne* entwickelt wurde, zu den bekannteren Erklärungsansätzen des strategischen Globalisierungsprozesses (Johanson und Vahlne 1977; Meckl 2006, S. 38 ff.; Schmid 2002). Demnach folgen Globalisierungs- bzw. Internationalisierungsstrategien bei vielen Unternehmen, insbesondere aber wohl vorwiegend von KMUs, in der Anfangsphase ihrer Globalisierungsbemühungen, vergleichbaren Mustern und Verläufen:

Entsprechend der *psychic distance chain* folgen Unternehmen dem Grundsatz „vom Vertrauten zum Fremden" und wagen sich zunächst in kulturell eher vertraute, häufig benachbarte Ländermärkte. Erst mit zunehmender Markt- und Globalisierungserfahrung

---

[3] Tab 6.1 basiert auf Schmid (2002), wurde jedoch in vielen Teilen geändert und ergänzt.

Tab. 6.1 Zentrale Fragen vor einer Markteintrittsentscheidung

Nummer	Entscheidungsbereiche	Zentrale Fragen
1	Ziele	Welche lang- und kurzfristigen Ziele (Positionierung, Marktanteil, Netzwerk, Gewinn) sollen mit der Globalisierungsentscheidung erreicht werden?
2	Betroffene Bereiche	Welche Bereiche/Prozesse sind von dem Auslandsengagement betroffen (Aktivitäten, offshoring, outsourcing)? Entscheidungsgrundlagen und Konsequenzen.
3	Positive Effekte	In welchem Umfang können welche positiven Effekte (z. B. Skalen-, Scope- und Skilleffekte etc.) erzielt werden?
4	Interne Voraussetzungen	• Zu welchen Zeitpunkten und in welchem Umfang wird eigenes Finanz- oder Sachkapital benötigt? • Ist der Einsatz ressourcenschonender Strategien (z. B. Lizenzvergabe oder Franchising) sinnvoll? • In welchem Umfang stehen im In- und Ausland erfahrene Mitarbeiter zur Verfügung, die in der Lage sind, den Globalisierungsprozess erfolgreich zu steuern und durchzuführen? • Welche Systeme und Instrumente werden benötigt, um die Steuerung und ein adäquates Monitoring und Controlling sicherzustellen? Reichen die eigenen Systeme hierfür aus, bzw. wie müssen sie angepasst werden?
5	Amortisation und Zeit	Wann wird sich der Ressourceneinsatz amortisiert haben (cash flow, Kapitalrückfluss, Erreichung des Break Even Points, Erreichen erwarteter Gewinne bzw. Einsparungen)? In welcher Zeit sollen und können die geplanten Teilziele, einschließlich des Break Even Points durch die verschiedenen strategischen Alternativen erreicht werden?
6	Länder und Regionen	Welche Regionen und Länder sollten in die nähere Wahl gezogen werden? Mit welchen Methoden werden die jeweiligen Chancen und Risiken verglichen und bewertet?
7	Kooperationen und Netzwerke	Welche Kooperationspartner können in Betracht gezogen werden (Auswahlkriterien, vertragliche Basis)? Welche Konsequenzen hat die Globalisierungsentscheidung für den Ausbau des Netzwerks?
8	Rechtliche Bedingungen	Welche lokalen rechtlichen Voraussetzungen sind zu berücksichtigen (Importbeschränkungen, Beteiligungsbegrenzungen, local content Vorschriften)?
9	Risiken	Welche unterschiedlichen Risiken (Währungs-, Zahlungs-, Transport-, Lager-, administratives und Marktrisiko) werden mit welcher Wahrscheinlichkeit eintreten? Welche Risiken sind tragbar? Wie können wichtige Risiken vermieden, begrenzt oder abgesichert werden und welche Managementinstrumente stehen hierfür zur Verfügung?

(Fortsetzung)

Tab. 6.1 (Fortsetzung)

Nummer	Entscheidungsbereiche	Zentrale Fragen
10	Wettbewerbssituation	Inwieweit ist die Branche bereits globalisiert? Welche Marktreaktionen von Konkurrenten sind wahrscheinlich und wie wird sich dies auf die Wettbewerbssituation auswirken? Wie sieht die Wettbewerbssituation in den möglichen Zielländern aus?
11	Flexibilität/Reversibilität	In welchem Umfang wird durch die Globalisierungsentscheidung die Flexibilität des Unternehmens beeinflusst? Wie leicht kann das geplante Auslandsengagement rückgängig gemacht oder geändert werden und welche Kosten fallen dabei an?

werden auch entfernter liegende Märkte bearbeitet. Dabei spielt einerseits die Aufnahmefähigkeit der jeweiligen Märkte für die Produkte des Unternehmens eine wesentliche Rolle. Wichtig ist aber vor allem die möglichst geringe „psychische Distanz", die wesentlich von den vorhandenen Informationen über diese Märkte, deren Funktionsweisen, Besonderheiten und den kulturellen Unterschieden zum Heimatmarkt bestimmt wird. Schwierigkeiten oder Behinderungen der Geschäftsbeziehungen, die sich etwa aus Unterschieden in den Bereichen Sprache, Ausbildung, Managementverhalten oder industrielle Entwicklung ergeben könnten, sollten also möglichst vermieden werden.

Bezüglich der Ressourcenbindung, also insbesondere der Bindung von Kapital in anderen Märkten, folgen Unternehmen der *establishment chain:* Dabei beginnen sie beispielsweise mit fallweisen, später regelmäßigen Exporten, intensivieren dann mit zunehmender Marktkenntnis und -erfahrung ihre Auslandsaktivitäten durch die Einrichtung von Vertriebsgesellschaften im Ausland und gehen dann auch dazu über im Ausland zu produzieren. Im Verlauf des Globalisierungsprozesses führen Lerneffekte und die zunehmende Vertrautheit mit den fremden Märkten zu Selbstverstärkungseffekten. Dies und wachsende internationale Erfahrungen, u. a. mit Kooperationen und Netzwerken, intensivieren und beschleunigen dann den weiteren Verlauf des Globalisierungsprozesses.

Kritisch ist anzumerken, dass dieser Ansatz Globalisierungsstrategien von größeren Unternehmen, Zulieferern und Dienstleistungsunternehmen kaum abzubilden vermag, insbesondere dann nicht, wenn Unternehmen aufgrund des hohen Globalisierungsgrades der Branche zu schnellen Anpassungsreaktionen gezwungen sind. Zudem wird zwar die grundsätzliche Vorgehensweise skizziert, konkrete Länder- und Regionalentscheidungen, sowie genauere Aussagen über Strategievarianten, vor allem in den späteren Phasen, sind jedoch ebenso wenig prognostizierbar wie Hinweise darauf, wann, zu welchen Zeitpunkten der Übergang zu der jeweils nächst höheren Stufe erfolgen soll. Schließlich können Fälle nicht erklärt werden, bei denen Unternehmen einzelne Stufen überspringen oder in einem „Sprinkler-Ansatz" in mehreren Ländern gleichzeitig aktiv werden. Trotz allem stellt das Uppsala-Modell ein interessantes Grundmuster bereit, wenn hiermit auch keineswegs alle realen Globalisierungsansätze erfasst werden.

6.3 Markteintritts- und Marktbearbeitungsstrategien

Die Wahl der Globalisierungs- oder Markteintrittsstrategie ist von entscheidender Bedeutung. Globalisierung ist eine multidimensionale Veranstaltung, die für die Akteure eine Vielzahl von Optionen umfasst. Wie bereits angesprochen, steht für viele Unternehmen, insbesondere zu Beginn ihrer *Going-Global-Aktivitäten* Risikominimierung und damit die Vermeidung einer frühzeitigen Bindung von Kapital im Ausland im Vordergrund.

Dies ist zunächst der Fall bei grenzüberschreitenden Handelsaktivitäten, sowohl im Export- als auch im Beschaffungsbereich. Dies gilt auch für die Vergabe von Lizenzen und – mit gewissen Einschränkungen – ebenfalls bei vertraglichen Kooperationsvereinbarungen mit ausländischen Unternehmen, wie etwa der Nutzung einer „verlängerten Werkbank" im Ausland, bei der ausländische Unternehmen Halbfertigprodukte importieren, diese zu geringeren Kosten als im Herkunftsland bearbeiten (*Lohnveredelung*) und sie dann an den Lieferanten zurück verkaufen. Strategische Allianzen mit ausländischen Partnern, etwa bei Luftfahrtgesellschaften, erfordern dagegen in gewissem Umfang Investitionen, etwa in gemeinsame Terminals oder Lounges, auch wenn hier i. d. R Einspareffekte im Vordergrund stehen. Die Gründung von Gemeinschaftsunternehmen (*joint venture*) mit ausländischen Unternehmen, der Erwerb von Beteiligungen an oder die Übernahmen von ausländischen Unternehmen und schließlich die Gründung eigener Tochterunternehmen erfordern dagegen je nach Größenordnung zum Teil erhebliche Direktinvestitionen (FDI). Abb. 6.1 gibt einen Überblick über die wichtigsten Möglichkeiten, wobei die Schattierung die unterschiedlichen Formen der Kapitalbindung andeuten soll.[4]

---

[4] vgl. zu Markteintrittsstrategien u. a. Bamberger 2004, S. 165 ff.

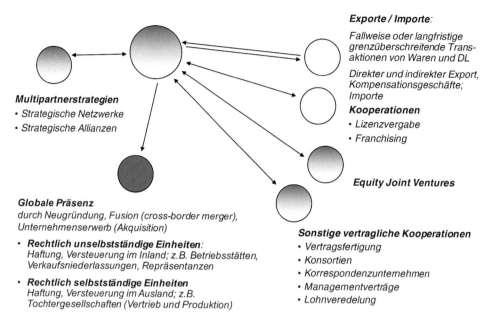

Abb. 6.1 Globalisierungsstrategien (eigene Darstellung) © Eckart Koch

6.3.1 Exporte und globale Beschaffung

6.3.1.1 Exporte

Durch die Globalisierung von Verkaufsaktivitäten wird die Ausschließlichkeit der Bindung an den Heimatmarkt schrittweise reduziert und durch eine Orientierung am Weltmarkt ergänzt oder ersetzt. Der Eintritt in Auslandsmärkte kann zu Anfang noch *fallweise* erfolgen, um dann später in *dauerhafte*, langfristig angelegte Geschäftsbeziehungen überführt zu werden. Während diese anfangs noch von freien Exporteuren, Handelshäusern oder beauftragten Importeuren im Ausland abgewickelt werden (indirekter Export), wird diese Aufgabe später meist von eigenen Exportabteilungen übernommen (direkter Export). Export zum Zweck der Veredelung und anschließende Reimporte sowie Kompensationsgeschäfte, bei denen die „Bezahlung" in Gütern erfolgt, sind weitere Varianten (Marchazina und Oesterle 2002; Schmid 2002).

Die Erhöhung der Stückzahlen durch Exporte ermöglicht die Realisierung von *Skaleneffekten* insbesondere durch die Degression der fixen Kosten pro produzierter Einheit sowie von weiteren Rationalisierungs- und Kostenvorteilen durch den nun möglichen Einsatz leistungsfähigerer Produktionsfaktoren und durch die zunehmenden Lern- und Erfahrungsprozesse. Diese Effekte verstärken sich durch steigende Weltmarktanteile. Die gleichzeitig stattfindende zunehmende Ausdifferenzierung oder *Ent-Homogenisierung der Produkte* führt zu einer immer stärkeren *Segmentierung der Märkte* und erlaubt so ausgeprägtere *Spezialisierungen* mit einer tendenziellen Begrenzung der Anbieterzahl für differenzierte Märkte. Damit steigt die Möglichkeit durch Spezialisierung die Markführerschaft in einzelnen Marksegmenten zu erreichen. Dieser Prozess wird beschleunigt und intensiviert durch entsprechende F&E-Aktivitäten, die durch Produktinnovationen und Patente zu temporären Monopolstellungen oder zumindest zu Wettbewerbsvorteilen in einzelnen Marktsegmenten führen und durch preis- und marktorientierte Strategien der Anbieter gestützt werden.

Nach dem *Produktzyklusansatz (Vernon)* können die Umsatz- und Gewinnmöglichkeiten bei Produkten, die nach Beendigung der Pionierphase in die Phase der Massenproduktion (Standardisierungsphase) eingetreten sind, vor allem durch die Wahrnehmung von Exportmöglichkeiten verlängert werden, also nachdem die Produktionskapazitäten aufgebaut und die Entwicklungskosten über die Produktpreise weitestgehend verdient worden sind (Vernon 1966, Meckl 2006, S. 34 ff.). Diese Tendenz hat sich bereits in den 1990er-Jahren gewandelt. Die immer kürzer werdenden Innovations- und Produktzyklen bei zunehmenden Entwicklungskosten zwingen die Unternehmen dazu, ihre neuen Produkte zügig global einzuführen, um zunehmend große Weltmarkanteile zu erreichen. Nur dann besteht die Chance, Pioniergewinne abschöpfen und die Entwicklungskosten nicht nur kompensieren, sondern auch Gewinne erzielen zu können.

6.3.1.2 Globale Beschaffung

Unter globaler Beschaffung oder *global sourcing* wird die globale Ausrichtung unternehmerischer Beschaffungsaktivitäten verstanden. Regionale Beschaffungsmärkte sind inzwischen zu einem Weltmarkt für Beschaffungsgüter zusammengewachsen, dessen Möglichkeiten strategisch für die Erzielung von Beschaffungsvorteilen, vor allem Kosten-, Qualitäts-, Zeit- und Know-how-Vorteilen, genutzt werden. Diese Entwicklung wurde insbesondere ermöglicht und begünstigt durch die Beseitigung von Handelshemmnissen, die Verbilligung der Transporte und die Entwicklung der Informations- und Kommunikationstechnik. *Global sourcing* geht häufig einher mit der Ausrichtung eines Unternehmens auf seine Kernkompetenzen bei gleichzeitiger Reduzierung der Fertigungstiefe und damit der Senkung des eigenen Wertschöpfungsanteils.

Es wird daher versucht, mit den weltweit leistungsfähigsten System- und Komponentenlieferanten zu kooperieren, um die Wettbewerbsfähigkeit der eigenen Produkte zu optimieren. Das hierzu notwendige *global supply chain management* muss die Gefahr einer technologischen Abhängigkeit vermeiden und die Vielzahl der sich aus der wachsenden Komplexität, einschließlich der Transportkosten und -zeiten, ergebenden Risiken und Probleme in angemessener Form berücksichtigen. Gleichzeitig sollte die Weitergabe von innovativem Produkt- und Prozess-Know-how an ausländische Lieferanten begrenzt und kontrolliert werden, um die Möglichkeiten illegaler Nachahmungen (Produktpiraterie) zu reduzieren. Andererseits führt die Verzahnung von Beschaffungs- und Absatzmärkten dazu, dass internationale Beschaffungsaktivitäten auch Möglichkeiten für die Erschließung neuer Absatzmärkte und Kooperationsmöglichkeiten eröffnen können.

6.3.2 Vertragliche Kooperationen

Die in diesem Abschnitt verwendeten Begriffe zur Bezeichnung der internationalen Aktivitäten von Unternehmen sind nicht immer trennscharf. Sie stimmen jedoch darin überein, dass es sich hierbei „lediglich" um vertragliche Formen der Zusammenarbeit handelt. Akquisitionen oder kapitalbasierte *equity joint ventures* fallen damit nicht in diese Kategorie. Typische Kooperationen, wie *contractual joint ventures* (*non-equity joint ventures*), etwa in Form von *interfirm technology agreements*, finden sich im Entwicklungs-, Produktions- oder Vertriebsbereich. Hierdurch kann das im Unternehmen vorhandene Potenzial an Wissen, Erfahrungen, Ressourcen und Marktbeziehungen (Kunden, Lieferanten, Konkurrenten) ergänzt und erweitert werden, zudem können die Reaktionsfähigkeit erhöht und Kosten gesenkt werden.

Kooperationen finden grundsätzlich auf freiwilliger Basis und aufgrund einer expliziten Vereinbarung zwischen den Partnern statt. Sie beabsichtigen und erfordern eine Verhaltensabstimmung zwischen den Beteiligten und werden mit der Absicht eingegangen, die jeweiligen individuellen Unternehmensziele hierdurch besser zu erreichen (Helm 2001). Sie können vertikal oder horizontal erfolgen. *Vertikale Kooperationen*, also die Zusammenarbeit von Unternehmen, die ihre Schwerpunkte in unterschiedlichen Wertschöpfungsstufen haben, haben den Vorteil, dass aufgrund der Marktstellung des Kooperationspartners der Zugang zu den jeweiligen ausländischen Absatz- oder Beschaffungsmärkten erleichtert wird. Durch *horizontale Kooperationen* bieten sich verstärkt Möglichkeiten Synergieeffekte zu nutzen und Kosten zu sparen, wie etwa bei komplementären, also sich ergänzenden Produktions- und Absatzprogrammen, durch den Austausch von Regional- und Markt-Know-How und die gemeinsame Nutzung von Vertriebsmöglichkeiten, um so den Marktzugang und die Marktdurchdringung zu verbessern.

> **Grenzüberschreitende vertragliche Kooperationsformen**
>
> **Contractual joint ventures** sind Gemeinschaftsvorhaben von mindestens zwei Unternehmen, bei denen mindestens ein Partner im Ausland angesiedelt ist, ohne Kapitalbeteiligung. Hierbei geben die Partner einen Teil ihrer wirtschaftlichen Unabhängigkeit zugunsten eines gemeinschaftlichen koordinierten Vorgehens auf. *Beispiele*: Kooperationen in den Bereichen Vertrieb, Einkauf, Export oder Forschung.
>
> Bei der **Lizenzvergabe** erwerben ausländische Lizenznehmer gegen Lizenzgebühren (laufend: *royalties;* einmalig: *lump sum*) Rechte zur Nutzung immaterieller Vermögenswerte, wie Patente, Markenrechte, Firmennamen, Copyrights, Knowhow, sodass eine Leistungserstellung ohne eigenen Personal- und Kapitaltransfer im Ausland durch andere Unternehmen erfolgen kann.
>
> Beim **Franchising** erhält ein rechtlich selbstständiger ausländischer Franchisenehmer ein eingeführtes und erprobtes Beschaffungs-, Absatz-, Organisations- und

Managementkonzept (*business package*). Der Franchisegeber erhält ein Weisungs- und Kontrollrecht sowie die vereinbarten Franchisegebühren.

Sonstige vertragliche Kooperationen können sich z. B. darauf beziehen, dass einzelne Wertschöpfungsprozesse im Bereich der Produktion einem ausländischen Unternehmen übertragen werden (**Vertragsfertigung**), etwa die Vergabe von arbeitskostenintensiven Produktionsprozessen an ausländische Unternehmen im Lohnauftrag (*passive Lohnveredelung*) oder auch die Komplettproduktion, etwa bei Fahrzeugen, die – meist aus Zollgründen – nur in Teilesätzen importiert und dann vor Ort montiert werden (*completely knocked down, CKD*).

Weitere Formen sind **Arbeitsgemeinschaften (ARGE)**, **Konsortien**, die Vereinbarung von **Managementmodellen**, häufig mit spezialisierten Hotelbetreibergesellschaften, die die Einhaltung erwünschter Qualitätsstandards und die Übertragung von Know-how garantieren, **Betreibermodelle (BOT**: *build, operate, transfer*) oder die Abwicklung von Auslandsaufträgen über **Korrespondenzunternehmen** (etwa Korrespondenzbanken), die in Einzelfällen die Zusammenarbeit mit ausländischen Auftraggebern übernehmen.

Strategische Allianzen werden zwischen zwei oder mehr Unternehmen geschlossen. Dies gilt grundsätzlich auch für **Netzwerke**, wobei hier eine Multipartnerstrategie überwiegt. Beide Formen können sowohl intranational als auch grenzüberschreitend stattfinden (Albers 2015). Strategische Allianzen spielen für Unternehmen nach einer Hochphase in den 1990er-Jahren derzeit wieder eine stärkere Rolle. Als kostengünstige Alternative zu Fusionen bieten sie den beteiligten Unternehmen die Möglichkeit – meist temporär – flexibel und mit vergleichsweise geringem Investitionsaufwand auf Veränderungen von Märkten und Wettbewerbssituationen zu reagieren. Damit verbunden ist auch die Möglichkeit die Allianz zu beenden oder den Bündnispartner zu wechseln, wenn sich bessere Perspektiven ergeben oder sich die Erwartungen nicht erfüllt haben.

In der Regel sind strategische Allianzen allerdings mittel- bis langfristig angelegte Kooperationsvereinbarungen für genau definierte Bereiche zwischen Konkurrenzunternehmen, bei denen das Wettbewerbsverhältnis nur partiell, jedoch nicht grundsätzlich aufgehoben wird. Damit können Stärken gepoolt oder Schwächen ausgeglichen werden, etwa indem Größen- oder auch Zeitvorteile bei der Zusammenlegung finanzieller Ressourcen oder der Risikoteilung bei kostenintensiven Entwicklungen genutzt werden. Zusätzlich kann es aber auch darum gehen, die Wissensbasis durch den Zugang zu Technologien oder Kompetenzen des Partners zu verbreitern oder sich einen erleichterten Zugang zu neuen Märkten zu verschaffen (Oelsnitz 2003, S. 517). Die Risiken sind dabei begrenzt und die Nebenwirkungen eher gering. Allianzen sind in allen Branchen zu finden, in der Mineralölbranche, dem Telekombereich, bei Pharmaunternehmen oder Automobilunternehmen. Besonders häufig waren sie bisher im Luftverkehrssektor, da hier Übernahmen oder

Beteiligungen an ausländischen Fluggesellschaften vielfach durch nationale Regulierungen und Zugangsbeschränkungen blockiert wurden.

> **Airline-Allianzen**
>
> 2015 waren die größten Airline-Allianzen die 1997 um die deutsche Lufthansa und die US-amerikanische United Airlines gebildete Star Alliance, die 28 nationale Luftfahrtgesellschaften umfasst, über 190 Länder anfliegt und täglich über 18.000 Starts und Landungen durchführt. SkyTeam wurde im Jahr 2000 gegründet, umfasst derzeit 20 Airlines, u. a. Air France und Aeroflot, fliegt fast 180 Länder an und absolviert über 16.000 Starts und Landungen pro Tag, während Oneworld mit 15 Partnern, darunter American Airlines und British Airways, 1999 gegründet wurde und 150 Länder anfliegt. Die gemeinsamen Aktivitäten umfassen u. a. Code Sharing Arrangements, abgestimmte Anschlussflüge, gemeinsame Lounges, Wartungseinrichtungen und Vielfliegerprogramme.

Werden mehrere Kooperationen miteinander verknüpft oder verfügen Unternehmen über eine Vielzahl von Unternehmenskooperationen auf verschiedenen Ebenen, sind sie Teil eines (strategischen) *Netzwerks*. Netzwerke sind komplexe, meist ebenfalls mittel- bis langfristig angelegte, relativ stabile, mehr oder wenige enge Kooperationen zwischen mehreren Akteuren, die sich zum Zweck der gemeinsamen Zielverfolgung zusammenschließen, um wechselseitige Vorteile auf verschiedenen regionalen Märkten zu nutzen (Pfohl et al. 2010, S. 87; Sydow 2006, S. 386 f.). Gegenstand können alle wichtigen (Teil-) Aktivitäten von Unternehmen sein, damit „kann keine Kooperationsrichtung im Markt und keine geografische Ausdehnung ausgeschlossen werden. Denkbar sind also nationale und internationale Netzwerke horizontaler, vertikaler und lateraler Art." (Gerum 2000, S. 279). Wichtigstes Ziel von grenzüberschreitenden Netzwerken ist, wie bei den meisten anderen Kooperationsformen, die Schaffung und Realisierung von Wettbewerbsvorteilen. Offensichtlich stimmen hier die Ziele der Kooperations- oder Netzwerkpartner zumindest teilweise überein, sodass eine Zusammenarbeit in ausgewählten Bereichen den Beteiligten sinnvoller erscheint als ein ausschließliches Konkurrenzverhalten. Allerdings können hierbei die Grenzen zu einem rechtswidrigen wettbewerbsbeschränkenden Verhalten mit marktbezogenen Absprachen, etwa in Bezug auf Preise, Kundengruppen oder Gebiete, nicht immer eindeutig gezogen werden.

Netzwerke sind polyzentrisch. Bei den *Netzknoten* kann es sich ausschließlich um Unternehmen handeln, es können aber auch Regierungsstellen, Hochschulen und Forschungsinstitutionen oder NGOs beteiligt sein. Die beteiligten Institutionen bleiben rechtlich selbstständig und sollten zumindest wirtschaftlich weitgehend unabhängig voneinander sein (Müller-Stewens und Lechner 2001, S. 295 ff.). Beispiele sind Netzwerke zwischen Automobilherstellern und Zulieferern, Forschungs- und Vermarktungs-Kooperationen im Life-Science-Sektor oder die Zusammenarbeit zwischen Service- und

Hardwareunternehmen im Bereich der Informationstechnologie. Trotzdem bestehen auch weiterhin Konkurrenzbeziehungen oder Interessenunterschiede in anderen Bereichen, sodass die Partnerbeziehungen durch ein Nebeneinander von Konkurrenz und Kooperation gekennzeichnet sind. Ergebnis dieser Entwicklungen ist, dass häufig nicht mehr einzelne Unternehmen miteinander konkurrieren, sondern globale Netzwerke, die die Form von *supply chains* (vertikale Zulieferketten) oder von „*Wertschöpfungsfeldern*" haben, sodass die traditionellen Grenzen zwischen Unternehmen und Sektoren immer mehr verwischen. Gleichzeitig werden immer höhere Anforderungen an die Organisations- und Managementfähigkeiten gestellt, die insbesondere auch kulturelles und interkulturelles Wissen sowie entsprechende interkulturelle Kompetenzen umfassen müssen.

6.3.3 Globale Präsenz

Unter *globaler Präsenz* sollen Globalisierungsstrategien (sowohl Markteintritts- als auch Marktbearbeitungsstrategien) verstanden werden, die grenzüberschreitende Investitionen (*FDI*) erfordern. Hierdurch versetzt sich ein Unternehmen in die Lage, die global günstigsten *Standortfaktoren* für Produktion, Beschaffung und Vertrieb unmittelbar, etwa durch eigene Tochtergesellschaften, zu nutzen. Damit werden Wechselkursrisiken oder protektionistische Behinderungen, wie Importrestriktionen, etwa durch die Produktion vor Ort, reduziert oder verhindert. Vor allem aber ist das betreffende Unternehmen durch die größere Nähe zu den Abnehmern der eigenen Produkte und Dienstleistungen in der Lage, die Marktchancen auf einer größeren Anzahl von Märkten schnell und effektiv zu nutzen und sich so (Welt-)Marktanteile zu sichern. Globale Präsenz manifestiert sich üblicherweise darin, dass wichtige Unternehmensfunktionen in das Ausland verlagert werden, entweder durch gemeinsame Unternehmensgründungen (*equity joint ventures*), Unternehmensbeteiligungen (*acquisitions*), Fusionen (*mergers*), Repräsentanzen oder Filialen vor Ort oder die Gründung von rechtlich selbstständigen Tochtergesellschaften. Wichtigste Gründe für die Auslandspräsenz sind die Nähe zum Kunden, die Umgehung von Handelshemmnissen und die Vermeidung von Wechselkursrisiken (vgl. Abb. 6.2).

Erst Akquisitionen, die mehr als 10 % des Kapitals des Auslandsunternehmens umfassen, werden – aufgrund internationaler Konvention – als *Direktinvestitionen* eingestuft, geringere Engagements gelten als Finanzinvestitionen (*Portfolioinvestitionen*). Bei einem Anteil unterhalb von 50 % liegt eine Minderheitsbeteiligung vor (mit einer Sperrminorität meist ab 25 %). Für die Verlagerung von Teilen der Wertschöpfungskette ins Ausland, hat sich der Begriff *offshoring* durchgesetzt. Wird diese Leistung durch eigene Unternehmenseinheiten erbracht, spricht man von *captive offshoring*, wird die Leistung zukünftig durch andere Unternehmen im Ausland erbracht, handelt es sich um (*offshore*) *outsourcing* (Klingebiel 2009, S. 223 f.).

Outsourcing ist eine wichtige Strategie zur Verschlankung der Organisation bei gleichzeitiger Konzentration auf die Kernkompetenzen durch die Ausgliederung von Randkompetenzen, also von nicht zum Kernbereich gehörenden Unternehmensteilen. Hierbei wird

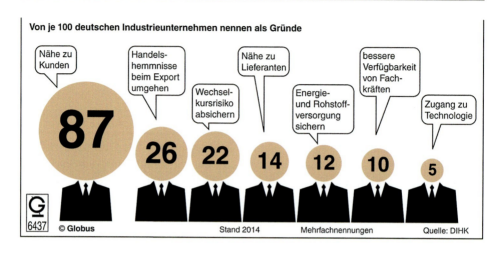

Abb. 6.2 Gründe für Direktinvestitionen

weiterhin auf die Leistungen des ausgegliederten Unternehmens zurückgegriffen, wobei sich dieses jedoch nun im Wettbewerb mit anderen Anbietern bewähren muss. Der Verkauf des Unternehmens wird als *spin-off Lücke* bezeichnet. Diese Strategie kann zu einem Abbau globaler Präsenz führen, gleichzeitig erfolgt jedoch eine Erweiterung des strategischen Netzwerks. Der hiermit möglicherweise einher gehende Ausbau des Kernbereichs ist zudem häufig Voraussetzung für eine kostengünstigere und flexiblere Leistungserstellung und damit für eine steigende globale Präsenz.

In den *Zielländern* findet durch den Zufluss von Kapital eine Vergrößerung des Kapitalstocks und durch den Zuwachs an Technologie und Know-how eine Verbesserung der Produktionsvoraussetzungen statt. Zusätzlich werden Beschäftigungsmöglichkeiten geschaffen, eine Entwicklung des Arbeitskräftepotenzials ermöglicht und neue Exportmöglichkeiten kreiert. Gefahren von Direktinvestitionen in den aufnehmenden Ländern sind dann gegeben, wenn eine Überfremdung einzelner Wirtschaftssektoren und dadurch die Möglichkeit der ökonomischen Abhängigkeit von den ausländischen Investoren, etwa von einzelnen transnationalen Unternehmen, droht. In den *investierenden Ländern* dagegen wird zwar durch die Investitionen das Unternehmen selbst gestärkt, während gleichzeitig Arbeitsplätze gesichert werden. Andererseits sind Beschäftigungsreduzierungen durch Verlagerung von Produktion möglich und häufig auch wahrscheinlich.

Wie erwähnt, können Direktinvestitionen verschiedene Formen annehmen. *Equity Joint Ventures* sind Kooperationsformen, bei denen zwei selbstständige Unternehmen in verschiedenen Ländern ein gemeinsames Tochterunternehmen gründen. Unter *Unternehmensbeteiligungen* (*acquisitions*) werden meist längerfristig konzipierte Kapitalbeteiligungen an bereits bestehenden ausländischen Unternehmen verstanden. Bei *Fusionen*

6.3 Markteintritts- und Marktbearbeitungsstrategien

(*mergers*) werden ausländische Unternehmen mit dem eigenen Unternehmen verschmolzen. Schließlich können auch eigene *Tochterunternehmen* im Ausland gegründet werden. Im Folgenden wird der Schwerpunkt auf grenzüberschreitende Fusionen und Unternehmensbeteiligungen (M&A) gelegt, spätestens seit den 1990er-Jahren ein für die unterstützenden Finanzinstitutionen äußerst interessanter Geschäftsbereich.

Fusionen und Unternehmensbeteiligungen begannen in den 1980er-Jahren in den USA aufgrund der Neuausrichtung der Wirtschaftspolitik, insbesondere der Liberalisierung der Handelspolitik, einer Steuersenkungspolitik und einer Entschärfung der Wettbewerbspolitik, stark anzusteigen. Die Welle fremdfinanzierter feindlicher Übernahmen endete Ende der 1980er-Jahre mit dem Zusammenbruch des *Junk-Bond-Marktes*, des Marktes für Hochrisikoanleihen („Schrottanleihen"), mit denen ein großer Teil der Firmenübernahmen finanziert worden waren. Seit Anfang der 1990er-Jahre dominieren „freundliche Übernahmen" also Zusammenschlüsse, die im Einverständnis zwischen den beteiligten Unternehmen erfolgen und häufig durch Aktientausch finanziert werden. Die gegen Ende der 1990er-Jahre als *merger of equals*, als Zusammenschluss zwischen Gleichen, deklarierten Fusionen, erwiesen sich jedoch als Trugschluss. In praktisch allen Fällen dominierte letztlich eines der beteiligten Unternehmen. Dies zeigte sich u. a. darin, dass das anfangs häufiger praktizierte Modell einer Doppelspitze, also von zwei formal gleichberechtigten Unternehmensleitern, nicht funktionierte und der Repräsentant des faktisch übernommenen Unternehmens gegen Zahlung einer Abfindung meist schon nach kurzer Zeit das Unternehmen verließ.

Abb. 6.3 zeigt die Entwicklung der grenzüberschreitenden M&A Aktivitäten im Vergleich zu sonstigen „Greenfield"-FDI. Hier zeigt sich die starke Abhängigkeit von der weltwirtschaftlichen Situation. Nach dem drastischen Einbruch 2008/2009 stiegen die M&A in den Folgejahren nur zögerlich an. Erst 2015 war ein spürbarer Anstieg zu verzeichnen: In den ersten vier Monaten des Jahres lagen die M&A deutlich über 250 Mrd US\$ und damit etwa dreimal so hoch wie 2014 im gleichen Zeitraum.

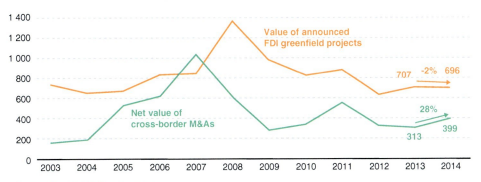

Quelle: UNCTAD: WIR 2015, S. 11

Abb. 6.3 Entwicklung der grenzüberschreitenden M&A in Mrd US\$

Als Folge des Bedeutungszuwachses des Finanz-, Telekommunikations-, Touristik- und Luftverkehrssektors entfällt inzwischen der größte Teil der grenzüberschreitenden M&A auf den *tertiären Sektor,* da die internationale Expansion insbesondere bei Dienstleistungsunternehmen an ausländische Präsenz gebunden ist. Dies wurde seit den 1990er-Jahren mit internationalen Abkommen, wie GATS, TRIPs und dem Abkommen über Finanzdienstleistungen gefördert und somit wichtige Voraussetzungen für die Globalisierung der Produktion geschaffen.[5]

Die Fusionswelle in den 1990er-Jahren wurde zu einem großen Teil ausgelöst durch den weiteren Ausbau des europäischen Binnenmarktes (ab 1993) und hier u. a. durch die von der EU-Kommission vorangetriebene Deregulierungsoffensive, die insbesondere den Telekommunikationsbereich, die Energiewirtschaft, den Finanz- und den Transportsektor betraf. Weitere Impulse wurden dann durch die Integrationswirkungen der Europäischen Währungsunion (1999) und die Ost-Erweiterung der EU (2004) ausgelöst.

Die Erwartungen und Motive bei grenzüberschreitenden Fusionen, die ja Teil der FDI sind, beziehen sich auch auf die Erhöhung der internationalen Wettbewerbsfähigkeit durch Synergieeffekte, die Nutzung von Kostensenkungsvorteilen, Standort- und Größenvorteilen sowie auf Risikominderungspotenziale und die Verbesserung der eigenen Marktposition durch Präsenz auf möglichst vielen aussichtsreichen Märkten. Auch die erwarteten Vorteile von Fusionen lassen sich als Skalen-, Scope- und Skill-Effekte zusammenfassen.

So kann durch den Abbau von Überkapazitäten, also durch die Straffung, Zusammenlegung und Bündelung von Funktionen, wie Einkauf, Vertrieb und Produktion sowie durch die zentrale Bereitstellung von *headquarter services,* wie die Konzeption und Umsetzung von Marketingstrategien oder zentraler F&E, die Fixkostenbelastung der Endprodukte gesenkt werden (Kleinert/Klodt 2001). Durch die Nutzung größerer Lieferanten-, Vertriebs- und Kundennetze sowie den Aufbau globaler marktnaher Produktionsnetze können wiederum neue Markt- und Kostensenkungspotenziale erschlossen werden. Nicht zuletzt werden durch Fusionen häufig auch Konkurrenten übernommen, sodass das Unternehmen durch steigende Marktmacht unangreifbarer gegen potenzielle Übernahmen und politische Versuche, seine Marktmacht zu beschränken, wird. Zudem ergeben sich meist Steuersenkungsmöglichkeiten durch unternehmensinterne Gewinnverlagerungen.

Triebkräfte für Fusionen und Unternehmensübernahmen sind zudem jeweils vorherrschende Managementlehren, Trends, aber auch persönliche Eitelkeiten des Managements, Aktionen und Reaktionen von Konkurrenten und entsprechende Nachahmungseffekte. Gibt ein Unternehmen einer bestimmten Branche eine Fusion bekannt, stehen die Mit-Wettbewerber unter Zugzwang ebenfalls zu fusionieren, um ähnliche erwartete Vorteile realisieren zu können. Geeignete Fusionspartner oder Übernahmekandidaten finden sich aufgrund des hohen nationalen Konzentrationsgrades dann häufig nur auf internationaler Ebene. Gefördert wird diese Tendenz durch die hohe Bereitschaft der internationalen Kapitalmarktakteure Beteiligungskapital bereitzustellen.

---

[5] vgl. Abschnitt 4.2.

In der Realität zeigt sich jedoch, dass die optimistischen Erwartungen häufig nicht eingelöst werden können, da die realisierten positiven Effekte durch negative Effekte überkompensiert werden. In diversen Untersuchungen wurde gezeigt, dass nur 25 % bis maximal 50 % der untersuchten grenzüberschreitenden Fusionen erfolgreich waren.[6]

Die Probleme leiten sich vor allem ab aus der gewachsenen Komplexität von Strukturen und Unternehmensfunktionen. So ist das neue Unternehmen gezwungen, die bestehenden Doppelstrukturen bei Organisation und Funktionen, in denen sich auch unterschiedliche Unternehmenskulturen spiegeln, zusammenzuführen und zu *einem* Unternehmen mit *einer* Unternehmenskultur, *einer* angepassten Organisation und *einer* Führungs- und Informationsstruktur zu integrieren. Dies bringt eine Vielzahl häufig nicht antizipierter und zum Teil auch nur schwer überbrückbarer Probleme und Reibungsflächen mit sich, sodass die Fusionsziele nicht erreicht werden. Zudem darf das Unternehmen während des komplizierten Anpassungs- und Reorganisationsprozesses die Markt- und Wettbewerbssituation nicht aus den Augen verlieren und sich nicht zu stark nach innen orientieren.

Erhebliche Reibungsverluste verursachen unterschiedliche *Unternehmenskulturen*, etwa durch Unterschiede in Traditionen, Verhaltens- und Kommunikationsnormen, Managementstilen oder Partizipationsmöglichkeiten. Weitere Probleme können entstehen durch Sprachunterschiede, z. B. bei der Einführung einer neuen einheitlichen Konzernsprache, ethnische bzw. kulturelle Differenzen, aber auch durch unterschiedliche Gehaltsstrukturen, tarif- und betriebsverfassungsrechtliche Systeme, unterschiedliche EDV-Systeme oder verschiedene Standards etwa in Bezug auf Qualität, Rechnungslegung etc.

Geplante Entlassungen führen zu *betriebsinternen Unsicherheiten und Spannungen*, durch die Arbeitsmoral und -leistungen sinken können. So führt die aus Kosteneinsparungsgründen erfolgende Zusammenlegung von Geschäftsbereichen i. d. R zu einer Reduzierung der Gesamtbelegschaft, die bei den Großfusionen Ende der 1990er-Jahre auf bis zu 5 % der Mitarbeiterzahl der fusionierenden Unternehmen beziffert wurde. Die notwendige Verschmelzung unterschiedlicher Organisationsstrukturen, die zunehmende Größe und die regionale Ausweitung führen zu erhöhten Anforderungen an die *Steuerungskompetenz*, während gleichzeitig die direkte Steuerungsmacht der Zentrale bei zunehmender Autonomie der operativen Ebene abnimmt. Vgl. hierzu den Überblick in Abb. 6.4.

Synergiepotenziale werden aufgrund unzureichender Information über das übernommene Unternehmen häufig überschätzt. So sind erwartete Synergien aufgrund der erwähnten Schwierigkeiten häufig nicht realisierbar, interkulturelle Differenzen können nicht professionell überbrückt werden, es treten unvorhergesehene Kosten auf, etwa durch hohe Abfindungen bei betriebsbedingten Entlassungen oder zunächst unterschätzte Maßnahmen zur Sanierung des übernommenen Unternehmens, wie bei der Übernahme des britischen Unternehmens Rover durch die deutsche BMW AG, oder es wurden hohe unerwartete Wertberichtigungen und Rückstellungen notwendig, wie bei der Fusion der deutschen HypoVereinsbank mit der italienischen Unicredit.

---

[6]Entsprechende Untersuchungen werden regelmäßig von international tätigen Unternehmensberatungen, wie *Bain&Company, Ernst&Young* oder *A.T. Kearney* vorgelegt; s. a. Jansen 2002, S. 9.

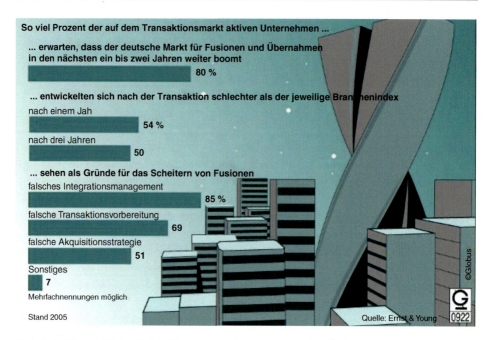

Abb. 6.4 Wirtschaftliche Entwicklung von grenzüberschreitenden Fusionen

6.4 Unternehmensstrategie zwischen Standardisierung und Spezialisierung

Der Erfolg von Globalisierungsstrategien hängt in hohem Maße davon ab, ob und inwieweit die Möglichkeit besteht vorhandene Standards, wie Produkte, Strategien oder Managementinstrumente, kulturübergreifend einzusetzen (*Standardisierung*) oder ob eine Anpassung an lokale Besonderheiten (lokale Adaption) erfolgen muss bzw. sollte (*Spezialisierung*).

Globalisierungsbedingt finden laufend weltweite Integrationsprozesse statt: Nationale Kulturen nähern sich einander an, sodass sich viele Unterschiede verwischen: Rechts- und Wirtschaftssysteme werden einander ähnlicher, Grundsätze globaler Unternehmensstrategien werden nicht nur weltweit diskutiert, sondern auch praktiziert, und Freizeit-, Konsum- und Medienverhalten führen in vielen Ländern zu ähnlichen konsumrelevanten Verhaltensmustern. Folgt man diesen Überlegungen, so verlieren kulturelle Unterschiede im Zuge der Globalisierung ökonomisch zunehmend an Bedeutung. Damit werden auch Managementsituationen und daraus ableitbare Strategien immer vergleichbarer und gleichförmiger, sodass kulturelle Faktoren tendenziell auch stärker vernachlässigt werden können.

Andererseits bleiben kulturelle Unterschiede bestehen. Wesentliche Bereiche des inneren Kerns an Werten und Normen der National- und Subkulturen der einzelnen Länder bleiben erhalten und bestimmen nach wie vor wesentliche Bereiche des menschlichen

Verhaltens. Beobachtbare Harmonisierungen und Standardisierungen durchdringen keineswegs alle kulturellen Schichten eines Landes, sondern bleiben im Wesentlichen an der „kulturellen Oberfläche" bzw. beschränken sich auf solche soziale Gruppen, die einen eher westlich orientierten Lebensstil praktizieren.

Dadurch bleiben die unterschiedlichen Kulturen und damit auch die Kulturdivergenzen trotz Globalisierung weitgehend intakt: Globalisierung verändert Kulturen also eher oberflächlich – diese erscheinen damit häufig ähnlicher als sie es tatsächlich sind, bzw. sind unterschiedlicher als sie zu sein scheinen. Trotz einer *Oberflächenharmonisierung* ist der gemeinsame *globale Kulturkorridor* zwischen den verschiedenen Landes- oder Regionalkulturen schmal, er beschränkt sich häufig nur auf leicht erfahrbare sichtbare Bereiche (Scherm und Süß 2002, S. 513; Scholz 2000, S. 827 ff.). Daraus folgt, dass die Berücksichtigung von Kultur und kulturellen Unterschieden für den Organisationserfolg nach wie vor von Bedeutung ist. In der Praxis sollte aber aus Effizienzüberlegungen die Regel „so viel Standardisierung wie möglich, so viel Spezialisierung wie nötig" berücksichtigt werden.

Bei der *Standardisierung* geht es vor allem um die Übertragung von bewährten zentralen Ansätzen, wie der Corporate Identity, der Konzernstrategie, der Marken- und Imagepolitik auf die globale Unternehmensstruktur. Allerdings sind diese zentralen Elemente Anpassungsprozessen unterworfen, die maßgeblich von den unternehmensspezifischen Globalisierungserfahrungen beeinflusst werden. Für folgende Teilbereiche besteht beispielsweise ein Standardisierungspotenzial für die Unternehmensstrategie, so dass hierfür unternehmensweit geltende Standards und Regeln entwickelt werden können:

- *Strategische Unternehmensplanung und -ziele:* Durch die Verpflichtung auf übergeordnete Planungsverfahren, etwa durch regelmäßige Planungs- und Strategiemeetings, werden die teilautonomen Unternehmensteile langfristig auf strategische Unternehmensziele verpflichtet. Für unternehmenstypische zentrale Festlegungen, die für die Entwicklung und Kohärenz des Unternehmens von zentraler Bedeutung sind, wie die Preispolitik gegenüber großen internationalen Wettbewerbern, strategische Investitionspolitik, unternehmensweit gültige Qualitätsstandards und deren Sicherung oder die Image- und Markenpolitik, könnten Standards festgelegt werden.
- *Informations- und Kommunikationspolitik:* Grundlage für einen *global player* ist eine reibungslose (unternehmens-)zielorientierte Kommunikation und Informationsverarbeitung zwischen den Unternehmensstandorten und den unterschiedlichen Kulturen angehörenden Mitarbeitern. Hierfür wären Festlegung und Einhaltung von unternehmensweit gültigen Standards, die einen partizipativen Umgang der Mitarbeiter mit Informations- und Kommunikationsprozessen sicherstellen und es diesen erlauben, problemlos miteinander zu kommunizieren, sinnvoll.
- *Interkulturelle Kompetenz:* Die strategische Nutzung der interkulturellen Möglichkeiten der *global player* könnte Gegenstand von unternehmensweiten Standards werden. Dies kann sich beispielsweise beziehen auf die Nutzung von Synergiepotenzialen durch die Personalpolitik (HRD, Grundsätze des Personalmanagements), die Nutzung von interkulturellem und international verteiltem Wissen (Rückkehrerintegration, Wissensmanagement) oder auf die Grundsätze eines integrierten Diversity Managements.

In alle standardisierten Teilbereiche müssten allerdings Erkenntnisse einfließen, die aus den Globalisierungserfahrungen gewonnen werden, sodass auch landes- oder regionalspezifische Besonderheiten integriert werden können.

Spezialisierung erfordert im Gegenzug die Berücksichtigung landestypischer Eigenheiten, etwa in den Bereichen Organisation, Management oder Produktion, insbesondere aber auch in Bezug auf die Marktbeziehungen, also gegenüber Kunden und Lieferanten. So müssen Planungsverfahren und kurz- und mittelfristige Zielsetzungen an lokale Bedingungen, Produktionsverfahren und konkrete Investitionsentscheidungen an regionale Anforderungen und der Managementstil an kulturelle Erfordernisse angepasst werden. Ebenso können Produktpolitik und -entwicklung, Marketing- und Werbestrategien, Personalpolitik und Kundenbeziehungen stark von den örtlichen Marktbedingungen geprägt sein, so dass standardisierte Vorgaben nur in geringem Maße eingesetzt werden können. Ähnliches gilt für die Imagepolitik des Unternehmens sowie das Verhalten in Wettbewerbssituationen und gegenüber Konkurrenten (Scherm und Süß 2001 und 2002).

Werden beide Strategien zu einer „Doppelstrategie" kombiniert, setzt man auf eine Balance zwischen Standardisierung und Spezialisierung und damit auf die jeweils erfolgversprechenden Faktoren aus beiden Bereichen. Eine solche Strategie verzichtet sowohl auf marktferne weltweite Standardisierungen als auch auf eine vollständige kostenintensive Anpassung an lokale Bedingungen unter Vernachlässigung der Unternehmensidentität.

Damit verbindet sie die Durchsetzung unternehmensbezogener Wettbewerbsvorteile (*competitive advantages*) entsprechend dem Leitsatz „Befolge eigene strategische Regeln und entwickle so einen einzigartigen Wettbewerbsvorteil" und die gleichzeitige Orientierung an der jeweiligen Landeskultur (*cultural acceptance*) entsprechend des Leitsatzes „Passe die Strategie an die Landeskultur an".[7] Die Kombination beider Ansätze führt nach Scholz/Stein zu dem neuen integrativen Leitsatz „Erziele einen marktfähigen, einzigartigen Wettbewerbsvorteil durch Anpassung der Strategie an die Landeskultur und an die bereits erfolgten Anpassungsreaktionen der lokalen Mitwettbewerber", eine Strategie, die die Autoren mit dem Begriff „*competitive acceptance*" beschreiben. In empirischen Untersuchungen in Frankreich, Spanien, Österreich, Deutschland, der Schweiz und den USA konnten sie zeigen, dass erfolgreiche Globalisierungsstrategien diesen Ansatz verfolgen und damit auf eine Kombination der Leitsätze setzen.

Die in dem integrativen Ansatz zum Ausdruck kommende doppelte Berücksichtigung von Globalisierung und Lokalisierung wird übrigens sowohl in der Soziologie wie auch in der Ökonomie seit Ende der 1990er-Jahre auch unter dem Begriff *Glokalisierung* diskutiert: „Der Gedanke der Glokalisierung ist in seiner ökonomischen Bedeutung eng mit dem verbunden, was in manchen Zusammenhängen in expliziter ökonomischer Begrifflichkeit ‚Mikro-Marketing' heißt: Das Zuschneiden von und Werben für Güter und Dienstleistungen auf globaler oder fast-globaler Ebene für zunehmend differenzierte lokale und partikulare Märkte" (Robertson 1998, S. 197 ff.).

---

[7] vgl. zu diesen Überlegungen Scholz/Stein 2000, S. 198 ff.

6.4 Unternehmensstrategie zwischen Standardisierung und Spezialisierung

	Standardisierung (Globale Strategie)	Spezialisierung (Multinationale Strategie)	Integratives Modell ("think global, act local") (Transnationale Strategie)
Strategie	Weltweite Standardisierung, "Weltregeln"	Anpassung an lokale Bedingungen	Globale Rahmenbedingungen, die lokal interpretiert und ausgefüllt werden
Organisation	Zentralistische Organisation mit Internationaler Abteilung; Identifikation nach Stammsitz	Tendenziell autonom agierende Unternehmen, lokal gesteuerte Netzwerke, lokale Identifikation	Dezentrale Organisation in übergreifenden Netzwerken, Identifikation mit internationalem, aber lokal verankertem Unternehmen
Organisationskultur	Einheitliche, wesentlich durch das Stammhaus geprägte Organisationskultur	Organisationskultur an lokale Bedingungen angepasst	Unternehmensweit geltende Regeln, die jedoch Möglichkeiten für lokale, kulturspezifische Anpassungen bieten
Konzernsteuerung, Management	Zentrale Vorgaben und Entscheidungen, verbindliche, allgemeine, Managementregeln, Top-down Kommunikation, zentrales Controlling	Dezentrale Entscheidungen, große Autonomie, geringere Kommunikation mit der Zentrale, dezentrales Controlling	Unternehmensweite, aber kulturspezifisch modifizierte Richtlinien und Grundentscheidungen, regelmäßige, Zwei-Wege Kommunikation, zentrales Controlling mit lokal angepassten Regeln

Abb. 6.5 Internationalisierungsmodelle (in Anlehnung an Scherm und Süß 2002, S. 513, modifiziert)

Die Entscheidung hierfür hat Konsequenzen sowohl für die Unternehmensstrategie, die Gestaltung der Unternehmenskultur, die Grundsätze der Konzernsteuerung und das Management. In Abb. 6.5 werden die drei Ansätze in dieser Hinsicht miteinander verglichen. Das integrative Modell gibt somit also global weitgehend standardisierte Rahmenbedingungen vor, die aber so flexibel sind, dass sie den lokalen Gegebenheiten und kulturellen Besonderheiten gemäß angepasst und ausgeformt werden können. Dieser Ansatz, bei dem Erprobtes kreativ und handlungsorientiert an kulturelle Besonderheiten angepasst (modifiziert), bzw. mit diesen „ausgesöhnt" (Trompenaars/Woolliams 2004) wird, hat seine Parallelen in zwei weiteren Modellansätzen.

So entspricht er in weiten Bereichen auch dem *geozentrischen* Konzept in dem EPRG-Modell von Perlmutter[8]: Bei den verschiedenen Konzepten handelt es sich um Führungsmodelle für global agierende Unternehmen. Das geozentrische Modell steht für ein global übergreifendes Führungskonzept, das verknüpft wird mit einem dezentralen Organisationsmodell mit überwiegend lokalen Führungskräften. Damit werden sorgfältige Abstimmungs- und Kommunikationsprozesse zwischen Zentrale und Tochtergesellschaften notwendig, bei denen die Berücksichtigung lokaler Gegebenheiten und die interkulturelle Kompetenz der Interaktionspartner eine wichtige Rolle spielen (Abb. 6.6 und 6.7).

---

[8] EPRG steht für **e**thnozentrisch – **p**olyzentrisch – **r**egiozentrisch und **g**eozentrisch; vgl. Meier und Roehr 2004, S. 23 f.; Meckl 2006, S. 96 ff.

Abb. 6.6 Das EPRG-Modell nach Perlmutter (Quellen: Meier und Roehr 2004, S. 23 f.; Meckl 2006, S. 96 ff.)

Abb. 6.7 Globalisierungsstrategien in Anlehnung an Bartlett und Ghoshal (Meier und Roehr 2004, S. 23 f.; Meckl 2006, S. 104 ff.)

Vergleichbare Überlegungen liegen auch dem *Strategiemodell* von Bartlett/Ghoshal zugrunde, die aus dem Spannungsfeld von kostenreduzierenden Standardisierungen und notwendigen lokalen Anpassungen vier unterschiedliche Strategietypen ableiten. Hier entspricht die *transnationale* Strategie in vielen Belangen dem geozentrischen Modell von Pearlmutter (Meier und Roehr 2004, S. 23 f.; Meckl 2006, S. 104 ff.). Ziel dieser Strategie ist es ebenfalls, dezentrale und zentrale Strategieelemente zu kombinieren, also die Bereiche lokal anzupassen und damit zu *spezialisieren*, wo dies aufgrund der jeweiligen Rahmenbedingungen sinnvoll ist. Standardisiert werden sollen die Bereiche, bei denen Effizienzvorteile durch die „globale Integration von Wertschöpfungsaktivitäten" zu erzielen sind.

Diese theoretischen Konzepte stimmen auch mit den strategischen Umsetzungsstrategien der *global player* überein, wie etwa die Ergebnisse einer 2008 durchgeführten IBM-Studie zeigen (IBM 2008, S. 33 ff.).

Überlegungen von CEOs zur Globalisierung

CEOs stimmen Ansätze zur globalen Integration und Optimierung exakt auf ihr Unternehmen ab: Globale Marken und Produkte müssen auch lokalen Ansprüchen gerecht werden.

Ein CEO aus der Telekommunikationsbranche: „Wir müssen globale Produktplattformen aufbauen und beibehalten, um uns Größenvorteile zu sichern. Wir müssen aber auch die Produktmerkmale an lokale Vorlieben anpassen."

Back-Office-Funktionen (z. B. im Finanz- und Personalwesen) sollten global zusammengeführt (standardisiert) werden, hier werden große Synergiepotenziale gesehen. Kernprozesse, wie die Fertigung von Produkten sollten möglicherweise vor Ort optimiert werden, da Vertriebs- und Markteinführungsprozesse in der Regel lokales Know-how und Fachwissen erfordern.

Ein CEO aus Italien: „Unser Geschäftsmodell basiert auf der Konsolidierung und Globalisierung von Back-Office-Prozessen, wodurch wir eine kritische Masse erreichen wollen, und auf der Lokalisierung von geschäftsspezifischen Komponenten, die eng mit lokalen Märkten verknüpft sind."

Die Bedeutung einer gemeinsamen Unternehmenskultur bei gleichzeitiger Wahrung der kulturellen Vielfalt unterschiedlicher geografischer Bereiche wird hervorgehoben.

Ein CEO aus Japan: „Der Schlüssel zu erfolgreichen Geschäften in anderen Ländern liegt nicht im Streben nach Homogenität, stattdessen müssen wir in der Lage sein, effektiv mit Menschen aus unterschiedlichen Kulturen und Ländern zusammenzuarbeiten."

6.5 Unternehmenskultur

Die Beziehungen zwischen Unternehmensstrategie und Unternehmenskultur sind nicht eindeutig. Wenn auch Einigkeit darüber bestehen dürfte, dass die Qualität der Unternehmenskultur den Unternehmenserfolg beeinflusst, so wird die Frage, ob die Unternehmenskultur instrumental für die Erreichung der Unternehmensstrategie ausgestaltet werden sollte, allein schon deswegen nicht eindeutig beantwortet werden können, weil Strategien häufiger und drastischer geändert werden als die vom Charakter her dauerhafter angelegte Unternehmenskultur. Trotzdem sollten die gestaltbaren bzw. flexibleren Elemente der Unternehmenskultur mit den Grundlinien der Unternehmensstrategie harmonieren, zumindest muss die Kultur eines Unternehmens ökonomisch notwendige Strategieänderungen erleichtern und darf sie nicht behindern.

In Anlehnung an Schein (Schein 2004; Wübbelmann 2001, S. 43) kann Unternehmenskultur verstanden werden als ein die betriebliche Realität prägendes Bündel gemeinsamer Grundprämissen (Verhaltensregeln, Normen, Standards und Werte), das die Mitarbeiter eines Unternehmens erlernt haben, als verbindlich akzeptieren, im Unternehmen – u. a. bei der Bewältigung von Problemen – anwenden und an neue Mitarbeiter weitergeben. Die verschiedenen Teilbereiche sind unterschiedlich stark beeinflussbar. Während einige direkt durch Managemententscheidungen veränderbar sind, sind andere kaum oder allenfalls indirekt steuerbar, einige sind kurzfristig, andere eher langfristig veränderbar. In jedem Fall muss sich die strategische Führung der unterschiedlichen Beeinflussbarkeit bewusst sein, um gegebenenfalls steuernd eingreifen zu können, vgl. Abb. 6.8.

Es ist offensichtlich, dass die Schaffung einer gemeinsamen Unternehmenskultur in einem globalen und damit auch interkulturellen Unternehmen ein erhebliches Maß an kultureller Sensibilität erfordert, da sie wichtiger, aber auch schwieriger umzusetzen ist, als in einem nur national agierenden Unternehmen. In einem interkulturell geprägten Umfeld ist eine allgemein akzeptierte Unternehmenskultur auch Voraussetzung für eine gemeinsame unternehmensbezogene Denkwelt, sie schafft Voraussetzungen und Ansatzpunkte für Identifikationsmöglichkeiten der Mitarbeiter und setzt so Motivationspotenziale frei. Spezielle Herausforderungen liegen dabei vor allem darin, die Unternehmenskultur so zu gestalten und weiter zu entwickeln, dass sich die verschiedenen Kulturen mit ihren

Symbole und Artefakte öffentlich sichtbar "die Art wie wir uns präsentieren"	• Gemeinschaftliche Sitten, Bräuche, Verhaltensweisen, Rituale • Begriffe und Abkürzungen, "Firmensprache", • Umgangsformen und Bekleidungsgewohnheiten • Logo; Präsentationsmerkmale, Flyer • Anekdoten und Legenden • Architektur
Werte und Normen öffentlich propagiert "die Art, wie wir Dinge tatsächlich regeln"	• Explizite Grundsätze und Werte, u.a. Leitbild, Corporate Principles • Führungsstil und Zusammenarbeit u.a. Regeln für Teamarbeit, Meetings, Entscheidungsprozesse und Partizipation • Informations- und Kommunikationsrichtlinien • Sonstige Ver- und Gebote
(Basis-)Annahmen unbewusst oder unausgesprochen	• Menschenbild und ethisches Grundverständnis • Historisch gewachsene als selbstverständlich angesehene Werte und Überzeugungen z.B. zu erfolgreichem und nachhaltigem Handeln • Zeitvorstellungen

Abb. 6.8 Drei Ebenen der Unternehmenskultur nach Schein

unterschiedlich geprägten Normen-, Werte- und Regelsystemen vertreten fühlen, sodass sie bereit sind, die Unternehmenskultur für sich zu akzeptieren.

Im Prinzip finden sich auf allen drei Ebenen Aktionsparameter für die Entwicklung einer gemeinsamen interkulturell ausgerichteten Unternehmenskultur: Auf der Ebene der *Symbole und Artefakte* könnte es etwa um die Einführung interkulturell angepasster Bräuche und Rituale, unternehmensspezifischer Umgangsformen oder relevanter Begrifflichkeiten gehen. Im Bereich der *Werte und Normen* können interkulturell angepasste Planungs-, und Entscheidungsprozesse, Informations- und Kommunikationsstandards oder Regeln für Teamarbeit oder Meetings eine Rolle spielen. Auf der Ebene der *Basisannahmen* sind kulturell-übergreifende Wertekataloge und unternehmensethische Grundsätze oder eine vertretbare Flexibilisierung von Zeitvorstellungen denkbar. Zudem steht hier bewusst vorgelebtes Handeln, etwa beim Umgang mit einer kulturell diversen Belegschaft oder bei der Berücksichtigung ökologischer oder sozialer Fragen als indirekte Steuerungskomponente zur Verfügung (Koch 2012; Cameron und Quinn 1999).

Wichtige Komponente der Unternehmenskultur ist die gemeinsame *corporate identity* (CI), die i. d. R die allgemeinen Unternehmensgrundsätze und -leitlinien einschließt. Eine global orientierte CI-Konzeption zeichnet sich aus durch den erfolgreichen Versuch, die wichtigen im Unternehmen vertretenen Kulturen auf sinnvolle Weise zu integrieren (kultureller Pluralismus), kulturelle Vorurteile abzubauen und zentrale Merkmale der wichtigsten Kulturen (etwa als „Kulturbausteine") aufzunehmen.

Die notwendige Integration von Arbeitnehmern mit sehr unterschiedlichem kulturellen Hintergrund kann zu Identifikationsproblemen oder zu Schwierigkeiten bei der CI-Definition und erheblichen Anpassungsschwierigkeiten und -kosten führen. Gleichzeitig eröffnen sich hierdurch Chancen mit Anregungen und möglichen Synergieeffekten für das Unternehmen. Als „lernende", dynamische Organisation ist ein solches Unternehmen für die Herausforderungen der Globalisierung und für die Wahrnehmung neuer globaler Entwicklungsmöglichkeiten besser gerüstet als traditionelle Unternehmen.

Literatur

Albers, S. (2015). *Wettkampf der Allianzen*. Harvard Business Manager. Dezember 2015.
Bamberger, J. (2004). *Strategische Unternehmensführung*. München.
Cameron, K. S., & Quinn. R. E. (1999). *Organizational culture: The competing values framework*. Massachusetts
Dunning, J. H. (1979). *Explaining changing patterns of international production: In defence of the eclectic theory*. Oxford Bulletin of Economics and Statistics, 41, 269–295.
Gerum, E. (2000). *Internationalisierung mittelständischer Unternehmen durch Netzwerke* (S. 193–226). In Gutmann & Kabst (Hrsg.), Internationalisierung im Mittelstand. Chancen – Risiken – Erfolgsfaktoren. Wiesbaden: Gerhard und Lore Kienbaum Stiftung.
Helm, R. (2001). *Institutionelle Formen des internationalen Markteintritts*. WiSt, 1/2001.
IBM (2008). *Global CEO Study 2008 „Das Unternehmen der Zukunft"*.

Jansen, S. A. (2002). *Pre- und Post Merger-Integration bei grenzüberschreitenden Zusammenschlüssen.* In Jansen, S.A. , et al. (Hrsg.), Internationales Fusionsmanagement (S. 3–33). Stuttgart.

Johanson, J., & Vahlne, J. E. (1977). *The internationalization process of the firm – A model of knowledge development and increasing foreign market commitment.* Journal of International Business Studies, 8(1), 23–32.

Kleinert, J., & Klodt, H. (2001). *Megafusion. Erklärungsansätze und Erfolgsaussichten.* Wirtschaftswissenschaftliches Studium, 10, 523–528.

Klingebiel, N. (2009). *Bewertungskriterien für Offshoring-Projekte.* Das Wirtschaftsstudium, 2(2009), 223–228.

Koch, E. (2012). *Interkulturelles Management.* München.

Marchazina, K., & Oesterle, M.-J. (Hrsg.). (2002). *Handbuch Internationales Management. Grundlagen – Instrumente – Perspektiven* (2. Aufl.). Wiesbaden.

Meckl, R. (2006). *Internationales Management* (1. Aufl.). München.

Meier & Roehr. (Hrsg.). (2004). *Einführung in das Internationale Management.* Herne/Berlin.

Müller-Stewens, G., & Lechner. C. (2001). *Strategisches Management.* Stuttgart.

Pfohl, H.-C., et al. (2010). *Cluster und Netzwerke.* Das Wirtschaftsstudium, 1(2010), 87–91.

Robertson, R. (1998). *Glokalisierung: Homogenität und Heterogenität in Raum und Zeit.* In U. Beck (Hrsg.), Perspektiven der Weltgesellschaft (S. 192–220). Frankfurt.

Schein, E. (2004). *Organizational culture and leadership* (3. Aufl.). San Franzisco.

Scherm, E., & Süß, S. (2001). *Internationales Management.* München.

Scherm, E., & Süß, S. (2002). *Personalführung in internationalen Unternehmen.* Das Wirtschaftsstudium, 4(2002), 512–526.

Schmid, S. (2002). *Markeintritts- und Markbearbeitungsstrategien internationaler Unternehmen.* Wirtschaftswissenschaftliches Studium, 5, 669–676.

Scholz, C. (2000). *Personalmanagement* (5. Aufl.). München.

Scholz, C., & Stein. V. (2000). *„Competitive Acceptance" im kulturübergreifenden Wettbewerb.* In: Gutmann & Kabst (Hrsg.), Internationalisierung im Mittelstand. Chancen – Risiken – Erfolgsfaktoren. Wiesbaden: Gerhard und Lore Kienbaum Stiftung.

Sydow, J. (2006). *Management von Netzwerkorganisationen – Zum Stand der Forschung.* In J. Sydow (Hrsg.), Management von Netzwerkorganisationen (4. Aufl.) (S. 385–469). Wiesbaden.

Trompenaars, F., & Woolliams, P. (2004). *Business Weltweit. Der Weg zum interkulturellem Management.* Hamburg.

Vernon, R. (1966). *International investment and international trade in the product cycle.* Quarterly Journal of Economics, 80(2), 190–207.

von der Oelsnitz, D. (2003). *Strategische Allianzen als Lernarena.* Wirtschaftswissenschaftliches Studium, 9, 516–520.

Wübbelmann, K. (2001). *Management Audit. Unternehmenskontext. Teams und Managerleistung analysieren.* Wiesbaden.

Folgen der Globalisierung 7

Globalisierung beeinflusst wirtschaftliche, politische und soziale Prozesse, wobei direkte und indirekte Folgen aufgrund der Interdependenz dieser Prozesse nicht eindeutig voneinander getrennt werden können: Beide Effekte können sich gegenseitig beeinflussen und überlappen, neutralisieren und verstärken. Die Effekte selbst sind in der Regel nicht neutral, sie beinhalten Vor- oder Nachteile für die betroffenen Länder, Gruppen, Institutionen oder Individuen.

Viele der Globalisierung zugeschriebene Folgewirkungen sind nur mittelbar durch die Globalisierung verursacht. Häufiger sind sie Auswirkungen ökonomischer Entwicklungen, die durch Globalisierungsprozesse verstärkt wurden, wie etwa der sich durch die Globalisierung intensivierende *internationale Wettbewerb* zwischen allen Akteuren oder *sozio-ökonomische Strukturwandelprozesse* in Ländern und Regionen mit weiteren Folgen für alle Beteiligten. Gleichzeitig werden hierdurch Defizite und Probleme, beispielsweise in den Bereichen Führung, Bildung, ökonomische Strukturen, rascher sichtbar. Dies erfordert adäquate und meist schnelle Reaktionen der Verantwortlichen, die wiederum eine Beschleunigung der Strukturwandelprozesse zur Folge haben. Falls diese Reaktionen ausbleiben, kann dies zu einem Zurückfallen der betreffenden Organisation, der regionalen Einheit oder der jeweiligen Personen im internationalen Wettbewerb führen. Globalisierung verlangt damit eine beständig hohe Aufmerksamkeit. Sie wirkt als Katalysator, der Prozesse z. T. enorm *beschleunigt*, bestehende Tendenzen *verstärkt* und hierdurch die Akteure ständig mit *neuen Situationen* und Sachverhalten konfrontiert. Dabei werden häufig auch ergänzende Maßnahmen notwendig, die die mit diesen Entwicklungen einhergehenden unerwünschten Wirkungen und Begleiterscheinungen – etwa durch Strukturanpassungsprogramme, Sozial- oder Schulungsmaßnahmen – entschärfen oder kompensieren.

Die steigende Transparenz, der zunehmende Wettbewerb sowie die zunehmenden Möglichkeiten und Notwendigkeiten sich auf neuen Märkten und damit in einem neuen Kontext zu positionieren und an neuen Standorten präsent zu sein, führt zu einer immer intensiveren Nutzung der *internationaler Arbeitsteilung*. So machen Unternehmen in allen

Bereichen der Wirtschaft – im grenzüberschreitenden Handel, in der weltweiten Produktion oder im Finanzsektor – von der Möglichkeit Gebrauch, ihre Produktionsmittel, durch die Nutzung der global günstigsten und leistungsfähigsten Ressourcen, so effizient und effektiv wie möglich einzusetzen.

Grundsätzlich soll sich durch den Zugang zu neuen Märkten auch für ärmere Länder die Versorgung mit Gütern und Dienstleistungen weltweit verbessern und damit insbesondere *Knappheiten effektiver reduziert* und Bedürfnisse besser befriedigt werden. Durch den ungehinderten Fluss von Investitionen sollen bessere und billigere Produkte hergestellt, ein weltweiter *Wissens- und Technologietransfer* gefördert und eine Vielzahl *neuer Arbeitsplätze* geschaffen werden. Dies geschieht auch durch die zunehmende Durchlässigkeit der Grenzen nicht nur für Investitionen, sondern auch für Arbeitskräfte. Hierdurch wachsen grenzüberschreitende Beschäftigungs- und Einkommensmöglichkeiten für Arbeitsmigranten, die Einkommen erzeugen und den im Heimatland verbliebenen Familienmitgliedern durch Remittances ebenfalls verbesserte Lebenschancen ermöglichen. Globalisierung soll somit eine globale Erhöhung des Lebensstandards herbeiführen.

Unterschiedliche negative Begleiterscheinungen, wie lokale Beschäftigungsverluste oder eine Überlastung der Umwelt sowie sich daraus entwickelnde Krisen, die sich wiederum immer rascher ausbreiten, zeigen allerdings auch die Gefahren der globalen Vernetzung und der damit verbundenen Abhängigkeiten. Es besteht daher inzwischen auch weitgehend Einigkeit darüber, dass Globalisierungsprozesse wirkungsvoller gemanagt und kontrolliert werden müssen, um krisenhafte Zuspitzungen und damit negative Effekte für Gruppen oder Gesellschaften zu verhindern oder zumindest zu reduzieren. Die Folgen der Globalisierung müssen daher differenziert betrachtet werden.

7.1 Grenzen verlieren ihre Schutzfunktion

Der mit der Globalisierung einhergehende Abbau künstlich geschaffener Hindernisse und der dadurch verursachte ökonomische Bedeutungsverlust nationaler Grenzen bedeutet, dass grenzüberschreitende Transaktionen ihre Besonderheit verlieren und „normal" werden: Internationale Aktionen werden somit *intraglobal*. Damit verlieren Grenzen auch ihre *wirtschaftliche Schutz- und Abwehrfunktion* – für die Nation und für unterschiedliche gesellschaftliche Gruppen: Einflüsse des Auslands können damit mehr oder weniger ungefiltert auf die Nation, die im Inland ansässigen Unternehmen und die hier beschäftigten Menschen einwirken. Die Flüchtlingssituation in Europa seit Mitte 2015 verdeutlicht diese Situation und zeigt gleichzeitig die Schwierigkeiten hierauf in angemessener Form zu reagieren.

7.1.1 Zunehmender Anpassungsdruck

Hiervon sind ehemals durch Protektionismus, nationale Eigenheiten oder Subventionen geschützte Länder, Gruppen oder Individuen besonders betroffen. Diese werden nun intensiv internationalen Einflüssen ausgesetzt und konkurrieren mit leistungsstarken

Akteuren rund um den Globus um Investitionen, Kunden oder Arbeitsplätze, aber auch um nationale (kulturelle) Eigenheiten und Werte. Bestehende *Privilegien*, die sich im Schutz nationaler Grenzen entwickeln konnten und den Zugang zu Ressourcen oder zu sozialen und wirtschaftlichen Vorteilen ermöglichten bzw. Kontrollen verhinderten, werden in Frage gestellt oder abgebaut. Dies gilt auch für gesellschaftliche Strukturen und Systeme. So stehen alle *Teilsysteme* der Gesellschaft, kulturelle Wertesysteme wie auch soziale, ökonomische und politisch-administrative Systeme, unter einem permanenten Veränderungs- und Anpassungsdruck:

- *Wirtschaftssysteme* müssen zukunftssicher gestaltet werden und international akzeptierte und wettbewerbsfähige Ziele und Anforderungen berücksichtigen. Dies gilt beispielsweise für die Beschränkung der staatlichen Verschuldung, die Reduzierung nicht-tarifärer Handelshemmnisse oder die Senkung von Einkommenssteuerhöchstgrenzen.
- *Sozialsysteme* müssen Mindestbedingungen erfüllen und gleichzeitig verschlankt werden, um ihre Finanzierbarkeit zu gewährleisten und notwendige individuelle Anreizfunktionen nicht zu verlieren, wie beispielsweise durch die Einführung von Krankenversicherungssystemen, die Erhöhung der Altersgrenzen für den Rentenbezug oder die Förderung von größerer Eigenverantwortung.
- *Politische Systeme* müssen steigenden Anforderungen an Demokratie und Transparenz bei gleichzeitig effektiver Aufrechterhaltung der öffentlichen Sicherheit und des Bürgerschutzes genügen, etwa durch die Verbesserung demokratischer Teilhabe, die Unterstützung von gemeinschaftlichen militärischen Abwehraktionen im Ausland oder den Schutz des Versammlungsrechts.
- *Rechtssysteme* unterliegen einem ständigen Zwang zur Integration supranationaler Vereinheitlichungsanforderungen, während sie gleichzeitig (zunehmende) Rechtssicherheit gewährleisten und Sachverhalte außerhalb des eigenen Rechtsraumes berücksichtigen müssen, beispielsweise durch die Umsetzung von EU-Richtlinien, den Abbau von Subventionen oder die Verstärkung von Anti-Korruptionsmaßnahmen.
- *Kultursysteme* müssen die Balance zwischen der Bewahrung nationaler Eigenheiten und der Integration extranationaler Anstöße und Tendenzen wahren, bei gleichzeitiger Berücksichtigung von Marktüberlegungen und öffentlichen Finanzierungsnotwendigkeiten. Dies kann geschehen durch die Förderung von interkulturellem Wissen, die Integration neuer Kulturtrends oder die Durchführung multinationaler Kulturevents.
- *Bildungssysteme* sind ständigen inhaltlichen und formalen Änderungen unterworfen, wobei die Bereitstellung inhaltlicher und formaler Kompetenzen, die Ausweitung der Bildungs- und Ausbildungsinhalte sowie Vollzeitausbildungen und Weiterbildungsnotwendigkeiten miteinander konkurrieren. Beispiele sind der Bologna-Prozess mit Bachelor- und Masterstudiengängen, die zunehmende Akademisierung der Ausbildung, der Anstieg berufsbegleitender Ausbildungen und die Anerkennung von ausländischen Abschlüssen.

Abb. 7.1 Grenzen verlieren ihre Schutzfunktion

Zusätzlich zu den Systemen beeinflusst der ökonomische Bedeutungsverlust nationaler Grenzen auch alle Arten von **Prozessen**, etwa die Geschwindigkeit und Qualität von Wettbewerbs- und Strukturwandelprozessen, die ihrerseits wiederum Einfluss auf wirtschaftliche Verteilungsprozesse von Einkommen und Vermögen und damit auf die sozialen Beziehungen innerhalb einer Gesellschaft haben.

Betroffene sind hierbei neben den Unternehmen **alle Akteure** der Globalisierung, wie Staaten bzw. Staatengruppen, Organisationen und Institutionen sowie unterschiedlichste gesellschaftliche Gruppen oder einzelne Individuen, aber auch die Umwelt bzw. die Natur als passiver Akteur. Die Folgen sind nur in den seltensten Fällen neutral. In der Regel ergeben sich für Teilgruppen der Akteure Vorteile bzw. neue Chancen, während sich für andere Nachteile oder neue Risiken ergeben. Abb. 7.1 stellt diese Überlegungen nochmals im Zusammenhang dar.

7.1.2 Hohe Transparenz

Durch die Öffnung der Grenzen und die damit einhergehenden Deregulierungstendenzen, den ungehinderten elektronischen Informationsfluss und die zunehmende Anzahl von Kontakten und Netzwerken erhöht sich auch die **Transparenz** in Bezug auf das wirtschaftliche, politische und kulturelle Geschehen der Länder und ihrer Akteure mit Auswirkungen auf alle am Globalisierungsgeschehen beteiligten Akteure im In- und Ausland.

Informationen und damit auch Wissen, Technologien, Terminologien, Einsichten und Ansichten dringen leichter von *innen nach außen*. *Staat*, *Unternehmen* und *Individuen* unterliegen so einer verstärkten Außenkontrolle. Besonderheiten, Geheimnisse und Fehlentwicklungen lassen sich kaum noch verbergen. Gleichzeitig dringen Informationen immer leichter von *außen nach innen*, sodass sich der Zugang zu relevanten externen Informationen durchgängig erheblich erleichtert.

Unternehmen können neue Entwicklungen immer weniger vor Nachahmung schützen, während Fehlentscheidungen schneller korrigiert werden müssen. Dabei geht es um Produkte und Ideen, die noch im Entwicklungsstadium kritisch hinterfragt oder schon imitiert werden. Andererseits können Fehler und Schwächen von Wettbewerbern für eine Verbesserung der eigenen Wettbewerbsposition genutzt werden. Verhaltensweisen, Entscheidungen, Machtpositionen und bislang geschützte Reservate werden durch steigende Transparenz in Frage gestellt. Gleichzeitig müssen Informationen über Verhalten und Methoden der Konkurrenz, die nun leichter zur Verfügung stehen, als Herausforderungen betrachtet und schneller darauf reagiert werden. Damit muss insgesamt die Flexibilität und Anpassungsfähigkeit der Systeme wie auch der einzelnen Akteure zunehmen: Unternehmen müssen ihre Angebotsstruktur permanent neu strukturieren und sich beispielsweise zu Lasten von Standard- und Massenprodukten auf höherpreisige *Up-Market-Produkte* oder komplexe Investitionsgüter spezialisieren. Kurz: Neben dem zunehmenden Wettbewerb selbst zwingt auch die hohe Transparenz Unternehmen (und Staaten) dazu, ihr Verhalten den veränderten globalen Bedingungen anzupassen.

Dies hat auch Änderungen beispielsweise im Bereich der Informationspolitik zur Folge. So sehen sich Unternehmen, die bislang in ihrer Berichterstattung gegenüber der Öffentlichkeit eher zurückhaltend waren, aufgrund der Tatsache, dass Informationen nun leichter vergleichbar werden, zu einem höheren Maß an Transparenz und regelmäßiger Information gezwungen. Damit verbessern sich aber auch die Möglichkeiten zur Eigenwerbung und Public Relation.

Staaten sind gezwungen, ihre Politik neu zu strukturieren, ihre Rechenschaftsverpflichtungen nehmen zu. Sie müssen funktionsfähige und kontrollierbare politische Institutionen und Organe bereitstellen und sich dem – durch die marktwirtschaftlichen Leitsysteme der Industrieländer vorgegebenen – *mainstream* anpassen. Es steigt also der Druck nach rationalen, transparenten und marktwirtschaftlichen Grundsätzen zu handeln. Entscheidungen und deren Folgen müssen sich stärker dem Vergleich mit konkurrierenden Systemen und dem Urteil externer Instanzen, wie internationaler Organisationen, unabhängiger Beobachter sowie den Märkten und ihren Funktionsprinzipien stellen.[1] Transparenz erzwingt zudem

---

[1] Neuere Beispiele hierfür sind die Reformmaßnahmen, zu denen sich die hochverschuldeten Mitgliedsstaaten der Europäischen Wirtschaft- und Währungsunion verpflichten mussten.

die Einrichtung von Frühwarnsystemen, eine effektivere Arbeit von Aufsichtsorganen und von international vergleichbaren Informations- und Rechnungslegungssystemen. Damit werden Strukturwandel- und „Modernisierungsprozesse" beschleunigt.

Eine problematische Politik („*bad governance*"), die sich in sich verschlechternden Rahmenbedingungen, mangelnder Rechtsstaatlichkeit und -sicherheit, Korruptionsanfälligkeit, Demokratiedefiziten, zu geringer Innovationsneigung, hoher Auslandsverschuldung oder wettbewerbswidrigen staatlichen Interventionen zeigt, wird negative Sanktionen nach sich ziehen: Globalisierungsmöglichkeiten werden eingeschränkt, Kapital wird per Kapitalflucht oder De-Investition abgezogen und Arbeitsmigration nimmt zu. Dies gilt insbesondere für leistungsfähige und gut ausgebildete Arbeitskräfte („*brain drain*"). Diese Folgen zeichnen sich angesichts der derzeit zu beobachtenden neo-autokratischen Tendenzen in verschiedenen europäischen Ländern ab. Umgekehrt wird eine weitsichtige, zukunftsorientierte Politik etwa durch Kapitalzuflüsse oder Exportsteigerungen honoriert. Dadurch werden neue Möglichkeiten geschaffen, weniger leistungsfähige Strukturen zu reformieren, die Gesellschaft zu modernisieren und damit den ständig wachsenden Globalisierungsanforderungen anzupassen, wobei dieser Effekt umso stärker zum Tragen kommt, je weniger Transparenz die betreffenden Länder zuvor zugelassen haben. Höhere Transparenz kann zudem Kooperationen stimulieren und damit die Gefahr von externen Konflikten zumindest zu und zwischen (potenziellen) Kooperationspartnern senken.

Transparenz und die damit verbundenen Möglichkeiten aller Akteure hierauf entsprechend zu reagieren kann allerdings auch alternative Strategien, die nicht allgemein akzeptiert werden, verhindern: Sinnvolle eigenständige politische Lösungen und innovative Vorgehensweisen, die entweder nicht kurzfristig wirken oder nicht ausreichend erklärt oder verstanden werden, werden nicht umgesetzt, da die Gefahr einer Abwanderung von wichtigen Produktionsfaktoren besteht. Dies bedeutet auch, dass auf die spezifische Situation von Ländern von der Weltgemeinschaft keine Rücksicht genommen wird. Globalisierung fördert somit auch einen Trend zur Vereinheitlichung, zu ähnlichen politischen Lösungen, die entsprechend des *mainstreams* gewählt werden, selbst dann, wenn die Ausgangssituation nicht vergleichbar ist.

Zusammenfassend führt zunehmende Transparenz dazu, dass Kontrollmöglichkeiten von außen zunehmen, sodass Möglichkeiten Fehlentscheidungen zu verdecken (Politik, Regeln, Geschäftspolitik) abnehmen. Hierdurch werden Machtpositionen, Wissen, Privilegien und „Reservate" zusätzlich in Frage gestellt und die Möglichkeiten Wissen zu schützen und geheim zu halten (Bankgeheimnis, Wikileaks) nehmen ab. Der „rauere Wind" zwingt die Akteure dazu, adäquate Reaktionen, wie Innovationen, mehr Informationen, Partizipation oder Demokratisierung schneller umzusetzen, sodass die Adaption von neuem erleichtert und Strukturwandel und Modernisierungsprozesse beschleunigt werden (Abb. 7.2).

7.2 Rasche Zunahme grenzüberschreitender Transaktionen

- **Kontrollmöglichkeiten** von außen nehmen zu. Damit verringert sich die Möglichkeit Fehlentscheidungen und -entwicklungen zu verbergen - (politische Entscheidungen, Geschäftspolitik, Regelverstöße)
- **Machtpositionen** und **Privilegien**, Wissen und "Reservate" werden in Frage gestellt - für Politik, Wirtschaft, Individuen - durch neues Wissen, Aufhebung von "Geheimnissen" (Bankgeheimnis), WikiLeaks, aber auch Cyber-Kriminalität.
- Schnelle, adäquate **Reaktionen** werden benötigt, um **Schutz,** etwa für Innovationen und schutzbedürftiges Wissen (von Staaten, Unternehmen und Individuen) aufrecht zu erhalten und zu ermöglichen (Datensicherheit)
- **Strukturwandelprozesse** (einschl. der Eliminierung von Obsoletem) und "Modernisierung" werden beschleunigt
- **Kooperationen** werden angeregt. Hierdurch sinken einerseits Konfliktgefahren tendenziell, aber
- auch die Entstehung neuer **Krisen** wird begünstigt (durch unterschiedliche Interessen, hohe Gewinnchancen und die große Anzahl der Beteiligten).

Abb. 7.2 Zunehmende Transparenz

7.2 Rasche Zunahme grenzüberschreitender Transaktionen

Die Zunahme von grenzüberschreitenden Transaktionen ist die Zusammenfassung der wichtigsten Erscheinungsformen von Globalisierung, aus der sich zugleich unmittelbar verschiedene wichtige Folgen direkt ableiten lassen. Die durchweg schnelle und erhebliche Zunahme von Aktivitäten macht u. a wirtschaftliche Vorgänge zunehmend **komplexer** und bringt eine steigende Belastung der **Umwelt**, deren Möglichkeiten zur Regeneration immer mehr abnehmen, mit sich.

7.2.1 Zunehmende Komplexität

Die mit dem Anstieg der Transaktionen und der steigenden Transparenz zunehmende *Komplexität* führt zu einer *neuen Unübersichtlichkeit*[2] in den verschiedenen gesellschaftlichen Bereichen. Der Zugang zu mehr, umfassenderen und relevanten Informationen erhöht

---

[2] vgl. zum Problem steigender Komplexität IBM (2010). Der von Habermas (1985) bereits zu Beginn der Globalisierung geprägte Begriff der „Neuen Unübersichtlichkeit" zur Diagnose postmoderner Gesellschaften ist zur Charakterisierung postmoderner globalisierter Gesellschaften immer noch aktuell und bedeutsam.

die Anforderungen an Informationsgewinnung und -verarbeitung und die Notwendigkeit offen, flexibel und schnell auf Entwicklungen und Veränderungen zu reagieren.

Um auf neue Märkte, neue Marktsituationen sowie politische und kulturelle Konstellationen adäquat zu reagieren, müssen bestehende Geschäfts- und Politikmodelle sowie Strategien laufend geändert und Innovationen (neue Lösungen) entwickelt und umgesetzt werden. Neue Kooperations- und Vernetzungsmöglichkeiten sollten identifiziert und gefördert werden, Risiken und Krisen dagegen schnell antizipiert werden, um diesen mit geeigneten Maßnahmen begegnen zu können. Diese mit der Komplexität und neuen Dynamik verknüpften Anforderungen überfordern viele Akteure, so dass damit auch die Wahrscheinlichkeit zunimmt, dass neue Risiken unerkannt bleiben und die Krisenanfälligkeit zumindest von Teilsystemen wächst.

7.2.2 Steigende Umweltbelastungen

Globalisierung führt zu steigendem **Wirtschaftswachstum** und damit auch zu einer Zunahme der internationalen Produktion und des Konsums und steigender Umweltbelastung, vgl. Abb. 7.3.

Die steigenden **Transportdienstleistungen** verursachen Umweltschäden auf dem Land, in der Luft und auf dem Wasser. Dies schließt alle Arten von kurz- und langfristigen Klimaschäden durch erhöhte Schadstoffbelastung genauso ein wie Infrastrukturschäden und Belastungen der Flora und Fauna. Erschwerend wirkt hierbei, dass in vielen Ländern die Transportpreise subventioniert werden, etwas durch Steuerbefreiungen, wie im Fall des mehrwertsteuerbefreiten Kerosins, so dass die Nutzungsentgelte für die Inanspruchnahme der bestehenden Infrastruktur praktisch nie den tatsächlichen Kosten entsprechen („Transportkosten-Dumping"). Eine höhere Belastung der Transporte mit den Kosten für Bau und Erhaltung der Infrastruktur und die Beseitigung von Umweltschäden würde diese verteuern und zu einer Bevorteilung der weniger transportkostenkostenintensiven regiona-

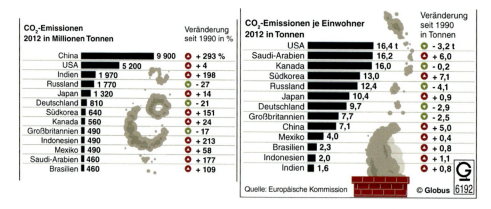

Abb. 7.3 Staaten mit dem höchsten Kohlendioxidausstoß

len Produktion führen und damit Globalisierungsprozesse verlangsamen. Durch die Verbilligung des Luftfrachtverkehrs in den letzten Jahrzehnten wurde dieser – trotz hoher Umweltbelastung – im Vergleich zu Schiffstransporten immer kostengünstiger und wird daher für immer mehr Güter gerade auch bei größeren Transportentfernungen in Anspruch genommen.[3]

Ein weiteres globales Problem stellt das Umwelt- oder **Ökodumping** dar. Der Zwang zur Erhöhung ihrer Wettbewerbsfähigkeit führt dazu, dass vor allem Entwicklungs- und Schwellenländer Wettbewerbsvorteile nur durch die strategische Nutzung von niedrigen inländischen Schutzniveaus erzielen können. Dies gilt neben dem Sozialbereich vor allem für den Umweltbereich. Ökodumping kann dann unterstellt werden, wenn die Kosten für die Inanspruchnahme der Produktionsfaktors Umwelt (bewusst) zu niedrig angesetzt werden, etwa durch entsprechende gesetzliche Regelungen, und daher nicht in angemessenem Umfang in die Produktionskosten und damit in die Güterpreise einfließen. Die notwendige Kompensation müsste die kurz- und langfristigen Kosten für den „Umweltverbrauch", durch eine Berechnung der Umwelt-Reproduktionskosten in Form von Abschreibungen, wie auch eine Beseitigung von Umweltschäden durch die Produktion selbst, also Folgekosten für die Beseitigung von Umweltschäden, umfassen.[4]

Durch die gezielte *Externalisierung* von Produktionskosten, hier also durch die kostenfreie oder kostenreduzierte Inanspruchnahme von natürlichen Ressourcen, verringern sich die Produktionskosten, sodass diese Güter einen Preisvorteil vor anderen unter sonst gleichen Umständen produzierten Gütern aufweisen. In Abhängigkeit von den gesetzlichen Vorgaben und der länder- oder kulturabhängigen Praxis mit diesem Vorgaben umzugehen, fallen die Prozentsätze, mit denen Umweltkosten in den Produktionskosten Berücksichtigung finden, sehr unterschiedlich aus.

Die Kosteneinsparungen stärken zwar die internationale Wettbewerbsposition des betreffenden Landes, verschlechtern aber auch die nationale Gesundheits- und Umweltsituation und führen bereits zu dramatisch steigenden ökologisch-klimatischen Problemen – mit globalen Auswirkungen. Zudem werden die auf diese Weise erzielten Wettbewerbsvorteile von den Mit-Wettbewerbern als unfair empfunden. Begünstigt wird diese Entwicklung durch das globalisierungsbedingte Größenwachstum bzw. die Konzentration der Unternehmen und die dadurch entstehende Marktmacht, die diese in die Lage

---

[3] vgl. hierzu auch die interessante vom Öko-Institut, Freiburg, herausgegebene Studie von Havers (2008) zur Rolle der Luftfracht bei Lebensmitteltransporten, Berlin.

[4] Analog zum Ökodumping kann von Sozialdumping gesprochen werden, wenn die Arbeitskosten nicht die sozialen Reproduktionskosten der Arbeitskraft ermöglichen. Dies ist dann der Fall, wenn die Löhne nicht ausreichen, die Grundbedürfnisse zu decken und/oder die Arbeitsbedingungen nicht Grundvoraussetzungen der Beachtung der Menschenwürde berücksichtigen. vgl. u. a. Der Weg einer Jeans: www.youtube.com/watch?v=iriL2MimVaA.

> **Belastungen**
>
> - **Wachstum der internationalen Waren- und Dienstleistungsströme** und damit der internationalen Transporte und Schadstoffemissionen
> - Steigende Ressourcennutzung durch stärkeres **nationales Wachstum**
> - "Externalisierung" von Produktionskosten, wie **Ökodumping** durch Offshoring und Outsourcing
> - Durchsetzung von Unternehmensinteressen durch **steigende Unternehmensmacht**
> - Sinkende und/oder subventionierte **Transportkosten:** Luftfracht, Containerverschiffung, LKW-Verkehr

> **Andererseits**
>
> - **zunehmendes Bewusstsein** für globalisierungsinduzierte Umweltprobleme
> - zunehmender Einsatz von **umweltpositiven Techniken**
> - Marktvorteile durch **umweltfreundliche Erzeugnisse** und **Nutzermodelle**

Abb. 7.4 Zunehmende ökologische Belastungen

versetzt, die Umweltpolitik der Länder zu ihren Gunsten zu beeinflussen bzw. bestehende Regelungen zu unterlaufen.[5]

Abgeschwächt werden die Umweltprobleme durch den weltweit effektiveren Einsatz der Ressourcen, sowie durch den Zwang zu Innovationen und damit auch zu kostensparenderen und auch umweltfreundlicheren Produktionsverfahren. Hinzu kommt der Trend, sich auch durch umweltfreundliche Produkte und Verfahren sowie durch entsprechende Zertifikate, z. B. durch das Umweltsiegel *Blauer Engel*, oder Mitgliedschaften in entsprechenden Organisationen, z. B. *Global Compact* zu profilieren, sowohl auf Unternehmensebene als auch auf Länderebene, etwa durch eine weitsichtige Umweltgesetzgebung. Schließlich führen etwa die Möglichkeiten der elektronischen Kommunikation, wie die Nutzung von *Skype* und anderen Formen von Telefon- oder Videokonferenzen, auch zu einer Einschränkung von tendenziell umweltschädlicher Reisetätigkeit. Bei E-Commerce ist die Bewertung umstritten. Hier stehen kaum eingeschränkten Transportaktivitäten generell eine reduzierte Umweltbelastung durch eine Verlagerung von Auswahlaktivitäten in das Netz gegenüber. Abb. 7.4 fasst einige der wichtigsten Globalisierungsfolgen für die Umwelt noch einmal zusammen.

7.3 Intensivierung des Wettbewerbs

Trotz der unbestreitbaren wechselseitigen Abhängigkeiten der verschiedenen Folgen der Globalisierung muss die Beschleunigung und Intensivierung des **Wettbewerbs** zwischen allen beteiligten Akteursgruppen besonders hervorgehoben werden. *Staaten* konkurrieren

---

[5] vgl. u. a. Sambia – Wer profitiert vom Kupfer? www.evb.ch/p20099.html (Dokumentarfilm von Audrey Gallet et Alice Odiot, vom 18.05.2012); vgl. Abschnitt 7.4.

7.3 Intensivierung des Wettbewerbs

Abb. 7.5 Intensiverer Wettbewerb für alle Akteure

im Standortwettbewerb um Kapital und Investitionen, Arbeitsplätze und Steuereinnahmen. *Unternehmen* stehen im Wettbewerb mit leistungsfähigen, innovativen Unternehmen aus anderen Ländern, die auf globaler Ebene um Marktanteile, Ressourcen und Gewinne und damit um Marktmacht konkurrieren. *Arbeitnehmer(gruppen)* konkurrieren einerseits mit anderen Arbeitnehmer(gruppen) aus dem eigenen Land oder aus anderen Weltregionen um Arbeitsplätze und damit um Einkommen, Ressourcen und Lebenschancen. Da durch die Globalisierung sich auch der Wettbewerb zwischen den Produktionsfaktoren Sachkapital und Arbeit intensiviert, konkurrieren auch Arbeitnehmer auf nationaler und internationaler Ebene immer stärker mit Maschinen (Sachkapital) um knapper werdende Arbeitsplätze, vgl. hierzu Abb. 7.5.

Wettbewerb in modernen Gesellschaften kann nur dann sinnvoll funktionieren, wenn Spielregeln existieren, die akzeptiert, beachtet und kontrolliert werden. Dies erfordert sowohl geeignete Rahmenbedingungen, Aushandlungsmechanismen sowie Sanktionsmöglichkeiten als auch den Einsatz staatlicher oder auch überstaatlicher Instrumente zur Kompensation von strukturellen Wettbewerbsnachteilen. Um ihre eigene Marktposition zu verbessern oder zumindest nicht zu verschlechtern oder gar vom Markt verdrängt zu werden sind die von dem sich intensivierenden Wettbewerb Betroffenen gezwungen „besser" zu sein als ihre Konkurrenten. Dabei erhöhen sich die Anforderungen an die Anpassungsleistungen aller Wettbewerbsteilnehmer ständig. Sie müssen ihre Lern- und Leistungsfähigkeit beständig erhöhen, um effizienter, effektiver, innovativer und schneller zu werden. Dies gilt zumindest für die Teilnehmer, die bereit und in der Lage sind – und damit auch über Voraussetzungen und Mittel verfügen – sich dem Wettbewerb aktiv zu stellen, wobei die Anforderungen mit dem allgemeinen Leistungsniveau ständig steigen.

Für die Teilnehmer, die hierzu nicht in der Lage sind, reduzieren sich die Chancen, Gewinne oder Vorteile zu erzielen, dramatisch. Sie verlieren Marktanteile bzw. Beschäftigungsfelder,

Abb. 7.6 Chancen und Risiken zunehmender Wettbewerbsintensität

ihre Gewinnmöglichkeiten werden geringer, ihre Möglichkeiten Marktmacht durchzusetzen sinken und die Gefahr der Insolvenz bzw. des Ausscheidens „aus dem Markt" wächst. *Unternehmen*, die auf die Herausforderungen nicht adäquat reagieren (können), verlieren aufgrund komparativ sinkender Leistungs- und Wettbewerbsfähigkeit globale Marktanteile, werden vom Markt verdrängt oder im internationalen Fusionskarussell als Übernahmekandidat gehandelt. *Staaten*, die nicht oder auf unpassende Weise auf die neuen Wettbewerbsherausforderungen reagieren, sind gezwungen Unterstützungsmaßnahmen durch die internationale oder regionale Staatengemeinschaft in Anspruch zu nehmen, durch neue Abhängigkeiten Autonomieverluste hinzunehmen, erleben Legitimationsprobleme und politische Radikalisierungsprozesse. *Arbeitnehmer*, deren Qualifikationen und Fähigkeiten dem Wettbewerbsdruck nicht gewachsen sind, müssen sich mit schlecht bezahlter Arbeit, Teilzeitarbeit oder Arbeitslosigkeit begnügen und sind dabei auf reduzierte staatliche Unterstützungsmaßnahmen angewiesen, eine Entwicklung, die einhergeht mit sinkender Teilhabe am gesellschaftlichen Leben, vgl. hierzu Abb. 7.6.

7.3.1 Unternehmen – Staaten – Individuen

7.3.1.1 Unternehmen

Im Mittelpunkt der Globalisierung stehen Unternehmen als zentrale Akteure, die ihre Güter und Leistungen auf dem Weltmarkt anbieten und sich dem globalen *Leistungswettbewerb* stellen. Sie müssen ihre Produkte und Leistungen sowie ihre Kompetenzen und Strategien an den Erfordernissen des globalen Wettbewerbs ausrichten und permanent verbessern. Gleichzeitig sind sie gezwungen steigende Renditen zu erwirtschaften, um den von global agierenden Kapitalanlegern geforderten *shareholder value* für ihre Anteilseigner zu erhöhen. Dies kann ihnen nur gelingen, wenn sie laufend ihre Produktivität erhöhen und ihr Leistungsangebot verbessern: Sie müssen in der Lage sein, sowohl *Produkt-, Service- und Prozessinnovationen* als auch *Qualitätssteigerungen* und *Kostenreduzierungen* durchzusetzen. Mittel hierzu sind die effektive Verwendung des (möglichst steigenden) F&E-Budgets, eine schnellere Umsetzung von Ideen in marktfähige Produkte bei gleichzeitiger Reduzierung der Stückkosten, etwa durch die globale Standardisierung von Handlungen und Handlungsergebnissen oder durch Fusionen und Übernahmen von Wettbewerbern. Diese Prozesse müssen zudem schnell ablaufen und zu regelmäßigen kurzfristigen Erfolgsausweisen führen. Nur dann wird der Markt dies mit Absatzerfolgen und Steigerungen des Unternehmenswertes honorieren.

Globalisierung treibt die Entwicklung zu besseren, das bedeutet hier: marktgängigeren und preisgünstigeren, aber auch höherwertigeren und immer perfekter auf die Interessen von einzelnen Nachfragergruppen zugeschnittenen Ergebnissen voran. Sie erzwingt hohe Flexibilität und Veränderungsbereitschaft, Innovationen auf verschiedenen Ebenen und beschleunigt Reaktionen durch eine Verkürzung von Produktzyklen. Durch die weltweite Nutzung der Ressourcen (*global sourcing*) sowie der günstigsten Finanzierungsmöglichkeiten sind Unternehmen in der Lage von dem gestiegenen Wettbewerb auf den globalen *Beschaffungs- und Finanzmärkten* zu profitieren.

Sind Unternehmen nicht in der Lage, sich in dem globalen Preis-, Qualitäts- und Innovationswettbewerb zu behaupten, so werden sie entweder vom Markt verdrängt oder Objekt von Übernahmen durch anpassungs- oder leistungsfähigere Konkurrenten. Damit wird ein „Ausleseprozess" beschleunigt, der dadurch verschärft wird, dass sich sowohl die *global player* als auch die Unternehmen, die sich bislang nur im lokalen oder nationalen Wettbewerb behaupten mussten, immer höheren Anforderungen stellen müssen: Bei sich laufend verkürzenden Anpassungsfristen und -modalitäten verstärkt sich die aggressiver werdende Konkurrenz aus Industrie-, Schwellen- und Entwicklungsländern. Der hierdurch ausgeübte Zwang zur Dynamik, Flexibilität und globalen Präsenz stellt beständig steigende Anforderungen an die strategische, operative und interkulturelle Kompetenz des Managements der Unternehmen. Die mit Fehlentscheidungen einhergehenden Lernprozesse sind nicht nur kostenintensiv, sondern können gerade kleine und mittlere Unternehmen (KMU) auch in ihrer Existenz gefährden (Ehrlich 1995).

Wettbewerb ist ein zentrales Element der Marktwirtschaft und somit eine bekannte Herausforderung für die beteiligten Unternehmen. Neu sind allerdings die Schnelligkeit, mit der auf immer neue Herausforderungen reagiert werden muss und die hohe und weiter ansteigende Anzahl und Vielfalt der Variablen, die auf der Angebots- und Nachfrageseite sowie bei den Rahmenbedingungen berücksichtigt werden müssen. Hierzu zählen neben rechtlichen Aspekten, unterschiedliche und wechselnde politische und Marktrisiken, neue und neuartige Anbieter, Produkte und Produktfelder und die Notwendigkeit auf sehr unterschiedlichen Märkten mit sehr diversen Konsumentenwünschen präsent zu sein, um Marktanteile zu erringen oder zumindest zu halten. Von großer Bedeutung ist hierbei auch die institutionelle und individuelle *interkulturelle Managementkompetenz*, um kulturelle Unterschiede erkennen, einschätzen und berücksichtigen zu können (Koch 2012). Für diesen neuartigen

Wettbewerbstyp, bei dem in kürzester Zeit in einem immer komplexeren Umfeld ständig neue Wettbewerbsvorteile geschaffen werden müssen, wurde der Begriff des *Hyperwettbewerbs* geprägt (D'Aveni 1995 und 1999). Hyperwettbewerb ist eine außerordentlich intensive Form eines dynamischen Wettbewerbs, bei dem Unternehmen sich nicht darauf verlassen können, über dauerhafte Wettbewerbsvorteile zu verfügen oder diese erringen zu können, da diese von Konkurrenten außerordentlich schnell wieder zunichte gemacht werden können (Gleich/Kaufhold 2015).

Folgt man den Ergebnissen einer neuen McKinsey Studie, so wird sich dieser Wettbewerb in den nächsten Jahren noch weiter verschärfen:

> „New competitors are becoming more numerous, more formidable, and more global and some destroy more value for incumbents than they create for themselves.... Companies that adapt quickly to these new realities can capture enormous opportunities." (McKinsey & Company 2015, S. 1). „Formidable emerging-market companies and fast-moving high-tech and tech-enabled firms both bring an agility and aggressiveness to the game that many long-established names will struggle to match. Many emerging-market giants are gaining global scale." (McKinsey & Company 2015, S. 8). „Technology firms represent another huge and more unpredictable source of competition. The biggest tech players have reached „hyper" scale in revenue, assets, customers, workers, and profits... For tech giants, achieving massive scale goes hand in hand with building and operating a platform or network. ... This phenomenon poses two distinct types of competitive threats. The first is from the platform operator itself... The second challenge for incumbents stems from the hundreds of thousands of smaller enterprises that are empowered by these platforms. The largest e-commerce marketplaces such as Alibaba, Amazon, eBay ... can host an entire universe of vendors, giving them the kind of payment infrastructure, logistics support, and global visibility once reserved for large firms... Tech firms tend to be brutal competitors. Many are privately held by founders or by venture capital investors who often prioritize market share and scale at the expense of profits." (McKinsey & Company 2015, S. 10 f.).

Nicht umsonst werden daher von Managern die Fähigkeit auf Änderungen und Innovationen adäquat zu reagieren als wichtigste Vorteile ihres Unternehmens angesehen (Rigby und Bilodeau 2015, S. 1ff.). Damit erhöht sich allerdings auch der Druck auf die Mitarbeiter laufend, so dass deren moralische Hemmschwelle sinkt und die Tendenz zu illegalen Handlungen steigt.[6]

---

[6] In einer von der Süddeutschen Zeitung 2015, zwei Monate nach Bekanntwerden der VW-Betrugsaffäre zur Manipulierung der Abgaswerte bei Dieselfahrzeugen in Auftrag gegebenen Umfrage, gaben 58 % von 302 befragten Unternehmensberatern an, dass die Globalisierung den Wettbewerbsdruck auf Vorstände und Geschäftsführer erhöhe, so dass deren moralische Hemmschwelle sinke, www.sueddeutsche.de/wirtschaft/umfrage-wolfsburg-ist-auch-anderswo-1.2763988. Andere Beispiele für illegale Problemlösungen sind die zahlreichen Plagiate von Konsum- und Investitionsgütern, die bestehende Schutzrechte verletzen.

7.3.1.2 Staaten

Staaten und Staatengemeinschaften, wie die EU, die ASEAN oder die NAFTA, befinden sich in einem *Standortwettbewerb* um Investitionen, Arbeitsplätze und Steuereinnahmen: Die Direktinvestitionen fließen dorthin, wo die Standortbedingungen am günstigsten oder allgemein die Gewinnmöglichkeiten für die Unternehmen am höchsten sind. Damit ziehen die Staaten, die ihre Standort- und allgemeinen Rahmenbedingungen für Unternehmen optimieren können, etwa durch den Ausweis spezieller Sonderwirtschaftszonen (*export processing zones*), die größten Vorteile aus der Globalisierung. Standortuntersuchungen vergleichen daher beispielsweise die politische Stabilität und die wirtschafts- und sozialstrukturellen Verhältnisse, Qualität und Kosten der Bereitstellung öffentlicher Leistungen, die Qualität der Bildungs-, Arbeits- und Sozialsysteme, das Rechtssystem und die vorhandene Rechtssicherheit (*rule of law*), die Qualität der Wirtschaftspolitik, ihrer Ziele, Instrumente und Ergebnisse, einschließlich der vorhandenen Förderinstrumente, das Steuersystem, die vorhandene Infrastruktur, insbesondere die Kommunikations- und Verkehrssysteme. Allerdings zählen hierzu auch äußerst *problematische Instrumente*, wie wettbewerbswidrige direkte Subventionen (oder Steuererleichterungen) für die Ansiedlung von Produktionsstätten, der Abbau von Arbeitnehmerrechten, wie Streiks, oder die Absenkung von Umweltstandards.

Durch eine Beeinflussung der Standortparameter versuchen Staaten ihre Wettbewerbsbedingungen und ihre Position im internationalen *Standortwettbewerb* verbessern. Dies gilt für alle Länder. Industrieländer sind bemüht durch Politikänderungen auf nationaler oder supranationaler Ebene, wie etwa der EU, ihre Stellung gegenüber der Konkurrenz der *Schwellenländer* zumindest nicht zu verschlechtern. Diese wiederum versuchen, etwa mit Hilfe der genannten Stellschrauben, die nach wie vor bestehende Dominanz der Industrieländer schrittweise zu verringern. Die *Entwicklungsländer* wiederum befinden sich in einem langfristigen mühseligen Aufholprozess, bei dem sie zwar von den Institutionen der internationalen Entwicklungszusammenarbeit (EZ) unterstützt werden, die aber allenfalls für eine kleine Gruppe von Ländern erfolgreich sein wird.

Der intensive internationale Standortwettbewerb der Staaten führt für die Unternehmen zu einer tendenziellen Absenkung der *Unternehmenssteuern* und größeren Möglichkeiten, Zugeständnisse seitens der Politik durchzusetzen oder Fördermittel zu erhalten. Dies wird begünstigt durch die sehr unterschiedlichen Praktiken der Unternehmensbesteuerung in verschiedenen Staaten. So werden Unternehmen dazu verleitet, ihren Firmensitz, den Sitz von Tochtergesellschaften oder Briefkastenfirmen in das Land mit dem niedrigsten Gewinn- bzw. Körperschaftssteuersatz zu verlegen und Gewinne dorthin zu transferieren. Damit gelingt es ihnen, ihre Steuerlast z.T. drastisch zu reduzieren.[7] Auch wenn die Steuerpolitik ein legitimes Element im Standortwettbewerb ist, sind bestimmte Ausgestaltungen des Steuersystems, etwa die Zusage verbindlicher, extrem niedriger Steuerzusagen, wie dies in dem 2014 bekannt gewordenen Fall

---

[7] vgl. www.zdnet.de/41539627/irische-steuergesetze-sparen-google-3-1-milliarden-dollar/.

Luxemburgs geschehen ist („Lux-Leaks"), fragwürdig und Beispiel für einen unfairen oder unlauteren Standortwettbewerb. So schätzt die OECD, dass durch diese Praktiken den nationalen Steuersystemen Einnahmeverluste zwischen 100 und 240 Mrd. US$ p.a. entstehen, das würde 4 bis 10 % der weltweiten Körperschaftssteuereinnahmen entsprechen.[8]

Illegal

Die Botschaft ist eindeutig und sie ist eine Kampfansage: Die Europäische Kommission hält die Steuerabsprachen von Starbucks in den Niederlanden und von Fiat in Luxemburg für nicht rechtens. „Vorbescheide, welche die Steuerlast eines Unternehmens künstlich verringern, stehen nicht mit den EU-Beihilfevorschriften in Einklang", sagt EU-Wettbewerbskommissarin Margrethe Vestager. Und um es in einem Wort zu sagen, sie sind nach ihrer Ansicht schlicht und einfach: illegal.

Starbucks habe in den Niederlanden einen unfairen Vorteil bekommen, Fiat in Luxemburg. Die Konzerne müssen den Steuerrabatt nun an die jeweiligen Länder zurückzahlen. In beiden Fällen beträgt die Summe 20 bis 30 Millionen Euro, so die Kommission. Sie wisse schon, sagt Vestager, dass dies keine spektakulären Summen seien, aber angesichts der Tatsache, dass die Konzerne ihre Steuerlast auf nahezu null Prozent drücken konnten, sei es dann doch verhältnismäßig viel.

Im Zentrum der Ermittlungen standen sogenannte Steuervorbescheide der niederländischen und Luxemburger Finanzbehörden. Die nationalen Beamten genehmigen darin die Firmenkonstrukte der Konzerne. Starbucks und Fiat bekamen von ihnen Deals, die gegen EU-Recht verstoßen. Die Niederlande und Luxemburg haben in den Augen der Kommission den Firmen illegale Beihilfe gewährt. ...

Wie das Steuersparmodell von Starbucks funktioniert, hatte die EU-Kommission bereits 2014 in vorläufigen Ermittlungsergebnissen veröffentlicht. Der Kaffee-Verkäufer steuert sein europäisches Geschäft über die Niederlande. Dazu hat der Konzern zwei Firmen vor Ort gegründet: die Starbucks Coffee EMEA BV und die Starbucks Manufacturing EMEA BV. 2011 hatten diese Firmen zusammen 176 Mitarbeiter. Sie rösten Bohnen und schicken diese in die Nachbarländer. Geliefert werden die Bohnen von einer Schweizer Starbucks-Tochter. Dahin fließen also die Gewinne der niederländischen Firmen.

Die Starbucks Coffee EMEA BV muss außerdem Lizenzgebühren zahlen – und zwar an ein Unternehmen, das Eigentümer der niederländischen Firma ist. Es heißt Alki LP und sitzt in Großbritannien. Die Alki LP besitzt das geistige Eigentum des Konzerns. Dazu gehören das Starbucks-Logo, die Marke und das Ladenformat. Um

---

[8] www.oecd.org/berlin/presse/steuervermeidung-multinationaler-unternehmen-eindaemmen-oecd-praesentiert-reformen-fuer-internationales-steuersystem.htm, vom 05.10.15.

> diese nutzen zu dürfen, zahlt die niederländische Firma Gebühren. Damit die Gewinne aus den einzelnen Staaten in dieses Geflecht fließen, stellen sich die Starbucks-Unternehmen gegenseitig Leistungen in Rechnung. Es ist ein kompliziertes, verflochtenes System. Und es ist nicht einfach für die Beamten der Kommission, dieses zu durchschauen. Sie ermitteln zurzeit in einem weiteren Fall gegen Irland – es geht um Steuertricks von Apple, dass dort seine Europazentrale hat. Dazu kommt ein weiteres Luxemburger Verfahren: Auch die Firmenstruktur Amazons prüft die Behörde. ...
> Quelle: Bastian Brinkmann/Alexander Mühlauer, Süddeutsche Zeitung, 22.10.2015

Gelingt es Staaten nicht, sich im Standortwettbewerb zu behaupten, etwa weil ihnen entscheidende Voraussetzungen fehlen oder sie es aus unterschiedlichsten Gründen versäumen, sich den Herausforderungen der Globalisierung aktiv zu stellen, müssen sie auf Globalisierungsvorteile verzichten. Solche Staaten zeichnen sich aus durch hohe Zollschranken (Abschottungspolitik), eine schwerfällige, wenig lernfähige Bürokratie, eine undemokratische Politikkultur, das Fehlen geeigneter wirtschaftspolitischer Strategien, ein eher niedriges Bildungs- und Ausbildungsniveau, wenige weltmarktfähige Produkte oder problematische geografische Standortbedingungen. Dies hat gravierende Folgen für den Wohlstand der Bevölkerung: Die Versorgungssituation verschlechtert sich (weiter), für die Entwicklung benötigte technologische Inputs werden nicht durch FDI oder Importe zur Verfügung gestellt, benötigte Arbeitsplätze fehlen, Armut und Arbeitsmigration nehmen zu. Die sich so verstärkenden – politischen, sozialen und ökomischen – Stabilitätsprobleme können zu einer Abwärtsspirale führen.

Andererseits stellt der intensive Wettbewerb auf globaler Ebene auch Besitzstände und *Privilegien* in den besonders stark von der prosperierenden Weltwirtschaft profitierenden Industrienationen auf den Prüfstand. Diese können der wettbewerblichen Herausforderung nur dann standhalten, wenn sie zu kostspielige sozio-ökonomische Errungenschaften aufgeben und sich damit partiell konkurrierenden Staaten mit niedrigeren Niveaus anpassen. Der sich hier vollziehende Prozess einer globalen Niveau-Angleichung, insbesondere in den klassischen Bereichen Umweltschutz, Sozialsystem, Verbraucherschutz, auf einem niedrigeren Niveau, wird auch als *„De-Regulierung nach unten"* und im extremen Fall als *„race to the bottom"* bezeichnet (Abb. 7.7).

7.3.1.3 Individuen
Durch den zunehmenden Wettbewerb verbessern sich die Produktionsbedingungen, Massenproduktions- und Spezialisierungsmöglichkeiten werden intensiver genutzt, sodass der Einsatz der vorhandenen Ressourcen effizienter wird und Produktivitätssteigerungen die Folge sind. Die sich intensivierenden Außenhandelsbeziehungen führen zu einem wachsenden Warenangebot auf den einheimischen Märkten. Die *Konsumenten* profitieren von dem intensiveren Preis- und Qualitätswettbewerb, sie können sich auf den transparenter

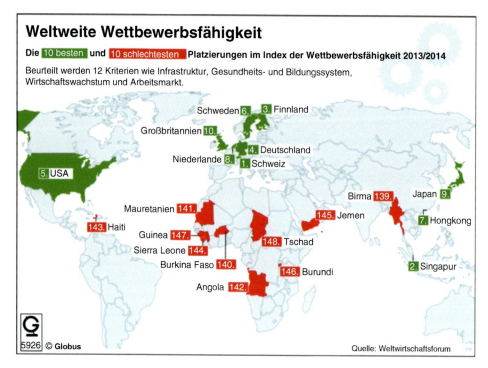

Abb. 7.7 Standortwettbewerb

werdenden Märkten umfassender informieren, soweit sie hierzu fachlich und zeitlich in der Lage sind. Dabei können sie zwischen immer mehr Produkten, Qualitäten und Preisen auswählen und bei zumindest partiell zunehmender Produktqualität, verbesserter Produktauswahl und sinkenden Preisen die für sie günstigste Entscheidung treffen.

Arbeitnehmer stehen in einem ständigen *Arbeitsplatzwettbewerb*. Sie profitieren vorwiegend von exportinduzierten Produktions- und Beschäftigungssteigerungen. Allerdings konkurrieren sie hierbei nicht nur mit anderen Arbeitsuchenden im eigenen Land um Arbeitsplätze, sondern auch mit Arbeitsplatzkonkurrenten in anderen Ländern und zum Teil mit die menschliche Arbeit substituierenden Maschinen. Sie sind daher gezwungen, ihre Kenntnisse und Qualifikationen, ihre Flexibilität und Mobilität sowie ihr Engagement und ihre Einsatzbereitschaft ständig zu erhöhen, um sich auf einem enger werdenden inländischen Arbeitsmarkt, auf den auch ausländische Arbeitskräfte drängen, behaupten zu können oder auf internationalen Arbeitsmärkten wettbewerbsfähig zu sein. Diesem Wettbewerb können nicht alle Beteiligten standhalten. Anderseits stärkt die durch diesen Prozess motivierte steigende Leistungsfähigkeit der *human resources* die Tendenz, sich durch Bildungs- und Weiterbildungsmaßnahmen bessere Chancen auf den internationalen Arbeitsmärkten zu verschaffen. Für diejenigen, die sich diesen wachsenden Anforderungen nicht stellen (können), verschlechtern sich aber die Arbeitsmarktchancen und damit die Tendenz arbeitslos zu werden oder zu bleiben.

7.3 Intensivierung des Wettbewerbs

Zusammenfassend spielt sich der globalisierungsbedingte Wettbewerb um Arbeitsplätze zwischen folgenden Gegenpolen ab:

- Wachsende gegen schrumpfende Sektoren (Strukturwandel)
- Dynamisch-flexible gegen statische Unternehmen
- Qualifizierte gegen weniger qualifizierte Arbeitskräfte
- Spezialisten gegen Routinearbeiter
- Hochlohnarbeitsplätze gegen Niedriglohnarbeitsplätze
- Menschliche Arbeit gegen arbeitssparende Investitionen (Kapital)
- Einheimische Produktion gegen Importe
- Exporte gegen konkurrierende Exportprodukte anderer Länder (auf fremden Märkten)

Abb. 7.8 stellt die Herausforderungen des Wettbewerbs für die verschiedenen Akteursgruppen zusammen. Bezogen auf die Ziele, die diese verfolgen, werden wesentliche Anpassungsleistungen, hierbei auftretende Behinderungsfaktoren sowie Chancen und Risiken, die sich aus der Intensivierung des Wettbewerbs ergeben, aufzeigt.

Neben der Wirtschaft sind auch alle anderen gesellschaftlichen Sektoren und Systeme, wie Wissenschaft und Bildung, Kunst, Sport und Medien dem intensivierten globalen Wettbewerb ausgesetzt. Globalisierung stellt in allen Segmenten der Gesellschaft permanent die Frage nach der Wettbewerbsfähigkeit aller Beteiligten und treibt somit die Entwicklung zu Leistungsverbesserungen und immer besseren Ergebnissen voran.

Betroffene	Staaten	Unternehmen/Institutionen	Individuen/Gruppen
Wettbewerbstyp	Standortwettbewerb	Leistungswettbewerb	Arbeitsplatzwettbewerb
(Mögliche) Ziele für die Betroffenen	Erhöhung des nationalen Wohlstands	Erhöhung von: Marktmacht, *shareholder value*, Marktanteilen, Gewinnen, Unternehmenswert	Arbeitsplatzerhalt, Karriere, höheres Einkommen, größere Befriedigung
Zu erbringende (Anpassungs-) Leistungen zur Verbesserung der Wettbewerbsfähigkeit	Verbesserung der Rahmenbedingungen: Bildung, Recht, Wirtschaft ..., (De-)Regulierung, Liberalisierung, bessere Infrastruktur, Reformen	globale Präsenz, strategische und interkulturelle Kompetenz, Innovationen, Schnelligkeit und Dynamik, größere Spezialisierung, sinkende Lohnkosten, Outsourcing	Flexibilität und Mobilität, Aufgeschlossenheit, Lern- und Einsatzbereitschaft, Engagement und Weiterbildung
Mögliche dabei auftretende Probleme (Behinderungsfaktoren)	Beharrungsvermögen, Bürokratie, "falsche" Interessen und Inkompetenz, zu geringe Weitsicht, und "falsche" Strategien, Korruption und Lobbyismus	zu geringe Größe bzw. zu wenig Kapital, wenig dynamisches oder inkompetentes Management, fehlende Visionen, falsche Einschätzungen, zu hohe Transaktionskosten	fehlende Voraussetzungen: materiell, geistig, psychisch, kulturelle Hindernisse, Mangel an Wissen und/oder Verständnis, Saturiertheit, andere individuelle Ziele
Mögliche Chancen und Vorteile der Wettbewerbsintensivierung für ...	Entwicklungschancen und bessere Versorgung, größerer Wohlstand und höhere Steuereinnahmen, Investitionen und mehr Arbeitsplätze, bessere Staatsleistungen und soziale Stabilität	Wachstum mit steigenden Gewinnen und größerer Marktmacht, sinkende Inputkosten (Güter, Arbeit), "aktive" Fusionen, Imagegewinn, zukunftssichere attraktive Arbeitsplätze	Arbeitsplatzsicherheit, interessante, vielseitige Jobs, Möglichkeit eigene Interessen durchzusetzen, Karriere, Einkommen
Mögliche Risiken und Nachteile der Wettbewerbsintensivierung für ...	Verzicht auf Vorteile, Gefahr eines "race-to-the-bottom", steigende Umweltbelastung, Verteilungskonflikte, soziale Probleme, Verlust von "Identität"	Hoher Kostendruck, Fehlinvestitionen, mögl. Ausscheiden aus dem Markt, "Übernahmekandidat", Abbau von Arbeitsplätzen	Arbeitslosigkeit, uninteressante, austauschbare Arbeit, unsichere Arbeitsplätze, geringeres Gehalt, Krankheit

Abb. 7.8 Folgen des intensivierten globalen Wettbewerbs © Eckart Koch

Wettbewerb ist damit eine wichtige Quelle für mehr Engagement und zusätzliche Kreativität. Er inspiriert alle Beteiligten, geeignetere und qualitativ höherwertige aber auch (preis-) günstigere und serviceorientiertere Leistungen bereitzustellen und damit bestehende oder neu geschaffene Bedürfnisse immer besser zu befriedigen. Dies eröffnet Möglichkeiten für *Innovationen* aller Art, während gleichzeitig Kostenreduzierungspotenziale erschlossen, durch kürzere Produktzyklen Wettbewerbsvorsprünge errungen und, bei entsprechenden Rahmenbedingungen, die vorhandenen Ressourcen intensiver genutzt werden.

Auch wenn hiervon prinzipiell alle gesellschaftlichen Gruppen und Einzelpersonen profitieren können, gilt andererseits, dass „Leistungsschwächere" schneller identifiziert werden und Nachteile erleiden. Für diese müssen spezielle Förder- und Unterstützungsprogramme bereitgestellt, also klassische Kompensationspolitik betrieben werden.

Der Artikel „Die Kraft der Machtlosen" zeigt auf anschauliche Weise die Kontroverse in der Anfangsphase der Globalisierung in dem jetzigen Schwellenland Indien, einem der fünf BRICS-Staaten. Nun, fast 20 Jahre später, wird deutlich, dass sich zwar viele der mit der Globalisierung verbundenen Erwartungen erfüllt haben, es gibt *Gewinner*, wie die IT-Branche, die wachsende Mittelschicht und etliche *global player*. Dennoch ist Indien nach wie vor das Land mit sehr vielen *Verlierern*, die von der Globalisierung nicht profitieren konnten. Es ist das Land mit den weltweit meisten Armen, mit einer rückständigen Landwirtschaft und mit Strukturen, die im ländlichen Raum in den letzten Jahren praktisch unverändert geblieben sind.

Die Kraft der Machtlosen
In Indien tobt eine Auseinandersetzung über die wirtschaftliche Öffnung des Landes gegenüber dem Weltmarkt. Kritiker stehen den Reformen feindselig gegenüber. Sie malen Untergang und Zerstörung an die Wand. Wenn die Regierung joint ventures zwischen indischem und fremdem Kapital erlaube, so ihre Sorge, werde die indische Industrie zerstört. Die multinationalen Konzerne würden Indien ökonomisch und politisch versklaven. Die Privatisierung der bisher unter staatlicher Regie stehenden Betriebe werde Personalabbau im großen Stil zur Folge haben. Schlechte Arbeitsbedingungen, kriminelle Banden, sinkende Löhne – die Liste der negativen Folgen einer wirtschaftlichen Liberalisierung ist lang.

Dieses Untergangsszenario ist leider kein futuristischer Albtraum. Was für die Zukunft prophezeit wird, ist längst Alltag in Indien – allerdings nicht als Folge der gefürchteten Globalisierung, sondern dank der mehr als vier Jahrzehnte indischem Sozialismus, den unsere Bürokratie so unverdrossen gepflegt hat. Millionen von Menschen finden in der Landwirtschaft kein Auskommen und strömen völlig verarmt in die Städte; die Industrie erweist sich als unfähig, einer wachsenden Bevölkerung Arbeit und Einkommen zu geben; Waren von notorisch schlechter Qualität – all das gibt es schon längst. Doch nicht weil es zu viele Reformen gibt, sondern weil es an ihnen mangelt. Die Kritiker einer wirtschaftlichen Öffnung

Indiens sind Planwirtschaftler. Sie sind der festen Überzeugung, dass die Regierung sämtliche wirtschaftlichen und sozialen Angelegenheiten kontrollieren sollte. Sie glauben, dass der Staat das beste Instrument ist, um eine Gesellschaft zu gestalten. Die meisten Staaten der Dritten Welt haben jedoch die Erfahrung gemacht, dass viele der neuen einheimischen Eliten ihre Machtpositionen als Lizenz zum Plündern nutzten, ohne dafür zur Rechenschaft gezogen zu werden – ähnlich wie es einst die kolonialen Herrscher getan hatten.

Anders als jahrzehntelang behauptet, handelten die Regierungen in den meisten Staaten der Dritten Welt nicht als Motoren von sogenannter Entwicklung, sondern als Banden zur Bereicherung all derer, die politische Positionen bekleideten oder Staatsangestellte waren. Viele Regierungen der Dritten Welt wurden so zu Parasiten derjenigen, die den tatsächlichen Reichtum eines Landes erarbeiten: der Bauern, der selbstbeschäftigten Arbeiter, der Kleinindustrie in den Städten und auf dem Lande sowie verschiedener kunsthandwerklicher Gruppen...

Paradoxerweise ist es die umhegte indische Elite, die sich vor der Teilnahme am Weltmarkt fürchtet. Denn obwohl sie aus Kasten und Gemeinschaften stammt, deren unternehmerische Fähigkeiten seit Jahrhunderten gut entwickelt sind, haben sie das Selbstvertrauen verloren, auf eigenen Beinen zu stehen. Sie ziehen es vor, passiv zu überleben – dank der Monopole, die sie als Bittsteller vom Staat erworben haben. Sie wissen um die schlechte Qualität ihrer Produkte, die keine Abnehmer auf den internationalen Märkten finden. Und sie wissen, dass sie sogar auf den heimischen Märkten nicht mehr wettbewerbsfähig wären, sobald sie sich echter Konkurrenz ausgesetzt sähen. Im Gegensatz dazu sind unsere armen Bauern, Kunsthandwerker, Weber und Juweliere überzeugt, dass sie in ihrer Nische des Weltmarktes überleben werden – vorausgesetzt, sie können ungestört arbeiten und müssen keine Bestechungsgelder bezahlen. Sie bauen auf die Stärke ihrer eigenen Fähigkeiten und Kenntnisse, die sie über Jahrhunderte vertieft und von Generation zu Generation weitergereicht haben... (Madhu Kishwar, Deutsches Allgemeines Sonntagsblatt, vom 10.7.1998, Kürzungen und kleinere Änderungen durch den Autor).

7.3.2 Internationale Kriminalität

Auch wenn sich die dargestellten Effekte zunächst auf legale wirtschaftliche Aktivitäten beziehen, so zeigt die dramatisch angestiegene organisierte internationale Kriminalität, dass illegal handelnde Akteure von den Möglichkeiten der Globalisierung ebenfalls in hohem Maße Gebrauch machen und profitieren. *Kriminelle Netzwerke* (Syndikate) betätigen sich dabei vor allem auf den verschiedenen Feldern *illegaler Ex- und Importe*, bei denen besonders hohe Gewinnspannen zu erwarten sind, wie

- Menschenhandel und Schlepperwesen,
- Drogen- und Waffenhandel,
- Umgehung von Handelsembargos,
- illegaler Handel mit Fahrzeugen, Antiquitäten und Tropenhölzern,
- Produktpiraterie, also der Handel mit imitierten Markenprodukten und der
- illegaler Handel mit geschützten Tieren oder Tierprodukten, dessen Volumen auf bis zu 10 Mrd. US$ p.a. geschätzt wird.

Bei praktisch allen illegalen Transaktionen spielt die Nutzung des *Deep Web* bzw. des *Darknet*, also der nicht öffentlich zugänglichen, verschlüsselten Bereiche des Internets, eine wichtige Rolle. Eng damit verknüpft ist der gesamte Komplex der Internet- oder *Cyber-Kriminalität*. Diese erstreckt sich über die Verbreitung von Computerviren, das Ausspähen von Finanzdaten, über Industriespionage bis zur Übernahme der Kontrolle über hochsensible Steuerungsfunktionen, wie Fahrzeuge, Flugobjekte, Gesundheitssysteme oder militärische Einrichtungen. Die hierdurch verursachten Schäden wurden 2014 vom *Center for Strategic & International Studies* (CSIS) auf bis zu 400 Mrd. Euro p.a. geschätzt.[9]

Die organisierte internationale Kriminalität wird von den gleichen Faktoren begünstigt, die auch die legalen Wirtschaftsinteressen begünstigt: Liberalisierte Grenzen, offene Kapitalmärkte, weltweiter Datenaustausch, unbeschränkte Kommunikationsmöglichkeiten, perfekt funktionierende Transportsysteme (v. Schönfeld und Schönenberg 2011). Während die kriminellen Syndikate globale strategische Allianzen schmieden, sodass ein internationales *Netzwerk* der Kriminalität entsteht, bleibt ihre Bekämpfung durch nach wie vor vorhandene Mängel der internationalen Zusammenarbeit schwierig.

> Schätzungen zum jährlichen Umsatz der internationalen organisierten Kriminalität bewegen sich zwischen über 800 und 2000 Mrd US-Dollar. Auf jährlichen Konferenzen des UN-Büros zur Drogen- und Verbrechensbekämpfung (UNODC) werden regelmäßig einzelne Problembereiche thematisiert, wie beispielsweise der kriminelle Handel mit menschlichen Organen, bei dem armen Menschen Organe – häufig unter Zwang – entnommen und an Patienten aus reichen Ländern weiterverkauft werden oder der illegale Holzhandel, bei dem ähnliche Handelsrouten wie für den internationalen illegalen Drogen-, Waffen- und Menschenschmuggel genutzt werden (Abb. 7.9).[10]

---

[9] csis.org/program/cybersecurity;

[10] vgl. hierzu www.unvienna.org/unov/de/unodc.html; www.dgvn.de/themenschwerpunkte/kriminalitaets-korruptionsbekaempfung/untoc-und-zusatzprotokolle; www.faz.net/aktuell/gesellschaft/kriminalitaet/organisiertes-verbrechen-kriminelle-setzen-weltweit-630-milliarden-euro-im-jahr-um-12936332.html; www.spiegel.de/wirtschaft/soziales/uno-studie-organisierte-kriminalitaet-macht-2-billionen-dollar-im-jahr-a-829329.htm.

7.3 Intensivierung des Wettbewerbs

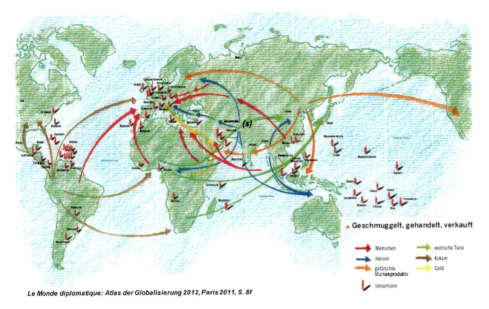

Le Monde diplomatique: Atlas der Globalisierung 2012, Paris 2011, S. 8f

Abb. 7.9 Globale kriminelle Netzwerke

Das globalisierte Finanzwesen erleichtert es zudem, die illegal erworbenen Gelder international zu legalisieren (Geldwäsche). Direkt verknüpft mit dieser Problematik ist das Thema der *Steueroasen*. Seitdem 2012 Daten von insgesamt 130.000 Nutznießern von Offshore-Finanzzentren (OFC) anonym dem *Internationalen Konsortium für investigative Journalisten* (ICIJ) in Washington übergeben wurden, wird diesem Thema wieder verstärkte Beachtung geschenkt: Nach einer ebenfalls 2012 erschienenen Studie der britischen NGO *Tax Justice Network* wird geschätzt, dass in den Steueroasen 21 bis 32 Billionen US$ geparkt werden. Abgesehen von der Problematik der Geldwäsche von kriminellen Handlungen sollen den Staaten hierdurch Einkommensteuern von bis zu 280 Mrd. US$ entgangen sein (Brinkmann et al. 2013) (Abb. 7.10).

Eine besonders bedrückende Entwicklung ist die Entstehung moderner Sklaverei, vielfach durch Menschenhandel. Menschen verlieren aus Armut und/oder hoher Verschuldung ihre Freiheit, werden als Ware gehandelt und von ihren Besitzern sexuell und/oder kommerziell, etwa durch lebenslange Zwangsarbeit, ausgebeutet. Es wird geschätzt, dass heute über 35 Mio Menschen versklavt sind. Hiervon leben über 70 % in nur 8 Ländern, vorwiegend in Asien, aber immerhin fast 900.000 in der Europäischen Union.[11]

---

[11] Bericht des Sonderausschusses CRIM (Special Committee on Organized Crime, Corruption and Money Laundering) des EU Parlaments (2013); www.eppgroup.eu/de/topic/Eine-sicherere-Gesellschaft%3A-Bek%C3%A4mpfung-von-organisierter-Kriminalit%C3%A4t-und-Terrorismus. Vgl. zu der Gesamtproblematik: Bales und Cornell 2008.

Abb. 7.10 Steueroasen

Garnelen für die USA...

Was Reporter der Nachrichtenagentur 4P jetzt in aufwendigen Recherchen über Thailand und die Zustände in der dortigen Shrimp-Industrie herausgefunden haben, bestürzt in den USA Politiker, Verbraucher und Menschenrechtsorganisationen. Frauen und Männer werden auf Farmen und Fischerbooten als Sklaven gehalten, Kinder müssen 16 Stunden am Tag im Eiswasser Garnelen pulen, wer sich wehrt, wird misshandelt.

Bei praktisch allen großen US-Lebensmittelanbietern – von traditionellen Ketten wie Walmart oder Target bis zu Bio-Riesen wie Whole Foods – fanden die AP-Journalisten Meeresfrüchte, bei denen der begründete Verdacht besteht, dass an ihrer Herstellung Sklaven beteiligt waren. Der konkrete Nachweis ist oft schwierig, weil die Garnelen vor dem Abpacken mit Lieferungen aus regulären Fabriken vermischt werden. Nach den Richtlinien der Vereinten Nationen gilt der Sklavereiverdacht aber für Exporte aus Thailand generell, da unstrittig ist, dass in dem Land Zwangsarbeiter eingesetzt werden. Auch Supermärkte in Deutschland und anderen europäischen Staaten sollen betroffen sein, hier liegen aber noch keine Details vor.

Allein die Amerikaner essen pro Jahr 600 000 Tonnen Shrimps, einer der größten Umschlagplätze für die Schalentiere ist Thailand. Für die dortige Regierung ist die Meeresfrüchte-Industrie mit einem jährlichen Umsatz von sieben Milliarden Dollar ein wichtiger Wirtschaftsfaktor. Die Behörden schauen deshalb bei Gesetzesverstößen gerne weg. ...

> Die Leidtragenden sind oft Gastarbeiter aus armen Nachbarländern wie Laos, Kambodscha oder Myanmar, die von Schleuserbanden mit falschen Versprechungen nach Thailand gelockt und dort an die Fabrikbesitzer verkauft werden. Oft müssen sie monate- oder gar jahrelang ohne Lohn und ohne große Pausen in Baracken oder auf Booten schuften. Die Regierung in Bangkok hat zwar die Gesetze gegen Zwangsarbeit verschärft, in der Praxis hat sich aber offensichtlich noch nicht viel verändert. …
> Thiraphong Chansiri, der Chef des weltgrößten Meeresfrüchteexporteurs Thai Union, räumte ein, dass es seinem Konzern in den letzten Jahren trotz vieler Anstrengungen nicht gelungen sei, Zwangsarbeit bei Zulieferbetrieben vollständig zu unterbinden. Er bezeichnete den AP-Bericht als „Weckruf" für die gesamte Branche, dem endlich Taten folgen müssten. …
> Quelle: Claus Hulverscheid, SZ vom 16.12.2015

7.4 Spezialisierung und Konzentration

Globalisierung und Wettbewerb zwingen die Akteure einerseits dazu, sich stärker auf ihre (Kern-)Kompetenzen zu *spezialisieren* – also diese auch zu erweitern und zu verbessern – und sich andererseits zusammenzuschließen, zu *konzentrieren*, um die Chancen und Wahrscheinlichkeit der Durchsetzung von Interessen in dem globalisierten Feld der Wettbewerber zu erhöhen. Globalisierung fördert also die Beschleunigung und Intensivierung von Spezialisierungs- und Konzentrationsprozessen zumindest bei den Akteuren, die diesen Herausforderungen konstruktiv begegnen, um Vorteile aus der Globalisierung zu ziehen oder die aus der Globalisierung resultierenden Nachteile so gering wie möglich zu halten.

7.4.1 Unternehmen

In Unternehmen werden daher Geschäftsfelder reduziert, umstrukturiert oder neu gebildet, um in dem globalen Wettbewerb als führendes Unternehmen Pioniergewinne erzielen und sich erfolgreich im *Innovations-* und *Qualitätswettbewerb* und vor allem im *Zeitwettbewerb* behaupten zu können. Um Kosten zu reduzieren werden arbeitskostenintensive Aktivitäten in Niedriglohnländer verlagert (*offshoring*), in andere Unternehmen ausgelagert (*outsourcing*) oder immer stärker automatisiert. Während die zukunftsträchtigen Unternehmensbereiche durch Akquisitionen oder Fusionen vergrößert und verstärkt werden, werden verlustträchtige oder nicht unmittelbar Gewinne abwerfende Unternehmensbereiche verkauft (*spin-off*). Allerdings wächst durch die Spezialisierung auf einzelne Marktsegmente auch das allgemeine *Unternehmensrisiko*, da durch eine geringere Diversifizierung

Möglichkeiten zum Risikoausgleich verloren gehen. Damit wächst die Gefahr, dass mit zunehmender Größe auch die Fähigkeit sinkt, schnell, flexibel und innovativ zu reagieren.[12]

Der globale Markt begünstigt das externe Unternehmenswachstum durch Zusammenschlüsse und Übernahmen (M&A). Hierdurch steigt die *Unternehmenskonzentration,* ein Prozess, durch den sich die (Welt-) Märkte ständig neu strukturieren. Kleinere nationale Märkte beginnen sich aufzulösen, es entstehen zunehmend grenzüberschreitende oligopolistische Strukturen, bei denen die großen TNCs eine neue Klasse bilden und einen wesentlichen Teil der neuen vernetzten Ökonomie darstellen, die das (Welt-) Marktgeschehen in hohem Maße bestimmen. So wächst auch bei zuvor nicht unbedingt fusionswilligen Unternehmen der Druck zur Fusion mit anderen oder zur Übernahme anderer Unternehmen, vor allem auch um wettbewerbsfähige Größenordnungen zu erreichen. Mittlere Unternehmen mit geringerer Finanzkraft weichen verstärkt in *Nischen* aus, um Überlebenschancen zu haben.

Wie erwähnt, ist nur eine Minderheit der grenzüberschreitenden Fusionen erfolgreich, dennoch steigt mit sinkender Anzahl der Konkurrenten die *Wettbewerbsintensität* tendenziell weiter. So werden sich zwei im Markt verbleibende Unternehmen stärker bekämpfen als eine größere Anzahl von Unternehmen. Dies gilt allerdings nur dann, wenn keine wettbewerbsbeschränkenden Absprachen erfolgen, wobei diese Wahrscheinlichkeit mit sinkender Zahl der Wettbewerber ebenfalls zunimmt, insbesondere dann, wenn sich Anzeichen einer *ruinösen Konkurrenz* ergeben.

Eine stärkere *Vermachtung* der Märkte durch dominierende Anbieter bedroht die Wahlfreiheit der Nachfrager und verringert die Chancen von neuen Wettbewerbern mit neuen Angeboten auf diesem Markt Fuß zu fassen. Problematisch ist auch die Tatsache, dass mit zunehmender Größe der Unternehmen auch deren *politische Einflussmöglichkeiten* und damit die Chance, sich Nicht-Leistungsvorteile zu verschaffen, wachsen. So nimmt die Neigung von Regierungen zu, große, „systemrelevante" Unternehmen mit wettbewerbsverfälschenden *Subventionen* zu unterstützen, insbesondere dann, wenn Konkurse, Beschäftigungsverluste, eine Verlegung des Unternehmenssitzes oder die Verlagerung von Arbeitsplätzen ins Ausland drohen. Ebenso sind große Unternehmen in der Lage, für sie ungünstige gesetzliche Regelungen, insbesondere kostenträchtige soziale oder ökologische Schutzregeln oder hohe Steuern, zu umgehen oder in ihrem Sinne zu beeinflussen. Ferner werden Möglichkeiten genutzt, sich durch günstige Transferpreissysteme steuerliche Vorteile zu verschaffen[13] oder die Politik zu beeinflussen und Druck auf die Politikverantwortlichen auszuüben.

Insgesamt führt die zunehmende Unternehmensgröße – durch internes oder externes Wachstum – zu einer Situation, in der *global player* immer weniger von *nationalen*

---

[12] Diese Risiken werden zunehmend erkannt, so dass größere *global player* inzwischen schon wieder zu einer Politik der stärkeren Diversifizierung zurückkehrt sind.
[13] vgl. hierzu auch Abschnitte 7.3 und 11.2.3.1.

Wettbewerbsbehörden, wenn solche existieren, kontrolliert werden können. Damit entsteht gleichzeitig eine Tendenz zur weltweiten Polarisierung: Relativ wenigen mächtigen globalen Unternehmen stehen viele kleine Unternehmen – und Staaten – gegenüber, die verringerte (Markt-, Umsatz-, Gewinn-, Überlebens-) Chancen aufweisen und sich damit in einer deutlich schwächeren Marktposition befinden. Es sei denn, es gelingt ihnen durch Innovationen in einem neuen Marktsegment zu dominieren oder die Position der bestehenden Marktführer zu schwächen, wie dies in der Vergangenheit insbesondere in dem hoch innovativen Informations- und Kommunikationssektor zu beobachten war. Räumliche Konzentration wird ebenfalls durch Globalisierung gefördert und findet dadurch statt, dass Unternehmen ähnlichen Typs sich geografisch nicht weit voneinander entfernt ansiedeln.

7.4.2 Staaten

Spezialisierungs- und Konzentrationstendenzen sind ebenfalls bei Staaten zu beobachten. Der Markt überprüft hier die *(Teil-)Systeme* und *Strukturen* in Bezug auf Ergebnisse und Kosten. Die Bereiche, die nicht mehr in der Lage sind im internationalen Wettbewerb zu bestehen, schrumpfen oder verschwinden vom Markt, auch wenn die Staaten regelmäßig aus unterschiedlichen Gründen versuchen, diesen Prozess durch Subventionen aufzuhalten oder zu verlangsamen. In Deutschland konnten insbesondere in der ersten Phase der Globalisierung diese Prozesse u. a. im Agrarbereich, bei der Stahlindustrie, der Textilindustrie, der einfachen Konsumgüterindustrie oder dem Schiffsbausektor deutlich beobachtet werden. Demnach lässt sich auch bei Staaten ein Trend in Richtung auf eine immer größere *Marktanpassung* durch *Spezialisierung* feststellen, der mit einem permanenten *Strukturwandel* einhergeht.

Zwar spezialisieren sich die meisten Länder nicht vollständig, viele positionieren sich jedoch deutlich. Diese Entwicklung zeigte sich zunächst, bedingt durch kolonialhistorische Vorgaben, im primären Sektor, also durch Spezialisierung und Konzentration auf den agrarischen und mineralischen Rohstoffbereich. Die Globalisierung verstärkte diese Tendenz zusätzlich durch Spezialisierungen im tertiären Sektor, vor allem mit den Schwerpunkten Tourismus, wie z. B. auf den Malediven oder europäischen Mittelmeeranrainern, und Finanzindustrie (*Offshore-Finanzzentren*), wie in den bereits oben angesprochenen Steueroasen, etwa den britischen Virgin Islands oder den Kanalinseln Jersey und Guernsey, vgl. hierzu Abb. 7.9. Auch hier werden jedoch, wie zuvor schon bei den agrarischen Monokulturen, die Gefahren und Risiken von Abhängigkeiten und Fehlentwicklungen deutlich.[14]

---

[14] Dies lässt sich beispielsweise beobachten in Südeuropa oder in Mexiko und der Karibik bei früher sehr begehrten touristischen Zielen mit inzwischen veralteter Infrastruktur oder bei den bereits angesprochenen Finanzzentren, deren wichtigste Geschäftsbereiche aufgrund erhöhten Drucks der internationalen Gemeinschaft schrumpfen oder aufgegeben werden.

Konzentrationsprozesse lassen sich sowohl auf intra- wie auch auf internationaler Ebene feststellen. So ist eine ständige Zentralisierungs- oder Konzentrationstendenz bei den großen *Finanzzentren* festzustellen. Insbesondere London, New York und Hongkong, verlieren nicht etwa Marktanteile, sondern gewinnen neue hinzu. Dieser Trend zur Konsolidierung auf hohem Niveau zeigt sich nicht nur weltweit – trotz der großen Zahl der OFCs. Auch innerhalb vieler Ländern zeigt sich ein Trend zur Herausbildung nur eines übermächtigen nationalen Finanzzentrums, etwa Frankfurt, Zürich, Paris, Mailand, Sydney, Toronto, Sao Paulo oder Mumbai, während andere nationale Finanzplätze in den jeweiligen Ländern, wie Chicago, Basel, Lyon, Melbourne, Montreal, Rio de Janeiro oder Kolkata (Kalkutta) deutlich an Einfluss verlieren.

Gründe für diese Verdichtung liegen vorwiegend darin, dass auch global agierende Finanzunternehmen leistungsfähige Zentralen mit kapitalintensiver technischer Infrastruktur und Experten benötigen, die sich vor allem an den wichtigen Knotenpunkten der internationalen Finanzströme finden. Der Trend zur weltweiten Kooperation zwischen den Zentren, der durch die geplanten und z. T. realisierten Zusammenschlüsse großer Finanzdienstleistungsanbieter (Börsen, Banken) angeschoben wird, führt dazu, dass die globalen Finanzmärkte von nur wenigen internationalen Finanzplätzen dominiert werden (Sassen 2000, S. 105 ff.).[15]

Diese Entwicklung wird ergänzt durch Kooperationen von Staaten im Rahmen *internationaler Organisationen* oder auch von *Regionalintegrationen*, um auf diese Weise strategische und ökonomische Vorteile zu erzielen. *Konzentrationsprozesse* zeigen sich in den vielfältigen bi- und multilateralen Kooperations- und Integrationsabkommen, die meist das Ziel haben, sich mit ausgewählten Partnerländern enger abzustimmen und zusammenzuarbeiten.[16] Die unterschiedlichen Erfahrungen der Partner solcher Regionalbündnisse lassen Synergieeffekte erwarten, die sich in Wettbewerbsvorteile umsetzen lassen. Hinzu kommt die wachsende Verhandlungsmacht von in Bündnissen zusammengeschlossenen Ländern. Abb. 7.11 fasst wesentliche Aspekte der Spezialisierung und Konzentration zusammen.

7.5 Ungleiche Verteilung

„Die Globalisierung ist paradoxerweise eine machtvolle Kraft der Integration wie der Marginalisierung. Sie verspricht, zwei Milliarden Frauen und Männer in den schnell wachsenden Entwicklungsländern zum ersten Mal in der Geschichte aktiv in die Weltwirtschaft einzubeziehen. Doch zugleich fürchten Hunderte von Millionen Individuen, dass sie von denselben Kräften – vielleicht für immer – von dem Versprechen auf Wohlstand ausgeschlossen werden. Es sind die Arbeitslosen und die Niedriglohnempfänger in denjenigen Sektoren der Industrieländer, die den Anschluss an den Prozess des Wandels verloren haben.

---

[15] vgl. Abb. 4.4

[16] Besonders umstritten sind aus sehr verschiedenen Gründen die geplanten bilateralen Handels- (und Investitions-)abkommen, die in den letzten Jahren stark an Bedeutung zugenommen haben, wie die Transatlantic Trade and Investment Partnership (TTIP) zwischen der EU und den USA oder das Comprehensive Economic and Trade Agreement (CETA) zwischen der EU und Kanada. Dies vor allem wegen der erheblichen Schwierigkeiten sich auf globaler Ebene im Rahmen der WTO auf allgemein gültige Regeln zu einigen; vgl. hierzu Kapitel 12.

7.5 Ungleiche Verteilung

Abb. 7.11 Auswirkungen von Spezialisierung und Konzentration © Eckart Koch

> Und es sind die Armen und Arbeitslosen in vielen Entwicklungsländern, die weiterhin von ein paar Rohstoffen abhängig sind und die von der Globalisierung und Liberalisierung, wenn überhaupt, kaum berührt werden."[17]

In engem Zusammenhang mit der Intensivierung des Wettbewerbs beeinflusst Globalisierung auch die Verteilung von Einkommen und Vermögen auf die Teilnehmer und Nicht-Teilnehmer an den Globalisierungsprozessen. Einzelne Staaten, Sektoren in den jeweiligen Ländern, Unternehmen, gesellschaftliche Gruppen können offensichtlich Vorteile aus der Globalisierung ziehen aber auch Nachteile erleiden. So profitieren keineswegs *alle* beteiligten Länder oder sozialen Gruppen von der Globalisierung und schon gar nicht in gleichem Umfang. Ähnlich wie bei internationalen Handelsbeziehungen hängen die Vorteile von der Art der Teilnahme, von den geforderten und vorhandenen Voraussetzungen, von der Wettbewerbssituation, von Zeitfaktoren oder den gewählten Strategien ab. Per Saldo erzielen daher einzelne Länder, Gruppen oder Individuen Netto-Gewinne andere erleiden Netto-Verluste.

Negative Folgen bestehen in der Regel in Einkommens- oder Gewinneinbußen oder Verlusten und können weitergehende Folgen, wie Insolvenz (auf nationaler, Unternehmens- oder privater Ebene) oder unterschiedliche Arten von Konflikten mit sich bringen. Nur zum Teil können die Geschädigten durch nationale oder internationale Hilfen kompensiert werden. Globalisierungsgewinne werden also mit Verteilungsnachteilen und damit auch Verteilungskonflikten auf nationaler und internationaler Ebene erkauft.

---

[17] Der damalige UNCTAD-Generalsekretär Ricupero in seinem Bericht an UNCTAD IX, zit. nach Falk 1996.

7.5.1 Ökonomische Verteilungsprobleme

Abgesehen von dem klassischen globalen *Nord-Süd-Konflikt* zwischen Industrie- und Entwicklungsländern können Verteilungskonflikte, etwa um Investoren, zwischen verschiedenen Regionen oder **zwischen einzelnen Ländern** innerhalb einer Region (*inter-regionale* und *intra-regionale Konflikte*) entstehen. Zudem konkurrieren unterschiedlich leistungsfähige Sektoren in verschiedenen Ländern miteinander, etwa die deutsche und die koreanische Schiffsbauindustrie. Dies hat Auswirkungen auf die Einkommens- und Vermögensverteilung und damit auch auf die Lebenschancen der Betroffenen in den jeweiligen Ländern, wie auch auf die Verteilung zwischen den Ländern: In der Regel profitieren Länder, die stärker in den Globalisierungsprozess eingebunden sind, mehr als Länder, die aus unterschiedlichsten Gründen eher „Zaungäste" der Globalisierung sind. Wie erwähnt, fungiert die Globalisierung hierbei eher als Katalysator. Sie erzeugt die Strukturwandelprobleme i.d.R nicht, beschleunigt sie jedoch teilweise so stark, dass Art und Geschwindigkeit der notwendigen Anpassungsprozesse die politisch-ökonomische Kompetenz der betroffenen Staaten überfordern können.

Das Einkommensgefälle zwischen den reichsten und ärmsten Ländern hat in den letzten Jahrzehnten deutlich zugenommen. 2006 lebte demnach knapp 60 % der Weltbevölkerung in Ländern mit zunehmender Ungleichheit und nur 5 % in Ländern mit abnehmender Ungleichheit (Stiglitz 2006, S. 27 ff.). Die größten Gewinner waren die Länder, die in der Lage waren, sich intensiv an den Globalisierungsprozessen zu beteiligen. Wie in Tab. 2.1, gezeigt wurde, finden rund 80 % aller grenzüberschreitenden wirtschaftlichen Aktivitäten zwischen nur 25 Ländern statt. Allerdings weisen die Verteilungskonflikte flexible Grenzen auf: Durch den raschen Know-how-Transfer sowie den Transfer von Sachkapital (durch FDI) erleiden die Produktionsstandorte in den Industrieländern zwar tendenziell Nachteile. Anderseits gewinnen diese bei zunehmender Kapitalintensität einzelner Produktionen auch wieder Produktionsvorteile zurück, sodass in den letzten Jahren beträchtliche Rückverlagerungen von Produktionen aus Niedriglohnländern stattgefunden haben.

Auch wenn viele Entwicklungsländer nur geringe Vorteile aus der Globalisierung ziehen konnten, können sie keineswegs pauschal als Globalisierungsverlierer bezeichnet werden. Zum einen sind sie in einigen Sektoren, meist allerdings Niedriglohnsektoren mit geringer Kapitalintensität, durchaus in die Globalisierung einbezogen, zum anderen könnten sie nach Beseitigung verschiedener struktureller Hindernisse zukünftig eine größere Rolle spielen und damit auch stärker von der Globalisierung profitieren.[18] Die Mehrzahl ist also keineswegs durch die Globalisierung selbst benachteiligt, Nachteile sind viel eher auf fehlende Voraussetzungen und Strategien, sich intensiver an Globalisierungsprozessen zu beteiligen, zurückzuführen.

---

[18] Viele Länder sind noch durch ein Zusammentreffen von gravierenden strukturellen Nachteilen gekennzeichnet, wie Armut und niedrige Bildung, Bürgerkriege oder Grenzstreitigkeiten, geographische Nachteile, unzulängliche Regierungen und Verwaltungsstrukturen und inflexible, von wenigen Rohstoffen abhängige Volkswirtschaften. Viele leiden darüber hinaus unter der Last hoher Auslandsschulden und dem Rückgang der Rohstoffpreise. Zudem kommen die Erlöse aus dem Handel mit Rohstoffen meist vorrangig einer kleinen Elite zu Gute. Vergrößert werden diese Probleme durch die anhaltenden protektionistischen Maßnahmen der Industrieländer für ihre Landwirtschaft; vgl. IAO/ILO 2008, Le Monde diplomatique 2015, Collier 2008 sowie die Abschnitte 10.3 und 13.3.

7.5 Ungleiche Verteilung

> **Gini-Koeffizient – Maß für Ungleichheit**
>
> Der Gini-Koeffizient ist ein statistisches Maß für die Ungleichverteilung, der beliebige Werte zwischen 0 und 1 (bzw. 0 und 100 %) annehmen kann. Je näher der Wert bei 1 (100 %) liegt, desto größer ist die Ungleichheit. Er basiert auf dem Konzept der Lorenz-Kurve, mit der sich Verteilungen (Einkommen oder Vermögen) grafisch veranschaulichen lassen. Zu diesem Zweck wird Anteilsgruppen von Einkommensbeziehern der jeweils auf sie entfallende Einkommensanteil zugeordnet, wobei die Gruppen in einer nach der Höhe ihrer Einkommensanteile steigenden Reihenfolge geordnet werden. (Beispiel: Zunächst die 20 % mit den niedrigsten Einkommen – das unterste Quintil, dann die 20 % mit dem zweitniedrigsten Einkommen etc.). Der Gini-Koeffizient wird aus der Fläche zwischen der Lorenz-Kurve und der sich bei Gleichverteilung ergebenden 45-Grad-Linie errechnet. In Abb. 7.12 entfällt so auf 80 % der Bevölkerung etwa 30 % bzw. ca. 18 % des Gesamteinkommens.

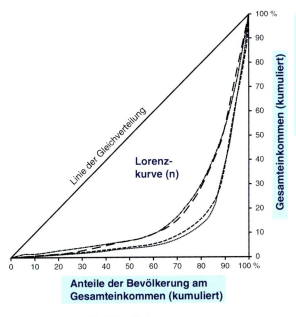

Abb. 7.12 Der Gini-Koeffizient

Die Tatsache, dass einzelne Länder Verteilungsgewinner oder -verlierer sind, erlaubt jedoch keine Aussage über die Verteilungssituation innerhalb dieser Länder. In den **einzelnen Ländern** produzieren unterschiedlich wettbewerbsfähige Industrie- oder Dienstleistungssektoren *intra-nationale* Verteilungsgewinner und -verlierer. Verteilungsnachteile auf nationaler Ebene entstehen in den weniger wettbewerbsfähigen Sektoren, vor allem im kostenintensiven verarbeitenden Gewerbe und im personalintensiven einfachen Dienstleistungsbereich. Folge sind Arbeitsplatzverluste, Konkurse oder Standortverlagerungen der betroffenen **Unternehmen** in andere Länder. In den Unternehmen konkurrieren unterschiedliche Qualifikationsstufen von **Arbeit**, flexible mit weniger flexiblen Arbeitnehmern, Arbeit und Kapital sowie (Noch-)Arbeitsplatzbesitzer mit Arbeitssuchenden um knapper werdende Arbeitsplätze mit zunehmend höheren Anforderungen. Im Verlauf dieser Prozesse vergrößert sich die Einkommensschere zwischen den leicht „austauschbaren" Niedriglohnbeziehern und den wichtigen *strategischen Gruppen* innerhalb der Unternehmen. So stiegen Anfang der 1990er-Jahre bis Mitte der 2000er-Jahre in den Industrieländern die Kapitaleinkommen sowie Einkommen qualifizierter Arbeitskräfte deutlich stärker als die Einkommen für einfache Arbeit, wobei die Globalisierung als Trendverstärker fungierte. So stieg beispielsweise bei den Mitgliedsländern der Europäischen Währungsunion zwischen 2005 und 2014 der Gini-Koeffizient von 0, 293 auf 0,310 (in Deutschland von 0,261 auf 0,307). Vgl. hierzu Abb. 7.13.

Eine vergleichbare Entwicklung gab es auch in den USA. Hier verlief das Wachstum des Pro-Kopf-Einkommens (BIP pro Kopf) der Beschäftigten in der Privatwirtschaft und des Durchschnittseinkommens noch bis in die 1980er-Jahre weitgehend parallel. In den Folgejahren stieg das Pro-Kopf-Einkommen weiter, während die Steigerungsraten der Durchschnittseinkommen deutlich niedriger oder sogar negativ ausfielen. Auch nach Untersuchungen der OECD verstärkte sich die Ungleichheit in 17 von 22 OECD-Ländern. Der Gini-Koeffizient stieg von 0,29 Mitte der 1980er-Jahre um fast 10 % auf 0,32 am Ende der 2000er-Jahre. Auch hier ist die wesentliche Ursache die unterschiedliche Entwicklung der Löhne und Gehälter.[19]

Dies gilt auch weltweit. Abb. 7.14 zeigt daher eine deutliche Verschlechterung des Gini-Koeffizienten in den meisten Weltregionen, etwa ab Mitte der 1980er-Jahre. Eine Ausnahme bildet Nordamerika, hier setzte die Verschlechterung der Einkommensverteilung schon Mitte der 1960er-Jahre ein, sowie Westeuropa, das aufgrund der politischen Entwicklungen Ende der 1980er-Jahre eine abgeschwächte Tendenz erst ab Mitte der 1990er-Jahre erkennen lässt.

Die sich intensivierende Konkurrenz um Arbeitsplätze findet sowohl direkt auf dem inländischen Markt durch steigende Importe als auch indirekt auf den eigenen Exportmärkten durch ausländische Exportproduktionen statt. Da der Industrialisierungsgrad vieler Länder zunimmt, sind immer mehr Länder in der Lage Standardproduktionen zu übernehmen, so dass der Preiswettbewerb sich laufend intensiviert. In *Deutschland* begann diese Entwicklung mit der Konsumgüterindustrie, vor allem in der Spielwaren-, Uhren-, Schuh- und Bekleidungsindustrie, und setzte sich dann wenig später im Foto-

---

[19] Im Schnitt ist in den OECD-Ländern das Einkommen der reichsten 10 % der Bevölkerung heute ungefähr neunmal so hoch wie das der ärmsten 10 %. In den meisten Schwellenländern ist die Einkommensungleichheit weiterhin deutlich stärker ausgeprägt; vgl. OECD 2011, S. 22 ff., s. a. www.bpb.de/veranstaltungen/netzwerke/teamglobal/67430/globale-ungleichheiten (14.04.2010).

7.5 Ungleiche Verteilung

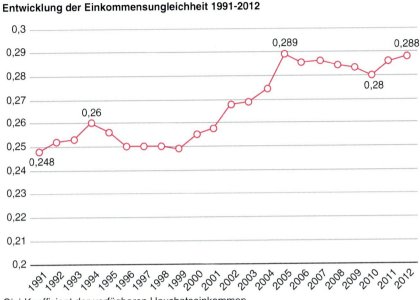

Abb. 7.13 Verstärkte Ungleichverteilung der Einkommen

und Filmsektor sowie in der Radio- und Unterhaltungselektronik fort. Im Investitionsgüterbereich schrumpfte zunächst der Schiffsbausektor, wenig später begann der Beschäftigungsabbau in der metallverarbeitenden Industrie und inzwischen sind bereits Teile des Hochtechnologiebereichs betroffen. Die sich vergrößernden Verteilungsprobleme sind inzwischen Realität in den meisten Industrie- und zunehmend auch in den Schwellenländern und werden zukünftig auch auf immer mehr Entwicklungsländer übergreifen.

Nimmt die Auslagerung von Produktion größere Ausmaße an, kann der Nationalstaat nicht mehr auf seine *Solidargrundlage* vertrauen, die auf der territorialen Bindung aller wirtschaftlichen Akteure beruht. Während die eher flexiblen und mobilen Unternehmen den neuen Herausforderungen durch *offshoring* und *outsourcing* begegnen, ist dies den meisten, eher immobilen, **Arbeitnehmern** kaum möglich. Erhalten diese aufgrund fehlender Arbeitsplätze – oder besser aufgrund fehlender Kongruenz zwischen dem eigenem Leistungsprofil auf der einen und dem Anforderungsprofil und Entlohnungssystem der Unternehmen auf der anderen Seite – keinen Arbeitsplatz (mehr), bleibt ihnen meist nur die Möglichkeit, ihre finanziellen Ansprüche an einen Arbeitsplatz zu reduzieren und/oder

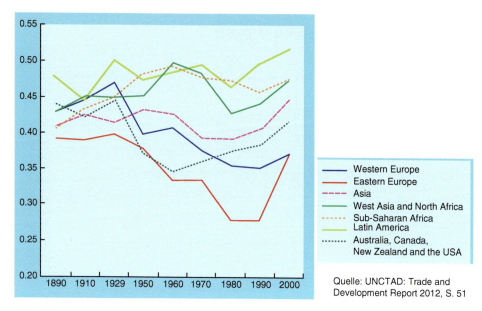

Abb. 7.14 Regionale Entwicklung des Gini-Koeffizienten

staatliche Ausgleichleistungen, falls diese bereitgestellt werden, in Anspruch zu nehmen. Flexible **Unternehmen** sind dagegen in der Lage, dem Nationalstaat die Ressourcen – in der Regel Steuerzahlungen durch Verlagerung des Unternehmens- oder Wohnsitzes in das Ausland – zu entziehen, die dieser benötigt, um diese Zahlungen bereitzustellen. Allein die Androhung von Auslagerungen von Unternehmen kann den Staat daher erheblich unter Druck setzen, wobei die Unternehmensmacht parallel mit der Größe der Unternehmen und damit deren „Systemrelevanz" zunimmt.

In welchem Umfang diese Entwicklungen insgesamt zu einem Beschäftigungsabbau in den Industrieländern führen, ist zu einem großen Teil von der Bereitschaft und Fähigkeit der Volkswirtschaften abhängig, die aus unterschiedlichen Gründen fortgefallenen Arbeitsplätze durch möglichst gleich- oder höherwertige in zukunftsfähigen, international wettbewerbsfähigen Branchen zu ersetzen. Dies geht meist einher mit einer *Erhöhung der Kapitalintensität*, um so die *Arbeitsproduktivität zu erhöhen*. Auf diese Weise kann die Wettbewerbsfähigkeit gesteigert und gleichzeitig ein vergleichsweise hohes Lohnniveau aufrechterhalten werden, allerdings häufig auf Kosten einer zumindest temporären Verdrängung von Arbeit durch Kapital. Liegen die durch diese Strategie erzeugten Produktivitätsfortschritte über der Wachstumsrate des BIP, beschleunigt sich der Arbeitsplatzabbau sogar. Damit entkoppelt sich auch der Zusammenhang zwischen Wirtschaftswachstum und Arbeitslosenabbau. Generell lässt sich feststellen, dass der Anteil der Arbeitseinkommen gegenüber den Gewinn- und Kapitaleinkommen seit den 1980er-Jahren in den wichtigsten

7.5 Ungleiche Verteilung

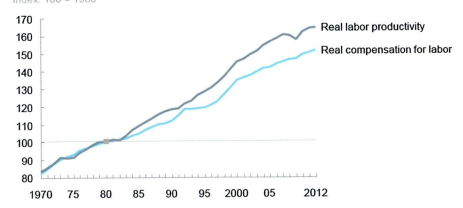

Real labor compensation per employee and real GDP per employee in major Western countries, 1970–2012¹
Index: 100 = 1980

1 Weighted average of Canada, Germany, France, Italy, United Kingdom, and United States.
Quelle: McKinsey (2015), S. 30
McKinsey & Company (2015) Playing to win: The new global competition for corporate profits. Full Report, http://www.mckinsey.com/business-functions/strategy-and-corporate-finance/our-insights/the-new-global-competition-for-corporate-profits, September 2015

Abb. 7.15 Entwicklung von Arbeitsproduktivität und Löhnen

Industrieländern deutlich von etwa 76 auf 66 % zurückgegangen ist. Dies u. a. auch deswegen, weil die raschen Zuwächse der Arbeitsproduktivität nicht in gleichem Umfang zu Lohnanstiegen führen, vgl. Abb. 7.15 (McKinsey & Company 2015, S. 30 und 82).

Weniger flexible und anpassungsfähige Volkswirtschaften werden dagegen versuchen, sich durch den Einsatz *protektionistischer Instrumente* von der ausländischen Konkurrenz abzuschotten, um so den Beschäftigungsrückgang in Grenzen zu halten. Dabei könnten sie allerdings übersehen, dass sie auf diese Weise auch den Zugang zu externem Kapital und Know-how beschränken und somit Produktivitätsverluste und auf mittlere Sicht einen weiteren Verlust an Wettbewerbsfähigkeit und an Arbeitsplätzen in Kauf nehmen müssen (Deutsche Bank Research 2007, S. 28).

Bei den in Niedriglohnländern neu entstehenden Arbeitsplätzen ist zunächst zu berücksichtigen, dass durch das *offshoring* häufig erst die Wettbewerbsfähigkeit des Gesamtunternehmens (im Industrieland) gesichert wird und diese Arbeitsplätze anderenfalls im Inland auf mittlere Sicht ohnehin fortgefallen wären. Da zudem die Produktivität in praktisch allen Niedriglohnländern unter der üblicherweise in Industrieländern erzielten liegt, werden in den Niedriglohnländern in der Regel mehr Arbeitsplätze geschaffen als in den Hochlohnländern fortfallen. Der Bruttoverlust an Arbeitsplätzen aus lohnkostenmotivierten Investitionen dürfte daher bei geschätzt etwa 25–40 % der in Niedriglohnländern neu entstandenen Arbeitsplätzen liegen. Hiervon sind die Arbeitsplätze abzuziehen, die durch die Auslandsinvestitionen im Inland neu geschaffen oder erhalten wurden, die Arbeitsplätze, die von internationalen Arbeitskräften, die häufig aus dem Inland stammen, im Ausland besetzt werden (*Expatriates*) sowie die Arbeitsplätze im Ausland, die lediglich durch Übernahmen ausländischer Unternehmen in der Statistik erscheinen. Abb. 7.16 zeigt die unterschiedlichen Effekte der Auslagerung von Produktionsprozessen, in der Regel durch *offshoring*, auf qualifizierte und weniger qualifizierte Arbeitsplätze in Deutschland. Hierbei ist interessant, dass nur 6 % der Arbeitsplätze mit höherer Qualifikation aber 63 % der verlagerten Arbeitsplätze mit geringerer Qualifikation tatsächlich verlorengingen. Insgesamt betrug der Verlust in Deutschland 45 % der verlagerten Arbeitsplätze oder gut 80.000 Arbeitsplätze in fünf Jahren.

Den vielfältigen Möglichkeiten und Chancen für risikofreudige, innovative und flexible **Investoren** und **Spezialisten** auf dem Weltmarkt zu reüssieren, mit sich daraus ergebenden überproportionalen Gewinn- und Einkommensmöglichkeiten, stehen die weniger mobilen, flexiblen, talentierten oder qualifizierten Personen gegenüber, die sich mit sinkenden Beschäftigungs- und Einkommensmöglichkeiten oder zumindest relativ weniger stark steigenden Einkommen zufrieden geben müssen. Hierdurch vergrößert sich die Einkommensschere zwischen diesen Gruppen, sodass eine wachsende *Polarisierung* innerhalb der Gesellschaften stattfindet.

Zur Charakterisierung von Gewinnern und Verlierern auf dem **Arbeitsmarkt** unterteilt Reich vier Gruppen von Arbeitnehmern: Eindeutige Gewinner der Globalisierung sind die *Symbolproduzenten*, die insbesondere mit der Produktion von Ideen beschäftigt sind. Allerdings gilt dies nur für die Gruppe insgesamt, der Einzelne kann durchaus im Wettbewerb verlieren, wenn er nicht in der Lage ist, den geforderten Leistungsstandard zu erbringen. Eindeutige Verlierer sind die Angehörigen der vierten Gruppe, die *Routinearbeiter*, da ihre Tätigkeit zunehmend automatisiert oder von billigeren Auslandsarbeitskräften übernommen wird. Dagegen ist das Schicksal der anderen beiden Gruppen, die entweder vom Bedeutungszuwachs der ersten Gruppe mitgerissen werden oder das

Neu geschaffene je verlagerte Arbeitsplätze		
	Arbeitsplätze mit **höherer** Qualifikation	Arbeitsplätze mit **geringerer** Qualifikation
Industrie	88 %	34 %
Dienstleistungen	102 %	46 %

Quelle: Statistisches Bundesamt (2009)

Abb. 7.16 Verlagerte und am alten Standort neu geschaffene Arbeitsplätze in Deutschland 2001 bis 2006

7.5 Ungleiche Verteilung

Schicksal der Routinearbeiter erleiden, ungewiss (vgl. Cohen 1998, S. 70 ff., Reich 1993).[20] Die Auswirkungen der geringeren Nachfrage nach weniger qualifizierter Arbeit hängen von den strukturellen Bedingungen der Länder ab: In Ländern mit flexiblen Lohnstrukturen und einem geringen Niveau an sozialer Absicherung führt die geringere Nachfrage nach Arbeit zu einem Lohnrückgang, in Ländern mit hoher Absicherung und einer wenig flexiblen Lohnstruktur steigt dagegen die Arbeitslosigkeit. Aus Abb. 7.17 lässt sich ersehen, dass die mittlere Einkommensgruppe (das dritte Quintil) in den USA in den letzten Jahren Einkommensverluste hinnehmen musste und unterschiedliche Prognosen ein Aufholen des Einkommensrückgangs wenig wahrscheinlich erscheinen lassen.

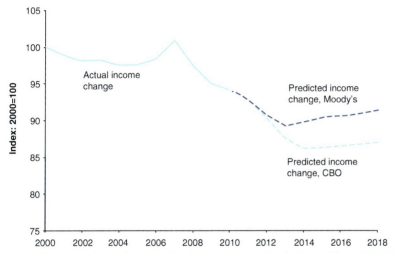

Quelle: Shierholz, H. / Gould, E. (2012) (Quelle der Autoren: Authors' analysis of Current Population Survey Annual Social and Economic Supplement Historical Income Tables (Table F-2, F-3, F-5) and analysis based on forecasted unemployment rates from The Budget and Economic Outlook: Fiscal Years 2012 and 2022 (Congressional Budget Office, 2012) and Moody's Analytics MyEconomy.com)

Abb. 7.17 Entwicklung der Realeinkommen von US-Haushalten (drittes Quintil)

---

[20] Ein interessanter Ansatz zur Verdeutlichung der Bedeutung hochqualifizierter Spezialisten ist die O-Ring Theorie von Kremer. „O-Ring" ist die Bezeichnung eines kleinen Verbindungsstücks, durch dessen Fehlerhaftigkeit die Raumfähre Challenger explodierte und den Tod der Passagiere sowie Verluste von mehreren Milliarden US-Dollar verursachte. Mit der gewählten Bezeichnung will Kremer veranschaulichen, dass in einer bestimmten hochkomplexen Produktion die kleinste Funktionsstörung das gesamte Produktionsergebnis gefährdet. Daraus folgert er, dass alle Mitglieder des Produktionsteams ein einheitlich hohes Qualifikationsniveau haben müssen. Bei der Beschäftigung auf dieser Ebene spielen Gehaltsfragen eine geringere Rolle als das Anforderungsniveau. Es geht hier um alles oder nichts. Nach unten flexible Gehaltsstrukturen führen nicht zu mehr Beschäftigung. Kommen Zweifel an der Qualifikation eines der Beschäftigten auf, wird der oder die Betreffende in diesem Beschäftigungsfeld kaum eine neue Chance bekommen, vgl. Cremer 1993, referiert von Cohen 1997, S. 91 ff.

Verteilungskonflikte verursachen *soziale Probleme*, sowohl zwischen Ländern, die in unterschiedlichem Ausmaß von der Globalisierung betroffen sind, als auch innerhalb von Ländern und begründen Forderungen nach einer verstärkten Abschottung durch Protektionismus[21]. Die dieses Kapitel abschließende Tab. 7.1 zeigt eine Auswahl von typischen Vor- und Nachteilen der Globalisierung für die verschiedenen in diesem Kapitel angesprochenen Gruppen und Institutionen, die Individuen, die Unternehmen und den Staat.

7.5.2 Politische Sicherheitsprobleme

Die sich verstärkende *Ungleichheit* zwischen Leistungsfähigen und weniger Leistungsfähigen, zwischen Anpassungsbereiten und Nicht-Anpassungsbereiten gilt prinzipiell für alle Ebenen: Sie gilt für Staaten und Gesellschaften, für Unternehmer und Unternehmer und vor allem für Arbeitnehmer und Individuen allgemein. Diese Entwicklung geht einher mit einer Zunahme von Tendenzen zur Spaltung sowie zu Konflikten und Widerstand. Die wachsende Ungleichheit zwischen den sozialen Gruppen und den betroffenen Regionen bedroht bzw. zerstört die soziale und politische *Stabilität*. Sie grenzt Länder, Regionen, Gruppen oder Individuen aus und koppelt sie von potenziellen Globalisierungsvorteilen ab: Globalisierung schafft so zwar tendenziell mehr Wohlstand – aber unter Hinnahme von Stabilitätsverlusten. Begünstigt wird diese Entwicklung durch den Zwang, kostenintensive soziale Schutzfunktionen, und damit wohlfahrts- und sozialstaatliche Errungenschaften, zur Disposition zu stellen und das soziale Schutzniveau abzusenken. Ungleichheit und das Entstehen von dauerhaften Verlierern fördern *politische Unruhen* und verschärft die *Fragilität* von *Staaten*, fördert *internationalen Terrorismus* und ist Auslöser für *internationale Flüchtlingsbewegungen*.

Staatliche Fragilität zeigt sich in dem schleichenden Zerfall von Institutionen und Strukturen. Staatliche Instanzen sind nicht (mehr) in der Lage, ihre Funktionen wahrzunehmen. Staatliche Leistungen, wie öffentliche Sicherheit und Ordnung, Rechtssicherheit, funktionierende Wirtschafts- und Finanzstrukturen werden nicht mehr bereitgestellt, das Aufkommen (rechts-)radikaler Parteien, der Ruf nach „starken Persönlichkeiten" teilweise vom linken, meist aber vom rechten Rand gehen über in bewaffnete Auseinandersetzungen und das Entstehen von Bürgerkriegen oder bürgerkriegsähnlicher Zustände.[22]

---

[21] vgl. hierzu: Drei Fabrik-Manager festgenommen, SZ vom 28.12.2012, www.sueddeutsche.de/panorama/bangladesch-drei-manager-verbrannter-textilfabrik- festgenommen-1.1535282.

[22] s. hierzu auch den *vom Fund for Peace* regelmäßig erstellten *Fragile States Index* und die hierfür verwendeten Indikatoren: fsi.fundforpeace.org/indicators.

7.5 Ungleiche Verteilung

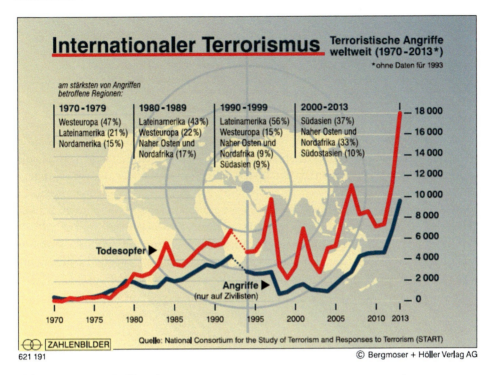

Abb. 7.18 Folgen des Terrorismus

Terrorismus bedroht zunächst die Sicherheit in einzelnen Staaten sehr real, wie die regionalen Krisenherde Afghanistan und Pakistan, Irak und Syrien oder Mali und Nigeria zeigen. Zudem bedrohen global und flexibel agierende militante Kader extremistischer Gruppierungen die nationale Sicherheit in anderen Staaten, wie die Anschläge der letzten Jahre u. a. in den USA, in Spanien, Großbritannien und Frankreich zeigen. Diese sind in der Lage, die mit der Globalisierung zwangsläufig größer werdenden nationalen Sicherheitslücken zu nutzen, und ein Bedrohungspotenzial einzusetzen, das neben atomaren, chemischen oder biologischen Waffen, auch – wie der Angriff auf die USA im September 2001 gezeigt hat – den Einsatz von entführten Passagierflugzeugen als leicht verfügbaren, lebenden Massenvernichtungswaffen einschließt. Vgl. Abb. 7.18.

Internationaler Terrorismus profitiert zusätzlich von den sich aus der Globalisierung ergebenden Möglichkeiten. Dies gilt insbesondere für die Möglichkeit Netzwerke zu bilden und Finanzierungsquellen zu erschließen und zu nutzen (Geldwäsche). Im Gegensatz zur internationalen Kriminalität verfolgen terroristische Netzwerke eher politische Ziele, die durchaus mit ökonomischen Interessen verknüpft sein können.

„Beides, Terrorismus und Organisierte Kriminalität, sind,… nichts anderes als eineiige Zwillinge. (…) Terroristen wie kriminelle Syndikate benötigen Dokumente und Waffen. Falsche Dokumente und Waffen werden… über kriminelle Netzwerke häufig durch die gleichen Finanziers und die gleichen politischen Strukturen beschafft. Terroristen wie Kriminelle benötigen einen funktionierenden Nachrichtendienst, politische Kontakte und korrupte Politiker, die sie beschützen. Alles steht auf dem Fundament des Geldes, dem Blut im Kreislauf der organisierten Kriminalität." (Roth 2001, S. 22 f.).

Politische oder ethno-nationale Differenzen sind vielfach „nur vorgeschoben…, während es real um die Verfügungsgewalt über Erdöl, Diamanten, Drogen oder andere Rohstoffe geht. Diese werden durch kriminelle Syndikate oder reguläre Handelshäuser auf dem Weltmarkt verkauft, um mit den Erlösen Waffen importieren zu können." (Piper o. J.). In einer bereits 2000 veröffentlichten US-Studie wird damit gerechnet, dass sich die transnationalen kriminellen Organisationen in Zukunft mit Terrorgruppen und Konfliktstaaten stärker vernetzen werden: „Sie werden die Führer schwacher ökonomisch labiler Staaten korrumpieren und mit aufständischen politischen Bewegungen kooperieren,… um transnationalen Netzwerken einen sicheren Hafen anzubieten." (The National Intelligence Council 2000, zit. n. Roth 2001, S. 27).[23] Abb. 7.19 zeigt die in diesem Kapitel dargestellten Folgen noch einmal im Zusammenhang.

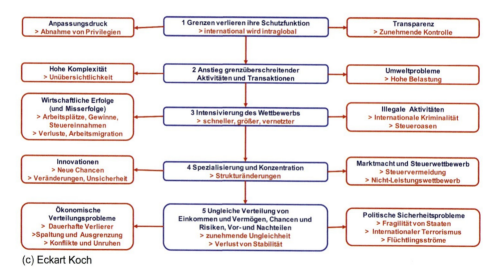

Abb. 7.19 Folgen der Globalisierung Überblick © Eckart Koch

---

[23] vgl. auch Abb. 5.7.

7.5 Ungleiche Verteilung

Tab. 7.1 Vor- und Nachteile der Globalisierung für verschiedene ökonomische Gruppen

Gruppen	Mögliche Vorteile und Chancen	Mögliche Nachteile und Risiken
Unternehmen		
Eigentümer Unternehmer, Gesellschafter, Aktionäre	• Erweiterte Absatz- und Beschaffungsmärkte • Kompensation von sinkendem inländischen Marktpotenzial, dadurch steigende Gewinne • Diversifizierung und Risikostreuung • Technologie- und Kulturtransfer, dadurch Erhöhung der Innovationsgeschwindigkeit • Zwang zur Kostenreduzierung/ Rationalisierung • Kooperation und Vernetzung	• Größere Risiken durch politische Instabilitäten und Währungsschwankungen • Zunehmender Leistungs- und Erfolgsdruck • Zwang zu Wachstum und damit zunehmender Kapitalbedarf • Wachsende Komplexität und Unübersichtlichkeit durch neue Märkte und Größenwachstum • Gefahr feindlicher Übernahmen
Manager (Status/ Macht, Einkommen…)	• Neue Qualifizierungs-, Karriere- und Einkommensmöglichkeiten • Steigende Macht- und Einflussmöglichkeiten • Größeres Angebot an Mitarbeitern • Größere steuerliche Gestaltungsmöglichkeiten	• Zwang zu höherer Rentabilität • Steigende Anforderungen an Leistung, interkulturelle Kompetenz, strategische Fähigkeiten, Managementkompetenz und schnelle risikobehaftete Entscheidungen • Größere Verantwortung und steigendes Jobrisiko • Sinkende Loyalität der Mitarbeiter
Arbeitnehmer (Arbeitsplatz, Einkommen..)	• Neue und zukunftssicherere Arbeitsplätze durch starke Unternehmen • Interessantere Jobs und größere Selbstverwirklichungsmöglichkeiten durch HRD, flexible Arbeit und neue Berufsbilder • vielfache Karriere- und Aufstiegsmöglichkeiten • Interkulturelle Erfahrungen	• Arbeitsplatzverlust wegen Unternehmensstrukturänderungen (Offshoring, Outsourcing, Spin-off), Produktivitätssteigerung • Zwang zu höherer Mobilität, Flexibilität und Weiterbildung • Größerer Leistungs- und Erfolgsdruck • Sich verschlechternde Arbeitsbedingungen: sinkende soziale Sicherung und Lohndumping, • Wachsende soziale Ungleichheit • Verlust von Identifikationsmöglichkeiten
Privatpersonen		
Konsumenten (Preise, Qualität, Alternativen…)	• Bessere, neue, billigere Produkte • Größere Produktauswahl	• Zunehmende Armut (Ungleichheit) verringert Konsumkraft und gefährdet innenpolitische Stabilität • Steigende Produktrisiken durch Billigprodukte, unkontrollierte Inhaltsstoffe und sinkenden Verbraucherschutz • Steigende Umweltprobleme • Wachsende Intransparenz der Märkte

(Fortsetzung)

Tab. 7.1 (Fortsetzung)

Gruppen	Mögliche Vorteile und Chancen	Mögliche Nachteile und Risiken
Kapitalanleger und Sparer (Rendite, Alternativen, Sicherheit…)	• Neue Anlage- und Gewinnmöglichkeiten (shareholder value, höherer Kapitalbedarf, Finanzinnovationen, neue Märkte…)	• Größere Risiken durch unübersichtliche Finanzmärkte, Krisen, riskante Finanzprodukte, Rechtsunsicherheit und Währungsprobleme
Steuerzahler	• Tendenzielle Steuersenkung aufgrund verbesserter Rahmenbedingungen	• Höhere Belastung durch Steuervergünstigungen für und Gewinnverlagerungen der global player • Steigende Belastung mit Sozialabgaben und Umweltausgaben
Nutznießer von Staatsleistungen (Sozialleistungen, Infrastruktur, Sicherheit…)	• Wettbewerbsfähiger Staat sichert langfristige Stabilität und bessere Leistungen (Infrastruktur etc.) • Verbesserung der Rahmenbedingungen im Standortwettbewerb • Privatisierte Staatsunternehmen bieten bessere Leistungsangebote	• Sinkende staatliche Einnahmen durch Standortwettbewerb, wirtschaftliche Macht, Hilfen für notleidende systemrelevante Unternehmen, Subventionen, Kapitalflucht etc. verringern finanziellen Spielraum • Abbau von Sozialleistungen
Staat/Politik		
Staatshaushalt (Einnahmen, Ausgaben, Verschuldung…)	• Einnahmen steigen durch größere Leistungsfähigkeit der Steuersubjekte, höhere Beschäftigung, steigende FDI	• Einnahmen sinken durch abwandernde Produktion, größere Arbeitslosigkeit, Standortwettbewerb • Ausgaben steigen durch Subventionen, Umweltausgaben, Standortwettbewerb, Steuerhinterziehung • Steigende Verschuldung und Zinslast • Brain drain
Politikautonomie (Handlungsspielräume…)	• Höhere Transparenz führt zur Politikverbesserung • Entlastung durch Übernahme von leistungsfähigeren Politikmodellen • Neue Optionen durch Konzentration auf Kernkompetenzen	• Sinkende Gestaltungsspielräume durch fehlende und damit verringerte Bedeutung nationaler Politik • Politik gegen Oligopole kaum möglich • Zwang zu größerer Reaktionsschnelligkeit führt zu Überforderung • Hohe Anforderungen durch Mitarbeit in internationalen Organisationen und Gremien

Literatur

Bales, K., & Cornell, B. (2008). *Moderne Sklaverei*. Hildesheim.

Brinkmann, & B. et al. (2013). *So funktionieren Steueroasen*. (05.04.2013). Süddeutsche Zeitung. www.sueddeutsche.de/wirtschaft/offshore-leaks-so-funktionieren-steueroasen-1.1640744. Zugegriffen 11.2015.

Cohen, D. (1998). *Fehldiagnose Globalisierung*. Frankfurt/New York.

Collier, P. (2008). *Die unterste Milliarde*. München.

Cremer, M. (1993). *The O-Ring theory of economic development*. Quarterly Journal of Economics, August 1993.

D'Aveni R. A. (1995). *Hyperwettbewerb – Strategien für die neue Dynamik der Märkte*. Frankfurt/New York.

D'Aveni, R. (1999). *Der Hyperwettbewerb rückt näher*. In The Amos Tuck School of Business et al. (Hrsg.), Mastering global business (S. 59–64). Stuttgart.

Deutsche Bank Research. (2007). *Globalisierung und Verteilung. Eine Herausforderung auch in den Industrieländern*. Frankfurt am 20.09.2007.

Ehrlich, W. (1995). *Going China*. Freiburg.

Falk, R. (1996). *Von der neuen Weltwirtschaftsordung zur Neuen UNCTAD: Sonntagsschule des Nordens oder OECD des Südens*. WEED Informationsbrief Weltwirtschaft und Entwicklung Nr. 2/1996.

Gleich, M., & Kaufhold, J. C. (2015). *Das Konzept des hyperkompetitiven Wettbewerbs*. Wirtschaftswissenschaftliches Studium, 5, 232–237.

Habermas, J. (1985). *Die neue Unübersichtlichkeit*. Frankfurt.

Havers, K. (2008). *Die Rolle der Luftfracht bei Lebensmitteltransporten. Aktuelle Entwicklungen in Deutschland und deren ökologische Folgen*. Berlin. www.oeko.de/oekodoc/758/2008-221-de.pdf. Zugegriffen 11.2015.

IAO/ILO. (2008). *Erklärung der IAO über soziale Gerechtigkeit für eine faire Globalisierung*. Genf. www.ilo.org/wcmsp5/groups/public/-dgreports/-cabinet/documents/publication/wcms_100192.pdf. Zugegriffen 11.2015.

IBM. (2010). *Global CEO Study 2010 „Unternehmensführung in einer komplexen Welt"*. www-935.ibm.com/services/de/ceo/ceostudy2010/

Koch, E. (2012). *Interkulturelles Management*. München.

Le Monde diplomatique. (2015). *Atlas der Globalisierung. Weniger wird mehr*. Paris.

Madhu Kishwar. (1998). *Die Kraft der Machtlosen*. Deutsches Allgemeines Sonntagsblatt (10.07.1998).

McKinsey & Company. (2015). *Playing to win: The new global competition for corporate profits*. Full Report. September 2015. www.mckinsey.com/business-functions/strategy-and-corporate-finance/our-insights/the-new-global-competition-for-corporate-profits. Zugegriffen 11.2015.

O. V. (2012) *Drei Fabrik-Manager festgenommen*. (28.12.2012). Süddeutsche Zeitung. www.sueddeutsche.de/panorama/bangladesch-drei-manager-verbrannter-textilfabrik-festgenommen-1.1535282. Zugegriffen 11.2015.

OECD. (2011). *Divided we stand: Why inequality keeps rising*. December 2011.

Piper, G. (o.J.). *Was ist Internationaler Terrorismus*. www.bildungsserver.hamburg.de/krieg-gegen-den-terror/2604450/was-ist-internationaler-terrorismus. Zugegriffen 11.2015.

Reich, R. (1993). *Die neue Weltwirtschaft. Das Ende der nationalen Ökonomie*. u. a. Frankfurt.

Rigby, D., & Bilodeau, B. (2015). *Management tools & trends 2015*. Bain & Company (Hrsg.). www.bain.de/publikationen/managementthemen/management-tools.aspx. Zugegriffen 11.2015.

Roth, J. (2001). *Netzwerke des Terrors*. Hamburg.
Sassen, S. (2000). *Machtbeben; Wohin führt die Globalisierung?* Stuttgart/München.
Schneider, F. (2009). *Die Finanzströme von organisierter Kriminalität und Terrorismus: Was wissen wir (nicht)?* (DIW) Vierteljahrshefte zur Wirtschaftsforschung, 78 (4), 73–87.
Stiglitz, J. (2006). *Die Chancen der Globalisierung*. Berlin.
von Schönfeld, A., & Schönenberg, R. (2011). *Transnational organisierte Kriminalität: Grenzenlos Illegal*. In H. B. Stiftung (Hrsg.). Grenzenlos Illegal – Transnationale organisierte Kriminalität, Nr. 3/2011. www.boell.de/de/navigation/aussen-sicherheit-grenzenlos-illegal-tok-12251.html. Zugegriffen 11.2015.

Links[24]

Intensivierung des Wettbewerbs
Steueroasen: www.sueddeutsche.de/wirtschaft/offshore-leaks-so-funktionieren-steueroasen-1.1640744; www.welt.de/wirtschaft/article142686620/EU-Kommission-stellt-30-Steueroasen-an-denPranger.html; www.steueroptimierung.eu/steueroasen-steuerparadiese-ausland/
Wettbewerbsdruck auf Manager: www.sueddeutsche.de/wirtschaft/umfrage-wolfsburg-ist-auch-anderswo-1.2763988
Cyber-Kriminalität: csis.org/program/cybersecurity;
Auswirkungen auf die Umwelt
Komplexe Transportwege – Der Weg einer Jeans: www.youtube.com/watch?v=iriL2MimVaA
Sambia – Wer profitiert vom Kupfer? (Dokumentarfilm) vom 18.5.2012: www.evb.ch/p20099.html
Spezialisierung und Konzentration
Marktmacht und Steuervermeidung: ec.europa.eu/taxation_customs/taxation/gen_info/good_governance_matters/lists_of_countries/;www.zdnet.de/41539627/irische-steuergesetze-sparen-google-3-1-milliarden-dollar/
Nicht-Leistungsvorteile für Unternehmen: www.zdnet.de/41539627/irische-steuergesetze-sparen-google-3-1-milliarden-dollar/
Globale Finanzmärkte: www.longfinance.net/Publications/GFCI%2012.pdf. The Global Financial Centres Index 12, Sept 2012.
Verteilungsprobleme
Fragile Staaten: fsi.fundforpeace.org/indicators
Arbeitsplatzeffekte durch die Verlagerung wirtschaftlicher Aktivitäten: www.bpb.de/nachschlagen/zahlen-und-fakten/globalisierung
Mangelnder Arbeitsschutz in Niedriglohnländern: www.sueddeutsche.de/panorama/bangladesch-drei-manager-verbrannter-textilfabrik-festgenommen-1.1535282
Globale Ungleichheiten: www.bpb.de/veranstaltungen/netzwerke/teamglobal/67430/globale-ungleichheiten (14.04.2010)

---

[24] Abrufdatum bzw. Überprüfung der Internetinformationen: November 2015.

Teil III
Globalisierung der Politik

Nationale Politikoptionen 8

Geschichte ist spätestens seit dem Ende des Dreißigjährigen Krieges Mitte des 17. Jahrhunderts immer auch die Geschichte der Nationalstaaten, ihrer Herrscher, ihrer Eigenheiten und ihrer Veränderungen. Moderne Nationalstaaten sind formal autonom und verfügen über die Souveränität, ihre inneren Angelegenheiten auf der Grundlage der von ihnen aufgestellten Gesetze zu regeln. Vor diesem Hintergrund schufen sie insbesondere im Laufe der letzten etwa hundertfünfzig Jahre eine breite Palette von Regeln und Strukturen, um ihre Ziele zu erreichen. Bei der außenpolitischen und außenwirtschaftlichen Verfolgung ihrer Interessen waren sie dagegen schon immer eingebunden in ein Geflecht von internationalen Bündnissen, Verpflichtungen und Abkommen, auf die sie im Rahmen ihrer Möglichkeiten Einfluss nehmen konnten (Toulmin 1997). Spätestens mit Beginn der Globalisierung begann sich die Rolle der Nationalstaaten zu ändern. Ihre bislang weitreichende Autonomie bei der Gestaltung ihrer inneren Angelegenheiten wird zunehmend eingeschränkt. Zwar bleiben viele Zuständigkeiten formal bestehen, aber die Regelungswirkungen sind kaum noch prognostizierbar und können sogar widersprüchlich sein oder ins Leere laufen. Damit gewinnen neue internationale Gestaltungsträger und -formen an Bedeutung.

> **Die Globalisierung geht erst los.**
> … Die Globalisierung ist den Launen der Konjunktur nicht ausgeliefert. Sie ist das Ergebnis des technischen Fortschritts, nicht des unternehmerischen Wachstums. Sie umfasst den Austausch von Religion und Kochrezepten genauso wie den Handel mit arabischem Erdöl und chinesischen Plastikpuppen … Je tiefer ein Merkmal der Globalisierung in die Krise gerät, desto stärker kommen andere Wesenszüge zum Tragen. Auf den Niedergang des Welthandels reagieren Amerikaner, Asiaten und Europäer gemeinsam. Nie zuvor haben Zentralbanken und Regulierungsbehörden so eng

zusammengearbeitet wie heute. Das unterscheidet die Ära der Weltfinanzkrise von der Ära der Großen Depression. Damals flüchteten sich Europa und Amerika in nationalstaatliche Isolation. Sie schlossen ihre Grenzen, schotteten sich ab. Heute treiben sie die Kooperation in einem Tempo voran, das bisher niemand für möglich gehalten hat. … Selbst wenn man sich auf den wirtschaftlichen Aspekt der Globalisierung beschränkt, kann von einem Ende der weltweiten Verflechtung keine Rede sein. Am selben Tag, an dem die WTO den Handelseinbruch prognostizierte, schlug China eine neue Weltwährung vor, und Berlin begrüßte den Einstieg des Staatsfonds von Abu Dhabi beim Autokonzern Daimler. Aus Heuschrecken sind Verbündete geworden.

Vielleicht haben die Regierungen aus der Geschichte gelernt. Vielleicht wissen sie, dass aus der Krise eine Katastrophe wird, wenn sich die Politik dem Protektionismus verschreibt. Wahrscheinlicher ist, dass die Staaten erkannt haben, dass der technische Fortschritt ihren Gestaltungsspielraum einschränkt. In Zeiten des Internets lässt sich die Welt nicht mehr aussperren. Selbst autoritäre Regimes verlieren in den virtuellen Welten die Kontrolle über ihre Bürger. Das ist es, was die Globalisierung der Gegenwart von anderen historischen Etappen unterscheidet, in denen die Welt zusammenzuwachsen schien, wie etwa dem Römischen Reich oder dem Britischen Empire: Es gibt keine Instanz mehr, die die Macht hat, die Verflechtungen zu lösen.

Nur gemeinsam können die Regierungen hoffen, die drängendsten Probleme der Menschheit in den Griff zu bekommen. Das globale Bewusstsein wächst, je tiefer die Weltkonjunktur abstürzt. Jahrzehntelang hinkte die Politik der Wirtschaft hinterher. Nun holt sie auf. Die Globalisierung ist nicht vorbei, sie hat gerade erst begonnen.
Quelle: Moritz Koch, SZ vom 25.03.2009

8.1 Autonome Politikgestaltung?

8.1.1 Beschränkung der Autonomie

Eine wesentliche Bedingung für die Wirksamkeit nationalstaatlicher Politik ist die eingeschränkte Möglichkeit von Personen und Unternehmen, die in diesem Land ihren (Wohn-) Sitz haben, sich dem Zugriff der nationalen Reglementierungen entziehen zu können. Diese Voraussetzung ist derzeit nur noch bedingt gegeben. Der Gestaltungsraum für nationale Politik stimmt nicht mehr mit den Bewegungsräumen der *global player* sowie einer zunehmenden Anzahl von Privatpersonen überein. Dies zeigt sich beispielsweise an der rasch wachsenden Bedeutung des *E-Commerce*, der sehr häufig außerhalb nationaler Strukturen funktioniert, und den Schwierigkeiten hierfür inhaltliche oder steuerrechtliche Regelungen durchzusetzen. Bedeutender sind jedoch die vielfältigen Möglichkeiten von Unternehmen, ihren Sitz jederzeit in andere Länder zu verlegen.

Durch die gesamtwirtschaftlichen Folgen dieser Unternehmensentscheidungen, u. a. für die Beschäftigungssituation oder die Staatseinnahmen, wird der Staat zunehmend erpressbarer hinsichtlich der Gestaltung neuer oder der Rücknahme bestehender, unerwünschter Regeln: Er kann so zu Zugeständnissen, Subventionen oder Ausnahmevereinbarungen, etwa in Bezug auf nationale Schutzmaßnahmen, veranlasst werden.[1] Wie bereits ausgeführt, finden sich die Staaten wieder als Konkurrenten um Steuerzahler, Investitionen und Arbeitsplätze und geraten unter Zugzwang, sich im Standortwettbewerb zu engagieren und sich hierfür „fit" zu machen oder fit zu bleiben.

Aus Sicht der *global player* werden die Standortalternativen durch eine Vielzahl von Standortfaktoren bestimmt, die für sie Kriterien für Standortentscheidungen darstellen. Aufgrund der sinkenden Transaktionskosten sind sie heute viel mobiler und in der Lage, verschiedene Standorte gegeneinander auszuspielen und sich durch ein flexibles *Standort-Mix* optimale Bedingungen auf Kosten einzelner Standorte und einzelner Staaten zu verschaffen. Sie sind also in der Lage, ihre Interessen gegenüber den Regierungen ihrer Standorte durchzusetzen und unternehmensfreundliche Zusagen zu erzwingen, so dass ihr Machtpotenzial in gleichem Umfang zu- wie das der Nationalstaaten abnimmt.

Die Reise der Bananen
Die drei US-Konzerne Dole, Chiquita und Del Monte wickeln zwei Drittel des weltweiten Geschäfts mit Bananen ab. In den Jahren 2003 bis 2007 erzielten sie einen Umsatz von 50 Mrd. US$ und einen Gewinn von 1,4 Mrd. US$. Sie zahlten darauf jedoch nur 200 Mio. US$ Steuern, also nur rund 14 %, obwohl der Unternehmenssteuersatz in den USA 35 % beträgt. Der Grund: Knapp die Hälfte ihrer Geschäfte ließen sie über eigens gegründete Tochterunternehmen in Steueroasen laufen. So fließen vom Endpreis einer Banane nur 13 % zurück ins Erzeugerland. Fast die Hälfte des Endpreises aber bleibt in Steueroasen hängen.
Quelle: Le Monde diplomatique 2012, S. 39; s. a. www.zdnet.de/41539627/irische-steuergesetze-sparengoogle-3-1-milliarden-dollar/

So können die global player beispielsweise die Entscheidung für einen Niedriglohnstandort mit der Nutzung staatlicher Leistungen, wie Subventionen oder Steuervergünstigungen koppeln sowie mit der (häufig stillschweigenden) Option, diese Entscheidung bei einer Änderung der Voraussetzungen jederzeit zu revidieren. Andererseits kann die Ankündigung, in einem Land mit angeblich günstigeren Standortbedingungen investieren zu wollen, konkurrierende Länder oder das Land, in dem das Unternehmen seinen derzeitigen Standort hat, zu Zugeständnissen, etwa Investitionszulagen oder Steuervergünstigungen, veranlassen.

---

[1] s. hierzu auch Abschnitt 7.3.

OECD prangert Steuertricks der Konzerne an

In einer 2012[2] veröffentlichten Analyse ihres Committee on Fiscal Affairs (CFA) stellte die OECD einige Steuervermeidungsstrategien der TNCs vor: Diese bevorzugen **Niedrigsteuergebiete**, wie beispielsweise Irland mit einer Körperschaftsteuer von nur 12,5% (Deutschland: 29% Körperschaftsteuer plus Gewerbesteuer). Gewinne werden dann von Tochtergesellschaften, die in Ländern mit höherer Körperschaftsteuer registriert sind, in Niedrigsteuergebiete oder in Länder, die gar keine Gewinnsteuer erheben, wie etwa die Bermudas, verschoben. Eine wichtige Rolle spielt hierbei das Instrument der **Verrechnungspreise**: Lieferungen von Waren und Dienstleistungen werden innerhalb eines TNCs mit strategischen Preisen in Rechnung gestellt, so dass die Gewinne in Niedrigsteuerländer anfallen. Unternehmen nutzen zudem **hybride Rechtsformen** oder hybride Finanzinstrumente, durch die sie Unterschiede zwischen den Steuergesetzen der Länder ausnutzen können. So nehmen Steuerbehörden in einzelnen Ländern unter bestimmten Voraussetzungen an, dass Gewinne nur durchgeleitet werden, so dass keine Steuern anfallen. Dies kann von Unternehmen beispielsweise dahingehend genutzt werden, dass TNC-Gesellschaften in Land A von einem anderen TNC-Unternehmen in Land B ein Darlehen erhalten, dessen Zinsen sie steuerlich als Kosten geltend machen können, während das Darlehen gebende Unternehmen die Zinseinnahmen in seinem Land nicht versteuern muss.

Im Oktober 2015[3] legte die OECD nun die Ergebnisse eines gemeinsamen Projekts mit den G20 gegen Gewinnverkürzung und Gewinnverlagerung (BEPS) vor, das Regierungen helfen soll, Steuerschlupflöcher zu schließen und somit geschätzte jährliche staatliche Einnahmeverluste von 100 bis 240 Milliarden US-Dollar zu vermeiden. Das vorgeschlagene Maßnahmenpaket für eine umfassende und koordinierte Reform internationaler Steuerregeln bezieht sich auf

- länderbezogene Berichterstattungen, die den Steuerverwaltungen ein umfassendes Bild von den Wirtschaftsaktivitäten multinationaler Unternehmen geben sollen,
- die Verhinderung eines Missbrauchs von Doppelbesteuerungsabkommen, die nicht mehr zu Steuervermeidung genutzt werden sollen,
- den automatischen Austausch von Steuervorbescheiden zwischen Ländern, um problematische Steuerpraktiken einzelner Länder durch größere Transparenz zu begrenzen und auf
- eine gegenseitige Anerkennung von Verfahren, die garantieren soll, dass der Kampf gegen die doppelte Nichtbesteuerung nicht in eine Doppelbesteuerung umschlägt.

---

[2] vgl. hierzu u.a. J. Tartler: OECD prangert Steuertricks der Konzerne an; in: FTD vom 14.11.2012.

[3] vgl. www.oecd.org/berlin/presse/steuervermeidung-multinationaler-unternehmen-eindaemmen-oecd-praesentiert-reformen-fuer-internationales-steuersystem.htm, vom 5.10.2015.

8.1 Autonome Politikgestaltung?

Auf diese Weise werden die politischen Handlungsalternativen auf Feldern, wie der Fiskal-, Wettbewerbs-, Sozial-, Beschäftigungs- oder Umweltpolitik, reduziert und damit auch die Möglichkeiten der politischen Akteure, Prozesse auf nationalstaatlicher Ebene zu steuern. Der Nationalstaat erleidet damit Macht- und Autonomieverluste und büßt seine Rolle als „allmächtiger und allzuständiger Problemlöser" (Messner/Nuscheler 2003, S. 424) ein.

Da die Politik bei ihren Entscheidungen die konkurrierenden Länder und ihre möglichen Reaktionen ins Kalkül ziehen muss, ist sie gezwungen, sich dem wirtschaftspolitischen *mainstream*, der nach wie vor grundsätzlich gültigen globalen *neoliberalen Denk- und Handlungsdoktrin*, nicht nur anzupassen, sondern deren Funktionsweisen und Mechanismen auch kreativ weiterzuentwickeln. Weltweit sind marktwirtschaftlich-neoliberale Prinzipien nach wie vor die wichtigsten Bestimmungsgrößen nationalstaatlichen, unternehmerischen und vielfach auch des individuellen Handelns geworden. Die Leitvorstellung der Globalisierung ist daher eine Marktwirtschaft ohne eingrenzende und damit als störend empfundene Elemente. Diese prägt Wirtschaftsstandards und -normen, Wirtschaftsstrukturen und -verhaltensweisen sowie Wirtschaftsorganisationen und -kulturen. Erhöhung der Wettbewerbsfähigkeit bei gleichzeitigem Abbau staatlich garantierter Sicherheit, Effizienzsteigerung und Kostensenkung, Spezialisierung und Intensivierung von Eigeninitiative und Kreativität werden als dominierende Eckpfeiler wirtschaftlichen Handelns akzeptiert und als handlungsleitende Maxime umgesetzt. Hieran werden auch die aktuellen „Trends" zu einer angesichts der Weltfinanzkrise 2007/2008 als notwendig erachteten Wieder-Verstärkung aufsichtsrechtlicher Regelungen für den Finanzsektor[4] oder die Notwendigkeit gemeinsame Klimaschutzregeln durchzusetzen nichts Grundsätzliches ändern.

So können beispielsweise die Industrieländer alter Prägung negative Auswirkungen der Globalisierung nur noch in sehr begrenztem Umfang durch eine eigenständige *Kompensationspolitik* (s. u.) einschränken, etwa um ein höheres Maß an sozialer Gerechtigkeit durchzusetzen oder die Rechte und Beteiligungschancen derjenigen zu erhöhen, die weniger mobil und zu wenig flexibel sind, um selbst Globalisierungschancen aktiv wahrnehmen zu können. Dies gilt insbesondere für die „immobilen" Produktionsfaktoren, also die überwiegende Anzahl der Arbeitnehmer sowie die Umwelt, die immer weniger vor negativen Globalisierungsfolgen geschützt werden können (Brock 1997, S. 16 f.; Brock 2008). Meist sind kompensatorische Maßnahmen mit erheblichen Kosten entweder für den Staat oder die Unternehmen verbunden, die aus steigenden Gewinnen oder Gewinnsteuern – infolge verbesserter Wettbewerbsfähigkeit – oder Krediten finanziert werden müssen. Oder sie sind, wie etwa Mindestlöhne oder Umweltauflagen, mit einschränkenden Regulierungen für Unternehmen verbunden, die dann ebenfalls durch Produktivitätssteigerungen von diesen kompensiert werden müssen.

Andererseits versuchen Nationalstaaten sich durch eine pro-aktive *Standortpolitik* (s. u.) für den internationalen Wettbewerb fit zu machen bzw. zu halten, um bessere Bedingungen als konkurrierende Standorte zu bieten und so die eigene Position im internationalen Wettbewerb zu verbessern. Tatsächlich sind aber auch hier die Handlungsspielräume begrenzt,

---

[4] vgl. Abschnitt 13.4.

da die Weltmarktintegration den Nationalstaaten ebenfalls nur eine *weltmarktkonforme Wirtschaftspolitik* erlaubt. Der Inhalt der *toolbox*, des wirtschaftspolitischen Instrumentenkastens, wie Deregulierung und neuerdings auch wieder einer Re-Regulierung, Privatisierung, Liberalisierung, Steuerpolitik, Innovationsförderung oder Infrastrukturverbesserung, um nur einige der wichtigsten zu nennen, ist inzwischen weitgehend standardisiert, so dass die Handlungszwänge auch hier zu einer konvergierenden Wirtschaftspolitik mit sich einander angleichenden Zielen und Mitteln führt.[5] Diese Standardisierung verschärft den Wettbewerb zwischen den „Standortanbietern": Der Staat läuft Gefahr, dass nationale Maßnahmen durch entsprechende Gegenreaktionen anderer Staaten konterkariert werden oder positive gesellschaftliche Effekte politischer Maßnahmen durch negative Wettbewerbseffekte überkompensiert werden. In beiden Fällen kann ein negatives Kosten-Nutzen-Verhältnis entstehen, das die politischen Entscheidungsträger entweder von dem Einsatz eines solchen Instruments schon im Vorfeld absehen lässt oder sie zwingt, die betreffende Maßnahme zu einem späteren Zeitpunkt zu revidieren. Häufig sehen sich die verantwortlichen Politiker daher in der Rolle des Hasen, der bei seinem Wettlauf mit dem Igel nach jeder neuen Runde damit konfrontiert wird, dass sein Gegner schon vor ihm am Ziel zu sein scheint. Von diesen Entwicklungen sind sowohl die meisten Industrieländer als auch die meisten Schwellenländer, die *newly industrializing economies* (NIEs), betroffen.

Um einerseits einen ruinösen Wettbewerb zu vermeiden, aber dabei auch die sich durch die Globalisierung ergebenden neuen Möglichkeiten sinnvoll zu nutzen und schließlich, um der Entstehung übergeordneter gemeinsamer Interessen Rechnung zu tragen, erhält das Prinzip und die Praktizierung *internationaler Kooperation* einen neuen Stellenwert. Neue politische Lösungen und deren Implementierung können in zunehmendem Maße nur noch in kooperativer Zusammenarbeit mit anderen Staaten durchgesetzt oder an internationale Instanzen delegiert werden. Die Staaten müssen in diesem Kontext neue Aufgaben übernehmen, die ihnen insbesondere aus der Einbindung in multilaterale oder regionale Kooperations- und Entscheidungsmechanismen erwachsen (Messner/Nuscheler 2003, S. 424).

8.1.2 Möglichkeiten nationaler Politikgestaltung

Die These von dem globalisierungsbedingten *Autonomieverlust der Nationalstaaten* beschreibt allerdings nur einen Teil der Realität. Natürlich haben Staaten auch weiterhin Einflussmöglichkeiten, wenn auch in sehr unterschiedlichem Maße. Die Industrieländer, die in der Vergangenheit in der Lage waren, einen erheblichen Teil der internationalen Investitionen auf sich zu ziehen, sind Beispiele dafür, dass es trotz eingeschränkter

---

[5] Wichtige Elemente dieser „Toolbox" finden sich in den Auflagen der Gläubigerstaaten für die Schuldnerstaaten, während der verschiedenen Finanzkrisen der letzten Jahrzehnte, zuletzt gegenüber den europäischen Schuldnerstaaten, wie Irland, Portugal, Zypern oder Griechenland. vgl. z. B. Die Einigung im Wortlaut: Erklärung des Eurogipfels, Brüssel, 12. Juli 2015. Zugegriffen am 01.09.2015.

Autonomie durchaus Möglichkeiten für eine erfolgreiche nationale Standortpolitik gibt. Durch geeignete Maßnahmenbündel sind Länder also in der Lage einen Abfluss von Sach- und Finanzkapital zu verhindern, bzw. das aus anderen Ländern abfließende Kapital zu sich zu lenken. Voraussetzung für die Wirksamkeit solcher Politikmodelle sind in der Regel allerdings neben einer rationalen vorausschauenden Wirtschaftspolitik vor allem verlässliche und transparente politische Rahmenbedingungen.[6]

Die These der Autonomiebeschränkung hebt im Übrigen nur auf Möglichkeiten der nationalen Gestaltung der Wirtschaftspolitik ab. Zunehmende Beachtung findet jedoch die Tatsache, dass auf sub-nationaler Ebene handelnden Akteuren weiterhin wichtige Instrumente verbleiben, um aktiv gestaltend einzugreifen. Verschiedene Autoren (Porter 1991) haben schon früh die Gestaltungsmöglichkeiten **sub-nationaler Wirtschaftspolitik** untersucht, mit dem Ergebnis, dass diese dann besonders erfolgreich zu sein scheint, wenn es gelingt, *Cluster* von ähnlichen miteinander in Beziehungen stehenden Unternehmen zu initiieren, zu erhalten oder zu stärken und damit die Wettbewerbsfähigkeit und das Entwicklungspotenzial der beteiligten Unternehmen zu fördern (Hurtienne/Messner 1996, S. 52 ff.).[7] Unter einem Cluster versteht man dabei Ballungen von Unternehmen einer oder verwandter Branchen, einschließlich der Zulieferer und der spezialisierten Dienstleister. Unternehmen, vor allem kleinere und mittlere Unternehmen, die Mitglieder solcher Cluster sind, werden durch eine Vielzahl von externen Effekten (*external economies*) begünstigt, die zunächst ihre eigene Wettbewerbsfähigkeit und damit auch jene der betreffenden Region, beispielsweise durch Neugründungen oder den Zuzug von Unternehmen erhöhen. Diese Effekte fungieren damit quasi als Verstärker schon bestehender komparativer Vorteile der Cluster-Mitglieder. Typische Beispiele für solche Verstärkungskomponenten sind kooperative Netzwerke oder einschlägige Ausbildungsangebote.

Die räumliche Nähe der Unternehmen zueinander ermöglicht u. a. intensiven Informationsfluss aufgrund formeller und informeller Kontakte, die die Diffusion von Wissen und Innovationen und damit den Aufbau einer lokalen Wissensbasis (*technologische Externalitäten*) fördern. Ferner ermöglicht sie den Rückgriff auf einen einschlägig ausgebildeten flexiblen Arbeitskräftepool und ein größeres und zunehmendes Nachfragepotenzial. Auf dieser Grundlage können sich dann beispielsweise Produktspezialisierungen oder strategische Kooperationen entwickeln, wie gemeinsame F&E- oder Marketingaktivitäten oder die Nutzung spezialisierter Ausbildungs- und Informationseinrichtungen mit entsprechendem Synergiepotenzial. Hinzu kommt der Zugang zu spezialisierten Dienstleistungen, freiberuflichen Mitarbeitern für Spezial- und Kurzzeitaufgaben sowie eine effiziente Zuliefererstruktur – Effekte, die in engem Zusam-

---

[6] Wenn diese nicht gegeben sind, kann sich auch eine fördernde Standortpolitik nur unzureichend entfalten. Das Fehlen solcher Rahmenbedingungen zeigte sich überdeutlich während der Asienkrise 1997/1998, die keineswegs nur eine durch Liberalisierung, internationale Kapitalströme und Strukturprobleme verursachte ökonomische Krise war, sondern deren zentrale Ursachen, möglicherweise sogar primären Ursachen, interne politische Probleme der beteiligten Länder waren; vgl. dazu Koch 1998.

[7] Vgl. hierzu auch Abschnitt 7.4.

menhang mit der Markt- bzw. der Clustergröße stehen (Krugman 1999, S. 114 f.).[8] Hierdurch treten wechselseitige Verstärkungen auf, die durch ebenfalls wechselseitige Lerneffekte dynamische Synergieeffekte und damit Wettbewerbsvorteile zunächst auf sub-nationaler und dadurch auch auf nationaler Ebene induzieren. Wichtiges Element der Cluster ist ein hoher Anteil von KMU, die in der Lage sind, innovative Techniken und neue Organisationsformen einzusetzen und sich durch flexible und kreative unternehmerische Initiative auszeichnen.

Entsprechende Spezialisierungscluster in Mikroregionen finden sich in Deutschland beispielsweise in Martinsried bei München (Biotechnologie), Ostwestfalen (Maschinenbau), im Rhein-Main-Gebiet (Chemie), im Großraum Stuttgart (Fahzeug- und Maschinenbau), im Großraum München (Fahrzeugbau, Elektro- und Wehrtechnik) oder im Raum Solingen (Metallwaren). Andere Beispiele sind das Silicon Valley/USA (IT- und High-Tech-Industrie), in Modena/Italien (Sportwagen), Florenz/Italien (Lederwaren, Textilien) oder in Dalian/Nordchina (Back Office Funktionen vorwiegend für japanische Unternehmen).

Insbesondere bei der Betrachtung der Externalitäten wird deutlich, dass Clusterbildungen sehr häufig eine hohe Affinität zu dynamischen industriellen Ballungsräumen (*industrial districts*) aufweisen. Diese sind gekennzeichnet durch hohe Kapitalisierung und hohe Arbeitsqualifikation sowie durch Technologieakkumulationen. Häufig entstehen Clusters in solchen Ballungsräumen oder sie entwickeln sich zu solchen weiter. Beispiele hierfür sind die Großräume Stuttgart, München oder Hamburg in Deutschland oder Mailand, Turin, Paris und Kopenhagen in anderen Ländern Europas. Eine sub-nationale Politik, die Clusterbildungen unterstützt, kann in Zusammenarbeit mit den privaten Akteuren zukünftige Herausforderungen und Risiken besser antizipieren und in Förderkonzepte umsetzen. Als Impulsgeber oder Koordinator kann der Staat dazu beitragen, vorhandenes Know-how effektiv zu nutzen, um gemeinsam getragene mittel- bis langfristige Strategien und Visionen als Orientierungshilfen für die Unternehmen zu entwickeln.

Auf **nationaler Ebene** bleibt der Nationalstaat jedoch, unabhängig davon, ob sich durch die Globalisierung die Durchsetzungsmöglichkeiten für eine nationale Politik tendenziell verringern, immer noch die wichtigste, demokratisch legitimierte Instanz, die die Interessen seiner Bürger wahrzunehmen hat. Der Staat bezieht seine Rechtfertigung daraus, dass er seinen (Wahl-) Bürgern Vorteile, etwa in Form höheren Wohlstands, eines Zuwachses an Sicherheit oder von größerer Freiheit verschafft. Oder anders: Der moderne Staat legitimiert sich vorrangig aus dem Einsatz seines Machtmonopols zugunsten der gesellschaftlichen Wohlfahrts- und Wohlstandsmehrung. Im Zentrum stehen hierbei die klassischen Staatsfunktionen: öffentliche Güter, wie Straßen oder Schulen, bereitzustellen (Allokationsfunktion), durch ausgleichende Maßnahmen für ein stabiles Wirtschaftswachstum zu sorgen (Stabilisierungsfunktion) sowie durch Umverteilung soziale Gerechtigkeit zu fördern (Distributionsfunktion) (Musgrave et al. 1975, S. 5 ff.). Als Klammer kommt heute noch die zusätzliche Aufgabe hinzu, für eine nachhaltige Entwicklung (*sustainable development*) zu sorgen. Aus diesem Aufgabenbündel lassen sich im Zusammenhang mit der Globalisierung vor allem die folgenden beiden Aufgabenbereiche ableiten:

---

[8] vgl. Abschnitt 8.2.4.

- Im Rahmen einer richtig verstandenen *Standortpolitik* sollten die Bedingungen des Landes, möglicherweise auch der Region, in einer Form gestaltet werden, die es dem Land und seiner Bevölkerung, zumindest aber seiner überwiegenden Mehrheit, erlaubt, möglichst großen Nutzen aus der Globalisierung zu ziehen.
- Gleichzeitig sollte eine *Kompensationspolitik* die negativen Auswirkungen bzw. Risiken der Globalisierung für die verschiedenen sozialen Gruppen des eigenen Landes so gering wie möglich halten bzw. weitestgehend zu kompensieren versuchen.

Hinzu kommt eine weitere wichtige Aufgabe: Staaten haben die im Rahmen der Globalisierung immer wichtiger werdende Aufgabe international bzw. regional getroffene Entscheidungen auf nationaler Ebene umzusetzen und die Kooperation in verschiedenen Sektoren mit anderen Nationalstaaten auszubauen. Sie stellen damit den notwendigen nationalstaatlichen Unterbau dar, der für eine Umsetzung internationaler Politik sorgen soll, und üben somit eine Art *Scharnierfunktion* zwischen den internationalen Institutionen, Entscheidungsträgern und Regelungen und den Nutznießern dieser Entscheidungen, den Individuen und gesellschaftlichen Gruppen und Institutionen, aus (Messner und Nuscheler 1996, S. 22 f.).

Neben den nationalen Politikansätzen lässt sich noch die neoliberale Option unterscheiden, die davon ausgeht, dass der Markt die Bedingungen für die Marktteilnehmer von sich aus optimal gestaltet. Auch wenn wichtige Elemente dieser Strategie nach wie vor gültig sind, so hat sich diese Option angesichts der vielfältigen Krisen in einer immer komplexer werdenden globalisierten Welt und der hierfür notwendigen Abstimmungs-, Steuerungs- und Kontrollmaßnahmen in ihrer absoluten Form als Irrweg erwiesen. Die verschiedenen Möglichkeiten einer internationalen oder ihrer Variante der supra-nationalen Politik werden in den späteren Kapiteln erörtert. Abb. 8.1 soll an dieser Stelle nur einen kurzen Überblick geben.

	Fördern der Globalisierungsprozesse (Standortpolitik)	**Verringerung der Globalisierungsnachteile** (Kompensationspolitik, Abbau von Nachteilen)
Märkte	Neoliberale Option "Der Markt gestaltet": Märkte und ihre Marktteilnehmer schaffen für alle Beteiligten optimale Voraussetzungen	
Nationale Politik (Gebietskörperschaften)	z.B. Rationale, effektive Politikgestaltung (Institutionen, Strukturen, Prozesse), (ausgeglichener) Haushalt, Innovations- und Bildungspolitik, Infrastruktur, Kooperationen und Netzwerke, Exportförderung	z.B. Arbeitsmarktpolitik, Horizontaler Länderfinanzausgleich, evtl. Kapitalverkehrskontrollen
Supra-nationale Politik (Regionalintegrationen)	z.B. Liberalisierung, Normen, „Effektive Regulierung", gemeinsame Gestaltungsregeln	z.B. Schutzregeln, regionale Ausgleichsfonds, Euro-Rettungsschirm (ESM)
Internationale Politik (Internationale Organisationen und Vereinbarungen)	z.B. Förderung des Freihandels (WTO), Globale Wettbewerbsregeln, Schaffung geeigneter funktionsfähiger Aufsichts- und Kontrollmechanismen	z.B. Sicherheit, Schutz von Arbeitnehmerrechten (ILO), Umweltpolitik, Entwicklungspolitik,

(c) Eckart Koch Globalisierung: Wirtschaft und Politik

Abb. 8.1 Politische Gestaltungsmöglichkeiten

8.2 Standortpolitik: Förderung von Globalisierungsvoraussetzungen

8.2.1 Förderung der Wettbewerbsvoraussetzungen

Soll das Wirtschaftswachstum nachhaltig gesteigert werden, um die Beschäftigung und damit den Wohlstand der Bevölkerung zu sichern und stabile Umweltbedingungen zu schaffen, muss die Sicherung bzw. Herstellung von Wirtschaftsstrukturen, die ein geeignetes Umfeld für die Produktion hochwertiger Sachgüter und Dienstleistungen im Inland schaffen, als prioritäres wirtschafts- und gesellschaftspolitisches Ziel angesehen werden. Eine solche Politik kann sich je nach Abgrenzung auf lokale, sub-nationale, nationale oder supra-nationale Bereiche, wie etwa die Europäische Union, beziehen.

Von dieser Politik, die vereinfachend als **Standortpolitik** bezeichnet werden kann, profitieren letztlich alle gesellschaftlichen Gruppen eines Landes, dennoch sind insbesondere die am stärksten ortsgebundenen und damit auch stärker standortabhängigen Gruppen auf eine erfolgreiche Standortpolitik besonders angewiesen. Hierbei handelt es sich vor allem um weniger mobile Gruppen von *Arbeitnehmern*, generell um *staatliche Instanzen*, deren „Einkommen" und damit Leistungsfähigkeit letztlich von den nationalen Steuerquellen abhängig ist, also solchen Einheiten, die sich dauerhaft auf dem eigenen Territorium befinden.

Die Abhängigkeit der *Unternehmen* von einer erfolgreichen Standortpolitik nimmt mit der zunehmenden Möglichkeit, die internationale Arbeitsteilung aktiv zu nutzen, ab. Als *global player* haben sie die Möglichkeit durch Direktinvestitionen in kostengünstigeren Regionen, durch *global sourcing*, *verlängerte Werkbänke* oder generell durch Produktionsverlagerungen an günstigere Standorte flexibel von den weltwirtschaftlichen Möglichkeiten Gebrauch zu machen und sind in weit geringerem Umfang von Standortbedingungen abhängig. Trotzdem können sie so ihre Kosten senken und ihre Innovationsbereitschaft erhöhen, so dass sich Produktivität, Exportfähigkeit und Gewinne – und damit auch Beschäftigungsmöglichkeiten und Steuerzahlungen – erhöhen. *Arbeitnehmer* profitieren in Form von zusätzlichen bzw. gesicherten Arbeitsplätzen, besseren Möglichkeiten zur Durchsetzung von Lohnforderungen und der Sicherung ihres Wohlstandsniveaus. Für die *Konsumenten* ergeben sich vielfältigere und preisgünstigere Versorgungsmöglichkeiten und damit eine Erhöhung ihres Realeinkommens und der *Staat* profitiert in Form steigender Steuereinnahmen bei tendenziell sinkenden Ausgaben für soziale Leistungen (z. B. für Arbeitslose) oder direkte Unterstützung bzw. Förderung von Unternehmen, sofern diese nicht als Mittel der Standortförderung eingesetzt werden.

Aufgaben der Standortpolitik nahmen viele Staaten bis in die 1980 erJahre hinein vorrangig dadurch wahr, dass sie das eigene Territorium gegenüber anderen Ländern privilegierten. Dies geschah etwa durch die Förderung erfolgversprechender nationaler Produktionen und Verfahren, durch Subventionen und vor allem durch Importbeschränkungen mit dem Ziel, absolute oder komparative Produktions- und Handelsvorteile im internationalen Wettbewerb zu erzielen. Obwohl diese Ziele immer noch eine Rolle spielen, hat sich der Schwerpunkt dieses Politikansatzes inzwischen verlagert. Eine einseitige Privilegierung ist kaum noch möglich. Gerade die Ursachen und Begleiterscheinungen der Globalisierung führen dazu, dass derartige Privilegierungsversuche, etwa durch Zölle oder Subventionen, nicht mehr funktionieren, da der damit erzeugte geringere Innovations- und Wettbewerbsdruck die privilegierten Sektoren mittelfristig eher schwächt als stärkt.

Heute geht es primär darum, die *allgemeinen wirtschaftlichen Rahmenbedingungen* so zu gestalten, dass das nationale Territorium für in- und ausländische Wirtschaftsteilnehmer ausreichend attraktiv und möglichst attraktiver als andere Standorte erscheint. Dabei geht es sowohl um die Beeinflussung der *Angebotsseite*, also der unternehmerischen Produktions- und Investitionsbedingungen, durch die Schaffung von Möglichkeiten zur Produktivitätssteigerung und Kostensenkung bzw. die positive Beeinflussung der Innovationsbereitschaft und -umsetzung, als auch um die *Nachfrageseite*, insbesondere um die Verbesserung der Beschäftigungssituation, der notwendigen Voraussetzung für eine Steigerung der Kaufkraft der Bevölkerung.

Jedes Unternehmen ist in ein Netz *nationaler Rahmenbedingungen* eingebettet, das die eigene Wettbewerbsfähigkeit entscheidend beeinflusst. Zu diesen Rahmenbedingungen zählen beispielsweise der Bildungssektor, die gesamte technische, wissenschaftliche und Verkehrsinfrastruktur sowie das formelle und informelle Beziehungsgeflecht von Unternehmen zu Arbeitnehmern, öffentlichen Institutionen und dem Finanzsystem. Die Ausgestaltung der multidimensionalen Rahmenbedingungen hat sowohl einen indirekten als auch einen direkten Einfluss auf unternehmerische Entscheidungsparameter, so z. B. auf die Produktpreise (etwa durch die Leistungsfähigkeit der Infrastruktur, das Steuersystem, den Grad sozialer Stabilität oder die Wechselkurspolitik) und die Innovationsmentalität (durch das System der Forschungsförderung, die Ausgestaltung des Patentwesens oder das Bildungssystem). Die Standortverbesserung erfolgt nun dadurch, dass obsolete durch international wettbewerbsfähigere Strukturen ersetzt werden. Hierdurch soll sowohl das in einer Gesellschaft vorhandene Kreativitätspotenzial dauerhaft mobilisiert, als auch externe Kreativitätsreserven erschlossen und für den in- und ausländischen Markt verfügbar gemacht werden (Pfeiffer 1997).

Im Folgenden sollen drei verschiedene Ebenen, auf denen Standortpolitik ansetzen kann, angesprochen werden: Die Herstellung günstiger *allgemeiner politischer Voraussetzungen*, die Bewahrung *makroökonomischer Stabilität* sowie Möglichkeiten die Standortbedingungen durch *direkte Standortpolitik* zu beeinflussen. Nach dem Modell der *systemischen Wettbewerbsfähigkeit* (Eßer et al. 1994) können diese Ansätze den folgenden drei Politikebenen zugeordnet werden: der *Metaebene*, der *Makroebene* und der *Mesoebene*. Auf der *Metaebene* geht es um die Formulierung geeigneter Politiken und Strategien sowie um die Erzeugung wettbewerbsfreundlicher Werthaltungen. Der *Makroebene* zuzuordnen sind sämtliche Ansätze zur Schaffung stabiler makroökonomischer, politischer und rechtlicher Rahmenbedingungen, während auf der *Mesoebene* schließlich gezielt Politiken zur direkten Stärkung der Wettbewerbsfähigkeit eingesetzt werden.

8.2.2 Allgemeine politische Voraussetzungen (Metaebene)

Bei der Weiterentwicklung der nationalen Rahmenbedingungen spielt die Durchsetzung des Subsidiaritätsprinzips eine wesentliche Rolle: Soweit möglich sollen Entscheidungen vom Staat auf die Wirtschaft verlagert werden und damit der Wirtschaftssteuerung durch den Markt mehr Bedeutung zugestanden werden (Beisheim und Walter 1997, S. 168 f.). Dieser neoliberale Grundsatz muss angesichts der ökonomischen Entwicklungen der letzten Jahre heute allerdings deutlich relativiert werden. Die Weltgemeinschaft der Staaten hat hier ganz offensichtlich das Selbststeuerungsvermögen der Wirtschaft überschätzt und die Notwendigkeit, einen effektiven bindenden, dem Gemeinwohl dienenden Rahmen für das interessengesteuerte Handeln der wirtschaftlichen Akteure festzulegen, vernachlässigt.

Dennoch bleiben allgemeine Grundätze des Subsidiaritätsprinzips nach wie vor gültig, auch wenn die Inhalte nun zum Teil anders akzentuiert werden müssen. Dies gilt etwa für die tendenzielle Absenkung einer allzu hohen *Staatsquote*, einen effektiveren und effizienteren Einsatz *staatlicher Ausgaben* und die Installation geeigneter, funktionsfähiger *Aufsichts- und Kontrollmechanismen* für die Wirtschaft. Ferner geht es um die Durchsetzung geeigneter *Politikformen und -stile*, insbesondere um eine angepasste (!) *Deregulierung* und damit vorwiegend um die Reduzierung überflüssiger administrativer Regelungen sowie die Herstellung von Transparenz bei Vorschriften und Verfahren als politisches Prinzip. In diesem Bereich spielt insbesondere die Verlässlichkeit und die Vorbildfunktion der Politik sowie das Vertrauen in die Kontinuität politischer Entscheidungen und damit die Abwesenheit bzw. in vielen Staaten die Reduzierung von Korruption und Bestechlichkeit eine wichtige Rolle. Bei den angestrebten Effizienzsteigerungen müssen *Verteilungseffekte* berücksichtigt werden, so dass Deregulierung nicht zu einem *race-to-the-bottom*, einer permanenten Verschlechterung der Schutzregeln, entartet. Weiter ist die Gestaltung folgender Politikbereiche für eine Verbesserung der allgemeinpolitischen Rahmenbedingungen von besonderer Bedeutung:

- Der *Rechtspolitik* obliegt die Schaffung eines möglichst leistungsfähigen, verständlichen und transparenten Rechtssystems, das frei sein sollte von politischen Einflüssen und über eine an anerkannten Rechtsgrundsätzen orientierte unabhängige Rechtsprechung verfügt, die die Rechtsdurchsetzung durch geeignete Organe sicherstellt und Rechtssicherheit (rule of law) für alle Individuen garantiert.
- Ein zukunftssicheres, anpassungsfähiges und international akzeptiertes *Bildungs- und Ausbildungssystem* stellt die für einen dynamischen Strukturwandel geeigneten *human resources* bereit und beschleunigt die Diffusion von Wissen.
- Eine konsequente *Integrationspolitik*, die die eigene Wirtschaft mit ähnlich strukturierten Ländern – beispielsweise durch Freihandelszonen oder Zollunionen – verzahnt und gemeinsame Regelungen effektiv umsetzt, vergrößert die Märkte, beschleunigt den Strukturwandel und intensiviert den Wettbewerb. Bei einer Weiterentwicklung zu

Währungsunionen dagegen sind – wie die jüngsten Erfahrungen in Europa zeigen – Voraussetzungen notwendig, die die Bereitschaft der Mitgliedsländer größere Eingriffe in die eigene Politikautonomie zuzulassen, erfordern.
- Eine leistungsfähige technische und soziale *Infrastruktur* sowie geeignete wettbewerbsfreundliche Rahmenbedingungen schaffen nutzerfreundliche Voraussetzungen für eine zukunftsorientierte, leistungsfähige Wirtschaft und Gesellschaft und die damit einhergehenden Strukturanpassungsprozesse.

Der Erfolg dieser Politiken spiegelt sich auch wider in der internationalen Einschätzung des Landes, die von verschiedenen Institutionen beurteilt werden. So zeigt Abb. 7.7 die Ergebnisse des regelmäßig vom World Economic Forum erstellten Wettbewerbsrankings.

8.2.3 Makroökonomische Stabilität (Makroebene)

Makroökonomische Stabilität zeigt sich beispielsweise in geringen Haushalts- und Leistungsbilanzdefiziten bzw. entsprechenden Überschüssen oder nur geringeren konjunkturellen Schwankungen im Wirtschaftsablauf. Im Idealfall sind sowohl Staatshaushalt als auch Leistungsbilanz ausgeglichen, etwaige Schwankungen übersteigen nicht die Toleranzbreite von +/−1 %. Wichtige Instrumente einer makroökonomischen Stabilitätspolitik sind die Fiskal- und Steuerpolitik, die Geld- und Kapitalmarktpolitik, die Außenwirtschaftspolitik, Wettbewerbspolitik und Angebotspolitik.

1. Durch eine eher restriktiv ausgerichtete **Fiskalpolitik** wird zunächst versucht, das staatliche Ausgabenwachstum zu begrenzen und die Staatsverschuldung zur Aufrechterhaltung der staatlichen Handlungsfähigkeit auf einem niedrigen, von Fall zu Fall zu definierenden Niveau zu halten. Ein wichtiger Anhaltspunkt sind hierbei die Vereinbarungen des EU-Stabilitätspakts, nachdem die gesamte Staatsschuld auf maximal 60 % des BIPs und die laufende staatliche Neuverschuldung auf 3 % des BIPs begrenzt werden soll. Dies impliziert eine eher zurückhaltende Rolle des Staates, der sich bei einer aktiven Wirtschaftsförderung restriktiv verhält, seine konsumtiven Ausgaben verringert, die Privatisierung von nicht notwendigerweise vom Staat zu leistenden Aufgaben vorantreibt, Subventionen schrittweise reduziert und – falls erforderlich und möglich – die sozialen Ausgaben zugunsten einer stärkeren Gewichtung individueller Vorsorgepolitik auf ein noch vertretbares Maß zurückfährt. Gleichzeitig ist er aufgefordert, seine Vorleistungen für die Standortverbesserung durch die Ausweitung der investiven Ausgaben etwa in den Bereichen Bildung und Forschung oder Verkehrs- und technischer Infrastruktur zu optimieren.
2. Das **Steuersystem** sollte dynamisch weiterentwickelt oder gegebenenfalls restrukturiert werden. Es sollte möglichst einfach und vor allem transparent sein, und sich sowohl an Gerechtigkeits- und Leistungsgesichtspunkten orientieren, wie es andererseits die

Marktprozesse so wenig wie möglich behindern oder gar verzerren sollte. Gleichzeitig muss es konkurrenzfähig sein, da es im Wettbewerb mit den Steuersystemen anderer Länder steht. Es darf daher u. a. die Belastung der Unternehmen nicht überstrapazieren, so dass für diese der Standort ausreichend attraktiv bleibt. Auf diese Weise sollten soziale Stabilität, unternehmerisches Handeln und sichere Arbeitsplätze gefördert werden.

3. Eine stabilitätsorientierte **Geldpolitik** verhindert, dass die Wettbewerbsfähigkeit durch zu hohe Preissteigerungen behindert wird. Gleichzeitig darf das Zinsniveau jedoch nicht zu hoch sein, um einen unerwünscht hohen Zustrom von Devisen auszuschließen. Ein gemäßigtes Zinsniveau bedeutet zudem vertretbare Refinanzierungskosten für die Nachfrager von Krediten und begünstigt damit die Investitionsbedingungen. Voraussetzung für eine wirkungsvolle Steuerung der inländischen Geldmenge und damit der in- und ausländischen Kapitalzuflüsse ist eine starke und weitgehend unabhängige Stellung der nationalen bzw. supra-nationalen Zentralbank. Hierdurch werden die Voraussetzungen für eine dauerhafte und möglichst störungsfreie Integration des nationalen Kapitalmarktes in die internationalen Finanzmärkte geschaffen, die es dem Land ermöglicht, diese in angemessenem Umfang und zu akzeptablen Bedingungen in Anspruch zu nehmen. Trotzdem könnten es bestimmte nationale oder internationale Konstellationen sinnvoll erscheinen lassen, die Kapitalmarktfreiheit temporär (!) durch eine Beschränkung des grenzüberschreitenden Kapitalverkehrs zu verringern.

4. Diese Politik sollte von einer **Kapitalmarktpolitik** flankiert sein, die die Entwicklung eines leistungsfähigen Finanzsektors zum Ziel hat. Hierbei geht es etwa um die Ausgestaltung von verbindlichen und gut funktionierenden internen Risikomanagementsystemen der Kreditinstitute sowie um vorausschauend agierende externe, also staatliche Aufsichts- und Kontrollsysteme für den Finanzsektor, um die Entstehung und Akkumulierung von Risiken zu verhindern und ordnungsgemäß arbeitende Finanzinstitute zu gewährleisten. Es geht ferner um die Rückführung von Finanzmarktakteuren auf ihre zentrale Funktion als Finanzier der lokalen Wirtschaftsakteure und die mit dieser Politik einhergehende Intensivierung des Wettbewerbs der Finanzmarktakteure um Einlagen und Kredite.

5. Eine liberale **Währungspolitik** hat vor allem die Aufgabe, ein passendes Wechselkursniveau zu finden und dieses durch geeignete Instrumente und Maßnahmen weitgehend stabil zu halten. Hierdurch soll Vertrauen geschaffen und in- und ausländischen Wirtschaftsteilnehmern Planungssicherheit im Außenwirtschaftsverkehr gegeben werden. Dabei ist allerdings zu beachten, dass eine aktive Währungspolitik, die zu größeren und dauerhaften Devisenkäufen durch die Zentralbank führen würde, mit einer auf die Stabilität des Geldwerts gerichteten Geldpolitik kollidieren könnte.

6. Die **Außenhandelspolitik** hat die primäre Aufgabe eine handelspolitische Liberalisierung mit Augenmaß zu betreiben. Industrieländer sollen durch die Abschaffung von Handelsbarrieren ihren Unternehmen und Konsumenten den freien Zugang zu Absatz- und Beschaffungsmärkten erleichtern, um so die Wettbewerbsfähigkeit der einheimischen Industrie zu stärken sowie die Kaufkraft von Konsumenten und Investoren zu

erhöhen. In Entwicklungs- und Schwellenländern hat die Außenhandelspolitik die weitaus schwierigere Aufgabe eine Balance zwischen Liberalisierung und gezielter Protektion zu finden, um so die Vorteile der Weltmarktintegration mit der Notwendigkeit, eigene wettbewerbsfähige Industrien aufzubauen, zu verbinden. Häufig wird dies durch eine Kombination von eher protektionistischen Politiken mit der Gründung von für ausländische Investoren attraktiven Sonderwirtschaftszonen (*export processing zones*) umgesetzt. Beispiele hierfür finden sich in vielen Ländern, insbesondere in vielen prosperierenden Schwellenländern Asien.[9]

7. Verlässliche **wettbewerbspolitische Regeln** sollen wettbewerbsbeschränkende Absprachen und Handlungen der Wirtschaftsakteure zuverlässig verhindern und diese so zu einer verstärkten Marktorientierung und damit zu einer Steigerung der kosten- und innovationsorientierten Leistungsfähigkeit zu veranlassen. Allerdings müssen hierbei die sich im Zuge der Globalisierung ständig ausweitenden Grenzen des zu schützenden *relevanten Marktes* angemessen berücksichtigt werden.

8. Eine mit Augenmaß betriebene **Angebotspolitik** schafft bessere Voraussetzungen für unternehmerisches Handeln, indem Strukturen und Verfahren durch eine geeignete Regulierungsstrategie angepasst und sinnvoll modifiziert werden. Dies beinhaltet ein Überdenken bisheriger *Regulierungen*, Deregulierungen und neuer Regulierungen und umfasst, *Privatisierungen* und damit die *Reduzierung des Staatseinflusses* auf die Wirtschaft, die so den den Erfordernissen der Globalisierung angepasst wird.

    Beispiele für überfällige Deregulierungen lassen sich in allen Politik- und Rechtsbereichen finden. So ist es beispielsweise selbst Experten nicht möglich, den Überblick über alle fast 100.000 allein bundesgesetzlichen Paragrafen *und ih*re ständigen Änderungen zu behalten. Umständliche, *zeit*aufwendige *und z. T. überflüssige Vorschriften und Genehmigungsver*fahren erfordern den Umgang mit einer Vielzahl auszufüllender Formulare für notwendige Anträge und Genehmigungen. Komplexe und komplizierte bau- und umweltrechtliche Regelungen überfordern gerade kleine und mittlere Unternehmer, die auch durch sozial- und arbeitsrechtliche Regelungen daran gehindert werden neue Arbeitnehmer einzustellen. Zwangsmitgliedschaften in Kammern und Innungen werden als überflüssig angesehen, während die häufig extrem lange Dauer von Gerichtsverfahren wegen der z. T. äußerst aufwendigen Absicherungsstrategien gegen die Aufhebung oder Revision von Urteilen Sand im Getriebe des Wirtschaftsprozesses darstellen können. Es ist daher dringend geboten, gerade politische Entscheidungen mit weitreichenden Wirkungen sorgfältig zu planen und deren Umsetzung von einer Bewertung der sozio-ökonomischen Folgen, also einer Kosten-Nutzen-Analyse, abhängig zu machen.

9. Gleichzeitig muss versucht werden, durch eine **Kostensenkungspolitik**, die neben *steuerpolitischen* auch *arbeitsmarkt- und sozialpolitische* Maßnahmen umfasst, einen Beitrag dazu zu leisten, die Wettbewerbsfähigkeit der Unternehmen etwa durch eine

---

[9] vgl. beispielsweise : www.ilo.org/public/french/dialogue/download/epzchineenglish.pdf.

Senkung der Lohnnebenkosten oder durch Steuerentlastungen zu verbessern und damit auch neue Beschäftigungsmöglichkeiten zu schaffen. Dies erfordert die Liberalisierung und Flexibilisierung von Arbeitsmarktregelungen, selbstverständlich bei gleichzeitiger Aufrechterhaltung der wichtigsten Schutzregeln. Neue Beschäftigungs- und Lohnmodelle sowie eine Sozialpolitik, die eine höhere Eigenbeteiligung der Individuen und eine individuelle Risikoabsicherung mit innovativer Entlohnungspolitik, etwa durch Aktienoptionen für Mitarbeiter, kombinieren und diese Ansätze durch eine passende Steuerpolitik fördern, sollten versuchsweise erprobt werden.

Während es in den heutigen *Industrieländern* darauf ankommt, ein solches Konzept unter den Bedingungen der Globalisierung zu modernisieren und zu modifizieren, müssen in vielen *Entwicklungsländern* erst die Grundlagen für eine solche Politik gelegt werden. Hierzu sind häufig erst ein neues Verständnis der Rolle des Staates sowie umfangreiche Strukturreformen notwendig. Diese erfordern in den meisten Fällen ein Umdenken der verantwortlichen Politiker und müssen dann auf eine sozial akzeptable Art und Weise umgesetzt werden – Voraussetzungen, die in vielen Ländern noch nicht gegeben sind.

Auch gewährt die Globalisierung diesen Ländern nur wenige Möglichkeiten autonome Politikvorstellungen zu realisieren und toleriert kaum falsche Lösungen. Die Staaten werden lediglich legitimiert, die global akzeptierten marktwirtschaftlich-neoliberalen Vorgaben umzusetzen und die Wirtschaft den Globalisierungsanforderungen entsprechend zu gestalten. Dies gilt für die Ausgestaltung der Rahmenbedingungen oder die Entwicklung der politischen Kultur. Globalisierung kann aber auch als Chance begriffen werden, durch Umgestaltung der nationalen Wirtschaft entlang global akzeptierter Leitlinien Entwicklungslücken zu schließen. Gerade in diesen Ländern wird somit die Regierungsqualität über die zukünftige Standortattraktivität und damit über Entwicklungserfolge entscheiden (Eßer et al. 1996, S. 13).

Mit Beaujolais und Baguette in die Staatspleite
Das größte Sorgenkind Europas ist Frankreich. Ein Staat, gebaut auf Illusionen. Die „Kaviar-Linken" vertrauen blind auf die alte Stärke des Landes. Weshalb sah bei Frankreich niemand genauer hin?… Eine unfreiwillig indirekte Erklärung lieferte vor zwei Wochen der ehemalige EADS-Chef…, welcher der französischen Wirtschaft ein vernichtendes Urteil ausstellte und einschneidende Reformen forderte…. Eine Christ- oder Sozialdemokratie existiert nicht, so dass sich Linke und Rechte vor allem in ihrem Etatismus einig sind, ihrem Kleinhalten privater Mittelschicht-Initiativen und einem lagerübergreifenden Protektionismus. Währenddessen gehen Frankreichs Exporte zurück, die Jugendarbeitslosigkeit (…) explodiert, in den Vororten grassiert muslimischer Juden-Hass, die Sozialversicherungssysteme stehen vor dem Kollaps, die Staatspleite droht.
Quelle: Marin 2012

> **Moody's-Diagnose: Starrsinn, Reformstau, fehlende Wettbewerbsfähigkeit**
> Die einflussreiche Ratingagentur Moody's hat Frankreich die begehrte Topnote „Aaa" entzogen. Stattdessen rangiert Frankreich nun eine Stufe tiefer bei „Aa1"… Der Ausblick bleibt negativ, damit droht eine weitere Herabstufung. Die Experten beurteilen die wirtschaftlichen Aussichten für das Euro-Land kritisch. Moody's diagnostizierte einen anhaltenden Verlust der Wettbewerbsfähigkeit in Frankreich. Dieser gefährde sowohl das Wirtschaftswachstum als auch den Staatshaushalt. Es ist politischer Starrsinn und damit einhergehender Reformstau, der das Land bremst. Die Ratingagentur spricht vom starren Arbeitsmarkt sowie vom Mangel an Innovationen. Diese Probleme untergraben nach Einschätzung der Agentur nach und nach die exportorientierte Industrie des Landes.
> Quelle: Die WELT online 20.11.2012 (dpa 2012)

8.2.4 Direkte Standortpolitik (Mesoebene)

Direkte Standortpolitik versucht durch den gezielten Einsatz von politischen Instrumenten Standort- und Marktbedingungen für einzelne Regionen oder Sektoren zu verbessern, um die Wettbewerbsfähigkeit der ansässigen Unternehmen zu stärken oder den Standort für externe Unternehmen attraktiver zu machen. Diese spezifischen Standortbedingungen können für verschiedene Branchen, verschiedene Unternehmen und für verschiedene Regionen unterschiedlich ausfallen. Sie beziehen sich beispielsweise auf die Qualifikation der verfügbaren Arbeitskräfte, spezielle Förderbedingungen, das Marktpotenzial oder infrastrukturelle Voraussetzungen. Während die bisher angesprochenen Möglichkeiten zur Sicherung der politischen und makroökonomischer Stabilität das allgemeine wirtschaftliche Umfeld für Unternehmen verbessern sollen, kann der Staat zusätzlich durch eine geeignete *Sektorpolitik* die Wettbewerbsbedingungen gezielt verbessern.

Da hierbei die Unternehmen direkt im Zentrum der Überlegungen stehen, die eingesetzten Instrumente also mehr oder weniger direkt auf Unternehmensförderung zielen, werden diese Politikansätze auch vielfach unter dem Sammelbegriff *Industriepolitik* zusammengefasst. Eine solche Politik versucht im Kern, möglichst in Zusammenarbeit mit den privaten Akteuren, zukünftige Herausforderungen zu antizipieren und in Förderkonzepte umzusetzen. Allerdings sollte der Staat hierbei weniger als „Macher", sondern vielmehr als Impulsgeber, Koordinator oder Moderator, in jedem Fall als Teil eines Netzwerks agieren, in das insbesondere mittelständische Unternehmen, Verbände, Gewerkschaften und wissenschaftliche Institutionen einbezogen sein sollten. Aufgabe des Netzwerks wäre es, den Technologietransfer zu fördern, vorhandenes Know-how möglichst effektiv zu nutzen und konfliktarme, gemeinsam getragene, mittel- bis langfristige Strategien und Visionen als Orientierungshilfen zu entwickeln. Folgende Instrumente finden in vielen Ländern Anwendung:

1. Grundlage ist eine in vielen, meist Entwicklungsländern, betriebene **strategische Rahmenplanung**, in der die Regierung ihre mittel- bis langfristigen Ziele der Wirtschafts- und

Entwicklungspolitik, beispielsweise in einem Fünf-Jahres-Plan, formuliert, um privaten und öffentlichen Akteuren Visionen und Orientierungshilfen für ihre Unternehmensplanung zu vermitteln. Die Rahmenplanung enthält Zielvorstellungen zu zentralen Politikbereichen, wie der Bildungs-, Forschungs- oder Technologiepolitik und trifft Grundsatzentscheidungen über die Allokation von staatlichen Mitteln. Für Unternehmen bedeuten derartige Planungsvorgaben die Reduzierung von Unsicherheit etwa für geplante Forschungsvorhaben, bei Investitionsentscheidungen oder der Bildung strategischer Allianzen. Obwohl diese Planungsform mit steigender Komplexität der Volkswirtschaft an Bedeutung verliert, gibt es auch in Industrieländern Beispiele für solche Rahmenplanungen, allerdings eher auf sub-nationaler Ebene.

So gibt es beispielsweise regionale Veranstaltungen, bei denen sich die betroffenen Akteure auf zukünftige Entwicklungschancen ihrer Region verständigen, Engpässe definieren und Kosten antizipieren, umso besser fundierte Grundlagen für unternehmerische Entscheidungen zu erhalten. In die dabei entstehenden Netzwerke können Unternehmensorganisationen, Gewerkschaften, Kammern und Verbände, lokale öffentliche Verwaltungseinheiten und wissenschaftliche Institute eingebunden sein (Eßer et al. 1994, S. 91).

2. Eine strategisch angelegte **Forschungs- und Technologiepolitik** soll die Technologieentwicklung fördern und Innovationspotenziale erschließen, um somit mittel- bis langfristig die nationale Position auf Zukunftsmärkten zu sichern. Hierzu gehört u. a. eine zukunftsfähige Patentförderungs- und Patentschutzpolitik, eine praxisorientierte Qualifikations- und Bildungspolitik mit besonderem Schwerpunkt auf Ausbildung im Bereich zukunftsfähiger Technologien sowie die geeignete Unterstützung von innovationsorientierten Netzwerken zwischen Unternehmen sowie zwischen Unternehmen und Institutionen, wie Forschungsinstituten und Hochschulen (Eßer et al. 1994, S. 6). Bei Entwicklungsländern wird dies ergänzt und zum Teil ersetzt durch eine Strategie zur Mobilisierung von ausländischen Investoren und der Förderung einschlägiger Technologietransfers. Dabei geht es weniger um die Frage, ob eine solche politische Weichenstellung stattfinden soll, als vielmehr um Formen und Inhalte der betroffenen Politiken, um institutionelle Fragen und Fragen der Kooperation zwischen den privaten und öffentlichen Institutionen.

Beispiele für spezielle Maßnahmen sind: Die Unterstützung von Forschungseinrichtungen und Forschungsvorhaben zur Förderung von Spezialisierung und gleichzeitiger Vernetzung, sowohl bei der Grundlagen-, der anwendungsorientierten und der Spitzentechnologieforschung; die steuerliche Begünstigung von *venture capital* oder von privatwirtschaftlicher Forschung. Wichtig ist auch ein bewusst differenzierter Umgang mit bestehenden Ängsten vor Neuerungen, wobei die Leugnung jeglicher Risiken ebenso schädlich wäre, wie deren Überbetonung – also ein zwar grundsätzlich bejahender, aber dennoch kritischer Umgang mit Innovationen.

3. Es ist heute weitgehend unumstritten, dass die gezielte Förderung der Privatwirtschaft, etwa durch direkte **Subventionen** oder die Gewährung von *Steuervorteilen* besonders strengen Kriterien genügen muss, um ungerechtfertigte Privilegierung, unkontrollierbaren Mittelabfluss und Fehlsteuerungen zu vermeiden. In bestimmten Fällen kann aber durch eine temporäre Förderung die Wettbewerbsfähigkeit einzelner Sektoren

oder Regionen, insbesondere in Entwicklungsländern, gezielt erhöht werden. So können etwa Bemühungen, die technologische Entwicklung voranzutreiben, beschleunigt und so Exportchancen verbessert werden. Grundsätzlich sind bei dem Einsatz dieser Instrumente jedoch immer die entstehenden *Opportunitätskosten*, also der entgangene Nutzen bei einer alternativen Verwendung der verausgabten Mittel, zu beachten. Dies gilt in besonderem Maße im Hinblick auf die strukturellen Auswirkungen bei der Unterstützung von Altindustrien zu Lasten innovativer „moderner" Sektoren. Eine *Vergabe von öffentlichen Aufträgen* an heimische Unternehmen kann ebenfalls einen Beitrag zur Erhöhung der Wettbewerbsfähigkeit liefern, etwa indem die Eigenkapitaldecke gestärkt und die Innovationstätigkeit angeregt wird. Im EU-Kontext muss dabei allerdings berücksichtigt werden, dass dies nur im Rahmen einer öffentlichen EU-weiten Ausschreibung möglich ist.

Beispiele für gezielte Förderungen waren in Deutschland die „Zonenrandförderung" der 1970er und 1980er Jahre sowie später gezielte *Beihilfen für bes*timmte Sektoren in den neuen Bundesländern, wobei hier wie auch bei den Strukturbeihilfen des EU-Regionalfonds meist die Verbesserung der Beschäftigungsmöglichkeiten im Vordergrund stand. Generell können Instrumente, wie vergünstigte Investitionskredite, *venture capital*, steuerliche Abschreibungsmöglichkeiten für Forschungs- und Entwicklungsaktivitäten oder Exportkreditversicherungen („*Hermes-Deckung*") zur Reduzierung des Exportrisikos eingesetzt werden.

4. Es besteht ferner die Möglichkeit durch eine an industriepolitischen Zielen orientierte **Zins- und Kreditpolitik** die Refinanzierungskosten, etwa für bevorzugte Sektoren, für politisch erwünschte Vorhaben, für Exporte, bestimmte Unternehmenstypen, meist KMU, etwa durch eine Verbesserung von *Kreditkonditionen* oder die Gewährung staatlicher *Bürgschaften* selektiv zu verringern. Grundsätzlich können alle Wirtschaftssektoren gefördert werden. Im Mittelpunkt werden jedoch vor allem Zukunftsbranchen mit besonders hohem Entwicklungspotenzial (*Sunrise-Industrien*) und traditionelle Branchen, mit geringem oder keinem Entwicklungspotenzial (*Sunset-Industrien*) stehen. Von Sunrise-Industrien, wie beispielsweise Biotechnologie oder Mikroelektronik, verspricht man sich eine Steigerung der Wettbewerbsfähigkeit, während Sunset-Industrien, wie Kohle-, Stahl- oder Schiffsbau, vor allem deswegen gefördert werden, um Arbeitsplätze zu erhalten und den notwendigen Strukturwandel sozial verträglich zu gestalten (Gurbaxani 1999; Bletschacher/Klodt 1992).

Nationale und sub-nationale Wirtschaftspolitik kann das Entwicklungspotenzial von Clustern fördern,[10] indem sie das institutionelle und soziale Umfeld durch die Verbesserung des Transfers von Wissen und Informationen, die Förderung von Netzwerken, die Erhöhung der Dialogbereitschaft der verschiedenen sozialen Gruppen sowie die Sicherung der sozialen Stabilität stärkt.

---

[10] vgl. Abschnitt 8.1.2.

8.3 Kompensationspolitik: Beschränkung von Risiken und Nachteilen

Die ausdauernd und immer wieder äußerst kontrovers geführte Diskussion über Globalisierung thematisiert neben den Vorteilen und Chancen, mit der Konsequenz Globalisierung politisch zu unterstützen, auch deren Risiken und Nachteile. Die nationale Politik sollte sich daher darum bemühen, Globalisierung so *sozial verträglich* wie möglich zu gestalten und Risiken sowie negative Folgen zu reduzieren. Eine Politik, die einerseits Systeme und Entwicklungen fördert, die sich als grundsätzlich erfolgversprechend erwiesen haben, und gleichzeitig die negativen Seiten abschwächt bzw. zu kompensieren sucht, wird in kapitalistischen Systemen schon seit Längerem praktiziert. Ersetzt man den Begriff Globalisierung durch Marktwirtschaft, wird deutlich, dass Politikansätze zur sozialen Flankierung der Marktwirtschaft und damit die Etablierung einer *Sozialen Marktwirtschaft* ähnlichen Mustern folgen. Es geht hier also um die Frage, bis zu welchem Grad der Staat problematische Folgen der Globalisierung (sozial) abfedern und welcher Instrumente er sich hierbei bedienen kann. Zwar sind die Eingriffsmöglichkeiten durch die Autonomieverluste begrenzter geworden, sie sind aber durchaus noch vorhanden. Ob es allerdings sinnvoll ist, sie auch in vollem Umfang zu nutzen, hängt von den politischen Vorstellungen und Prinzipien der jeweiligen politischen Eliten und den ökonomischen Möglichkeiten ab.

Zunächst ist zu überlegen, welche Gruppen durch Globalisierung gewinnen und welche verlieren. Wie erwähnt, werden grundsätzlich diejenigen Gruppen eher **gewinnen**, die willens und in der Lage sind, sich den mit der Globalisierung verbundenen Herausforderungen, insbesondere also der Intensivierung des Wettbewerbs, aktiv zu stellen. Voraussetzungen hierfür sind Anpassungsfähigkeit, Mobilität, Flexibilität auf der einen, und Wissen, spezielle Kenntnisse sowie die Fähigkeit, diese gezielt im Wettbewerb einsetzen zu können, auf der anderen Seite.

Tendenzielle **Verlierer** sind Gruppen, die eher starr und unflexibel agieren, also eher statisch an Traditionen festhalten und nicht bereit oder in der Lage sind den *status quo* dynamisch fortzuschreiben, jene, die, aus welchen Gründen auch immer, nicht über vom Markt geforderte Kenntnisse verfügen oder in der Lage sind, diese umzusetzen. Dies gilt sowohl für Individuen wie für Gruppen aber auch für Regionen oder einzelne Länder. Zur letzten Kategorie gehören insbesondere diejenigen Standorte, die zwar Liberalisierungsschritte vollzogen haben, sich also formal dem globalen Wettbewerb geöffnet haben, aber nicht über die notwendigen Voraussetzungen, wie geeignete Spielregeln, Strukturen, Einstellungen und Institutionen verfügen, um hieraus auch die entsprechende Vorteile abzuleiten.[11]

---

[11] Aufgrund der unterschiedlichen Voraussetzungen sind daher auch Einheitsprogramme zur Förderung der Globalisierung, wie weltweite Liberalisierungs- und Deregulierungsprogramme, problematisch. Globalisierungsprozesse sollten eher abgestuft und angepasst an die jeweiligen Voraussetzungen gefördert werden. Staaten sollten also beispielsweise ihre Märkte nur so weit liberalisieren, wie ihre wirtschaftlichen und gesellschaftlichen Strukturen dies absorbieren und umsetzen können.

Darüber hinaus müssen diejenigen Bestände an Traditionalismus in allen Teilsystemen identifiziert werden, die trotz eventuell mangelnder Wettbewerbsfähigkeit als erhaltenswert eingestuft und daher **geschützt** werden sollen. Dies impliziert, dass auch über die Art des Schutzes und gegebenenfalls über Kompensationsmaßnahmen für diejenigen Gruppen, die durch die Erhaltung der Traditionen ökonomisch benachteiligt werden, nachgedacht werden muss. Solche erhaltenswerten Strukturen finden sich beispielsweise in kulturellen Besonderheiten, in historisch geprägten Systemen sozialer Sicherheit, im Bereich des Landschaftsschutzes oder in nicht-wettbewerbsorientierten Formen des sozialen Zusammenlebens. Auf diese Frage, die im Übrigen in etwas anderer Form auch bei der europäischen Integration eine wichtige Rolle spielte, kann hier jedoch nicht vertieft eingegangen werden.

Folgende Politikbereiche stellen Instrumente bereit, mit denen Risiken und Nachteile der Globalisierung reduziert werden können:

8.3.1 Arbeitsmarktpolitik

Der Verlust von Arbeitsplätzen, als Folge des verstärkten Wettbewerbs, des wirtschaftlichen Strukturwandels und der Auslagerung arbeitsintensiver Industrien, zählt zu den zentralen Problemen für Industrieländer. Folgen sind

- hohe und zum Teil sogar steigende und auch in günstigen Konjunkturperioden kaum sinkende Arbeitslosigkeit bei gleichzeitig gewachsenen Anforderungen an die Arbeitsqualifikation,
- die schleichende Ablösung nationaler Arbeitsmarktregelungen auf betrieblicher oder überbetrieblicher Ebene durch überstaatliche, Regelungen mit geringerem Schutzniveau und eine
- zunehmende Konkurrenz um Arbeitsplätze – qualifizierte und weniger qualifizierte – auch durch ausländische Arbeitnehmer, mit negativen sozio-politischen Konsequenzen, wie politischer Radikalisierung und Xenophobie.

Dies führt in den *alten Industrieländern* zu Legitimationsdefiziten, etwa wenn Sozialabbau zum Wahlkampfziel wird oder rechtfertigt gar der Globalisierung zuwiderlaufende protektionistische Entscheidungen. Folgende Instrumente bieten sich hier an:

Generell kann versucht werden, durch eine **Qualifizierungsoffensive** die *Arbeitsqualifikation* zu steigern und diese an die zu erwartenden Anforderungen des Arbeitsmarkts anzupassen. Dies sollte verknüpft werden mit einem Abbau von Langfrist- und insbesondere Jugendarbeitslosigkeit. Ansatzpunkt wäre eine gezielte Verbesserung der Übergänge zwischen den Arbeitsmärkten, also zwischen Kurz- und Vollzeitarbeit, zwischen Arbeitslosigkeit und Beschäftigung, zwischen Ausbildung und Beschäftigung, zwischen privater und beruflicher Tätigkeit und zwischen Arbeitsleben und Rentenalter, u. a. durch eine allgemeine Flexibilisierung des Arbeitsmarkts.

Durch eine flexible **Tarifpolitik** müssen verstärkt Unterschiede bei der Aushandlung von Lohntarifen in Form von Lohndifferenzierungen berücksichtigt werden und die Voraussetzungen dafür geschaffen werden, dass die Arbeitsorganisation (insbesondere Arbeitszeit und Arbeitsverantwortung) flexibilisiert werden kann, um Arbeitskräfte und Maschinen effizienter einsetzen zu können. Hierbei kommen auch verschiedene Modelle zur Gestaltung der Arbeitszeit zur Anwendung, etwa Monats- oder Jahresarbeitszeitkonten, Urlaubsakkumulation (*sabbatical*) oder fortgeschrittene Teilzeitarbeitsmodelle, die sowohl Möglichkeiten zur Verbesserung der individuellen Lebensqualität als auch der Wettbewerbsfähigkeit von Standort und Unternehmen bieten.

Dem Abbau nationaler Schutzregeln kann durch die aktive Unterstützung internationaler Organisationen bei der Durchsetzung **supra-nationaler Schutzregeln** begegnet werden. Wird dies nicht geleistet, besteht die Gefahr, dass Protektionismus quasi durch die Hintertür als Arbeitsplatz erhaltende Politik legitimiert wird, also eine prinzipiell gewünschte Globalisierungsförderung durch gegenläufige Politikmaßnahmen konterkariert wird. Da Protektionismus zumindest mittel- bis langfristig zu einem Verlust an Wettbewerbsfähigkeit führt, ist in solchen Fällen ein kaum lösbares Dilemma vorprogrammiert.

Eine **Bildungspolitik**, die das nationale Humankapital langfristig qualifiziert und somit sowohl Beschäftigungsmöglichkeiten schafft als auch den Standort qualifiziert, erfordert angesichts des raschen Wandels der Beschäftigtenstruktur neuartige Ausbildungs- und Studiengänge, eine Neugestaltung von Lehrinhalten, adäquate Ausstattung der Bildungseinrichtungen und eher Zugangserleichterungen als -beschränkungen. Hierbei spielt auch die Anerkennung ausländischer Bildungsabschlüsse und die berufsbegleitende Weiterbildung sowie eine flexible Handhabung der jeweils geforderten Voraussetzungen eine wichtige Rolle. Dabei muss auch die unbezahlte „Freizeit" stärker zur Weiterqualifikation (Fortbildung), zur Verbesserung der Einstiegs- und Karrierevoraussetzungen sowie zur Aufrechterhaltung der eigenen Gesundheit genutzt werden.

8.3.2 Direkte Verhinderungs- und Kompensationspolitik

Durch arbeitsmarktpolitische Instrumente können Benachteiligungen meist nur indirekt verhindert werden, so dass zusätzlich auch versucht wird, Belastungen schon im Vorfeld zu vermeiden oder benachteiligten Gruppen direkte Kompensationsleistungen zukommen zu lassen.

Eine **Sozial- und Umverteilungspolitik**, die die von den zunehmenden sozialen Unterschieden und der sich stärker spreizenden Einkommensverteilung Betroffenen gezielt zu begünstigen und für Globalisierungsnachteile zu kompensieren versucht, kann die Gefahr von Verteilungskämpfen verringern und so zur ökonomisch-sozialen Stabilität beitragen. Allerdings dürfte eine solche Politik angesichts des allgemeinen Trends zum Abbau des klassischen Wohlfahrtsstaates auf Akzeptanzprobleme stoßen und nur schwer mit parallel einhergehenden Ansätzen zur Verbesserung der Wettbewerbsfähigkeit zu vereinbaren sein.

8.3 Kompensationspolitik: Beschränkung von Risiken und Nachteilen

Eine Verzögerung der als notwendig erachteten Anpassung von **Arbeits- und Sozialstandards** bzw. die Schaffung neuer Standards, wie etwa von Mindestlöhnen, kann soziale Missstände abfedern. Allerdings führen diese Maßnahmen zu stärkerer Belastung der Unternehmen, die diese in Form von Preiserhöhungen weitergeben werden, falls die Wettbewerbssituation dies zulässt.

Eine kompensatorische **Regionalförderungspolitik** kann, beispielsweise durch Ansiedlungssubventionen, steuerliche Anreize, Infrastrukturinvestitionen oder Technologieförderung, versuchen Standortnachteile zu kompensieren.

Eine innovative **Umweltpolitik** wird dazu beitragen, eine nachhaltige Entwicklung zu fördern, bei der die Balance zwischen Ökonomie und Ökologie möglichst gewahrt bleibt und die natürlichen Lebensgrundlagen soweit möglich erhalten bleiben. Hier ist eine vorausschauende zukunftsorientierte Politik gefragt, die den im globalen Wettbewerb immer kurzfristiger agierenden Unternehmen durch Auflagen und Normen einen verlässlichen Rahmen vorgibt und diese zu innovativem Verhalten stimuliert, das ihnen langfristig auch die Besetzung neuer Geschäftsfelder ermöglicht.[12]

In der Regel können derartige direkt wirkende Politiken nur dann funktionieren, wenn sie in eine **Kooperations- und Integrationspolitik**, also in eine langfristig angelegte Zusammenarbeit mit anderen Nationalstaaten, eingebettet sind. Hier geht es beispielsweise um gemeinsame Standards zur Vermeidung eines destruktiven „Absenkungswettbewerbs" – der etwa Mitte der 2000er Jahre nach der Osterweiterung der EU zu beobachten war – wie die Einführung von Mindeststeuersätzen, Standards zur Kapitalertragsbesteuerung, etwa auf EU- oder OECD-Ebene, oder um abgestimmte Grundsätze bei der Wettbewerbs- und Industriepolitik.

8.3.3 Protektionismus und Kapitalverkehrskontrollen

Am effektivsten können Risiken, zumindest kurzfristig, durch eine protektionistische Politik ferngehalten werden: Der Einsatz von tarifären oder nicht-tarifären Handelshemmnissen, also von Zöllen oder sonstigen Behinderungen zur Reduzierung von Importen oder zur Begünstigung von Exporten, etwa Exportgarantien, gezielte Zollbefreiungen oder Subventionen stellen eine radikale Antwort auf die durch die Globalisierung bewirkte Absenkung der Schutzniveaus dar. Da das betreffende Land hierdurch gezielt einzelne Branchen schützt bzw. von den Einflüssen des internationalen Wettbewerbs abkoppelt, bewirken sie eine Reduzierung des Wettbewerbsdrucks auf Segmente der heimischen Wirtschaft, so dass sich sowohl negative Auswirkungen der Globalisierung wie auch der Reformdruck auf die Wirtschaft verringern lassen.

Damit können kurzfristig durchaus Vorteile für die betroffenen Gruppen entstehen. Mittel- bis langfristig wird sich jedoch, wie erwähnt, das Fehlen der Stimulationseffekte

---

[12] Der Einsatz von Subventionen kann sich allerdings als kontraproduktiv erweisen, wie der Niedergang der deutschen subventionierten Sonnenenergieindustrie Ende der 2010er Jahre zeigt.

des internationalen Wettbewerbs zu Lasten der Wettbewerbs- und Innovationsfähigkeit der einheimischen Wirtschaft auswirken. Darüber hinaus läuft eine solche Politik i. d. R internationalen Vereinbarungen, insbesondere den WTO-Abkommen, zuwider und kann, je nach außenwirtschaftlicher Bedeutung des Landes und den tatsächlichen Wirkungen der Politik, zu Gegenreaktionen der hiervon betroffenen Länder führen. Allenfalls temporäre protektionistische Maßnahmen, etwa in Form von zeitlich begrenzten *Erziehungszöllen*, die mit dem Ziel erhoben werden, hinter dem protektionistischen Schutzschild neue Industrien aufzubauen, scheinen daher zumindest für Entwicklungsländer sinn- und wirkungsvoll zu sein.

Nehmen globalisierungsbedingt externe Kapitalzu- oder -abflüsse in einem Land zu, so kann dies nicht nur zu erheblichen Störungen der Wirtschaft des betreffenden Landes führen, sondern hat häufig auch einen erheblichen Einfluss auf die Wirtschaftsentwicklung der Region mit Auswirkungen auf die gesamte Weltwirtschaft, wie u. a. die Währungs- und Finanzkrisen in den 1990er Jahren in Mexiko (1994/1995), Asien (1997/1998) oder Russland (1998/1999) deutlich zeigten. Aus diesem Grunde wird auch die Möglichkeit, auf nationaler Ebene *Kapitalverkehrsbeschränkungen* einzuführen, also die globale Finanzmarktliberalisierung wieder temporär zurückzuschrauben, wie dies beispielsweise Malaysia während der Asienkrise praktizierte, wieder positiver gesehen. Durch die Reglementierung insbesondere des *kurzfristigen Kapitalverkehrs* bzw. der meist kaum kontrollierten privaten Auslandsverschuldung können extreme Reaktionen abgefedert und die Übertragung krisenhafter Erscheinungen verringert werden. Kapitalverkehrsbeschränkungen dürfen allerdings die Ursachen rascher Kapitalbewegungen, wie etwa eine unsolide Haushaltspolitik, nicht verschleiern und die Politik nicht vor den negativen wirtschaftlichen Folgen ihres Handels abschirmen.

Literatur

Beisheim, M., & Walter, G. (1997). *Globalisierung – Kinderkrankheiten eines Konzepts.* Zeitschrift für Internationale Beziehungen, 1(1997), 153–180.
Bletschacher, G., & Klodt, H. (1992). *Strategische Handels- und Industriepolitik.* Tübingen.
Brock, D. (1997). *Wirtschaft und Staat im Zeitalter der Globalisierung.* Aus Politik und Zeitgeschichte, 8(1997), 12–19.
Brock, D. (2008). *Globalisierung: Wirtschaft-Politik-Kultur-Gesellschaft.* Wiesbaden.
dpa(2012). *Moody's-Diagnose: Starrsinn, Reformstau, fehlende Wettbewerbsfähigkeit* (20.11.2012). Die WELT online.
Eßer, K., et al. (1994). *Systemische Wettbewerbsfähigkeit.* Berlin.
Eßer, K., et al. (Hrsg.) (1996). *Globaler Wettbewerb und nationaler Handlungsspielraum.* Köln.
Gurbaxani, I. (1999). *Sunrise- und Sunset-Industrien.* Das Wirtschaftsstudium, 4(1999), 488.
Hurtienne, T., & Messner, D. (1996). *Neue Konzepte internationaler Wettbewerbsfähigkeit in Industrie- und Entwicklungsländern.* In K. Eßer, et al. (Hrsg.), Globaler Wettbewerb und nationaler Handlungsspielraum. Köln.
Koch, E. (1998). *Finanz- und Wirtschaftskrise in Asien, Thesen.* In Eschborner Fachtage '98 – Nachdenken über Nachhaltige Entwicklung, Eschborn (Financial and economic crisis in Asia).

Krugman, P. (1999). *Die große Rezession – Was zu tun ist, damit die Weltwirtschaft nicht kippt.* Frankfurt.
Le Monde diplomatique. (2012). *Atlas der Globalisierung 2012. Die Welt von morgen.* Paris.
Marin, M. (2012). *Mit Beaujolais und Baguette in die Staatspleite* (19.11.2012). Die WELT online.
Messner, D., & Nuscheler, F. (1996). *Organisationselemente und Säulen einer Weltordnungspolitik.* In D. Messner & F. Nuscheler (Hrsg.), Weltkonferenzen und Weltberichte. Ein Wegweiser durch die internationale Diskussion (S. 12–36). Bonn.
Messner, D., & Nuscheler, F. (2003). *Reformfelder zur Weiterentwicklung des internationalen Systems. Global Governance als Königsweg?* Nord-Süd aktuell, 3, 423–439.
Musgrave, R. A., et al. (1975). *Die öffentlichen Finanzen in Theorie und Praxis* Bd. 1. Tübingen.
Pfeiffer, U. (1997). *Entwicklungspolitik für ein entwickeltes Land.* In W. Fricke (Hrsg.), Jahrbuch Arbeit und Technik 1997: Globalisierung und institutionelle Reform (S. 204–215). Bonn.
Porter, M. (1991). *Nationale Wettbewerbsvorteile.* München.
Tartler, J. (2012). *OECD prangert Steuertricks der Konzerne an* (14.11.2012). Financial Times Deutschland.
Toulmin, S. (1997). *Netzwerke und die Zukunft globaler Politik oder: Nach der Ära des Westfälischen Friedens.* In W. Fricke (Hrsg.), Jahrbuch Arbeit und Technik 1997: Globalisierung und institutionelle Reform (S. 15–27). Bonn.

Links[13]

Autonome Politikgestaltung
Sonderwirtschaftszonen: www.ilo.org/public/french/dialogue/download/epzchineenglish.pdf; www.ilo.org/wcmsp5/groups/public/---ed_dialogue/---dialogue/documents/publication/wcms_158364.pdf

Beschränkung von Gestaltungsmöglichkeiten
Steuerlast der Global Player: www.zdnet.de/41539627/irische-steuergesetze-sparen-google-3-1-milliarden-dollar/

Allgemeine politische Voraussetzungen
Global Competitiveness Index: www.weforum.org/reports/global-competitiveness-report-2014-2015

---

[13] Abrufdatum bzw. Überprüfung der Internetinformationen: November 2015.

9 Grundlagen einer Globalen Wirtschaftsordnung

9.1 Begründungsansätze

Mit Beendigung der ideologischen Ost-West-Konfrontation Ende der 1980er Jahre wurde gleichzeitig eine Grundentscheidung zugunsten eines *globalen Markt- und Wettbewerbssystems* gefällt, das als allgemeiner ökonomischer Regelungsmechanismus global weitgehend akzeptiert ist. Märkte sind entgegen der neoliberalen Ideologie allerdings keineswegs vollkommen, funktionieren auch nicht reibungslos und erzeugen keineswegs immer optimale Ergebnisse, wie es der allgemeine Trend zur Liberalisierung und Deregulierung zunächst vermuten ließ. Marktunvollkommenheiten, wie unterschiedliche Voraussetzungen der Marktteilnehmer, Machtasymmetrien zwischen Ländern, Unternehmen und Personen, und die Tendenz, diese zum eigenen Vorteil zu nutzen, führen dazu, dass sich die Vorteile der Koordinierungs- und Verteilungsmechanismen von Märkten sehr unterschiedlich auf die verschiedenen Akteure und Akteursgruppen verteilen. Ohne ein funktionssicherndes Regelwerk, wie es schon die Konzeptionen des *Ordoliberalismus* („*Freiburger Schule*") bzw. der *Sozialen Marktwirtschaft* beinhalteten, können Märkte ihre Aufgaben daher nur unzureichend erfüllen.

Der Weltmarkt setzt sich zusammen aus einer Vielzahl nationaler Teilmärkte, die von den jeweiligen nationalen Instanzen in sehr unterschiedlicher Weise reguliert und kontrolliert werden. Für flexible Marktteilnehmer hat dies den Vorteil, dass sie etwa bei Unternehmenszusammenschlüssen, beim steuerpflichtigen Gewinnausweis, bei der Erzeugung negativer externer Effekte der Produktion (z. B. Umweltbelastung), der Beschäftigung von Arbeitnehmern oder der Anwendung von zweifelhaften bis unfairen Wettbewerbspraktiken von den für sie günstigsten Regeln Gebrauch machen können, wobei die für sie positiven Effekte i. d. R auf Kosten anderer privater oder auch öffentlicher Akteure erzielt werden. Diese Möglichkeiten werden durch den Standortwettbewerb der Staaten zum Teil hervorgerufen, zum Teil begünstigt.

Die sich durch die Globalisierung ergebenden Chancen werden begleitet von einer aus Multipolarität und vielfältigen Vernetzungen erwachsenden Komplexität und Unübersichtlichkeit, die die Wahrscheinlichkeit von Instabilitäten und Krisen erheblich erhöht, bei sich laufend verringernden Kontrollmöglichkeiten globaler Vorgänge. Der sich hieraus ergebende Bedarf an zusätzlicher Stabilität und Sicherheit macht es sinnvoll, auf der Basis übereinstimmender Interessen, allgemein akzeptierbare globale Rahmenbedingungen zu vereinbaren. Diese müssen dem Anspruch nach einer Wahrung der Balance zwischen erwünschter Liberalisierung und notwendiger Regulierung genügen. Ein solcher *globaler Ordnungsrahmen* bzw. ein *System von Spielregeln* begrenzt einerseits das politische Steuerungspotenzial der Nationalstaaten, während es diesen innerhalb dieses Rahmens gleichzeitig die Entwicklung und den Einsatz neuer Steuerungsmöglichkeiten eröffnet. Zudem werden Konsequenzen der eigenen sowie der fremden Handlungsoptionen berechenbarer.

Die Formulierung und Durchsetzung solcher Spielregeln kann nur auf der Basis eines grundsätzlichen Kooperationsverständnisses etwa in Form multilateraler Vereinbarungen und Abkommen, die Kompromisse zwischen den sich widerstreitenden Interessen darstellen, erfolgen. An der Ausformulierung dieser Rahmenbedingungen sind die verschiedenen globalen Akteure beteiligt: Staatenbündnisse, Staaten, Regionen, Internationale Organisationen (IOs), Nicht-Regierungsorganisationen auf nationaler und internationaler Ebene sowie die Interessenverbände transnationaler Unternehmen.

Die Institutionalisierung dieser internationalen Kooperation erfolgt in unterschiedlichen Formen. Sie reicht von eher informellen bi- oder multilateralen Absprachen, etwa der G7/G8, über verbindliche Vereinbarungen, etwa im Rahmen von G20-Treffen, Kooperationsabkommen auf regionaler oder institutioneller Ebene bis zu verschiedenen Stufen ökonomischer Integration, also etwa der EU, der NAFTA oder der ASEAN. Dies schließt auch Vereinbarungen zwischen Internationalen Organisationen (IOs) und transnationalen Unternehmen ein, wie etwa die *Global Compact* Initiative der UN, deren Mitglieder sich zur Einhaltung bestimmter ethischer Standards verpflichten.

Eine wichtige Voraussetzung für die Entstehung und Weiterentwicklung von schlagkräftigen, global agierenden Organisationen ist die Bereitschaft von Nationalstaaten, Souveränitätsrechte an entsprechend legitimierte und kontrollierte IOs abzutreten. Diese können dann die Überwachung und unter Umständen auch die Sanktionierung von Fehlverhalten übernehmen. Sie bieten ein Forum für die Artikulation unterschiedlicher Interessen und übernehmen die Aufgabe, Diskussions- und Entscheidungsprozesse zu organisieren und zu begleiten und die Einhaltung der Verhandlungsergebnisse zu überwachen (Liebig 1999, S. 86).

Eine weitere Voraussetzung ist die Bereitschaft der nationalen Regierungen auf internationaler Ebene getroffene Vereinbarungen auch national umzusetzen sowie der grundsätzliche Wille und die Fähigkeit eine nationale Politik zu betreiben, die wichtige Voraussetzungen für eine effiziente und möglichst konfliktfreie Teilnahme am globalisierten Wirtschaftsgeschehen erfüllt.

Neben den von Staaten getragenen IOs, wie etwa die UN, die WTO oder der IWF, gestalten auch zunehmend internationale NGOs jene Teilbereiche mit, die von „staatlichen" IOs nur unzureichend abgedeckt werden.

9.2 Global Governance – die mögliche Struktur einer Globalen Wirtschaftsordnung

Ansätze solcher globalen Regelwerke existieren bereits. Werden sie weiter ausgebaut, so bilden sie die Grundstruktur einer *Globalen Wirtschaftsordnung* (GWO). Wenn hierüber heute nachgedacht wird, so drängen sich Parallelen zur Diskussion um die *„Neue Weltwirtschaftsordnung"* (NWWO) in den 1970er und 1980er Jahren auf, bei der es allerdings im Kern um eine dirigistische Umgestaltung des Weltwirtschaftssystem zu Gunsten der Entwicklungsländer ging.

> **Exkurs: Die Neue Weltwirtschaftsordnung (NWWO)**
> Ausgehend von der dritten *UN-Handels- und Entwicklungskonferenz* in Santiago de Chile 1972 (UNCTAD III) und beflügelt durch das Beispiel der Ölländer, die 1973 eine Vervierfachung des Ölpreises durchsetzen konnten und damit demonstriert hatten, dass sie als Rohstoffproduzenten über ökonomische Macht verfügen, forderten die Entwicklungsländer das bestehende Weltwirtschaftssystem, das einseitig die Industrieländer begünstige, zu ihren Gunsten umzugestalten. Durch eine Vielzahl von Einzelforderungen auf unterschiedlichsten Gebieten sollten ökonomische Benachteiligungen der Entwicklungsländer verringert werden. Sie sollten zu gleichberechtigten Partnern der internationalen Gemeinschaft werden, einen größeren Anteil am Weltsozialprodukt, an den Exporterlösen und der industriellen Produktion sowie einen besseren Zugang zu den Weltkapitalmärkten erhalten. Kernstück der NWWO war das *Integrierte Rohstoffprogramm* (IRP), durch das versucht werden sollte, gerechte und stabile Preise für die Hauptexportgüter der Entwicklungsländer durchzusetzen. Hierfür war die Einrichtung globaler Rohstofffonds vorgesehen, mit denen Rohstoffausgleichslager (*buffer stocks*) finanziert werden sollten, durch die wiederum Marktpreisschwankungen ausgeglichen werden sollten.
>
> Die Beseitigung von Nachteilen für die Entwicklungsländer sollte mit Nachteilen für die Industrieländer sowie für einige sich gerade entwickelnde Schwellenländer, die *Newly Industrializing Economies* (NIEs), erkauft werden. Dies sollte im Wesentlichen dirigistisch, durch massive Eingriffe in Teile des Weltmarkts geschehen. Insbesondere sollte der Rohstoffsektor durch Interventionen dem Marktmechanismus temporär entzogen werden. Es zeigte sich jedoch, dass ein solches System nicht nur nicht finanzierbar war, sondern auch einen immensen Administrations- und Kontrollaufwand erforderte. Zudem handelte es sich um ein überwiegend *statisches System*, dessen

Anpassungsmöglichkeiten an die Dynamik des Marktes sich in Grenzen hielt und das, durch die Konzentration auf Rohstoffe, den wirtschaftlichen *status quo* der beteiligten Rohstofflieferanten mehr oder weniger fixiert hätte. Es hätte die Entwicklung der betroffenen Länder eher durch die Verhinderung einer entwicklungsfördernden Produktions- und Exportdiversifizierung behindert. Damit wurde auch der Tatsache zu wenig Rechnung getragen, dass das vergleichsweise simple, mechanistische System für die unterschiedlichen Interessen der beteiligten Länder nicht geeignet war.

Spätestens Ende der 1980er Jahre wurde daher deutlich, dass sich durch eine derartige Reglementierung die Chancen zwischen Industrie- und Entwicklungsländern keineswegs neu und vor allem gerechter verteilen ließen. Dies geschah interessanterweise zu dem Zeitpunkt, zu dem mit dem Ende der ideologischen Blockbildung eine der entscheidenden Voraussetzungen für die Globalisierung entstand. Rückblickend kann daher die Auffassung vertreten werden, dass das NWWO-Konzept nicht geeignet war, das ambitionierte Ziel einer stärkeren Integration einer großen Gruppe bislang ökonomisch unterprivilegierter Länder in die Weltwirtschaft zu erreichen, vielmehr gelang es einigen Ländern, vorwiegend in Ost- und Südostasien, gerade durch eine Anpassungs- und Integrationsstrategie die Lücke zu den etablierten Industrienationen zumindest teilweise zu schließen.

Heute laufen die Überlegungen zur Konstruktion einer Globalen Wirtschaftsordnung daher in eine andere Richtung: es stellen sich andere Fragen und auch die Lösungsansätze sehen anders aus. Angesichts der Globalisierung kann nicht mehr die gezielte Bevorteilung einer Ländergruppe durch interventionistische Eingriffe im Vordergrund stehen, vielmehr sollen gerade durch globale Rahmenbedingungen, die für alle auf dem Weltmarkt vertretenen Akteure gelten, interventionistische Eingriffe verhindert werden.

Notwendige Korrekturen zugunsten von weniger wettbewerbsfähigen Ländern sollen nun nicht mehr durch Begünstigungen von Ländergruppen hergestellt werden, sondern müssen durch eine Unterstützung solcher Länder bei der Verbesserung ihrer *nationalen Wettbewerbsfähigkeit* geschehen und das Ziel verfolgen, das betreffende Land „fit für die Globalisierung" zu machen. Damit sollen die dynamischen Entwicklungsmöglichkeiten aller an der Weltwirtschaft teilnehmenden Länder gefördert und keine *asymmetrischen Wirtschaftsstrukturen zementiert* werden, wobei Vereinbarungen, trotz weiterhin bestehender Interessengegensätze, auf der Basis grundsätzlich übereinstimmender Grundsätze getroffen werden müssen.

Die Anzahl der internationalen Abkommen, Vereinbarungen und Verträge nimmt ständig zu. Hierbei wächst nicht nur die Anzahl der teilnehmenden Staaten, sondern vielfach auch die von diesen akzeptierte Verbindlichkeit. Internationale Organisationen werden aufgewertet, ihre Rolle als Koordinatoren von unterschiedlichen Interessen immer mehr anerkannt und ihre Sanktionsgewalt in einigen Bereichen ausgebaut. Diese Entwicklungen sind Schritte auf dem Weg zu einer neuen GWO, die weder zielstrebig geplant noch völlig transparent ist und auch vor Rückschlägen nicht geschützt ist. Diese sich abzeichnende GWO besteht im Wesentlichen aus *drei Säulen*, an denen permanent mit wechselnder Intensität und mit sehr unterschiedlichen Ergebnissen gebaut wird, die also noch keineswegs fertiggestellt sind und sich wohl auf unabsehbare Zeit im „Bauzustand" befinden, Abb. 9.1 zeigt die drei Säulen zunächst im Überblick.

1. Die Basis der GWO bildet eine **Globale Sicherheitsarchitektur**. Alle Akteure der Globalisierung haben ein fundamentales Interesse an einem störungsfrei funktionierenden globalen Waren- und Kapitalverkehr, der möglichst wenig von externen Beeinträchtigungen behindert wird. Eine auf Dauer angelegte funktionsfähige globale Wirtschaftsordnung muss daher auf einem verlässlichen sicherheitspolitischen Fundament aufbauen, das wiederum mindestens drei Elemente beinhaltet:

   - Es sollte in der Lage sein, *sicherheitspolitische Krisen* mit globalen Auswirkungen möglichst schon im Vorfeld zu verhindern bzw. diese möglichst schnell und zuverlässig zu bewältigen, und zwar sowohl solche, die durch einzelne Staaten ausgelöst werden, als auch jene, die durch den internationalen Terrorismus verursacht werden.
   - Es sollte ferner die sich ebenfalls globalisierende internationale *organisierte Kriminalität* wirksam bekämpfen und hierfür auch international akzeptierte Sanktionsinstanzen bereitstellen.
   - Und es sollte durch nationale und internationale *Entwicklungskooperation* schließlich die sich in dem Nord-Süd-Gefälle widerspiegelnden krisenhaften und sich zum Teil vergrößernden Entwicklungsdifferenzen dauerhaft verringern, um somit auch langfristig die Voraussetzungen für eine sicherere Zukunft schaffen.

Die Formulierung und Durchsetzung dieser Ordnungen erfolgt auf der Basis eines grundsätzlichen Kooperationsverständnisses meist in Form multilateraler Vereinbarungen und Abkommen durch unterschiedliche internationale Akteure, wie Staatenbündnisse, Staaten und IOs, aber auch NGOs auf nationaler und internationaler Ebene

Abb. 9.1 Struktur einer Globalen Wirtschaftsordnung

und Unternehmensgruppen. Die Institutionalisierung dieser internationalen Kooperation erfolgt in unterschiedlichen Formen. Sie reicht von eher informellen Absprachen, wie dies etwa bei Vereinbarungen der G7/G8 geschieht, über institutionalisierte Kooperationen auf regionaler oder institutioneller Ebene, wie etwa der NATO, bis zu verschiedenen Stufen ökonomischer Integration, wie der NAFTA oder der EU. Dies schließt auch Vereinbarungen zwischen IOs und TNCs ein, wie etwa die Global Compact-Initiative der UN, deren Mitglieder sich zur Einhaltung von ethischen Standards verpflichten.

2. Den Kernbereich bildet eine **Globale Wirtschaftsarchitektur**, die sich in eine globale Handels- und Wettbewerbsordnung, den „realen" Bereich, sowie eine globale Währungs- und Finanzordnung, den „nominalen" Bereich, unterteilt. Ähnlich wie bei den nationalen Politikansätzen, der Standort- und der Kompensationspolitik, bei denen einerseits die Verbesserung der Ausgangsposition für die Globalisierung und andererseits der Schutz vor deren negativen Auswirkungen im Mittelpunkt der Überlegungen steht, muss auch eine globale Wirtschaftsarchitektur diese grundsätzlich berücksichtigen. Übersetzt bedeutet dies, dass es hierbei einerseits darum gehen muss, die Märkte durch gemeinsame Liberalisierungsanstrengungen zu öffnen, aber andererseits die Schutz- und Kontrollfunktionen so auszubauen, dass negative Auswirkungen, etwa durch Krisen oder unfaires Verhalten soweit wie möglich verhindert werden können.

Die *globale Handels- und Wettbewerbsordnung* wird im Kern durch die Liberalisierung der realen Wirtschaft, durch den Abbau von Handelsbeschränkungen und eine Beseitigung von ungleichen Wettbewerbsbedingungen für Handels- und Dienstleistungsbeziehungen vorangetrieben. Die Liberalisierung des Handels, früher durch das GATT und seit 1995 durch die WTO, kann als Wegbereiter der Globalisierung angesehen werden, beschreibt aber gleichzeitig auch eine Daueraufgabe der Globalisierung. Vor allem aufgrund erheblicher Interessenunterschiede zwischen den WTO-Mitgliedern wird der Abschluss multilateraler Vereinbarungen immer schwieriger. Die letzte, immer noch nicht abgeschlossene und schon 2001 begonnene Welthandelsrunde, die sog. Doha-Runde, zeigt überdeutlich, dass dieses Modell wohl kaum eine Überlebenschance hat und überdacht werden muss, soll es nicht durch die sich derzeit ausbreitenden *bilateralen Handelsabkommen* zwischen Ländern oder Regionalintegrationen, wie etwa dem TTIP, vollständig abgelöst werden. Hinzu kommt, dass sich der Aufgabenschwerpunkt zu grundsätzlichen Regelungen des internationalen Wettbewerbs verschieben sollte, etwa zu Fragen staatlicher Beihilfen, zu wettbewerbsrelevanten steuerpolitischen Fragen, zu den Möglichkeiten der Begrenzung von wirtschaftlicher Macht von TNCs, aber auch zur Schaffung von vergleichbaren Wettbewerbsvoraussetzungen durch globale Umwelt-, Sozial- und Menschenrechtsstandards.

Die weitere Entwicklung der *globalen Währungs- und Finanzordnung* wird vor allem durch Systemkrisen, wie dem Zusammenbruch des weltweiten Systems fester Wechselkurse, des Bretton-Woods-Systems, Anfang der 1970er Jahre, der Schuldenkrise der Entwicklungsländer Anfang der 1980er Jahre und den verschiedenen

internationalen Währungs- und Finanzkrisen seit Mitte der 1990er Jahre mit dem vorläufigen Höhepunkt der durch den Zusammenbruch des *Subprime*-Segments des US-Immobilienmarktes ausgelösten Finanzkrise und der darauf folgenden Europäischen Verschuldungskrise 2007 bis 2013 vorangetrieben. Die Entwicklung insbesondere der kurzfristigen, spekulativen internationalen Finanzströme und hier vor allem der Finanzderivate zeigt deutlich, dass die jeweils vorhandenen nationalen und internationalen Instrumentarien nicht ausreichen, um Finanzkrisen mit ihren erheblichen negativen Auswirkungen auf die reale Wirtschaft, insbesondere auf Produktion und Beschäftigung, wirksam bekämpfen zu können. Aus diesem Grund steht die Forderung nach verbesserten Rahmenrichtlinien, insbesondere für die Finanzwirtschaft, nach wirksamen Aufsichts- und Kontrollsystemen und der Entwicklung neuer leistungsfähiger internationaler Organisationen im Mittelpunkt der internationalen Diskussion.
3. Eine **Globale Nachhaltigkeitsarchitektur** muss Schutz- und Korrekturmechanismen für die durch die Globalisierung Benachteiligten zur Verfügung stellen. Wie erwähnt, geht die beschleunigte globale Durchsetzung marktwirtschaftlicher Prinzipien mit machtvollen globalen Akteuren einher mit fundamentalen Asymmetrien auf Seiten der Marktteilnehmer, mit der Folge, dass der globale Markt neben den Gewinnern eine Vielzahl unterschiedlicher Verlierer hervorbringt. Die Weltgemeinschaft ist damit herausgefordert, auf globaler Ebene Mechanismen zu entwickeln und durchzusetzen, um existenzgefährdende Nachteile durch Schutzregeln, etwa durch Mindeststandards, zu verhindern oder schon a priori die Teilnahmebedingungen für die Marktteilnehmer zu verbessern bzw. entstandene Globalisierungsnachteile durch entsprechende Kooperations- und Hilfsprogramme zu verringern oder zu kompensieren. Hierbei geht es einerseits um Elemente einer *globalen Sozialordnung*, die auch auf nationaler Ebene die Durchsetzung sozialer Spielregeln und Schutzmechanismen auf der Basis global vereinbarter Rahmenbedingungen ermöglichen soll. Zum anderen geht es um eine *globale Umweltordnung*, durch die Umweltrisiken abgebaut und der Schutz der natürlichen Lebensgrundlagen sichergestellt werden soll.

Durch die hier dargestellte *Drei-Säulen-Architektur*, die aufgrund der realen Fragmentierung zum Teil verschüttet und daher nur schwer wahrnehmbar ist, können Zuständigkeiten und Verantwortungsbereiche klarer definiert, die Transparenz des Gesamtsystems erhöht und die Funktions- und Durchsetzungsfähigkeit und damit auch die Akzeptanz der beteiligten Organisationen erhöht werden. Im Übrigen ist diese Ordnung keine utopische Forderung, sondern lediglich eine pragmatisch-reaktive Antwort auf offene, ansonsten kaum lösbare Globalisierungsprobleme. Bevor die verschiedenen Säulen im Einzelnen beschrieben werden, sollten einige zentrale Kritikpunkte nicht unerwähnt bleiben: Grundsätzlich mangelt es den globalen Akteuren nicht an Problembewusstsein und Einsicht in die Notwendigkeit, die einzelnen Säulen bei identifizierten Schwachstellen und Lücken weiter auszubauen und damit die *Global Governance* zu stärken. Eine wichtige Voraussetzung für die Entwicklung und Weiterentwicklung von supranationalen Regelsystemen und

Institutionen ist dabei die Bereitschaft der nationalen Regierungen Souveränitätsrechte abzutreten und auf internationaler Ebene getroffene Vereinbarungen einzuhalten und diese auf nationaler Ebene umzusetzen. Ferner erfordert dies den grundsätzlichen Willen und die Fähigkeit eine nationale Politik zu betreiben, die wichtige Voraussetzungen für eine effiziente und möglichst konfliktfreie Teilnahme am globalisierten Wirtschaftsgeschehen erfüllt. Tatsächlich ist aber die Bereitschaft nationale Interessen zugunsten von globalen Kompromissen zurückzustellen oder gar aufzugeben noch zu gering. Dies führt dazu, dass sich die GWO nicht in dem Umfang, der Form und der Geschwindigkeit weiterentwickelt, wie dies angesichts der vielfältigen Probleme der Globalisierung notwendig wäre. Verbindliche Entscheidungen auf globaler Ebene sind schwierig zu erreichen und werden häufig stark verzögert. Bestehende Vereinbarungen werden nicht umgesetzt.

Ein immer noch aktuelles *Beispiel* sind die Zeitverzögerungen bei der Einführung neuer Finanzmarktstrukturen im Anschluss an die Finanz- und Wirtschaftskrise als Folge der erwähnten *Subprime-Krise*: Angesichts der enormen Komplexität werden die einzelnen Politikbereiche zu wenig aufeinander abgestimmt und koordiniert. Ein weiteres Beispiel sind nationale Subventions- und Handelspraktiken, die Entwicklungsländer benachteiligen, während zeitgleich Entwicklungszusammenarbeit praktiziert wird.

Ein weiterer Punkt sind Demokratiedefizite in internationalen Organisationen. So werden die Entscheidungen im UN-Sicherheitsrat zumeist von den fünf ständigen Mitgliedstaaten mit Vetorecht getroffen, und bei IWF und Weltbank werden die Stimmrechte entsprechend der gezahlten Beiträge vergeben. Andererseits stellt auch das Prinzip „one country, one vote" der WTO kein Optimum dar, solange viele kleine Länder nicht über wichtige Voraussetzungen, wie Fachkenntnisse und entsprechendes Fachpersonal, verfügen, um in den entscheidenden Untergremien kompetent mitdiskutieren und -entscheiden zu können.

Im Folgenden soll nun zunächst auf die globale Sicherheitsarchitektur und anschließend auf Aspekte einer globalen Wirtschaftsarchitektur eingegangen werden. Abschließend werden die beiden Pfeiler der globalen Nachhaltigkeitsarchitektur thematisiert.

Literatur

Liebig, K. (1999). *Die WTO im Spannungsfeld von Freihandel und Umweltschutz*. Nord-Süd aktuell; 1. Quartal/1999, 85–92.

Globale Sicherheitsarchitektur 10

Die große Anzahl neuer Konfliktherde überall in der Welt, u. a. im Nahen Osten, in Südasien und in Afrika, nach dem Ende des Ost-West-Konflikts zeigt die Notwendigkeit eines funktionsfähigen Systems internationaler Verständigungs- und Sicherheitspolitik, einer globalen Sicherheitsarchitektur. Ein solches System stellt das Fundament einer Globalen Wirtschaftsordnung dar. Ihm fällt die Aufgabe zu, eine für die Wahrnehmung und Ausgestaltung von globalen Wirtschaftsbeziehungen notwendige, sicherheitspolitisch verlässliche Basis zu schaffen. Abb. 10.1 zeigt eine Übersicht über die verschiedenen Bereiche einer globalen Sicherheitsarchitektur.

10.1 Globale Sicherheitsordnung

Die Vorstellung einer globalen Sicherheitsordnung ergibt sich aus dem faktischen Souveränitätsverlust der Nationalstaaten und damit der Notwendigkeit, übergreifende Steuerungsfunktionen und vor allem sicherheitspolitische Verantwortung auf übergeordnete Institutionen – oder auf hierzu legitimierte Staatengruppen – zu übertragen, um zur Lösung von sicherheitspolitischen Problemen beizutragen, die von den Nationalstaaten allein nicht gelöst werden können. Da die Etablierung einer zentralistisch organisierten Weltregierung (*global government*) weder erwünscht noch möglich ist – der hiermit verbundene nationale Kompetenzverlust würde von den meisten Ländern abgelehnt, zudem wäre eine praktikable demokratische Legitimierung kaum möglich – sind als Träger eines solchen Systems derzeit grundsätzlich nur Internationale Organisationen (IOs) mit dem UN-System als Mittelpunkt vorstellbar. Auch wenn sich ein solcher Weg seit geraumer Zeit generell abzeichnet,

Problem-bereich	Globale Sicherheitsarchitektur		
	1.1 Sicherheitsordnung	1.2 Bekämpfung internationaler Kriminalität	1.3 Zukunftssicherheit durch Entwicklung
Aufgabe (was?)	• Krisenprävention • Kriseninterventionen • Stabilisierung / Nachsorge • Terrorbekämpfung	• Globale Kooperation bei der Bekämpfung organisierter Kriminalität • Schaffung von Sanktionsinstanzen	• Armutsverringerung, Wachstum und Beschäftigung • MDG- und Post-MDG-Prozess (SDG) • Verringerung der Krisenanfälligkeit • Gute Regierungsführung und Korruptionsbekämpfung • Stabile Wirtschafts-, Sozial- und Rechtsordnungen
Organi-sationen (wer, wie?)	UN, OSZE, NATO, EU/WEU, UNHCR, UNICEF, WFP	• Internationale Abkommen • Internationaler Strafgerichtshof, Internationaler Gerichtshof	• u.a. Weltbank; FAO, UNDP ADB, WHO • Menschenrechtskonventionen • Amnesty International • Internationale und nationale Entwicklungszusammenarbeit (EZ)
Ziele (warum?)	• (Mehr) Frieden und Sicherheit • Wachsende , zukunftssichere Märkte mit ausreichenden Einkommens- und Beschäftigungsmöglichkeiten • Planungs- und Investitionssicherheit für Global Player • Mitverantwortung für Entwicklung und Menschenrechte		

(c) Eckart Koch Globalisierung: Wirtschaft und Politik

Abb. 10.1 Globale Sicherheitsarchitektur – Übersicht

so bedarf es doch noch erheblicher Bemühungen und weiterer Ausbaustufen, um hierdurch abgestimmte und wirksame Lösungen zu erzielen.

Eine wesentliche Rolle spielt hierbei der Begriff der *global governance* (Messner/Nuscheler 2003/1). Hierunter wird sowohl die Übertragung von Handlungskompetenz auf „nicht-nationale" Institutionen als auch die Verrechtlichung internationaler Kooperation durch Abkommen und Verträge im Rahmen von IOs im Sinne eines noch recht diffus bleibenden „*Weltgemeinschaftswohls*" verstanden. Zeitgemäße globale Sicherheits- und Abwehrformen müssen sich auch zeitgemäßer und wirksamer Mittel bedienen. Diese sind bekannt und werden auch meist akzeptiert, funktionieren allerdings noch keineswegs so effizient wie gewünscht und benötigt. Grundlage hierfür ist eine konstruktive politische Kooperation der Mitglieder dieser Internationalen Organisationen zu fairen Konditionen und zudem die Zurverfügungstellung nationaler Ressourcen zur Umsetzung beschlossener Maßnahmen. Hinzu kommt der fortlaufende Ausbau der auf breiter Grundlage akzeptierten funktionsfähigen, global oder zumindest partiell global operierenden, demokratisch organisierten Institutionen und Regelwerken.

Im Zentrum stehen legitimierte koordinierte Maßnahmen gegen meist regional begrenzte Konflikte, gegen Bürgerkriege oder Interventionen bei regionalen politischen Instabilitäten. Wichtig ist das Vorhandensein eines politischen Konzepts, das die Grundlage für militärische Eingriffe und die weitere Entwicklung nach Beendigung von militärischen Auseinandersetzungen bilden kann. Hierzu gehören auch Maßnahmen in Bezug auf Folgewirkungen von Konflikten, wie hierdurch ausgelöste *Migrationsströme*, die die politische Stabilität und die ökonomische Leistungsfähigkeit der Aufnahmeländer – sehr häufig

10.1 Globale Sicherheitsordnung

die Nachbarländer der Konfliktstaaten – bedrohen können und politische Radikalisierung und Ausländerfeindlichkeit (Xenophobie) auslösen oder verstärken können. Eine solide globale Sicherheitsarchitektur muss auch die Schwierigkeiten berücksichtigen, die daraus entstehen, dass diese zwar zentral legitimiert, aber gleichzeitig auch dezentral umgesetzt und organisiert werden muss, um regionale Probleme flexibel, angemessen, schnell und wirksam lösen zu können.

Trotz aller organisatorischen und legitimatorischen Probleme werden wohl auch zukünftig weltordnungs- und sicherheitspolitische Aufgaben primär durch die Vereinten Nationen (UN) und ihre Sonderorganisationen wahrgenommen. Abb. 10.2 gibt einen Überblick über die komplexe Struktur des UN-Systems.

So sind gemäß Artikel 1 der Charta der Vereinten Nationen die wichtigsten Ziele und Aufgabenbereiche der UN: a) Die Erhaltung und gegebenenfalls die Wiederherstellung des Weltfriedens und der internationalen Sicherheit durch den Aufbau eines Systems kollektiver Sicherheit; b) die Entwicklung von freundschaftlichen auf Gleichberechtigung und Selbstbestimmung beruhenden Beziehungen zwischen den Nationen; c) die Lösung internationaler wirtschaftlicher, sozialer, kultureller und humanitärer Probleme durch internationale Zusammenarbeit und d) die Förderung und Festigung der Menschenrechte und Grundfreiheiten (Unser 2003). Entsprechend forderte daher auch die 1992 von der UN eingesetzte *Commission on Global Governance* in ihrem bereits 1995 vorgelegten Bericht „*Our Global Neighbourhood*", dass die Vereinten Nationen „zentraler und impulsgebender Teil eines Systems für Weltordnungspolitik" sein müssten, wobei *global governance* hier mit Weltordnungspolitik übersetzt wird (zit. bei Hein 1998, S. 470; Hüfner/Martens 2000, S. 193 ff.).

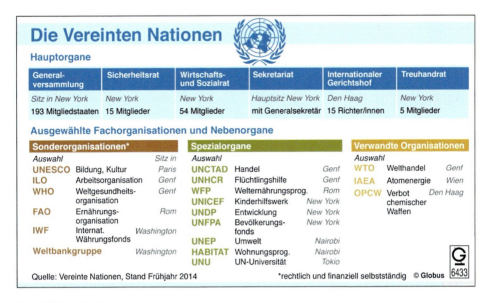

Abb. 10.2 UN-Organe

Grundsätzlich werden vor allem drei Aufgabenbereiche unterschieden: Krisenprävention und Krisenvermeidung (*peacekeeping*), Krisenintervention (*peacemaking*) und Krisennachsorge (*peacebuilding bzw. post conflict measures*). Abb. 10.3 gibt einen Überblick über Anti-Kriseneinsätze der UN.

- Typische Aufgaben der *Krisenprävention* sind neben „klassischen" ökonomisch-sozialen und politischen Entwicklungsaufgaben, Anstrengungen und Maßnahmen die (potenziellen) Konfliktparteien international nicht auszugrenzen, um die Diskussionsbereitschaft zu erhalten und später eine Anerkennung internationaler Regeln und Grundsätze zu fördern. Ferner geht es um eine – bislang allerdings erfolglose – Reduzierung des internationalen Waffenhandels, um die Ächtung von Rüstungsexporten in potenzielle Krisengebiete sowie um Aufklärung, Information und Lobbyarbeit.
- *Konfliktinterventionen* umfassen neben militärischen Eingriffen beispielsweise die Bereitstellung von Mediation und Vermittlung zwischen den Konfliktparteien, die Einrichtung gewaltfreier Zonen in Krisengebieten ebenso wie die Bereitstellung von Nahrungsmittelhilfe und Flüchtlingsarbeit.
- Unter *Krisennachsorge* werden u.a. die Bereitstellung von Friedenstruppen (UN-Blauhelme), wie auch Maßnahmen zur Unterstützung von Flüchtlingsrückführung,

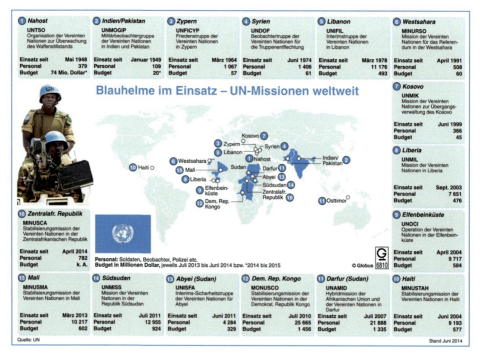

Abb. 10.3 UN-Blauhelmeinsätze in Krisengebieten

zum Aufbau neuer ökonomisch-sozialer-politischer Strukturen oder verschiedene Formen der Bildungsarbeit verstanden.

Die UN ist in unterschiedlichem Maße in diese Aufgaben involviert. Eine wesentliche Rolle spielen hier vor allem die Entscheidungsgremien (*Generalversammlung, Sicherheitsrat*) sowie verschiedene Ausschüsse, das *UN-Sekretariat*, das *Department of Political Affairs* (DPA), das *Department of Peacekeeping Operations* (DPKO) und die *UN-Friedenstruppen*. Wichtige flankierende Aufgaben erfüllen das *UN-Flüchtlingshilfswerk* (UNHCR), das *Kinderhilfswerk* (UNICEF) oder das *Welternährungsprogramm* (WFP). Je nach Situation übernehmen die *Organisation für Sicherheit und Zusammenarbeit in Europa* (OSZE), die *NATO* und die *EU* wichtige Aufgaben im Bereich von Krisenprävention und -bekämpfung.

KSZE – OSZE

Am 1. August 1975 wurde in Helsinki die Schlussakte der *Konferenz für Sicherheit und Zusammenarbeit in Europa* (KSZE) unterzeichnet, die zum Fundament des ost-westlichen Entspannungsprozesses der 1980er Jahre werden und den Kalten Krieg der unmittelbaren Nachkriegszeit zunehmend ablösen sollte. Durch die KSZE schufen die damals 33 europäischen Staaten sowie die USA und Kanada ein Forum, in dem alle relevanten Aspekte durch Dialogprozesse unter Anerkennung der vorhandenen Interessenunterschiede schrittweise gelöst werden sollten.

Vereinbart wurden insbesondere drei Pfeiler, in denen die unterschiedlichen Interessen der beteiligten Nationen gebündelt waren:

- Gewaltverzicht, Unverletzlichkeit der Grenzen, Selbstbestimmungsrecht der Völker,
- Empfehlungen für die Zusammenarbeit in Wirtschaft und Wissenschaft sowie
- die Zunahme menschlicher Kontakte, Familienzusammenführungen, Reiseerleichterungen und die Anerkennung von Menschenrechten.

Auf diesen Pfeilern sollte eine verbindliche, von allen Mitgliedern getragene stabile Nachkriegsordnung für Europa aufgebaut werden, die gleichzeitig auch allen europäischen Nationen möglichst weitgehende Sicherheit bieten sollte.

Nach den erfolgreichen Transformationsprozessen in Mittel- und Osteuropa war es sinnvoll, diesen Diskussionsrahmen nicht nur beizubehalten, sondern ihn weiter zu verstärken und vor allem Russland weiterhin in eine konstruktive und auf Vertrauen basierende europäische Zusammenarbeit einzubinden. 1994 wurde die KSZE daher mit der *Charta von Paris* in die *Organisation für Sicherheit und Zusammenarbeit in Europa,* die OSZE, umgewandelt, eine Organisation mit Sitz in Wien und derzeit 57 Mitgliedern (Stand 2015). Die Hauptaufgabe der OSZE, die unter dem

> Dach der Vereinten Nationen agiert, liegt heute im Bereich der Krisenprävention. Vor allem versucht sie durch diplomatische Mittel und Beobachtermissionen in verschiedenen Ländern Europas Frühwarnsysteme zu etablieren und Konflikte im Vorfeld zu verhindern. 2016 war die OSZE mit 17 Missionen und Büros (*field missions*) in Südosteuropa, Osteuropa, dem Kaukasus und Zentralasien mit fast 3.500 Mitarbeitern präsent (Abb. 10.4).

Der Ausbau einer auf dem UN-System basierenden Weltordnungspolitik ist die Grundlage der Etablierung einer globalen Sicherheitsordnung. Dies allerdings nur dann, wenn der Schwerpunkt auf präventiven Maßnahmen liegt, die die Komplexität der Voraussetzungen für die Herstellung von Sicherheit berücksichtigen. Sicherheit wird heute vor allem durch die Schwäche von Staaten bedroht, also durch politische Instabilität, Entwicklungs- und Demokratiedefizite, fragile staatliche Strukturen in Verbindung mit schweren Menschenrechtsverletzungen. Präventive Maßnahmen müssen daher auch entwicklungspolitische Zusammenarbeit enthalten, mit dem Ziel Verteilungsungerechtigkeiten zu verringern und die Voraussetzungen für eine bessere Integration in die globale Wirtschaft zu ermöglichen. Wichtige Voraussetzungen hierfür sind u.a. Bildungsmaßnahmen, die Unterstützung der Privatwirtschaft, Förderung von good governance und Rechtsstaatlichkeit und weltwirtschaftspolitische Maßnahmen mit einschließen (Koenigs 2012). Gleichzeitig bedeutet dies

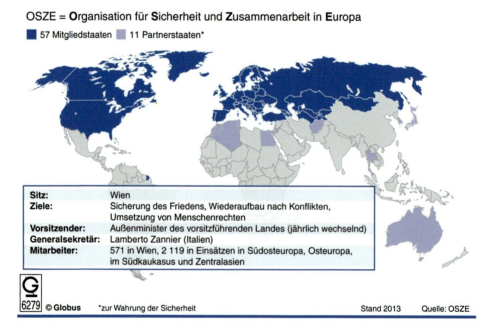

Abb. 10.4 Die OSZE-Staaten

10.1 Globale Sicherheitsordnung

auch die Stärkung eines konsensorientierten Gegenmodells zu möglichen unilateralen Versuchen mächtiger Wirtschaftsnationen, wie den USA oder China, anderen Ländern ihre politischen Regeln und Grundsätze aufzuzwingen.[1]

> **Unilateral – multilateral**
> Ein früheres Beispiel für ein unilaterales Verteidigungsmodell war die von dem damaligen US-Präsidenten Ronald Reagan forcierte *Strategische Verteidigungsinitiative* SDI (*Strategic Defense Initiative*), die die Errichtung eines satellitengestützten Raketenabwehrsystems zum Inhalt hatte, das das bis dahin bestehende „*Gleichgewicht des Schreckens*" zwischen den beiden Supermächten aufkündigte. Hierbei handelte es sich um den 1972 zwischen den USA und der damaligen Sowjetunion geschlossenen Vertrag zur Begrenzung von *Anti Ballistic Missiles* (*ABM-Vertrag*), der die nationalen Abfangsysteme auf 100 Raketen und nur ein zu verteidigendes Gebiet limitierte. Die versuchte Durchsetzung des SDI führte zu politisch-militärischen Auseinandersetzungen und scheiterte letztlich an finanziellen Problemen. Anfang 2000 versuchte der damalige US-Präsident Bill Clinton politische Bedenken der anderen NATO-Mitglieder und Russlands gegen eine neue von den USA geplante *Nationale Raketenabwehr* NMD (*National Missile Defense*) auszuräumen, indem er Kooperations- und vertragliche Absicherungsmöglichkeiten anbot. Bei der NMD ging es um den Aufbau eines Raketenabwehrsystems vor allem gegen mögliche Nuklearwaffenangriffe bzw. -erpressungen durch als unberechenbar eingestufte neue Atommächte (sog. „Schurkenstaaten"). Ein Jahr später wurden diese Pläne in abgeänderter Form durch den amerikanischen Präsidenten George W. Bush wieder aufgegriffen, der hierin eine geeignete militärische Antwort auf mögliche dezentrale Bedrohungen sah (Koch 2006/2).

Die Möglichkeiten, sich gegen terroristische Gefahren zu schützen, übersteigen die finanziellen und militärischen Möglichkeiten einzelner Staaten. Da sich die Bedrohung meist nicht gegen einzelne Staaten richtet und militärische Aktionen zudem einer Legitimierung durch die internationale Staatengemeinschaft bedürfen, ist der Zusammenschluss mit anderen Staaten meist nicht nur geboten, sondern auch erforderlich. Für eine solche bieten sich in erster Linie für NATO-Mitglieder andere NATO-Partner an. Zunehmend werden aber auch weitere politisch und vor allem strategisch wichtige Staaten mit einbezogen.[2]

---

[1] So versuchten die USA beispielsweise Ende der 1990er Jahre ihr neues *National Missile Defense (NMD)* durchzusetzen.

[2] vgl. hierzu u. a. die Ende 2005 begonnenen Verhandlungen in Wien zur Zusammenarbeit im Syrien-Konflikt, s. a Abb. 10.5.

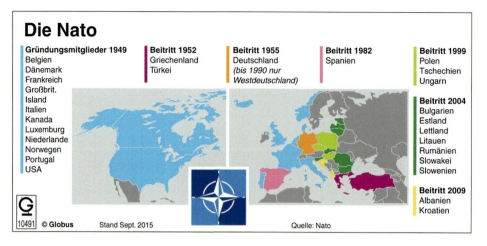

Abb. 10.5 Die NATO

> **Die NATO regelt die Zukunft des Afghanistan-Einsatzes**
>
> „Die Unterstützung eines stabilen Afghanistan liegt in unserem eigenen Sicherheitsinteresse", sagte Stoltenberg. Schon seit längerer Zeit ist klar, dass die NATO auf die schlechte Sicherheitslage dort reagieren muss.
>
> Vom Treffen der Außenminister mit ihrem afghanischen Kollegen Salahuddin Rabbani sollte nun die Botschaft ausgehen, dass die Führung in Kabul sich das ganze Jahr 2016 hindurch auf unverminderte militärische Unterstützung verlassen kann. Konkret heißt das, dass weiterhin gut 12 000 Soldaten aus der NATO und den Partnerländern den afghanischen Streitkräften – freilich ohne Kampfauftrag – beistehen. In den Mittelpunkt des Brüsseler Treffens rückte auch der Kampf gegen den sogenannten Islamischen Staat.
>
> „Die NATO spielt eine Schlüsselrolle im Kampf gegen den IS", sagte wiederum Stoltenberg. Darüber ließe sich diskutieren, denn als Bündnis ist die NATO gerade nicht Teil der von 65 Staaten gebildeten Anti-IS-Koalition. Bei der NATO macht man freilich eine andere Rechnung auf: 54 der Koalitionäre seien entweder Nato-Mitglieder oder Nato-Partner. Sie bildeten das Rückgrat der Koalition, versicherte Stoltenberg.
>
> Nach dem türkischen Abschuss eines russischen Kampfjets an der Grenze zu Syrien sollten beim Außenminister-Treffen auch die Solidaritätsbekundungen an das Nato-Land Türkei noch einmal bekräftigt werden. Die USA hatten zuletzt Abfangjäger auf den türkischen NATO-Stützpunkt Incirlik verlegt, auch Großbritannien hat die Entsendung solcher Jets in die Region angekündigt.
>
> Der Abschuss der russischen Maschine hat auch Überlegungen befeuert, durch verstärkte Drähte nach Russland Zwischenfälle zu vermeiden. So soll im Rahmen

10.1 Globale Sicherheitsordnung

> der Organisation für Sicherheit und Zusammenarbeit in Europa (OSZE) über mehr Transparenz etwa bei militärischen Übungen verhandelt werden. Steinmeier sprach sich überdies auch für eine Wiederbelebung des NATO-Russland-Rates aus, der zwar nicht aufgelöst wurde, aber wegen der Ukraine-Krise nicht mehr tagt. „Wir leben in einer risikoreichen Welt. Wenn es die Möglichkeit gibt, durch den Austausch von Informationen Risiken zu vermindern, dann sollten wir diese Möglichkeiten auch nutzen", sagte Steinmeier.
> Quelle: Brössler 2015

Neben militärischen Interventionen geht es bei der präventiven Terrorismusbekämpfung immer auch um

- die Bekämpfung von Armut und Unterprivilegierung und damit die Förderung wirtschaftlicher Entwicklung und Demokratie sowie um
- Maßnahmen gegen Geldwäsche und organisierte Kriminalität, die Begleiterscheinungen und Voraussetzungen für terroristische Gruppierungen und Aktionen.[3]

In der Politik setzt sich **Demokratie** als Denk- und Handlungsdoktrin zumindest in jenen Ländern immer mehr durch, die eine aktive Rolle in der Globalisierung übernommen haben, also neben den Industrieländern vor allem in den Schwellenländern. Die „Demokratisierungswelle" begann in den 1970er-Jahren in Südeuropa, breitete sich dann in den 1980er Jahren langsam in Lateinamerika und einer zunehmenden Anzahl asiatischer Länder aus, hatte ihren größten Erfolg Ende der 1980er und zu Beginn der 1990er Jahre in Osteuropa und setzte sich gegen Ende der 1990er Jahre auch zunehmend in Afrika durch. Auch wenn sich die Demokratieformen noch beträchtlich voneinander unterscheiden und der Begriff *good governance* keineswegs immer einheitlich definiert wird, so setzt er doch i. d. R demokratische Regeln voraus und zielt auf eine entwicklungsfördernde Politik.

Die durch die rasant wachsenden globalen Austauschbeziehungen und die technischen Entwicklungen zunehmende Transparenz führt zu einer Angleichung von **Rechtsauffassungen**. Rechtsstaatlichkeit, normierte Regelungsmechanismen oder regelgestützte Kontroll- und Aufsichtssysteme werden in immer mehr Ländern als wichtig anerkannt und entwickelt, auch wenn die Umsetzung vielfach nur sehr – evtl. auch allzu – zögerlich erfolgt. Regierungshandeln wird somit durchschaubarer, rationaler und damit vergleichbarer. Menschen- und Grundrechte können leichter eingefordert werden und Institutionen und Verfahren werden einschätz- und berechenbarer. Damit kann Globalisierung auch als Chance begriffen werden, sich auf einen kulturübergreifenden ethischen Mindestkanon an Menschen- und Grundrechten zu verständigen, etwa auf ein staatliches Tötungsverbot, auf einen staatlich verankerten Respekt vor dem Leben, auf die Beachtung der Menschenwürde oder auf ein Gebot zur kritischen Toleranz. Auch hieraus erwächst die Forderung nach dem

---
[3] vgl. hierzu die Abschnitte 10.3 und 12.4.

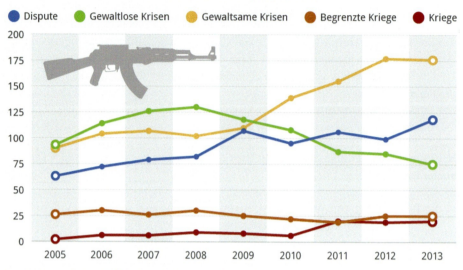

de.statista.com/infografik/1942/konflikte-weltweit-nach-intensitaet/

Abb. 10.6 Kriege und Konflikte 2005 bis 2013

weiteren Ausbau von globalen friedenserhaltenden Institutionen und Initiativen, um Interessenskonflikte friedlich beizulegen, was angesichts von mindestens 238 allein zwischen 1945 und 2007 ausgetragenen Kriegen dringend geboten erscheint. Vgl. hierzu Abb. 10.6.[4]

10.2 Internationale Verbrechensbekämpfung und Gerichtsbarkeit

Schätzungen zum Gesamtumsatz der transnationalen organisierten Kriminalität bewegen sich um die 2 Bio Euro und gehen davon aus, dass die Umsätze laufend steigen (Schneider 2009, S. 77). Hinzu kommen indirekte Schäden erheblichen Ausmaßes, etwa durch den internationalen Terrorismus, Folgen des Drogenkonsums oder aufwendige Kontroll-, Schutz- und Verfolgungsmaßnahmen. Während die kriminellen Syndikate globale strategische Allianzen schmieden, bleibt ihre Bekämpfung durch nach wie vor vorhandene Mängel der internationalen Zusammenarbeit schwierig. Wesentliche Erfolge bei der die Bekämpfung *internationaler Kriminalität* können daher nur durch verstärkte internationale Kooperation und durch funktionsfähige Sanktionsmöglichkeiten auf internationaler Ebene erzielt werden (Schneider 2009, S. 83 f.).

---

[4] vgl. Hamburger Arbeitsgemeinschaft für Kriegsursachenforschung: www.wiso.uni-hamburg.de/fachbereiche/sozialwissenschaften/forschung/akuf/kriege-archiv/.

In diesem Zusammenhang wurden bereits auf dem Weltwirtschaftsgipfel im Mai 1998, in Großbritannien, von den G8-Ländern wichtige Beschlüsse gefasst. Abgesehen von der Forderung, eine UN-Konvention gegen internationale Kriminalität zu verabschieden und einen gemeinsamen Ausschuss zur Verbrechensbekämpfung ins Leben zu rufen, sollte vor allem die internationale Zusammenarbeit beim Kampf gegen organisierte Kriminalität intensiviert werden. Dies sollte u. a. geschehen durch gemeinsame Aktionspläne, besseren Informationsaustausch und eine Änderung der nationalen Gesetze, um schneller und angemessener auf die durch kriminelle Nutzung elektronischer Informations- und Kommunikationsmedien entstehenden Herausforderungen reagieren zu können. Darüber hinaus wurde ein gemeinsames Vorgehen gegen illegalen Waffenhandel, illegalen Diamantenhandel – als Finanzierungsquelle für Waffen in Afrika – vor allem aber gegen alle Arten der *Geldwäsche* vereinbart. Abb. 10.7 gibt einen interessanten Überblick über die geschätzten Mitgliederzahlen transnationaler krimineller Vereinigungen.

Die Vereinten Nationen, die sich vorher auf die Einberufung von Konferenzen zur internationalen Verbrechensbekämpfung konzentrierten, verabschiedeten bereits 2000 eine *Konvention gegen grenzüberschreitende organisierte Kriminalität* (Palermo-Konvention), die zusammen mit drei Zusatzprotokollen 2003 in Kraft trat und inzwischen von 147 Staaten ratifiziert wurde. Die Konvention definiert vier Straftaten: Mitgliedschaft

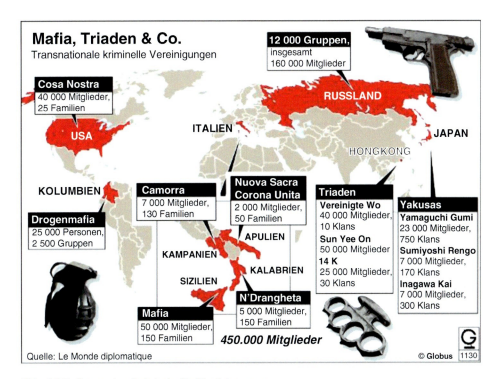

Abb. 10.7 Internationale kriminelle Vereinigungen

in einer kriminellen Vereinigung, Geldwäsche, Korruption und Behinderung der Justiz sowie verbindliche Regeln für Rechtshilfe und Auslieferung und zielt vor allem auf die Einführung gleicher Standards in den Vertragsstaaten. So werden die Regierungen hierdurch verpflichtet, die genannten Verbrechen unter Strafe zu stellen, illegal erzielte Gewinne einzuziehen, Kriminelle schneller auszuliefern, Zeugen besser zu schützen und die Justiz besser auszustatten. Ferner wird auch die grenzüberschreitende Zusammenarbeit der Justizbehörden bei der Verfolgung von Straftaten verbessert. In den Zusatzprotokollen wurde zudem vereinbart, den Kampf gegen den Menschenhandel, die Schleusung von Migranten und den unerlaubten Waffenhandel zu verstärken.[5]

Die für internationale Kriminalität (Transnational Organized Crime Threat) zuständige UN-Organisation, das Büro für Drogen- und Verbrechensbekämpfung (UNODC), wird allgemein als zu wenig schlagkräftig gesehen, was u. a. auch an der mangelhaften Finanzausstattung liegt. Ein Schwerpunkt der Aktivitäten liegt jedoch in der Sammlung von Informationen und der Herausgabe von Publikationen zu den verschiedenen Bereichen der Internationalen Kriminalität.[6]

Nur in wenigen Fällen ist die Weltgemeinschaft bislang allerdings in der Lage, ihre Grundsätze zu verteidigen und Verstöße zu sanktionieren. Bisher war dies lediglich in Einzelfällen möglich, etwa durch die *Alliierten Militärgerichte* in Nürnberg und Tokio nach dem Zweiten Weltkrieg, die allerdings nur von den Alliierten getragen wurden. Die Verfolgung von Verbrechen einzelner Länder war lange nur punktuell, auf Anweisung des UN-Sicherheitsrates möglich. 1993 wurde erstmals ein *Internationales Tribunal*, mit Sitz in Den Haag, für die in Ex-Jugoslawien begangenen Verstöße gegen die Menschenrechte geschaffen und 1994 wurde der *Internationale Strafgerichtshof für Ruanda* im tansanianischen Arusha gegründet, um über den Völkermord in Ruanda zu urteilen – 2012 wurde hier das letzte Urteil gesprochen. Beide Gerichte wurden als Reaktion auf konkrete Situationen durch Resolutionen des UN-Sicherheitsrates als sog. Ad-hoc-Gerichte eingerichtet.

Dagegen hat der **Internationale Gerichtshof** in Den Haag, der 1945 von den Vereinten Nationen gegründet wurde, die Aufgabe, völkerrechtliche Streitigkeiten zwischen Staaten beizulegen, vgl Abb. 10.8.

1996 wurde der **Internationale Seegerichtshof** (ISGH) in Hamburg errichtet, dessen 21 Richter über internationale Streitigkeiten bei Fragen des Seerechts sowie der Meeresnutzung und -forschung urteilen. Allerdings halten die sich hier zu schlichtenden Streitigkeiten in Grenzen, die 167 Unterzeichnerstaaten der *Internationalen Seerechtskonvention* scheinen in diesem Bereich kaum Probleme zu haben, da bis 2015 erst 24 Fälle vor dem ISGH verhandelt wurden.[7]

Mit dem Ende des Kalten Kriegs wuchs das Bewusstsein, dass viele bisher als innere Angelegenheit deklarierte Verstöße gegen die Humanität und das Völkerrecht keineswegs

---

[5] vgl. www.dgvn.de/palermo-konvention.html; s. a. reset.to/knowledge/handelsware-mensch-menschenhandel-im-21-jahrhundert.

[6] vgl. Deutsche Gesellschaft für die die Vereinten Nationen, www.dgvn.de/themenschwerpunkte/kriminalitaets-korruptionsbekaempfung/unodc/.

[7] vgl. International Tribunal for the Law of the Sea, www.itlos.org/en/top/home.

10.2 Internationale Verbrechensbekämpfung und Gerichtsbarkeit

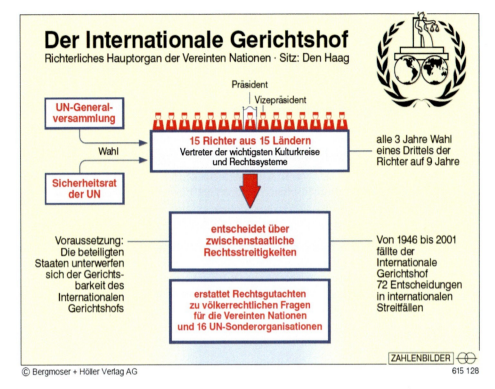

Abb. 10.8 Der Internationale Gerichtshof in Den Haag

interner Natur sind, sondern die Weltgemeinschaft als Ganzes angehen und daher von dieser auch angemessene Reaktionen gefordert werden. Diese Forderung war aber, angesichts der Nicht-Existenz einer „Weltjustizbarkeit" nicht praktisch umsetzbar. Ein wichtiger Schritt war daher der auf einer UN-Konferenz in Rom im Juli 1998 erfolgte Beschluss einen unabhängigen ständigen **Internationalen Strafgerichtshof** (*International Criminal Court*, ICC) mit Sitz in Den Haag einzurichten. Im Frühjahr 2002 war das von 139 Ländern unterzeichnete Abkommen von 60 Ländern ratifiziert worden, sodass der Gerichtshof im April 2002 gegründet werden und Anfang 2003 seine Arbeit aufnehmen konnte. Bis 2015 waren 123 Staaten dem Römischen Statut zum ICC beigetreten.[8]

Mit der Einrichtung des Strafgerichtshofs können nun Personen wegen Völkermord, Kriegsverbrechen, Verbrechen gegen die Menschlichkeit sowie wegen der Führung von Angriffskriegen zur Verantwortung gezogen werden. Er kann dann einschreiten, wenn nationale Gerichte hierzu nicht willens oder in der Lage sind, allerdings nur dann, wenn der Beschuldigte Bürger eines Landes ist, dass den Vertrag ratifiziert hat oder das Land, in

---

[8] vgl. Auswärtiges Amt, www.auswaertiges-amt.de/cae/servlet/contentblob/340540/publicationFile/3556/RoemischesStatut.pdf; International Criminal Court, www.icc-cpi.int/EN_Menus/icc/Pages/default.aspx.

dem das Verbrechen begangen wurde, zu den Unterzeichnerstaaten gehört. Durch eine *Opting-Out-Klausel* hat jedoch jedes Land bis zu sieben Jahre nach der Unterzeichnung des Vertrages die Möglichkeit, im Falle einer Anklage wegen Kriegsverbrechen die Kompetenz des Gerichts nicht anzuerkennen, wenn eigenen Staatsangehörigen der Prozess gemacht wird oder Verbrechen auf dem eigenen Territorium verhandelt werden sollen.

Voraussetzung für ein Verfahren vor einem internationalen Gerichtshof ist die Bereitschaft der Nationalstaaten, ihre Bürger auszuliefern. Ein solcher Beschluss, der eine Grundgesetzänderung notwendig machte, wurde in Deutschland Ende 2000 gefasst und ermöglichte damit die Ratifizierung des Abkommens über den Internationalen Strafgerichtshof. Das Gericht verfügt über einen unabhängigen Chefankläger und 18 Richter. Der Ankläger kann Ermittlungen ohne vorherige politische Konsultationen einleiten, nachdem ein Ausschuss aus Richtern verschiedener Nationalitäten entschieden hat, ob es genügend Anhaltspunkte für eine Strafverfolgung gibt. Die erste Verhandlung fand 2009 statt, das erste Urteil wurde 2012 erlassen: Der kongolesische ehemalige Milizenführer Thomas Lubanga wurde wegen der Rekrutierung von Kindersoldaten zu 14 Jahren Freiheitsstrafe verurteilt.

Allerdings wird die Institution von etlichen Ländern, vor allem von China, Indien und den USA, strikt abgelehnt. Die USA befürchten, dass insbesondere Angehörige ihrer Streitkräfte Opfer einer „politisch motivierten Justiz" werden könnten. Aus diesem

Abb. 10.9 Der Internationale Strafgerichtshof

Grund wurde 2002 das US-amerikanische „Gesetz zum Schutz der amerikanischen Streitkräfte" rechtskräftig, das es US-Regierungsstellen verbietet mit dem Gericht zusammenzuarbeiten und Staatsanwälten des „Völkertribunals" untersagt auf amerikanischem Boden zu recherchieren. Zudem kann Staaten, die sich an dem Gericht beteiligen, die US-Militärhilfe gestrichen werden (dies gilt nicht für NATO-Mitglieder und andere wichtige Verbündete). Die USA schließen daher bilaterale Abkommen, mit dem Ziel dass sich diese Länder verpflichten, keine amerikanischen Soldaten an den Gerichtshof auszuliefern, vgl. Abb. 10.9.

10.3 Zukunftssicherung durch Entwicklungskooperation

Nationale wie internationale Entwicklungszusammenarbeit und Entwicklungshilfe für die Gruppe der über 150 Entwicklungsländer wird sehr unterschiedlich begründet. Humanitäre oder sozialethische Aspekte stellen die *globalen sozialen Missverhältnisse* und die sozialen Folgen der Armut in den Vordergrund und werden insbesondere von kirchlichen Organisationen, NROs und basisorientierten Organisationen aus „Solidarität mit der Dritten Welt" als Begründung für Entwicklungsarbeit herangezogen. Folgen der früheren *Kolonialpolitik*, etwa nicht-ethnische Staatsgrenzen, eine rohstoffbasierte Wirtschaftsstruktur oder die vollkommen ungenügende Vorbereitung der Eliten auf die Übernahme von Regierungsfunktionen begründet Entwicklungsunterstützung eher aus historisch-moralischer Sicht. *Ideologische Gründe* („Kalter Krieg") spielen heute praktisch keine Rolle mehr. *Wirtschaftliche Gründe*, wie die Sicherung der Rohstoffversorgung (importorientierte Gründe) oder der Aufbau von Exportmärkten wurden in der Vergangenheit angesichts der tatsächlichen wirtschaftlichen Leistungsfähigkeit der Entwicklungsländer meist überbewertet, werden aber zukünftig eine zunehmende Rolle spielen. Dies gilt vor allem dann, wenn diese gekoppelt werden mit *geostrategischen Überlegungen*.

Als zentrale Ursache für Entwicklungszusammenarbeit – heute auch als internationale Zusammenarbeit bezeichnet – kann die Notwendigkeit einer globalen *Zukunftssicherung* angesehen werden. So bedrohen die erheblichen und durch die Globalisierung noch weiter zunehmenden Wohlstands- und Entwicklungsunterschiede nicht nur die sozio-ökonomischen Entwicklungsmöglichkeiten vor allem der ärmeren Länder, sondern auch die innenpolitische Stabilität und Sicherheit der wohlhabenderen Industrieländer und tragen darüber hinaus zur Verschärfung globaler Umwelt- und Gesundheitsprobleme bei.[9] Die zusammenfassende Darstellung „Entwicklungskooperation als Zukunftssicherung" stellt wesentliche sicherheitsrelevante Aspekte als Begründung für eine verstärkte Entwicklungszusammenarbeit zusammen.

---

[9] vgl. hierzu auch die Überlegungen in Kapitel 7 zu Umwelt- und Verteilungsproblemen.

Entwicklungskooperation als Zukunftssicherung

1. *Bedrohung innenpolitischer Stabilität und Sicherheit*

   - Direkte oder indirekte Bedrohung durch die Möglichkeit des Einsatzes von Massenvernichtungsmitteln, wie Atom- oder chemischen Waffen;
   - Bedrohung durch internationalen Terrorismus, etwa durch islamistische Fundamentalisten, Sezessionsbewegungen, Guerillaaktivitäten;
   - Ökonomisch-politische Auswirkungen von Regionalkonflikten, Bürgerkriegen oder regionalen politischen Instabilitäten durch Armutsmigration und Flüchtlinge, Import von Konflikten durch Vertreter radikaler politischer Gruppierungen;
   - Destabilisierung der Gesellschaft durch politische Radikalisierung und Ausländerfeindlichkeit aufgrund steigender Migration;
   - Sicherheitspolitische Probleme durch internationalen Drogenhandel und Drogenkriminalität.

2. *Beeinträchtigung der eigenen wirtschaftlichen Entwicklung*

   - Bedrohung inländischer Arbeitsplätze durch Niedriglöhne aufgrund zu niedriger Sozial-, Menschenrechts- und Umweltstandards, unzureichenden Urheberrechtsschutzes oder „unfairen Handels" (Plagiate etc.);
   - Destabilisierung der internationalen Finanzmärkte durch ungelöste Verschuldungsprobleme, ungenügende Aufsichts- und Kontrollsysteme und fehlendes Risikomanagement;
   - Behinderter Zugang zu strategisch wichtigen Rohstoffen sowie Bedrohung der internationalen Handelswege (beispielsweise durch Piraten);
   - Hohe Kosten durch politische und Wirtschaftsflüchtlinge, sowie Finanzhilfen infolge steigender Armuts- und Instabilitätsprobleme sowie durch Drogenbekämpfungs- und Sicherheitsmaßnahmen;
   - Bedrohung der internationalen Kommunikationsnetze, wie Computersysteme, Internet, Mobilfunknetze, Energie- und Verkehrsnetze, insbesondere des Flugverkehrs, durch terroristische Handlungen.

3. *Verursachung von globalen Umwelt- und Gesundheitsproblemen*

   - Schädigung des globalen Klimasystems durch unkontrolliertes Wirtschaftswachstum, mangelhafte Rechtssysteme, Korruption, Ökodumping;
   - Zerstörung von Genbanken und Bioreserven durch (Regen-)Waldvernichtung;
   - Luftverseuchung und Gesundheitsgefahren durch Brandrodung, unsichere atomare Anlagen, ungesicherte Deponien, nicht vorhandene Umweltstandards, umweltfeindliche Verfahren bei Rohstoffgewinnung und Produktion;

> - Unkontrollierte Ausbreitung infektiöser (Tropen-) Krankheiten (HIV, Malaria, Diphterie, Tuberkulose);
> - Schadstoffbelastung durch Importe, aufgrund zu niedriger oder fehlender Sicherheits- und Produktionsstandards (Elektroprodukte, Nahrungsmittel) sowie Gesundheitsschädigung durch importierte Drogen.
>
> Quelle: Eigene Zusammenfassung.

Globale Entwicklungskooperation umfasst eine breite Palette von finanziellen, technischen und personellen nationalen und multilateralen Entwicklungsvereinbarungen, die von Internationalen Organisationen, wie der EuropeAid der Europäischen Union, der Weltbank (IBRD) oder der Asiatischen Entwicklungsbank (ADB), von nationalen Stellen, wie etwa dem deutschen *Ministerium für wirtschaftliche Zusammenarbeit und Entwicklung* (BMZ), meist über die Deutsche Gesellschaft für Internationale Zusammenarbeit (GIZ) und die Kreditanstalt für Wiederaufbau (KfW), der US-amerikanischen USAID oder der britischen DFID, als *official development assistance* (ODA) oder auch durch private Hilfsorganisationen, wie beispielsweise die Deutsche Welthungerhilfe oder Plan International, vergeben werden. Es wurde jedoch deutlich, dass an nationalen oder privaten Interessen orientierte, überwiegend unkoordinierte bzw. z. T. sogar konkurrierende Hilfsmaßnahmen nur selten zu nachhaltigen Strukturverbesserungen in den betroffenen Ländern oder Regionen führen. Daher sind in der Vergangenheit wichtige neue Grundsätze der Entwicklungszusammenarbeit auf der Basis der *Paris Declaration* (2005) vereinbart worden, wie stärkere Eigenverantwortung der Entwicklungsländer (Ownership), Ausrichtung an den Entwicklungsstrategien der Entwicklungsländer (Alignment), Orientierung an klaren Ergebnissen bzw. Wirkungsorientierung insbesondere aber die Verpflichtung zur Geberkoordinierung (Harmonisierung). Abb. 10.10 informiert über die Schwerpunkte der Pariser Erklärung.

Interessant ist das Umdenken bei der Ausgestaltung der **Lomé-Abkommen**, der Wirtschafts- und Entwicklungsabkommen der EU mit den *AKP-Staaten*, einer Gruppe von derzeit 79 Entwicklungsländern mit besonders engen Beziehungen zur EU. Der Schwerpunkt der bis 2000 geltenden Abkommen lag auf der Gewährung einseitiger Handelspräferenzen für die AKP-Länder, ein Ansatz, der schon immer als problematische Ausnahme von den WTO-Regeln galt. Insbesondere bei den *Stabex-* und *Sysmin-Abkommen*, zwei Abkommen, die für die Entwicklungsländer Kompensationen bei zurückgehenden Exporterlösen vorsahen, war es immer umstritten, ob das Ergebnis nicht eine Zementierung des *status quo* bedeute und eine dynamische Entwicklung der betroffenen Länder eher verhindere. Das 2005 geschlossene **Abkommen von Cotonou**, das die Lomé-Abkommen ablöste, ist dagegen vor allem zukunftsgerichtet. Es ist bis 2020 gültig und trägt der Überlegung

> **Die Pariser Erklärung:**
> **Ein praktischer Plan zur Verbesserung der Wirksamkeit der Entwicklungszusammenarbeit.**
>
> **1. Eigenverantwortung:** Die Entwicklungsländer müssen in ihrer Entwicklungspolitik tatsächlich die Führungsrolle übernehmen und die Entwicklungsbemühungen koordinieren. Die Geber wiederum sind dafür verantwortlich, die Politik der Entwicklungsländer zu respektieren und dazu beizutragen, die Fähigkeiten der Entwicklungsländer bei der Umsetzung der politischen Maßnahmen zu stärken.
>
> **2. Partnerausrichtung:** Die Geber müssen ihre Unterstützung an den nationalen Entwicklungsstrategien, Systemen, Institutionen und Verfahrensweisen der Partnerländer ausrichten.
>
> **3. Harmonisierung:** Die Geber sollen ihre Aktivitäten koordinieren und die (Verwaltungs-)Kosten der Entwicklungszusammenarbeit mit den Partnerländern verringern, indem sie die Verfahren für die Planung, Finanzierung und Umsetzung von Entwicklungsprogrammen harmonisieren.
>
> **4. Ergebnisorientiertes Management:** Sowohl Geber als auch Partnerländer müssen ihre Aktivitäten so ausrichten, dass auch die geplanten und gewünschten Ergebnisse erzielt werden.
>
> **5. Gegenseitige Rechenschaftspflicht:** Geber und Entwicklungsländer sind einander rechenschaftspflichtig, damit tatsächlich Fortschritte im Hinblick auf ein besseres Management der Entwicklungshilfe gemacht werden und bei der Entwicklung Ergebnisse erzielt werden.

Abb. 10.10 Paris Declaration

Rechnung, dass weniger eine Stabilisierung der bestehenden Wirtschaftsstrukturen in den Entwicklungsländern angestrebt werden soll, sondern eine schrittweise Liberalisierung der AKP-Länder als zentrale Entwicklungsvoraussetzung unterstützt (Nickel 2012).

Eine weitere zukunftsgerichtete Strategie ist der Versuch, die weltweite Durchsetzung da von Menschenrechten und einer rationalen Regierungsführung (*good governance*) zu erreichen. Der Ansatz, dies zur Grundlage von Abkommen mit Entwicklungsländern zu machen und Entwicklungsprogramme hieran auszurichten, kann als eine wesentliche Grundlage für eine Verbesserung von Lebenschancen gesehen werden.

Schrittweise wird auch die Privatwirtschaft in derartige Vorhaben eingebunden, etwa durch aktive finanzielle Beteiligung im Rahmen von Projektpartnerschaften (*Public Private Partnership, PPP*) oder durch die Teilnahme an Zertifizierungsverfahren für Unternehmen, die sich in besonderer Weise durch die Wahrnehmung von entwicklungs- und gesellschaftspolitischer Verantwortung auszeichnen. Neben der finanziellen Beteiligung könnte dies geschehen durch die Schaffung besserer Arbeitsbedingungen oder durch die Gewährung von über das gesetzliche Minimum hinausgehenden demokratischen Mitwirkungsmöglichen der Arbeitnehmer – im Rahmen einer wirkungsvollen Corporate Social Responsibility (CSR).

10.3 Zukunftssicherung durch Entwicklungskooperation

Tab. 10.1 Agenda 2030 – Nachhaltige Entwicklung

Ziel 1	Kampf gegen Armut: Spätestens im Jahr 2030 soll niemand auf der Welt mehr von weniger als 1,25 Dollar pro Tag leben müssen. 836 Millionen Menschen haben derzeit weniger Geld zur Verfügung und gelten damit als extrem arm. In den Millenniums-Zielen war noch beabsichtigt, die Zahl der Menschen in extremer Armut bis 2015 auf 625 Millionen zu halbieren.
Ziel 2	Kampf gegen Hunger: Zehn Prozent aller Menschen auf der Welt sind unterernährt. Um dieses Problem zu bekämpfen, sieht die Agenda 2030 vor, die Produktivität und das Einkommen von Kleinbauern zu verdoppeln. (wie MDG)
Ziel 3	Gesundheit: Aids, Tuberkulose, Malaria und anderen Krankheiten sagt die Agenda 2030 den Kampf an. Auch die Geburten- und Kindersterblichkeit soll radikal gesenkt werden. Schon die Millenniums-Ziele hatten diese Absicht. Trotzdem sterben jährlich immer noch sechs Millionen Kinder vor ihrem fünften Geburtstag.
Ziel 4	Bildung: Alle Jungen und Mädchen sollen eine Grundschule sowie eine weiterführende Schule besuchen. Bei den Millenniums-Zielen hatte man sich noch auf die Grundschulbildung beschränkt. Insgesamt gehen weltweit 91 Prozent aller Kinder im Schulalter zur Grundschule.
Ziel 5	Geschlechtergleichstellung: Die Diskriminierung von Frauen und Mädchen soll, ebenso wie Gewalt gegen das weibliche Geschlecht, ein Ende haben. (wie MDG)
Ziel 6	Zugang zu Trinkwasser und sanitären Anlagen: 663 Millionen Menschen haben derzeit keinen Zugang zu sauberem Trinkwasser. Bis 2030 soll sich das ändern. Außerdem soll die Qualität von Wasser weiter verbessert werden.
Ziel 7	Energie: Jeder soll Zugang zu verlässlicher, bezahlbarer und nachhaltiger Energie haben. Die Agenda 2030 sieht zudem vor, den Anteil an erneuerbaren Energien sowie die Energieeffizienz zu erhöhen.
Ziel 8	Wirtschaftswachstum: In den ärmsten Ländern der Welt soll ein Wirtschaftswachstum von jährlich sieben Prozent erreicht werden. Außerdem will die Agenda 2030 einen Zustand der Vollbeschäftigung erreichen. Allein im Zeitraum von 2007 bis 2012 erhöhte sich die weltweite Arbeitslosigkeit von 170 auf 202 Millionen Menschen ohne bezahlte Beschäftigung.
Ziel 9	Infrastruktur und Industrialisierung: Bei 2,6 Milliarden Menschen fällt regelmäßig der Strom aus. 2,5 Milliarden Menschen verfügen nicht über fließendes Wasser und sanitäre Einrichtungen. Die Agenda 2030 beabsichtigt diese Probleme mit einer besseren Infrastruktur und Industrialisierung zu bekämpfen.
Ziel 10	Ungleichheit: Das Einkommen der ärmsten 40 Prozent eines Landes soll schneller wachsen als das der übrigen Menschen.
Ziel 11	Stadtentwicklung: Alle Menschen sollen Zugang zu bezahlbarem und sicherem Wohnraum erhalten. Das gleiche gilt für das Transportsystem in Städten.
Ziel 12	Nachhaltigkeit bei Konsum und Produktion: Länder sollen unter anderem weniger Müll produzieren und sich um einen effizienten Umgang mit Ressourcen bemühen. Entwicklungsländer sollen dieses Ziel unter Beachtung ihrer Entwicklung und Möglichkeiten verfolgen.

(Fortsetzung)

Tab. 10.1 (Fortsetzung)

Ziel 13	Klimawandel: Der Klimawandel soll sowohl auf internationaler als auch auf nationaler Ebene mehr berücksichtigt werden. Wie schon im Jahr 2000 von den Vereinten Nationen beschlossen, sollen bis 2020 insgesamt 100 Milliarden Dollar zusammengetragen werden, um Entwicklungsländer beim Kampf gegen den Klimawandel zu unterstützen.
Ziel 14	Meere: Bis 2025 soll die Verschmutzung der Meere signifikant verringert werden. Auch soll gegen die Überfischung vorgegangen werden.
Ziel 15	Artenvielfalt, Wälder und Wüsten: Der Artenschutz soll verstärkt werden. Auch wollen die Vereinten Nationen die Abholzung der Wälder begrenzen und die fortschreitende Wüstenbildung bekämpfen.
Ziel 16	Frieden und Gerechtigkeit: Die Gewalt in der Welt soll reduziert werden. Alle Menschen sollen gleichen Zugang zum Rechtsstaat haben.
Ziel 17	Partnerschaft: Beim Erreichen der Entwicklungsziele sollen die Staaten, die Privatwirtschaft sowie die Bevölkerung an einem Strang ziehen, beispielsweise beim Thema Finanzierung.

Quelle: Faz.net vom 25.09.2015, www.faz.net/aktuell/politik/ausland/agenda-2030-die-neuen-un-entwicklungsziele-13821033.html; s.a. http://sustainabledevelopment.un.org/post2015/transformingourworld; www.bmz.de/de/was_wir_machen/ziele/ziele/2030_agenda/index.html; www.unep.org/unea/ sdg.asp,; www.menschliche-entwicklung-staerken.dgvn.de. Zugegriffen am 25.11.2015.

Die internationale Entwicklungszusammenarbeit wurde in den letzten Jahren von einem im Jahre 2000 auf dem Millenniums-Gipfel der Vereinten Nationen verabschiedeten Katalog verpflichtender Zielsetzungen für alle Mitgliedstaaten, den so genannten Millenniums-Entwicklungszielen (MDGs) bestimmt. Durch die MDG konnten in verschiedenen Entwicklungsbereichen Erfolge erzielt werden, indem sie die Regierungen, die Zivilgesellschaften und die internationale Gemeinschaft dabei unterstützten, ihre Anstrengungen zu fokussieren und die erforderlichen Mittel zu mobilisieren.

Mit der Post-2015-Agenda wurde nun eine neue breitere Grundlage nachhaltiger Entwicklung verabschiedet, die für alle Länder gelten soll. Die neuen „Ziele für nachhaltige Entwicklung" (Sustainable Development Goals – SDGs) verknüpfen zum ersten Mal Armutsbekämpfung und Nachhaltigkeit. Sie bilden die Grundlage für die internationale Entwicklungszusammenarbeit bis 2030 und tragen den wirtschaftlichen, gesellschaftlichen und ökologischen Dimensionen von Nachhaltigkeit in ausgewogener Weise Rechnung. Als Agenda 2030 wurden die 17 Entwicklungsziele – mit vielen Unterzielen – im September 2015 von den UN-Mitgliedstaaten verabschiedet. Sie richten sich an alle Staaten, die damit aufgefordert werden, sich für die Umsetzung der Agenda einzusetzen und sich daran zu beteiligen, dass sich die Situation der Menschen und der Umwelt bis 2030 in vielen Bereichen verbessert. Vgl. Tab. 10.1.[10]

---

[10] Diese Ausführungen könnten mit einer sehr guten Begründung auch Kapitel 13 zugeordnet werden. Aufgrund der hohen Bedeutung der Entwicklungspolitik für die Sicherheit und die Zukunftssicherung als der Grundlage von Globalisierung, wurde einer Zuordnung zu diesem Kapitel der Vorzug gegeben.

Literatur

Brössler, D. (2015) *Die NATO regelt die Zukunft des Afghanistan-Einsatzes*. Süddeutsche Zeitung, 30.11.2015.

Hein, W. (1998). *Transnationale Politik und soziale Stabilisierung im Zeitalter postfordistischer Globalisierung*. Nord-Süd aktuell, 3. Quartal/1998, 458–481.

Hüfner K., & Martens, J. (2000). *UNO-Reform zwischen Utopie und Realität*. Bern.

Koch, E. (2006/2). *Die Neue Weltwirtschaftsordnung. Tragen die USA dazu bei, die Globalisierung zu stabilisieren?* In Wiecha E. (Hrsg.), Amerika und wir – US-Kulturen. Neue europäische Ansichten (2. Aufl.,) (S.267–287). München/Mering.

Messner, D., & Nuscheler, F. (2003). *Das Konzept Global Governance – Stand und Perspektiven*. INEF Report, (1. Aufl.), 67. http://inef.uni-due.de/page/documents/Report67.pdf. Zugegriffen im 11.2015.

Nickel, N. (2012). *Was kommt nach Cotonou?* SWP Studie Stiftung Wissenschaft und Politik. Deutsches Institut für Internationale Politik und Sicherheit. www.swp-berlin.org/fileadmin/contents/products/studien/2012_S13_nic.pdf. Zugegriffen im 11.2015.

Schneider, F. (2009). *Die Finanzströme von organisierter Kriminalität und Terrorismus: Was wissen wir (nicht)?* (DIW). Vierteljahrshefte zur Wirtschaftsforschung, 78(4), 73–87.

Unser, G. (2003). *Die UNO – Aufgaben, Strukturen und Politik* (7. Aufl.). München.

Links[11]

Globale Sicherheitsarchitektur

Globale Ungleichheiten: www.bpb.de/veranstaltungen/netzwerke/teamglobal/67430/globale-ungleichheiten. Zugegriffen am 14.04.2010.

Brandkatastrophe in einer Textilfabrik in Bangladesch: www.sueddeutsche.de/panorama/bangladesch-drei-manager-verbrannter-textilfabrikfestgenommen-1.1535282

Kritik an den Global Governance Strukturen: www.bpb.de/veranstaltungen/netzwerke/teamglobal/67461/kritikpunkte. Zugegriffen am 27.06.2012.

Durchsetzung von Unternehmensmacht: www.zdnet.de/41539627/irische-steuergesetze-sparen-google-3-1-milliarden-dollar/

Kriege und Konflikte: www.bpb.de/internationales/weltweit/innerstaatliche-konflikte/54508/innerstaatliche-kriege.

Palermo-Konvention: www.dgvn.de/palermo-konvention.html

Organisierte Kriminalität: www.spiegel.de/wirtschaft/soziales/uno-studie-organisierte-kriminalitaet-macht-2-billionen-dollar-im-jahr-a-829329.html; www.boell.de/de/navigation/aussen-sicherheit-grenzenlos-illegal-tok-12251.html

Menschenhandel: www.reset.to/knowledge/handelsware-mensch-menschenhandel-im-21-jahrhundert

Römisches Statut des Internationalen Strafgerichtshofs: www.auswaertigesamt.de/cae/servlet/contentblob/340540/publicationFile/3556/RoemischesStatut.pdf

Global Financial Centres: The Global Financial Centres Index, www.longfinance.net/Publications/GFCI%2012.pdf. Zugegriffen am 12.09.2012.

Empfehlungen zur UN Reform: www.dgvn.de/fileadmin/user_upload/PUBLIKATIONEN/Sonstiges/RUNIC_2038.pdf

Der Weg einer Jeans: www.youtube.com/watch?v=iriL2MimVaA

---

[11] Abrufdatum bzw. Überprüfung der Internetinformationen: November 2015.

Sambia – Wer profitiert vom Kupfer?: (Dokumentarfilm von Audrey Gallet et Alice Odiot, www.evb.ch/p20099.html. Zugegriffen am 18.5.2012.

Weltordnungspolitik und Sicherheitsordnung

Vereinte Nationen (UN): www.un.org/en/index.html; www.dgvn.de/un-im-ueberblick.html

Internationale Kriminalität: www.dgvn.de/themenschwerpunkte/kriminalitaets-korruptionsbekaempfung/unodc/;
www.auswaertiges-amt.de/DE/Aussenpolitik/GlobaleFragen/TerrorismusOK/Uebersicht_node.html

OSZE: www.osce.org/

Internationaler Seegerichtshof: www.itlos.org/en/top/home

Internationaler Strafgerichtshof : www.icc-cpi.int/EN_Menus/icc/Pages/default.aspx

Zukunftssicherung und Entwicklungskooperation

Abkommen von Cotonou: www.swp-berlin.org/fileadmin/contents/products/studien/2012_S13_nic.pdf

Sustainable Development Goals: www.menschliche-entwicklung-staerken.dgvn.de/menschliche-entwicklung/ziele-fuer-nachhaltige-entwicklung-sdgs/sustainabledevelopment.un.org/focussdgs.html;
www.sustainabledevelopment.un.org; www.unep.org/unea/sdg.asp

Globale Handels- und Wettbewerbsordnung 11

11.1 Vorbemerkung

Die **Globale Wirtschaftsarchitektur** bildet die zentrale Säule der Globalen Wirtschaftsordnung. Ihre beiden wichtigsten Komponenten sind die *Globale Handels-* und *Wettbewerbsordnung* und die *Globale Währungs-* und *Finanzordnung*. Im Folgenden wird zunächst auf die Globale Handels- und Wettbewerbsordnung eingegangen.

Die globale Handels- und Wettbewerbsordnung ist für die reale Welt des Handels- und Dienstleistungsaustausches sowie für die Expansion von Unternehmen und die daraus entstehenden vielfältigen realen Verflechtungen zuständig. Sie hat das Ziel Märkte zu öffnen oder offenzuhalten, um zu verhindern, dass unerwünschte Wettbewerber verdrängt und bestehende Privilegien unzulässig geschützt und dem Wettbewerb entzogen werden. Hierdurch soll die Vorteilhaftigkeit internationaler Arbeitsteilung und der optimale Einsatz der produktiven Ressourcen gesichert und damit verhindert werden, dass die ökonomischen, aber auch die ökologischen Grundlagen von Gesellschaften zerstört werden. Erscheinungen wie ein *race-to-the-bottom*, einer permanenten Verschlechterung gesellschaftlich wichtiger aber gleichzeitig kostenträchtiger ökonomischer Standards, oder einer *beggar-thy-neighbour-policy*, der Versuch Wettbewerbsvorteile auf Kosten von konkurrierenden Ländern zu erzielen, etwa durch Abwertungs- oder Dumpingwettläufe, sollen dadurch verhindert werden. Vgl. hierzu Abb. 11.1.

Die **internationale Handelspolitik** lag bis 1994 in der Zuständigkeit des GATT, des Allgemeinen Zoll- und Handelsabkommens, seitdem ist die World Trade Organization (WTO) die weltweit zuständige Institution für globale Handelsfragen, ähnlich wie der IWF die für globale Währungsfragen zuständige Organisation. Die WTO hatte 2015 161 Mitglieder (2000: 137). Da weitere Länder die Welthandelsregeln faktisch anwenden, stellen diese die Grundlage des heutigen internationalen Handelssystems dar. Zentrale Aufgaben der WTO sind die Überwachung der Handelspolitik ihrer Mitglieder, der

Problem-bereich	Globale Wirtschaftsarchitektur			
	Globale Handels- und Wettbewerbsordnung		Globale Währungs- und Finanzordnung	
	2.1 Globale Handelsordnung	2.2 Globale Wettbewerbsordnung	2.3 Währungskooperation	2.4 Finanzmarktstabilität
Aufgabe (was?)	• Handelsliberalisierung • Schutz des geistigen Eigentums • Investitionssicherheit • Ethische Unternehmensführung (CSR)	• Unternehmen (gegen Kartelle, Monopole, Marktmacht) • Staaten (gegen Handelsbeschränkungen zur Erreichung politischer Ziele)	• Standards für Kooperation in Währungsfragen • Vermeidung von Währungskrisen und -kriegen • Prävention und Management von Währungs- und Finanzkrisen	• Einlagensicherheit und Sicherheitsstandards • Kontrollsysteme und Finanzmarktaufsicht • Erhöhung von Transparenz und Risikomanagement • Angepasste Finanzsysteme
Organisationen (wer, wie?)	WTO/GATT/ GATS, UNCTAD, OECD	WTO, OECD: Global Forum on Competition, ICN (Weltkartellamt)	G7/8, G20, IWF, Institute of International Finance (IIF) Bank für Internationalen Zahlungsausgleich (BIZ) mit BCBS, CGFS und FSB IFRS, INTOSAI, ICGN, IOSCO	
Ziele (warum?)	• Schaffung und Sicherung des Marktzugangs • Mehr Wohlstand durch internationalen Handel • Investitionsschutz	Schutz vor Nachteilen durch unfairen Wettbewerb auf verschiedenen Ebenen	• Stabilisierung der Finanzsysteme • Verringerung der Eintrittswahrscheinlichkeit von Währungs- und Finanzkrisen • Bewältigung der (realen) Auswirkung von Krisen • Bessere Voraussetzungen für Wachstum und Wohlstand	

Abb. 11.1 Globale Wirtschaftsarchitektur – Übersicht © Eckart Koch

weitere Ausbau der Welthandelsordnung sowie die Schlichtung von Handelsstreitigkeiten. Das GATT wurde in Genf vom GATT-Sekretariat verwaltet. Erst nach 47 Jahren, im Januar 1995, wurden die Aufgaben des GATT-Sekretariats von der neu gegründeten WTO übernommen (Koch 2006, S. 165 ff.). Das GATT entsprach dem handelspolitischen Teil der sog. *Havanna-Charta*, über die von 1946 bis 1948 in UN-Konferenzen verhandelt worden war. Weitergehende Vorschläge, eine mit weitreichenden Kompetenzen ausgestattete *International Trade Organization* (ITO) ins Leben zu rufen, waren von den USA Ende der 1940er-Jahre wegen der damit verbundenen Beschränkung nationaler Kompetenzen nicht unterstützt worden.

Was unter internationaler Handelspolitik zu verstehen ist, war lange Zeit weitgehend unumstritten. Durch zunehmende Liberalisierung der Handelsbedingungen, insbesondere durch immer neue Zollsenkungsrunden, und die Durchsetzung von zentralen Diskriminierungsverboten, der *Inländerbehandlung* und der *Meistbegünstigung*, sollten die Voraussetzungen für die Ausweitung des internationalen Handels laufend verbessert werden.[1] Seit

---

[1] Der Grundsatz der Meistbegünstigung (*most favoured nation*, MFN) verpflichtet die WTO-Mitgliedsländer zur Gleichbehandlung aller anderen Mitglieder: Handelserleichterungen, die diese einem Land gewähren, müssen gleichzeitig auch allen anderen Mitgliedern zugestanden werden. Damit können Mitgliedsländer im Regelfall keine Zollerhöhungen gegenüber einzelnen Ländern durchsetzen ohne gegen WTO-Bestimmungen zu verstoßen, da jedes Mitgliedsland einen Rechtsanspruch auf Meistbegünstigung hat. Der Grundsatz der Inländerbehandlung stellt ausländische Anbieter im Inland Inländern gleich, so dass diese nicht durch politische Maßnahmen diskriminiert werden können.

11.1 Vorbemerkung

etwa Mitte der 1980er-Jahre, seit Beginn der Vorverhandlungen zur vorerst letzten abgeschlossenen Welthandelsrunde, der *Uruguay-Runde*, die erst nach äußerst zähen Verhandlungen im Dezember 1993 nach acht Jahren mit dem *Abkommen von Marrakesch* beendet wurde, wird die globale Handelsthematik zunehmend umfangreicher, komplexer und damit auch komplizierter.

So wurden, vorwiegend auf Druck der Industrieländer, erfolgreich neue Themenbereiche verhandelt, die über reine Zollsenkungspolitik bzw. den Abbau direkter Handelsschranken weit hinausgehen. So wurde mit der Behandlung von Fragen des *internationalen Dienstleistungshandels* und des *Urheberschutzes* (s. u.) das heutige internationale Handelssystem auf eine breitere Grundlage gestellt. Damit gewann auch die Rolle der neugegründeten WTO erheblich an Bedeutung. Eine wichtige Rolle spielen hierbei auch die deutlich erweiterten Möglichkeiten der WTO als *Dispute Settlement Body* (*DSB*) eine *Schiedsgerichtsfunktion* bei internationalen Handelsstreitigkeiten zu übernehmen, vgl. hierzu Abb. 11.2.

Darüber hinaus werden zukünftig auch weitere Themenbereiche zunehmend an Bedeutung gewinnen, etwa Fragen des *internationalen Investitionsschutzes* oder einer *internationalen Wettbewerbsordnung*, die für eine globalisierte Wirtschaft faire Wettbewerbsgrundlagen bereitzustellen und die derzeitige Handelsordnung thematisch überlagern wird. Dazu kommen Fragen der Angleichung nationalstaatlich geregelter (etwa technisch, gesundheitlich oder ökologisch bedingter) *Güterstandards*, die nach wie vor eine erhebliche Hürde für die Ausweitung des grenzüberschreitenden Güteraustausches darstellt. Es geht also in allen Fällen um die Schaffung von Regeln und Normen, die den

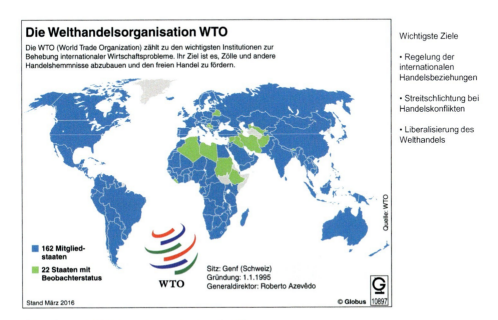

Abb. 11.2 Die Welthandelsorganisation (WTO)

weiteren Ausbau der globalisierten Wirtschaft begleiten und ein Mindestmaß an Fairness sowie einen Mindestschutz für die Teilnehmer garantieren sollen.

Seit Beginn der Globalisierung werden jedoch auch Interessengegensätze deutlicher, auch deswegen, weil sich Machtverhältnisse ändern und grenzüberschreitende Transaktionen für eine zunehmende Anzahl von Staaten deutlich an Bedeutung gewinnen. Damit geht es immer mehr darum, eine Balance der unterschiedlichen Interessen bzw. einen Interessenausgleich im Rahmen der internationalen Vereinbarungen zu berücksichtigen.

11.2 Globale Handelspolitik

11.2.1 Liberalisierung des internationalen Warenverkehrs

Globale Handelspolitik war zunächst überwiegend der Versuch durch einen Abbau von *direkten* Marktzutrittsschranken, wie Zöllen aber auch *Nicht-tarifären Handelshemmnissen* (NTH), ausländischen Gütern den Zugang zum heimischen Markt und *vice versa* zu erleichtern. Unter NTH werden gewöhnlich sämtliche Maßnahmen zusammengefasst, die beabsichtigt, evtl. auch unbeabsichtigt, den internationalen Güteraustausch behindern, aber keine Zölle oder vergleichbare Grenzabgaben sind. Formal wurde globale Handelspolitik im Rahmen von GATT-organisierten, sich meist über mehrere Jahre hinziehenden *multilateralen Handelsrunden* praktiziert.

Nach der ersten Handelsrunde, die 1947 in Genf stattfand, und durch die das Zollniveau schon um durchschnittlich 20 % reduziert werden konnte, befassten sich auch die nächsten fünf Handelsrunden, die drei Verhandlungsrunden in den 1950er-Jahren in *Annecy, Torquay* und *Genf*, und die beiden Handelsrunden der 1960er-Jahre, die *Dillon-Runde* und die *Kennedy-Runde*, primär mit Zollreduzierungen. Insbesondere die *Kennedy-Runde* (1964–1967) und die darauf folgende *Tokio-Runde* (1973–1979) waren mit allgemeinen Zollsenkungen zwischen 30 und 40 % sehr erfolgreich. In diesem Zeitraum konnten, mit Ausnahme des Agrar- und des Textilbereichs, die durchschnittlichen Zollsätze der Industrieländer von 35 % (1947) auf 5 % (1979) gesenkt werden.

Anfang der 1990er-Jahre sanken die durchschnittlich von Industrieländern erhobenen Zölle auf Industriegütereinfuhren auf etwa 3 %. Die Durchschnittszahl kaschiert allerdings die zum Teil zweistelligen Zölle auf einzelne, als besonders schutzwürdig angesehene konsumnahe Fertigwaren, sowie die Tatsache, dass die Zollbelastung häufig mit zunehmendem Verarbeitungsgrad („Kaskadenzölle") ansteigt, eine Praxis die insbesondere Entwicklungsanstrengungen von Entwicklungsländern behindert. Damit ist die tarifäre Protektion weiterhin ein nicht zu unterschätzendes Hindernis für den internationalen Handel.

Die sich verschlechternde weltwirtschaftliche Lage Anfang der 1970er-Jahre markiert den Beginn einer Periode des zunehmenden Protektionismus. Dieser zeigte sich zunächst darin, dass die Beschlüsse der *Tokio-Runde* (1973–1979), die weit über Zollsenkungen hinausgingen und u. a. einen Abbau von NTH, die Einbeziehung des Handels mit Agrarprodukten in die allgemeinen GATT-Verpflichtungen, Vereinbarungen über die internationale

11.2 Globale Handelspolitik

Ausschreibung öffentlicher Aufträge, Antidumping-Regelungen etc. beinhalteten, kaum umgesetzt wurden bzw. von vielen Ländern durch Schutzklauseln, Mengenbeschränkungen und bilaterale Selbstbeschränkungsabkommen weitgehend ausgehöhlt wurden.

Ab Mitte der 1980er-Jahre, also mit dem Beginn der Globalisierung, begann sich die weltwirtschaftliche Situation wieder zu verbessern. Insbesondere in den Schwellenländern zeigten sich Erfolge einer liberaler werdenden Wirtschafts- und Außenwirtschaftspolitik, sodass hier zunehmend protektionistische Positionen zugunsten freihandelsorientierter Vorstellungen abgebaut wurden. Diese Entwicklung schlug sich dann in der *Uruguay-Runde* (1986–1994) nieder, in der die Interessengegensätze sowohl zwischen den Industrie- und Entwicklungsländern als auch zwischen den verschiedenen Handelsblöcken besonders stark aufeinander prallten. Damit wurden nun, unter Berücksichtigung des Strukturwandels der Weltwirtschaft, neue Themenbereiche, wie der *internationale Dienstleistungshandel*, *der Schutz geistigen Eigentums*, und *handelsbezogene Investitionsschutzrechte* ebenfalls Gegenstand der Verhandlungen. Da hierdurch die Verhandlungen komplizierter wurden, wurde die Uruguay-Runde nicht wie vorgesehen im Dezember 1990 sondern nach äußerst zähen Verhandlungen und einem politischen Kraftakt erst nach sieben Jahren im Dezember 1993 beendet. Vgl. hierzu Abb. 11.3.

Im Anschluss an die Uruguay-Runde wurden weitere Verhandlungen zu Einzelbereichen geführt und zum Abschluss gebracht. 1997 trat ein Abkommen, das den Abbau von Zöllen bei Produkten der Informationstechnologie, ausgenommen Waren der Unterhaltungselektronik, vorsieht, das *Information Technology Agreement* (ITA), in Kraft. Die inzwischen 54 Mitglieder dieses Abkommens repräsentieren über 90 % des Welthandelsvolumens mit

GATT/WTO (ab 1995) Verhandlungsrunden		Gegenstand der Verhandlungen	teilnehmende Länder	Durchschnittliche Zollsenkung in %
1947	–	Zölle	23	35
1949	Annecy-Runde	Zölle	13	2
1951	Torquay-Runde	Zölle	38	3
1956	Genf-Runde	Zölle	26	2
1960 – 1961	Dillon-Runde	Zölle	26	7
1964 – 1967	Kennedy-Runde	Zölle, Preisdumping	62	35
1973 – 1979	Tokio-Runde	Zölle, nicht-tarifäre Handelshemmnisse*, Rahmenabkommen	102	34
1986 – 1994	Uruguay-Runde	umfassende Reformen, Gründung der WTO	123	40
seit 2001	Doha-Runde	bessere Einbindung der Entwicklungs- und Schwellenländer in den Welthandel	153	?

*z.B. Subventionen, mengenbezogene Ein- und Ausfuhrbeschränkungen
Quelle: Bundesministerium für Wirtschaft und Technologie
© Globus 2261

Abb. 11.3 Die Welthandelsrunden

informationstechnologischen Produkten, wie beispielsweise Speicherchips, Medizintechnik, Spielkonsolen, Smartphones oder Navigationssysteme. Nach einer 13-jährigen Verhandlungsdauer wurde für diese Produkte 2015 ein neues globales Zollabkommen vereinbart: Für mehr als 200 IT-Produkte werden ab Mitte 2016 die Zölle wegfallen. Das geschätzte Handelsvolumen beträgt 1,2 Bio EUR. Ebenfalls 1997 wurde zwischen 69 Staaten ein Abkommen über einen Zollabbau bei Telekommunikationsgütern (*Basic Telecommunications*) abgeschlossen, das im Februar 1998 in Kraft trat.

In Doha (Katar) begonnene neunte Handelsrunde sollte ursprünglich bis 2004 beendet sein.[2] Da Beschlüsse zu einzelnen Punkten einer Handelsrunde erst verbindlich werden, wenn Konsens in allen Verhandlungspunkten besteht, und in entscheidenden Punkten bislang noch keine Einigung erzielt werden konnte, konnte die erste WTO-Handelsrunde auch 2016 noch nicht abgeschlossen werden. Ziel der Doha-Runde sollte es sein, die Märkte weiter zu öffnen, um die Entwicklungsländer besser in das System des Welthandels einzubinden, sie wird daher auch als „Entwicklungsrunde" bezeichnet. Das wichtigste Problem waren zentrale Differenzen zwischen den Interessen der Industrie- und der Entwicklungsländer, wie beispielsweise der Agrarprotektionismus der Industrieländer, der die Agrarprodukte aus Entwicklungsländern im Welthandel erheblich benachteiligt. Andererseits fordern die Industrieländer eine Senkung der Zölle für Industriegüter seitens der Entwicklungs- und Schwellenländer.

Auf der Ministerkonferenz in Hongkong 2005 wurde zwar ein Kompromissvorschlag zum Agrarhandel erarbeitet, in anderen zentralen Punkten der Doha-Agenda kam es jedoch zu keiner Einigung. Hier boten die Industrieländer an, die Integration der Entwicklungsländer in den Welthandel durch handelsbezogene Entwicklungszusammenarbeit (*Aid for Trade*), für die Mittel bereitgestellt wurden, zu fördern. Das Ministertreffen in Genf (2006) wurde ergebnislos abgebrochen, wiederum, weil sich die Verhandlungspartner nicht über die Liberalisierung des Agrarhandels verständigen konnten. 2007 wurden für die beiden strittigen Bereiche, Agrar- und Industriegüter (Non-Agricultural Market Access, NAMA) neue Kompromissvorschläge vorgelegt. Auf der Basis erneut überarbeiteter Vorschläge wurden die WTO-Gespräche im Rahmen eines Ministertreffens in Genf (2008) wieder aufgenommen, bei dem Fortschritte in allen drei Verhandlungsbereichen (NAMA, Agrarbereich und Dienstleistungen) erzielt werden konnten. Nach wenigen Tagen wurden die Verhandlungen jedoch wieder wegen unterschiedlicher Positionen über die Ausgestaltung eines besonderen Schutzmechanismus' (*Special SafeGuard Mechanism*, SSM) für Entwicklungsländer abgebrochen. Dieser Mechanismus sieht vor, dass sich Schwellen- und Entwicklungsländer vorübergehend durch höhere Zölle vor unerwarteten hohen Agrarimporten schützen können.

Ergebnis der siebten WTO-Ministerkonferenz in Genf (2009) war vor allem ein deutliches politisches Signal, die Doha-Runde zügig abzuschließen. Doch auch in den späteren Gesprächen konnte der Grundkonflikt nicht gelöst werden: Die USA forderten einen

---

[2] s. zum Verlauf der Doha-Runde: www.bmz.de/de/was_wir_machen/themen/wirtschaft/welthandel/welthandelssystem/WTO/doha_runde.html.

erheblich verbesserten Zugang zu den Agrar- und Industriegütermärkten insbesondere in einigen BRICS-Ländern, während diese Länder hierfür maßgebliche Gegenleistungen der USA erwarteten. Auch in der achten WTO-Ministerkonferenz (2011) konnte der Stillstand in den Doha-Verhandlungen nicht überwunden werden, sodass man nun versuchte eine Einigung bei weniger umstrittenen Themen zu erzielen, wie dem zoll- und quotenfreien Marktzugang von den am wenigsten entwickelten Ländern in Industrie- und Schwellenländer, nach dem Vorbild der EU.

Erst Ende 2013 wurde mit dem „Bali-Paket" das erste multilaterale Freihandelsabkommen seit WTO-Gründung verabschiedet, allerdings konnte auch damit kein Abschluss der Doha-Runde erreicht werden. Das Paket enthält Vereinbarungen u. a. in Bezug auf Zollreduzierungen, organisatorische Vereinfachungen bei der Abwicklung des globalen Warenverkehrs, einen besseren Zugang der über 50 ärmsten Entwicklungsländer (LDCs) zu den Industrieländermärkten, bessere Handelsbedingungen und einen Abbau des Agrarprotektionismus seitens der Industrieländer. Nach Schätzungen der Internationalen Handelskammer (ICC) können Unternehmen allein durch die Vereinfachung der Zollabwicklung 10–15 % ihrer Kosten für den grenzüberschreitenden Warenverkehr einsparen. Nach der Beilegung eines Streits mit Indien über die Befristung seiner Agrarsubventionen wurde das Paket 2014 auch von dem WTO-Generalrat abgesegnet (o. V. 2013).

Auch auf der Welthandelskonferenz im Dezember 2015 in Nairobi konnten die gegensätzlichen Positionen der WTO-Mitglieder nicht überwunden werden. Während die Mehrheit der Entwicklungsländer eine Fortsetzung der Doha-Agenda mit Schwerpunkt auf Entwicklungsfragen fordert, streben die Industriestaaten nach 14-jährigen, weitgehend erfolglosen Gesprächen eine Neuausrichtung der WTO mit Verhandlungen über neue Themen der Globalisierung an. Damit ist nach wie vor offen, ob und wann die Doha-Runde beendet wird. Lediglich einige Ergebnisse in Bezug auf den Handel mit Agrargütern, wie ein Abbau von Export-Subventionen für Agrarprodukte wurden erreicht. Entwicklungsländer werden dies bis 2023 und LDCs bis 2030 umsetzen. Alle WTO-Staaten gestanden den LDCs aber das Recht zu, im Falle einer Überschwemmung ihrer Agrarmärkte mit billigen Importen temporär Schutzzölle zu erheben. Indien kann nach wie vor Lebensmittel zu festgelegten Niedrigpreisen aufkaufen und lagern, obwohl dies gegen WTO-Regeln verstößt. Während DIHK-Außenwirtschaftschef Volker Treier sich positiv äußerte: „Multilaterale Abkommen sind und bleiben der Königsweg zur Schaffung eines fairen und transparenten Welthandelssystems … Das Nairobi-Paket muss daher der Startschuss sein für eine Wiederbelebung der WTO als zentrales Forum für Handelsregeln …" werteten internationale Hilfs- und Entwicklungsorganisationen, wie Brot für die Welt oder Oxfam, die Konferenz eher als der Beginn eines Ausstieg aus den Doha-Verhandlungen (dpa 2015).

11.2.2 Liberalisierung des internationalen Dienstleistungsverkehrs

Mit dem Abkommen von Marrakesch 1993 wurden in einem Rahmenabkommen, dem **General Agreement on Trade in Services** (GATS), allgemeine Grundsätze für den *internationalen Dienstleistungshandel* vereinbart. Damit gelten GATT-Prinzipien und

-Regeln, wie der *Meistbegünstigungsgrundsatz* und die *Inländerbehandlung*, grundsätzlich auch für Dienstleistungen: Handelsvergünstigungen können nicht einzelnen Staaten gewährt werden, sondern müssen grundsätzlich allen WTO-Staaten zugestanden werden. Ausnahmen gelten für regionale Integrationsabkommen, sodass die EU Handelsvorteile ihres Binnenmarkts nicht anderen Staaten gewähren muss. Durch den Grundsatz der Inländerbehandlung müssen ausländische Anbieter inländischen Dienstleistungsanbietern gleichgestellt werden.

Das GATS bezieht sich grundsätzlich auf alle Dienstleistungsbereiche, allerdings wurden nach Beendigung der Uruguay-Runde vereinbarungsgemäß für diejenigen Bereiche Sonderabkommen geschlossen, die nicht durch das allgemeine GATS geregelt werden sollten, wie den Handel mit Finanz- und Telekommunikationsdienstleistungen. Zudem sind Ausnahmeregelungen in erheblichem Umfang möglich. Ausgenommen von den Liberalisierungsregeln bleiben bislang der Seeverkehr und der Handel mit Film- und Fernsehrechten. Seit 2000 wird das GATS mit mehreren Unterbrechungen jedoch ohne substanzielle Ergebnisse neu verhandelt (*GATS 2000*), auch diese Verhandlungen wurden aufgrund von Interessendivergenzen der Mitgliedsländer noch nicht abgeschlossen.[3]

Die Besonderheit dieser Thematik besteht darin, dass es hier nicht primär um den Abbau von Beschränkungen des grenzüberschreitenden Handels geht (*border measures*), sondern darin, dass der grenzüberschreitende Handel durch eine Vereinheitlichung von außenhandelsrelevanten binnenwirtschaftlichen Regelungen (*domestic measures*) erleichtert werden soll. Hiervon betroffen sind nationale Qualifikations-, Zulassungs- oder Niederlassungsbestimmungen, durch die nationale Ziele, wie etwa höherer Verbraucherschutz oder der Schutz einheimischer Unternehmen, erreicht werden sollten. Die Erreichung dieser Ziele sehen einzelne Staaten durch die internationalen Abkommen zur Liberalisierung des Dienstleistungshandels gefährdet, sodass sich eine Liberalisierung dieser Bereiche gegenüber der eigenen Bevölkerung häufig nur schwer rechtfertigen lässt. Dies hängt etwa mit dem besonderen nationalen Charakter einzelner Dienstleistungsbereiche zusammen, wie dies am Beispiel des Handels mit Film- und Fernsehrechten deutlich wurde, den vor allem Frankreich nicht vollständig liberalisieren will. Zudem ist eine Dienstleistungsliberalisierung meist auch verknüpft mit einer Liberalisierung der Investitionsbestimmungen, durch die ausländische Anbieter in die Lage versetzt werden, ihre Dienstleistungen auf dem eigenen Markt anbieten zu können.

1999 trat das **Abkommen über Finanzdienstleistungen** in Kraft, durch das ein weiterer Dienstleistungssektor liberalisiert wurde. Zwischen den 29 OECD-Ländern und 41 Entwicklungsländern, auf die etwa 95 % des weltweiten grenzüberschreitenden Handels mit Finanzdienstleistungen – Bankdienstleistungen, Börsendienste, Vermögensverwaltung und Versicherungen – entfallen, ist damit der Markt für Finanzdienstleister seit 1999 weitestgehend liberalisiert. Im Kern ging es dabei um die Bereitschaft der Entwicklungsländer ausländische Finanzdienstleistungsanbieter auf dem heimischen Markt zu

---

[3] vgl. WTO, www.wto.org/english/tratop_e/serv_e/serv_e.htm, www.wto.org/.../symp_mar02_sauve_e.doc, WTO (2006).

akzeptieren, sie inländischen Unternehmen gleichzustellen und ihnen Kapitalbeteiligungen an einheimischen Finanzunternehmen zu ermöglichen. Die Liberalisierung wird auf der Basis der Meistbegünstigung gewährt, sodass auch für diejenigen WTO-Mitglieder, die nicht an den Verhandlungen teilgenommen haben, der Marktzugang verbessert wird.

Die verschiedenen Finanzkrisen, insbesondere die Welt-Finanz-, Wirtschafts- und Staatsschuldenkrise (ab 2007), zeigten allerdings, dass eine unbeschränkte Liberalisierung und Deregulierung erhebliche Nachteile mit sich bringen kann und Regulierungen die Finanzsysteme stabilisieren können. Es ist daher zu erwarten, dass der Trend zur Liberalisierung im Finanzbereich sich nicht weiter fortsetzen wird.

11.2.3 Bilaterale Handelsabkommen

Die im Verlauf der Doha-Runde schwierigen und bislang wenig erfolgreichen multilateralen WTO-Verhandlungen veranlassten viele WTO-Mitglieder dazu, mit ihren wichtigsten Handelspartnern bilaterale Handelsabkommen abzuschließen. Diese Entwicklung trägt dazu bei, die bestehende globale Welthandelsordnung der WTO schleichend zu unterlaufen. Derzeit existieren über 600 regionaler und bilateraler Abkommen, von denen über 400 in Kraft sind. Damit sind derartige, eigentlich nur als Ausnahme vorgesehene Regelungen inzwischen praktisch zum Regelfall geworden. Bilaterale Abkommen behindern die Globalisierung, da sie die (bilateralen) Vertragspartner beim Marktzugang bevorzugen und die anderen diskriminieren. Darüber hinaus können sie einander widersprechen und machen den Welthandel zudem intransparenter und komplizierter.

Die WTO verliert hierdurch die Möglichkeit, allgemein verbindliche Regeln festzulegen, die für alle WTO-Mitgliedsländer gleichermaßen gelten. Im Konfliktfall ist die Einhaltung dieser Regeln vor dem WTO-Schiedsgericht, dem Dispute Settlement Body (DSB), einklagbar. Durch bilaterale Abkommen wird diese Möglichkeit ausgehebelt, wie auch der Grundsatz der Meistbegünstigung, nach dem ein Land, das einem anderen Handelsvorteile einräumt, diese auch allen anderen Ländern einräumen muss. Vor dem DSB können Staaten gegen andere Staaten klagen, etwa weil ein Land überhöhte Zölle erhebt oder seinen Unternehmen unerlaubte oder versteckte Subventionen zukommen lässt. Das Schiedsgericht kann dann beispielsweise dem benachteiligten Land Vergeltungsmaßnahmen, wie die zeitlich befristete Erhebung von Strafzöllen, erlauben (Koch 2006, S. 176 ff; Malcher 2015).

11.2.3.1 Transatlantic Trade and Investment Partnership Abkommen (TTIP)

Schon seit den 1990er-Jahren wird über ein transatlantisches Freihandelsabkommen diskutiert, zunächst über eine Transatlantische Freihandelszone (TAFTA) später über einen Transatlantischen Business Dialogue (TABD). Über Vereinbarungen zum Investitionsschutz wurde im Rahmen eines Multilateralen Investitionsschutzabkommens (MAI) verhandelt. Alle Initiativen scheiterten jedoch letztlich an den Blockaden einzelner Länder sowie der heftigen Kritik von Anti-Globalisierungsgruppierungen. Nach CETA, dem Comprehensive Economic and Trade Agreement zwischen der EU und Kanada, wird derzeit das geplante Transatlantic Trade and Investment Partnership Abkommen (TTIP) zwischen der EU und den USA verhandelt. Das Freihandels- und Investionsschutzabkommen zwischen den USA und der Europäischen Union, das die größte Freihandelszone der Welt schaffen soll, wird in Bezug auf das Verfahren, insbesondere die Geheimverhandlungen, sowie auf den Inhalt, soweit dieser bekannt geworden ist, von verschiedenen Seiten massiv kritisiert.

Hierbei steht vor allem der Investitionsschutzbereich im Zentrum der Kritik. Während es früher bei derartigen Abkommen darum ging, Unternehmen in Ländern ohne rechtsstaatliche Prinzipien vor staatlicher Willkür, etwa vor Verstaatlichungen, durch die Anrufung eines vereinbarten Schiedsgerichts zu schützen, geht es heute um sehr viel mehr: So klagen spezialisierte global tätige Anwaltskanzleien gegen einfache Gesetze, die bei ihren Klienten, den Unternehmen, zu möglichen Gewinneinbußen führen können. Dies kann der vom deutschen Bundestag beschlossene Atomausstieg sein, der Energiekonzerne benachteiligt oder ein Beschluss, den Mindestlohn zu erhöhen, weil dieser zu höheren Lohnkosten führt.[4]

Die mögliche Vereinbarung eines außerhalb der regulären Gerichtsbarkeit angesiedelten Schiedsgerichtsverfahrens für den Investorenschutz gehört zu den größten Kritikpunkten an TTIP. Dies soll nun durch ein neues System von „Investitionsgerichten", das demokratischen Prinzipien und öffentlicher Kontrolle unterliege, abgelöst werden. Zudem sollen die Möglichkeiten vor einem solchen Gericht zu klagen, eingeschränkt werden, um so Missbrauch vorzubeugen. Zugleich soll das Recht der Staaten auf Regulierung festgeschrieben werden, damit ausländische Unternehmen keine Möglichkeit mehr haben, gegen für sie ungünstige Gesetze vorzugehen.

> **Ein Konter für TTIP**
> Deutsche Kritiker nehmen das TTIP-Abkommen mit den USA ins Visier … Die Gegner befürchten etwa, das geplante Handelsabkommen werde Europas Sozial- und Umweltstandards absenken. Nun versucht Europa, mit einem eigenen Kapitel zu „Handel und nachhaltiger Entwicklung" den Kritikern zu begegnen und die USA auf ein hohes Schutzniveau festzulegen, obwohl Amerika zahlreiche internationale Arbeits- und Umweltabkommen nicht ratifiziert hat …

---

[4] siehe hierzu: ec.europa.eu/trade/policy/in-focus/ceta/index_de.htm; ec.europa.eu/trade/policy/in-focus/ttip/index_de.htm; www.attac.de/ceta; attac.de/tti; Hansen/Gala (2014).

11.2 Globale Handelspolitik

In dem Kapitel zu nachhaltiger Entwicklung will Europa festschreiben, dass EU und USA jeweils das Recht haben, Umwelt- und Sozialschutz in ihren Gesetzen auf dem Niveau zu sichern, das ihnen angemessen erscheint. Dabei soll jede Seite das Ziel bekräftigen, durch ihre Gesetze und politischen Maßnahmen ein hohes Schutzniveau zu erreichen. Die Voraussetzung soll dabei sein, dass die Regeln auf eine Art festgelegt werden, die international anerkannten Grundsätzen entspricht.

Explizit verhindern will Europa in einem eigenen Artikel, dass die Vereinigten Staaten Umwelt- oder Sozialregeln abschwächen, damit ihre Unternehmen billiger in die EU exportieren können und so Marktanteile gewinnen. Das soll einen Absenkungswettlauf verhindern, der zulasten der Bürger geht. So sollen beide Seiten anerkennen, dass es unzulässig ist, auf diese Weise Exporte zu fördern oder Investitionen anzulocken. Beide Seiten sollen sich dazu bekennen, dass sie Firmen nicht anbieten, von ihren Umwelt- oder Sozialregeln Ausnahmen zu machen. Was bedeutet das? Falls Europa und die USA diese Schutzklausel vereinbaren, könnte Europa jedesmal eine Verletzung des TTIP-Vertrags reklamieren, wenn die Vereinigten Staaten Normen abschwächen.

Weitgehende Zusicherungen will Europa von den Vereinigten Staaten auf dem Gebiet des Arbeitsschutzes erreichen. In Abkommen der Internationalen Arbeitsorganisation ILO sind mehrere Kernprinzipien vereinbart, die sich zum Beispiel gegen Zwangs- und Kinderarbeit und Diskriminierung am Arbeitsplatz aufgrund des Geschlechts oder der Hautfarbe richten. Außerdem verankern sie das Recht von Beschäftigten, Gewerkschaften und Arbeitnehmervertretungen Betriebsräte zu bilden und kollektiv Löhne auszuhandeln. Die USA haben nur zwei der betreffenden acht ILO-Abkommen ratifiziert. Europa will die USA nun bewegen, sich bei TTIP zu allen Grundprinzipien des Arbeitsschutzes zu bekennen. Das könnte in der Praxis einige Auswirkungen haben. Amerikanische Gewerkschaften beklagen beispielsweise, dass südliche US-Bundesstaaten durch komplizierte Regeln erschweren, dass sich in Fabriken Arbeitervertretungen bilden oder gestreikt wird. Die EU will auch, dass sich die Vereinigten Staaten in TTIP explizit zum Recht auf Streik bekennen. Und die USA sollen erstmals in einem Handelsabkommen auf die ILO-Agenda für anständige Arbeit Bezug nehmen, die unter anderem den Schutz der Gesundheit am Arbeitsplatz sowie angemessene Bezahlung und Arbeitszeiten festschreibt.

Ein ähnliches Ziel wie beim Arbeitsschutz verfolgt Europa bei der Umwelt. So will sie die USA zu den Prinzipien internationaler Abkommen über Chemikalien und Abfall verpflichten, die Amerika bisher nicht ratifiziert hat. Der Brüsseler Vorschlag zur nachhaltigen Entwicklung sieht außerdem vor, weltweit die Bedingungen in globalen Wertschöpfungsketten zu verbessern, also etwa, wenn in Entwicklungsländern für den Westen produziert wird. Europa und die USA sollen sich in TTIP dazu bekennen, Vereinbarungen mit anderen Ländern über die Arbeitsbedingungen abzuschließen. Vorbild ist das Abkommen, das EU und die USA mit Bangladesch abgeschlossen haben, nachdem 2013 beim Einsturz der Textilfabrik Rana Plaza

> mehr als 1100 Menschen umgekommen waren. Die freiwillige Vereinbarung sieht unter anderem vor, dass Bangladesch die Fabriken durch eine bestimmte Zahl ausgebildeter Inspektoren kontrollieren lässt und auf Bau- und Brandsicherheit achtet.
> Europa habe noch nie in einem Handelsabkommen so weitreichende Vorschläge zu Sozial- und Umweltschutz gemacht, heißt es aus einem Mitgliedstaat. Nun müssen die Verhandlungen zeigen, ob sich die US-Regierung auf die Vorschläge einlässt. Generell schließen die USA meist sehr gleichförmige Abkommen ab, die auf einem Kompromiss von Demokraten und Republikanern aus dem Jahr 2006 basieren. Um die Forderungen der EU zu erfüllen, müssten sie davon abweichen.
> Quelle: Hagelüken 2015

11.2.3.2 Trade in Services Agreement (TiSA)

Auch wenn bei bilateralen Handelsvereinbarungen der Handel mit Gütern dominiert, spielen auch Vereinbarungen über den freien Handel mit Dienstleistungen eine Rolle. Wegen der seit Jahren stockenden Verhandlungen bei der WTO beschloss 2012 eine Gruppe von 23 WTO-Mitgliedern, der u. a. die EU mit allen Mitgliedern angehört und die sich selbst als „wirklich gute Freunde der Dienstleistungen" bezeichnet, Verhandlungen für ein neues Freihandelsabkommen zur Deregulierung von Dienstleistungen aufzunehmen. Dieses Trade in Service Agreement (TiSA) wird von den Mitgliedern abseits der WTO im Geheimen verhandelt. Ziel ist es, so viele WTO-Mitglieder hiervon zu überzeugen, dass TiSA später in WTO-Recht umgewandelt werden kann. Gleichzeitig soll das neue Abkommen klar über das bestehende GATS hinausgehen.

Der Leitsatz des Abkommens lautet: Jeder Staat soll Dienstleistungen und deren Anbieter nicht schlechter behandeln, als er seine eigenen Dienstleistungen und deren Anbieter behandelt. Dabei geht es beispielsweise um öffentliche Dienstleistungen zur Gesundheits-, Wasser- und Energieversorgung, um den Bildungsbereich, den Finanzsektor oder den Gesundheitsbereich sowie eine mögliche Öffnung des Arbeitsmarktes für ausländische Dienstleister. Darüber hinaus können von TiSA weitere Bereiche, wie grenzüberschreitende Beratungsleistungen, Architektur- oder juristische Dienstleistungen einbezogen werden. In allen Fällen sollen noch bestehende Beschränkungen reduziert und der grenzüberschreitende Dienstleistungsaustausch liberalisiert werden. Allerdings ist ein Klagerecht für Unternehmen bei TiSA nicht vorgesehen. Auch die TiSA-Verhandlungen sind Geheimverhandlungen. Mehr noch als bei dem Austausch von Gütern ist beim Dienstleistungshandel die Balance zwischen den ökonomischen Vorteilen für alle Beteiligten, also den erhöhten Gewinnmöglichkeiten, der Schaffung von Arbeitsplätzen oder einer besseren Versorgung, und den möglichen Nachteilen, wie einer Verringerung des Rechts- und Verbraucherschutzes, möglichen Kostensteigerungen und Versorgungsbeeinträchtigungen, zu wahren.[5]

---

[5] s. hierzu: ec.europa.eu/trade/policy/in-focus/tisa/index_de.htm; www2.weed online.org/uploads/infoblatt _tisa_und_finanzdienstleistungen.pdf; www.kritisches-netzwerk.de/forum/tisa-das-abkommen-zum-handel-mit-dienstleistungen-und-die-agenda-der-konzerne

11.3 Globale Wettbewerbspolitik

11.3.1 Elemente einer globalen Wettbewerbsordnung

Eine große Herausforderung ist die Schaffung einer **internationalen Wettbewerbsordnung**, die für eine globalisierte Wirtschaft faire Wettbewerbsgrundlagen bereitstellen und damit weit über die derzeitige Handelsordnung hinausgehen müsste. Internationale Handelspolitik versucht bisher im Kern durch den Abbau *direkter* Marktzutrittsschranken, wie Zöllen und nicht-tarifären Handelshemmnissen, den Marktzugang für ausländische Unternehmen verbessern. Dagegen wird der Tatsache, dass ausländischen Unternehmen durch eine Vielzahl nationaler politischer Maßnahmen – wie industrie-, struktur-, sozial- und andere politische Maßnahmen – der Marktzugang *indirekt* erschwert und damit der Wettbewerb verzerrt wird, immer noch zu wenig Beachtung geschenkt. Gleichzeitig besteht die Gefahr, dass große Transnationale Unternehmen ihren Konkurrenten direkt oder indirekt den Marktzugang erschweren und damit den internationalen Wettbewerb behindern.

Soll der grenzüberschreitende Handel weiter ausgeweitet werden, so müssen auch die indirekt wirkenden nationalen Handels- und Wettbewerbsbeschränkungen zum Gegenstand internationaler Verhandlungen und Vereinbarungen gemacht werden und die globale Handelspolitik durch eine wettbewerbspolitische Komponente, eine *globale Weltwettbewerbsordnung*, ergänzt werden. Diese umfasst im Kern zwei Bereiche:

1. Zum einen sollte sie global akzeptierte *Wettbewerbsregeln für Unternehmen* bereitstellen, die in der Lage sind, den Missbrauch von Unternehmensmacht zu verhindern. Hierbei geht es insbesondere darum, global tätige Unternehmen daran zu hindern, den internationalen Leistungswettbewerb bzw. den Marktzugang für andere Unternehmen unzulässig, auf nicht-marktkonforme Weise, zu beschränken oder gar zu verhindern. Dies könnte beispielsweise geschehen durch eine verbesserte Abstimmung und Koordinierung entsprechender nationaler Regulierungen oder durch die multilaterale Vereinbarung global gültiger Wettbewerbsregeln. Diese müssten beispielsweise Kartelle mit grenzüberschreitenden Wirkungen verhindern, grenzüberschreitende Fusionen und marktbeherrschende Unternehmen vorbeugend kontrollieren und den Missbrauch marktbeherrschender Stellungen verbieten. Die Einhaltung derartiger Regelungen würde dann von supranationalen Institutionen kontrolliert werden.
2. Ein zweiter Bereich wäre die Vereinbarung von *Wettbewerbsregeln für Staaten*, die diese auf eine faire und transparente Politik gegenüber ausländischen Unternehmen verpflichten müssten. Hierbei geht es um den Abbau solcher staatlicher Regulierungen, die indirekt handelsbeschränkend wirken, um so die (Wettbewerbs-) Bedingungen für die Weltmarktteilnehmer zu vereinheitlichen. Es geht aber auch um die Beseitigung eines unfairen Standortwettbewerbs, der etwa versucht, ausländische Investoren durch unfaire Vorzugsmaßnahmen, etwa durch extrem niedrige Steuern, anzuziehen. Schließlich geht es um die Durchsetzung von Schutzregeln auf globaler Ebene, die verhindern sollen, dass einzelne Staaten, die nicht über solche Regeln verfügen, auf Kosten einzelner Bevölkerungsgruppen oder der Umwelt unfaire Wettbewerbsvorteile gegenüber solchen Staaten erzielen, die Schutzregeln erlassen haben. Solche Vorteile können

Aufgabe einer globalen Wettbewerbsordnung Öffnen von Märkten bzw. Offenhalten von Märkten – im Interesse von Verbrauchern und Unternehmen unabhängig von der Größe und Rechtsform
Funktionierender Wettbewerb ist wesentliche Voraussetzung für Wachstum und Beschäftigung, Innovationen, optimale Allokation von Ressourcen, die Souveränität der Verbraucher und eine Begrenzung wirtschaftlicher Macht.

Regeln für Unternehmen	Regeln für Staaten
Verhinderung eines grenzüberschreitenden wettbewerbsbeschränkenden Verhalten aufgrund von • Kartellen • Machtmissbrauch marktbeherrschender Unternehmen • Grenzüberschreitenden Fusionen • Sozial- und Ökodumping	Abbau von wettbewerbsbeschränkenden Regulierungen und Verhinderung der Schaffung unfairer Wettbewerbsvorteile durch • Förderung heimischer Exporte oder Produktionen (z. B. durch Subventionen oder administrative Vorteile), • Behinderung ausländischer Unternehmen (z. B. durch Investitions- oder Importbeschränkungen), • Unfaire Standortpolitik (z. B. durch Begünstigungen, wie das Verschaffen ungerechtfertigter Steuervorteile)
Durchsetzung von globalen, verbindlichen Wettbewerbsregeln und -standards durch internationale Abkommen und Institutionen	Durchsetzung von globalen Regeln und Standards etwa zum Umwelt-, Verbraucher-, Sozial- und Arbeits-, Investitions- und Verbraucherschutz zur Sicherung fairer Produktionsbedingungen

Abb. 11.4 Globale Wettbewerbsregeln für den Welthandel © Eckart Koch

immer dann erzielt werden, wenn der Schutz mit erhöhten Kosten für die Produktion etwa durch Sozial- oder Umweltauflagen verbunden ist. Abb. 11.4 zeigt die grundsätzlichen Regeln im Überblick.

In allen Bereichen geht es um verbindliche Rahmenbedingungen zum Schutz des globalen Wettbewerbs und damit um den weiteren Ausbau der globalisierten Wirtschaft. Hierbei handelt es sich um eine umfassende Gestaltungsaufgabe, bei der aber gleichzeitig darauf geachtet werden muss, dass die durch die Globalisierung errungene Flexibilität und Aktionsfreiheit der Marktteilnehmer auf den globalen Märkten nicht auf Kosten anderer gesellschaftlicher Gruppen durchgesetzt wird. Aufgrund ihrer Stellung und Kompetenz ist die WTO prädestiniert, auch auf diesem Sektor eine führende Rolle und ein Mandat zur Schaffung einer solchen Globalen Wettbewerbsordnung zu übernehmen. So sprach sich die *Internationale Handelskammer* in Paris bereits 1997 dafür aus, dass die WTO sich nicht mehr nur auf ihren traditionellen Bereich konzentrieren solle, sondern sich mehr mit den „internationalen Bestimmungen für globales Handeln" befassen solle und auch der BDI erkannte im gleichen Jahr in seinen *Leitlinien zur Handelspolitik*, dass der WTO als der zentralen Institution für den freien Welthandel eine wichtige politische Funktion bei der Koordinierung der Aktivitäten der verschiedenen Organisationen, die für handels-, investitions- und entwicklungspolitische von Bedeutung sind, zukomme. Er forderte, dass die WTO zukunftsorientierte handelsbezogene Themen aufgreifen und eine Plattform für die Aushandlung und Integration unterschiedlicher Interessen bieten müsse Allerdings ist seit dieser Zeit recht wenig geschehen, so dass der Ausbau dieser Säule der Globalen Wirtschaftsordnung noch erheblichen Nachholbedarf hat.[6]

---

[6] vgl. BDI (1997), S. 4. In der Vergangenheit gab es im Übrigen schon mehrere Versuche wettbewerbspolitische Ansätze umzusetzen. So finden sich schon in der Havanna-Charta 1947 einschlägige Bestimmungen und 1960 befasste sich auch das GATT mit diesem Thema. Ferner verabschiedete die UN-Generalversammlung und die OECD zwischen 1976 und 1986 verschiedene

11.3.2 Wettbewerbsregeln für Unternehmen

Der globale Wettbewerb führt zu einer Zunahme grenzüberschreitender Kooperationen, strategischer Allianzen und internationaler Fusionen (vgl. Kapitel 6). Hierdurch kann sich zwar die Wettbewerbsintensität erhöhen, gleichzeitig wächst aber auch das Risiko, dass die so entstehende größere Marktmacht neue Wettbewerbsbeschränkungen, die auch Freihandelsbestrebungen von Staaten konterkarieren können, mit sich bringt.

Während Wettbewerb für die Volkswirtschaften als Ganzes durch die verbesserte Versorgung mit Gütern und Dienstleistungen grundsätzlich als vorteilhaft eingestuft werden kann, bringt er neben positiven Anreizwirkungen für viele Wettbewerbsteilnehmer auch negative Konsequenzen mit sich (vgl. Abschnitt 7.3). Sinkende Gewinne oder Marktanteilsverluste können diese jedoch dazu veranlassen, zu versuchen sich dem internationalen Wettbewerb zu entziehen. Dies kann beispielsweise geschehen durch internationale Absprachen oder Kartelle, um Märkte unter sich aufzuteilen, durch den Einsatz und weiteren Ausbau von Marktmacht, etwa durch grenzüberschreitende Fusionen, durch Preisdumping oder die Besetzung von strategischen Positionen und den Versuch monopolähnliche Marktstellungen zu erreichen. Damit können durch Größen- und Kostenvorteile Marktpositionen abgesichert und der Marktzugang für in- und ausländische Konkurrenten erschwert werden. Dies ist auch deswegen möglich, weil trotz der Tatsache, dass Wettbewerbspolitik international an Profil gewonnen hat, nur etwa 90 Länder über ein nationales Wettbewerbsrecht verfügen.

> **Fehlende internationale Wettbewerbsregeln**
> Diese Problematik wird an einem Mitte der 1990er-Jahre ausgetragenen Handelsstreit der beiden Foto- und Filmunternehmen *Kodak* (USA) und *Fuji* (Japan) deutlich. Zu jener Zeit dominierten beide zwar ihre Heimatmärkte mit jeweils 70 % Marktanteil, hielten jedoch nur etwa 10 % Marktanteil auf dem Heimatmarkt ihres Konkurrenten und argumentierten, dass sie durch unfaire Praktiken des Konkurrenten keine größeren Marktanteile erlangen könnten. Die Lösung des Konflikts wurde durch das Fehlen einschlägiger Regelungen erschwert. Darüber hinaus hat wettbewerbsbehinderndes Verhalten im Inland auch Auswirkungen auf den Wettbewerb auf Auslandsmärkten: So kann beispielsweise ein im Inland tätiges Kartell ein gewünschtes Preisniveau i. d. R nur durch Mengenbeschränkungen aufrechterhalten. Produktionsüberschüsse werden exportiert, notfalls zu Dumpingpreisen, was sich auf die Marktposition ausländischer Unternehmen nachteilig auswirkt.

Auch *strategische Allianzen* und *joint ventures* sind zwar einerseits moderne und effizienzfördernde Strategien zur globalen Unternehmenskooperation, es sind aber auch Instrumente zur Erhöhung von Marktmacht oder gar zur Aufteilung von Märkten und tragen somit zur Einschränkung des internationalen Wettbewerbs bei. Je nach Verflechtungsgrad handelt es

---

Grundsätze und Leitlinien zur Einschränkung wettbewerbsbeschränkender Geschäftspraktiken. Thomson (1996), S. 171 und die dort angegebenen Quellen sowie Fox (1996), S. 207 ff.

sich aus wettbewerbspolitischer Sicht hierbei um Sonderformen internationaler Kartelle oder um zunehmende Unternehmenskonzentration, in jedem Fall verringert sich hierdurch die Zahl der Konkurrenten. Die Folgen für den Wettbewerb sind jedoch nicht eindeutig: So nimmt einerseits bei abnehmender Anzahl von Wettbewerbern die Wettbewerbsintensität zwischen den verbleibenden Marktteilnehmern tendenziell zu, andererseits wächst aber auch die latente Gefahr, dass sich diese den Risiken des internationalen Wettbewerbs durch wettbewerbsbeschränkende Vereinbarungen oder durch die wettbewerbswidrige Nutzung der eigenen Marktmacht zu entziehen versuchen. Damit besteht die Möglichkeit, dass weniger leistungsfähige Konkurrenten verdrängt und/oder die Markteintrittsschranken erhöht werden. Auch die *absolute Größe* vieler transnationaler Unternehmen, verbunden mit ihrer globalen Präsenz, kann zu Wettbewerbsbehinderungen durch die missbräuchliche Nutzung von Marktmacht führen. Gefahren können hier ausgehen von der hohen Finanzkraft einzelner *global player*, die Dumpingstrategien in einzelnen Märkten erlauben, von der Möglichkeit Schlüsseltechnologien zu monopolisieren, von der technischen Überlegenheit oder dem leichteren Zugang zu internationalen Kapitalmärkten (Wins 2000, S. 60 ff.).

Eine globale Wettbewerbsordnung, deren Aufgabe die Bereitstellung und Durchsetzung von Regeln für den Wettbewerb zwischen Unternehmen wäre, könnte sich entweder durch eine **verstärkte Kooperation** der Wettbewerbsbehörden, etwa der G20-Mitglieder, oder durch ein supra-nationales Regelwerk, dessen Durchsetzung einer internationalen Organisation übertragen werden müsste, entwickeln. Derzeit geschieht dies im rahmen des International Competition Network (ICN), das 2001 von 14 Wettbewerbsbehörden gegründet wurde und inzwischen über hundert Mitgliedsbehörden umfasst. Das ICN bietet seinen Mitgliedern ein informelles Netzwerk zur Intensivierung ihrer Zusammenarbeit in wettbewerbspolitischen Fragen. Derzeit geschieht dies im Rahmen des International Competition Network (ICN), das 2001 von 14 Wettbewerbsbehörden gegründet wurde und inzwischen über hundert Mitgliedsbehörden umfasst. Das ICN bietet seinen Mitgliedern ein informelles Netzwerk zur Intensivierung ihrer Zusammenarbeit in wettbewerbspolitischen Fragen.[7]

Grundsätzlich kann auch nationales bzw. supra-nationales Wettbewerbsrecht, wie das EU-Wettbewerbsrecht, das derzeit einzige überstaatliche Wettbewerbsrecht, internationale Wirkung zeigen. Dies gelingt allerdings nur dann, wenn das betreffende Land oder die Staatengemeinschaft mit anderen Ländern kooperiert oder über Möglichkeiten verfügt, seine wettbewerbspolitischen Entscheidungen in anderen Ländern durchzusetzen. So überwachen sowohl die amerikanische Wettbewerbsbehörde, die *Federal Trade Commission (FTC)*, als auch die *Europäische Kommission* die Auswirkungen von im Ausland stattfindenden Fusionen auf den eigenen Markt: Wird durch den geplanten Zusammenschluss der Wettbewerb auf dem heimischen, also in diesem Fall dem amerikanischen bzw. dem europäischen Markt eingeschränkt oder erlangen die Fusionspartner gar eine marktbeherrschende Stellung, werden die jeweiligen Wettbewerbsinstitutionen die Fusion zu verbieten und dieses Verbot bzw. wirkungsvolle Auflagen auch im Ausland durchzusetzen versuchen. So konnten Ende der 1990er-Jahre die beiden Schweizer Großbanken *Schweizer Bankverein* und *Schweizer Bankgesellschaft* erst nach Zustimmung der FTC zur *UBS* fusionieren. Bei dem Zusammenschluss der amerikanischen Flugzeughersteller *Boeing*

---

[7] s. hierzu www.internationalcompetitionnetwork.org/.

und *McDonnell/Douglas* war dagegen die Europäische Kommission in der Lage, Auflagen durchzusetzen, obwohl die FTC das Vorhaben bereits genehmigt hatte. Ähnlich verhielt es sich 2001 mit der von der FTC bereits genehmigten Übernahme von Honeywell durch General Electric, gegen die die EU ein Veto einlegte.

In der Regel koordinieren heute beide Behörden bei derartigen Verfahren gegen *global player* ihr Vorgehen. So fanden beispielsweise 2012/2013 praktisch parallel laufende Verfahren der FTC und der EU-Wettbewerbsbehörde gegen das US-Unternehmen *Google* statt, dem vorgeworfen wurde, Konkurrenten bei den Suchergebnissen zugunsten eigener Dienste benachteiligt zu haben. Die bilaterale Zusammenarbeit zwischen der FTC und der Europäischen Kommission in Wettbewerbsfragen auf der Grundlage eines 1991 abgeschlossenen Kooperationsabkommens funktioniert seit Mitte der 1990er-Jahre so gut, dass die EU-Kommission 1999 ein ähnliches Abkommen mit Kanada und 2003 Japan schloss. Trotzdem ist beispielsweise die Verhinderung einer Unternehmensfusion in einem anderen Land, die zu einer marktbeherrschenden Stellung des neuen Unternehmens im eigenen Land führen würde, nur schwer durchsetzbar, auch deswegen, weil viele Staaten eine solche Einflussnahme als Einmischung in ihre inneren Angelegenheiten betrachten und daher ablehnen. Ebenso sind Einwirkungsmöglichkeiten auf ein weltmarktbeherrschendes Unternehmen, das seinen Firmensitz in einem Land hat, das über gar kein oder nur ein rudimentäres Wettbewerbsrecht verfügt bzw. dieses nicht durchsetzt, kaum gegeben.

Das Hauptinteresse der nationalen Wettbewerbsbehörden gilt verständlicherweise der Abwehr von Beschränkungen des eigenen Marktes. Sie sind daher häufig nicht sonderlich daran interessiert oder in der Lage, Wettbewerbsbeschränkungen, die (zunächst) überwiegend den Wettbewerb im Ausland beschränken, zu verhindern. Wenn also beispielsweise *Boeing* und *Airbus* parallel dazu übergehen, Rabatte an Auftraggeber zu reduzieren, so gibt es derzeit keine Möglichkeit gegen solche Praktiken auf internationaler Ebene vorzugehen. Als Alternative zum Kooperationsmodell werden daher auch verbindliche, global gültige Wettbewerbsregeln für Unternehmen gefordert. Durch eine **globale Wettbewerbsordnung** mit einer allgemein akzeptierten Definition von wettbewerbsschädlichen Marktstrukturen und wettbewerbsfeindlichem Verhalten, und Verhaltensregeln für internationale Unternehmen könnte dies umgesetzt werden.

In Anlehnung an das deutsche *Gesetz gegen Wettbewerbsbeschränkungen* (GWB), wären folgende Instrumente denkbar:

- ein grundsätzliches Verbot von internationalen horizontalen Kartellvereinbarungen zu Beschränkung des Wettbewerbs,
- eine Kontrolle von (welt-)marktbeherrschenden Unternehmen bzw. von Oligopolen zur Verhinderung des (unzulässigen) Ausnutzens einer marktbeherrschenden Stellung sowie
- eine internationale präventive Fusionskontrolle durch Anmelde- und Genehmigungsverfahren für Großunternehmen zur Verhinderung von hierdurch entstehenden möglichen Wettbewerbsbeschränkungen.

Eine solche Ordnung könnte auch im Interesse der Privatwirtschaft liegen, da diese sich bei Behinderungen durch ausländische Konkurrenten auf entsprechende Regeln stützen und die entsprechende Institution als Schlichter anrufen könnte. Die Durchsetzbarkeit eines globalen Ansatzes wird allerdings dadurch erschwert, dass viele Länder kaum über Erfahrungen mit der Umsetzung von Wettbewerbsregeln verfügen. Ein Bewusstsein für die Notwendigkeit einer solchen globalen Wettbewerbsordnung besteht daher noch kaum. Andererseits befürchten die Länder, die über funktionsfähige Wettbewerbsgesetze verfügen und diese auch umsetzen, dass eine mögliche globale Einigung auf einem zu niedrigen Regelungsniveau erfolgen könnte. Fallen die globalen Wettbewerbsregeln jedoch weniger strikt aus als die eigenen nationalen Bestimmungen, werden Unternehmen zur Umgehung der nationalen Gesetze angeregt.

Erste Gespräche über multilaterale Abkommen zur Wettbewerbskontrolle fanden bereits Anfang 1999 im Rahmen der WTO statt, vor allem deswegen, weil die WTO auf globaler Ebene das Mandat für *staatliche* Handelsbeschränkungen besitzt. Allerdings fällt bislang die Kontrolle von wettbewerbshemmenden Zusammenschlüssen, monopolistischer Marktmacht oder von internationalen Kartellvereinbarungen zur Ausschaltung des Wettbewerbs zwischen den *global player* nicht in ihren Zuständigkeitsbereich. Als Alternative zur WTO wird daher immer wieder mit unterschiedlichen Begründungen die Einrichtung einer Internationalen Wettbewerbsbehörde, eines **Weltkartellamts**, gefordert. Als Organisation zur Durchsetzung globaler Wettbewerbsregelungen wäre ein Weltkartellamt beispielsweise befugt, internationale Fusionen, Monopolstellungen und internationale Absprachen zu überwachen, Ermittlungen durchzuführen, Streitschlichtungsverfahren in Gang zu setzen oder Sanktionen zu verhängen. Eine solche Lösung ist derzeit, wegen der für die meisten Regierungen kaum akzeptablen Einschränkung ihrer wettbewerbspolitischen Souveränität, politisch noch nicht durchsetzbar.

Aus diesem Grund kommt auch dem *OECD-Global Forum on Competition* (GFC), das Ende 2001 zum ersten Mal zusammentrat, als Forum für die Kooperation zwischen nationalen Wettbewerbsbehörden besondere Bedeutung zu. An den 12 Foren, die bis 2012 stattfanden, nahmen bis zu 90 nationale Wettbewerbsbehörden aus OECD und Nicht-OECD-Ländern sowie internationale Organisationen teil. Viele Länder übernahmen Ergebnisse der Tagungen, Netzwerke wurden gebildet und in einzelnen Bereichen, wie der Fusionskontrolle oder der Kartellüberwachung wird verstärkt zusammengearbeitet.[8] Solange eine globale Wettbewerbsordnung noch nicht durchsetzbar ist, bleiben bilaterale oder regionale Verständigungen über eine Harmonisierung nationaler Wettbewerbsstandards als Zwischenlösung vorstellbar.

11.3.3 Wettbewerbsregeln für Staaten

11.3.3.1 Nationale Rahmenbedingungen

Viele nationale politische Regelungen beeinflussen, gewollt oder nicht, die Wettbewerbsbedingungen auf dem einheimischen Markt wie auch auf ausländischen Märkten. Auch

---

[8] vgl. www.oecd.org/competition/globalforum.

wenn sie im Allgemeinen primär nach innen gerichtet und nicht ausdrücklich aus protektionistischen Erwägungen erlassen worden sind, so entfalten sie angesichts der zunehmenden Integration der Weltwirtschaft doch häufig weit über den nationalen Rahmen hinaus Wirkungen. Vielfach tendieren sie dabei dazu, einheimische Marktteilnehmer zu begünstigen und ausländische Anbieter zu benachteiligen, sodass der internationale Warenaustausch behindert wird.

Durch spezielle **Förderungspolitiken** werden vorwiegend einheimische Unternehmen begünstigt, etwa durch spezielle *Anreize*, wie Subventionen oder Steuererleichterungen, durch *Bevorzugung* bei der Vergabe öffentlicher Aufträge, aber auch durch *Benachteiligungen* ausländischer Unternehmen, wie beispielsweise durch eine restriktive Direktinvestitionspolitik. Insbesondere werden einheimische Unternehmen auf ausländischen Märkten begünstigt durch *direkte Exportförderungsmaßnahmen*, wie etwa Subventionen bei Messebeteiligungen, die Bereitstellung günstiger Exportversicherungen und -finanzierungen oder die Erlaubnis zu Exportkartellen, die es einheimischen Unternehmen ermöglicht durch Absprachen den Wettbewerb auf Auslandsmärkten zu beschränken (Koch 2006, S. 148 ff.). In allen Fällen behindert der Staat so den Zugang ausländischer Wettbewerber zum einheimischen Markt und verbessert dadurch die Marktchancen inländischer Unternehmen. Gleichzeitig ermöglicht er diesen durch die höheren Gewinnmöglichkeiten im Inland ihre Exportgüter auf den Auslandsmärkten zu niedrigeren Preisen als im Inland anzubieten (*Dumping*). Dies ist prinzipiell aber nur dann möglich, wenn der Heimatmarkt hinreichend abgeschottet ist, sodass die höheren Inlandspreise nicht durch ausländische Wettbewerber unterboten werden können. Wird hier keine Angleichung der den Wettbewerb beeinflussenden wirtschaftspolitischen Vorstellungen und Maßnahmen herbeigeführt, so bleibt dem Ausland als Abwehrmaßnahme nur die Verhängung von *Antidumpingzöllen*.

Auch Unterschiede in den kulturellen Wertvorstellungen, den wirtschaftspolitischen Zielen oder im jeweiligen Entwicklungsstand der Länder können den internationalen Wettbewerb behindern, etwa durch unterschiedliche **nationale Standards**, wie *Verbraucherschutzregeln*, *technische Standards*, *Umwelt-* oder *Sozialstandards*. Eine Beurteilung, ob es sich bei diesen Regelungen um faire oder nicht faire, um willkürliche oder höher zu gewichtende, ethischen Grundsätzen folgende Maßnahmen handelt, ob sie den globalen Wettbewerb unzulässig behindern oder nicht, kann in vielen Fällen nicht eindeutig ausfallen, wie die folgenden Beispiele zeigen:

> **Schutzregeln vs. Wettbewerbsregeln**
> Ist der Schutz des Fleckenkauzes eine rein amerikanische oder alle Länder angehende Angelegenheit? Sollten neue, in den USA entwickelte Technologien einheimischen Nutzern leichter zugänglich gemacht werden als ausländischen Nutzern? Sollte Kanada das Recht haben, im Kabelfernsehen nur eine begrenzte Zahl von amerikanischen Sendern zuzulassen? Sollte es Frankreich gestattet sein, den Anteil

> ausländischer Filmproduktionen zu beschränken? Sind unterschiedliche Arbeitsmarktregelungen als nichttarifäre Handelshemmnisse zu werten? Stellt das Fehlen eines sozialen Sicherheitsnetzes, wegen der geringeren Lohnnebenkosten, eine ungerechtfertigte Subvention für die in diesem Land ansässigen Unternehmen dar? Können als wichtig erachtete politische Vorstellungen im Umwelt- oder Gesundheitsschutz durch eine Belastung von mit entsprechenden Kosten nicht belasteten Importen durchgesetzt werden? Ist es als faire Handelsbeschränkung anzusehen, wenn ein Land beschließt, keinen Handel mit Ländern zu treiben, die an der Todesstrafe festhalten? (Hart 1996, S. 271 ff.)

Wenig umstritten ist eine Sanktionierung von Gütern, die durch Zwangs- oder Kinderarbeit, unter erheblicher Verletzung von Menschenrechten oder unter rücksichtsloser Ausbeutung der Umwelt hergestellt werden oder wenn einzelne Güter die Gesundheit der Verbraucher gefährden oder nur aufgrund unangemessener nationaler Förderung zu marktgerechten Preisen angeboten werden können. Auch viele nationale Wettbewerbsregeln selbst, wie die Zulassung von *Exportkartellen*, die Gewinn- und Beschäftigungsmöglichkeiten der heimischen Wirtschaft fördern können eindeutig als unzulässige Behinderung des globalen Wettbewerbs eingestuft werden.

Vor allem bei den wichtigsten Handelsländern gibt es daher inzwischen ein Interesse an einem Katalog von **Mindestanforderungen** an die nationale Ausgestaltung von wirtschaftlichen, sozialen, ökologischen oder politischen Rahmenbedingungen und insbesondere an eine *ex ante* Harmonisierung problematischer handelsrelevanter Wettbewerbsregeln zur Herstellung von fairen und transparenten Handelsbedingungen. Dies bedeutet, dass nationale Souveränität in Bezug auf die Gestaltung nationaler Wettbewerbsbedingungen im Zeitalter der Globalisierung grundsätzlich nicht *über* ein globales Interesse an freiem Marktzugang und fairen Wettbewerbsbedingungen gestellt werden sollte (s. a. Fox 1996, S. 212). Dabei ist, auch im Einzelfall, abzuwägen, ob das durch die nationalen Regeln geschützte Gut, etwa Arbeitnehmerrechte oder Umweltschutz, oder der freie Wettbewerb mit seinen ökonomischen Chancen und Risiken Priorität erhalten soll. Zwar könnte man die Regelung dieses Problems prinzipiell dem (Welt-) Markt überlassen und bei einem *Wettbewerb der Systeme* darauf vertrauen, dass sich das bessere und leistungsfähigere System durchsetzt. Allerdings eignen sich Wettbewerbsordnungen nur sehr begrenzt für einen solchen Systemwettbewerb, da Teile dieser Regeln ja gerade den fairen Wettbewerb beeinträchtigen. In einer globalisierten Wirtschaftswelt sollten vielmehr die gesamten Wirtschaftssysteme von Ländern miteinander konkurrieren, wobei zu vereinbarende Wettbewerbsregeln die Grundlage für eine faire Austragung dieser Konkurrenz bilden sollte. Ein Katalog zu vereinbarender Regelungen müsste beispielsweise Mindestanforderungen an das nationale Wettbewerbsrecht, an eine industriepolitisch motivierte und interessengeleitete Förder- und Standortpolitik, an Verbraucherschutzstandards und an soziale und ökologische Mindeststandards, einschließlich des Schutzes grundlegender Menschenrechte, beinhalten.

11.3 Globale Wettbewerbspolitik

Entwicklungs- und auch Schwellenländer argumentieren dagegen häufig, dass solche extern verordneten Standards zu erhöhten Kosten und somit zur Reduzierung eigener komparativer Vorteile führen, deren Abbau nur im Interesse der Industrieländer liege. Dies sei auch der eigentliche Grund, solche Standards zu fordern, vorgebrachte ethische Begründungen seien dagegen vorgeschoben. Eine derartige Globalisierung westlicher Konzepte und Normen werde daher als Neo-Kolonialismus abgelehnt. Tatsächlich führen soziale oder ökologische Standards, Verbraucherschutz- oder Gesundheitsstandards vielfach auch zu höheren Produktionskosten, wodurch in der Tat Kostenvorteile reduziert und gleichzeitig Umgehungsstrategien provoziert werden. Das Gleiche gilt etwa für die Reduzierung von Subventionen. Damit erschweren die unterschiedlichen Interessenlagen eine Einigung auf allgemein verbindliche Regelungen. Konflikte treten wie in der derzeitigen Welthandelsrunde, der Doha-Runde, daher auch deutlich zu Tage.

Aufgrund des unterschiedlichen ökonomischen Entwicklungsstandes und der kulturellen Eigenheiten der Länder kann es daher offensichtlich nicht darum gehen, solche Standards *ad hoc* durchzusetzen, und den Entwicklungsländern die unmittelbaren Vorteile niedriger Löhne oder eines geringen Sozialschutzes zu nehmen. Vielmehr müssen Arbeits- und Umweltbedingungen schrittweise den Entwicklungs- und Produktivitätsfortschritten angepasst werden. Dies setzt jedoch eine allseitige Kompromissbereitschaft voraus. Zunächst geht es hierbei nur um die grundsätzliche Einsicht, *dass* bestimmte nationale – wirtschaftliche, soziale, ökologische, politische und auch technische – Regelungen den globalen Wettbewerb ungünstig beeinflussen. Erst dann kann man über abgestufte Abkommen dazu übergehen, die nationalen Systeme zu reformieren und zu harmonisieren. Erst in einem dritten Schritt ließen sich dann Vereinbarungen zur Schaffung *globaler wettbewerbsfreundlicher Rahmenbedingungen* erzielen, verbunden mit der Bereitschaft diese auch in nationale Gesetze umzusetzen.

Nationale Rahmenbedingungen beeinflussen auch die Art des Umgangs mit den für die Produktion benötigten Ressourcen. In vielen Fällen fördern sie einen eher verbrauchsorientierten Umgang: Für *Sachkapital* bedeutet dies, dass, etwa infolge zu geringer steuerlicher Berücksichtigungsfähigkeit von Abschreibungen, ein zu niedriger Erhaltungsaufwand vorgesehen ist. Vorhandene *natürliche Ressourcen* werden wegen fehlender Schutzvorschriften bei z.T. extremer Belastung der Umwelt laufend reduziert und die *menschliche Arbeit*, die *human resources*, werden bei schlechten Arbeitsbedingungen, zu niedrigen Löhnen und zu geringem Sozialaufwand ausgebeutet.

Während die Kapitaleigner die Kosten für versäumte Sachkapitalerhaltung weitgehend selbst tragen müssen, trifft dies auf eine sich verschlechternde Umwelt oder auf soziale Probleme nicht zu: In beiden Fällen werden die Kosten für die vernachlässigte Erhaltung der Ressourcen externalisiert und müssen von der Gesellschaft getragen werden. Andererseits führen zu niedrig kalkulierte Kosten zu komparativen *Wettbewerbsvorteilen* für die unter diesen Bedingungen erzeugten Produkte. Aus Wettbewerbsgesichtspunkten ist daher eine Angleichung der diesbezüglichen Rahmenbedingungen notwendig.

Die Problematik unfairen Standortwettbewerbs wurde bereits angesprochen. Ein wichtiges Instrument ist hierbei die Steuerpolitik. Unfairer Steuerwettbewerb zwischen Staaten, etwa durch die Gewährung von überdimensionalen Steuervorteilen für Unternehmen, wurde unter dem Stichwort LuxLeaks bereits in Kapitel 7 angesprochen. Nach langwierigen Diskussionen könnte sich hierfür nun eine Lösung abzeichnen. Auf dem G20 Gipfel im November 2015 einigten sich die Regierungschefs auf ein gemeinsam von OECD und G20 vorgelegtes Paket mit insgesamt 15 Vorschlägen für eine Reform internationaler Steuerregeln, das „BEPS-Abkommen" (*Base Erosion and Profit Shifting*). Dieses soll zukünftig die Möglichkeiten für Unternehmen, Gewinne systematisch in Niedrigsteuerländer zu verlagern, reduzieren, u. a. durch Regelungen

- für eine länderbezogene Berichterstattung von Unternehmen, die Gewinne und Steuerzahlungen länderbezogen angeben müssen, um den nationalen Steuerverwaltungen ein transparentes Bild der ihrer Aktivitäten zu vermitteln,
- zum wechselseitigen Austausch von Steuervorbescheiden und speziellen Steuerabsprachen mit Unternehmen,
- für die Nutzung von Verrechnungspreisen, um die Möglichkeiten für Unternehmen einzuschränken, Kosten in einem Hochsteuerland zu verbuchen und Gewinne in einem Niedrigsteuerland zu versteuern,
- zur Regulierung von speziellen Niedrigsteuertarifen für Einnahmen aus Patenten und Lizenzen (sog. „Patentboxen"), die zukünftig nur noch dann gewährt werden sollen, wenn die Unternehmen in dem betreffenden Land tatsächlich forschen und entwickeln,
- zur Neu-Definition von Betriebsstätten, zu denen nun auch größere Auslieferungslager von online-Unternehmen zählen sollen, so dass diese vor Ort besteuert werden können sowie
- zum Missbrauch von Doppelbesteuerungsabkommen, der darin besteht, dass Unternehmen in vielen Fällen in keinem Land Steuern zahlen.

Die Umsetzung dieser neuen Regeln, die einen unfairen Steuerwettbewerb verringern werden, dürfte allerdings mehrere Jahre beanspruchen.[9]

Ein anderer, Ende 2015 von der EU-Kommission initiierter Vorstoß ist wesentlich umstrittener: die Herstellung eines *fairen Wettbewerbs im europäischen Luftverkehr*. Da dieser nicht den Regeln der WTO unterliegt, soll der Wettbewerb zwischen den Fluglinien durch neue *Luftverkehrsabkommen* zwischen der EU und anderen Staaten geregelt werden. Insbesondere der Konkurrenz aus den Golfstaaten werden unfaire Praktiken vorgeworfen, Airlines, wie Qatar, Emirates oder Etihad, würden von staatlichen Subventionen, Niedriglöhnen und für sie günstige Arbeitsschutzgesetze profitieren und könnten ihre Leistungen daher preisgünstiger anbieten. Allerdings erfüllt wohl praktisch keine der 30 größten nicht-europäischen Airlines die von der EU-Kommission gewünschten „fairen Wettbewerbsbedingungen", so dass eine Abschottung des europäischen Marktes mit nicht erwünschten Preissteigerungen die Folge sein könnte. Sinnvoller, doch derzeit kaum

---

[9] www.faz.net/aktuell/wirtschaft/wirtschaftspolitik/legale-steuerumgehung-g-20-gehen-gegen-gewinnverschiebung-vor-13915783.html, vom 16.11.15

www.oecd.org/berlin/presse/steuervermeidung-multinationaler-unternehmen-eindaemmen-oecd-praesentiert-reformen-fuer-internationales-steuersystem.htm, vom 05.10.2015.

durchsetzbar, wären globale Regelungen im Rahmen der WTO, die zudem den Vorzug hätte, bereits über wirksame Streitschlichtungsmechanismen zu verfügen (Flottau und Kirchner 2015).

11.3.3.2 Umweltstandards

Unter globalen Umweltstandards oder **ökologischen Mindeststandards** werden Regelungen zum Schutz der Umwelt diskutiert, die bei der Produktion von Gütern und Dienstleistungen global gelten sollen. Sie können sich beispielsweise beziehen auf den Gebrauch von Schädlingsbekämpfungs- und Düngemitteln, die Einhaltung von Hygiene- und Tierschutzstandards im Agrarbereich, die Nutzung von Tropenhölzern, die Einhaltung von Grenzwerten oder die Reduzierung von Emissionen bei der Güterproduktion.

Da bislang noch kein allgemein akzeptierter Katalog solcher Standards vorliegt, versuchen einzelne Länder, ihre nationalen umweltpolitischen Vorstellungen mit **handelspolitischen Maßnahmen** durchzusetzen. Diese werden i. d. R damit begründet, dass nicht vorhandene oder zu niedrige Umweltstandards für die Güterproduktion in Exportländern – bzw. eine zu geringe Beachtung derselben – diesen Ländern unfaire Produktionskostenvorteile verschaffen. Tatsächlich erlaubt Artikel 3 des WTO-Vertrags grundsätzlich die Gleichstellung ausländischer mit einheimischen Waren und somit die Anwendung umweltpolitischer Vorschriften, die für inländische Waren gelten, auch auf ausländische Güter. Zudem lässt Artikel 20 unter bestimmten Bedingungen auch Importbeschränkungen für gesundheitsgefährdende Produkte zu. Allerdings wird diese Ausnahmeregelung sehr restriktiv angewandt, um die Prinzipien des freien Welthandels nicht zu gefährden. So akzeptiert die WTO Handelssanktionen erst dann, wenn eine inländische Gefährdung konkret nachgewiesen wird und die handelsbeschränkenden Maßnahmen nicht diskriminierend eingesetzt werden, also gegen alle Handelspartner gleichermaßen gelten. Im ökologischen Bereich gilt dies beispielsweise für Verstöße gegen das Abkommen zum Schutz der Ozonschicht (s. u.), in vielen anderen Fällen lehnt die WTO jedoch ökologisch motivierten Protektionismus ab.

> **Hormonstreit: Handelsstreit zwischen EU und USA**
> Seit Ende der 1980er-Jahre bestand seitens der EU ein Importverbot für US-amerikanisches Fleisch, das damals zu einem großen Prozentsatz mit Wachstumshormonen belastet war. Die EU befürchtete gesundheitliche Folgen für den Endverbraucher und untersagte die Einfuhr. Anfang 1998 entschied die WTO in einem Schiedsgerichtsurteil, dass freier Welthandel nicht als absolut höchstes Gut einzustufen ist. Der Schutz von Menschen, Tieren und Pflanzen sowie von anderen wichtigen Lebensgrundlagen, wie Umwelt und Klima, die ebenfalls durch den Welthandel beeinflusst werden, kann gegenüber dem freien Handel durchaus Priorität eingeräumt werden, wobei Art und Umfang der Schutzniveaus jedoch nicht absolut festgelegt werden können. Insbesondere die direkte Auswirkung nationaler Schutzmaßnahmen und Schutzniveaus werden daher im Einzelfall weiterhin umstritten sein, da

> protektionistische Maßnahmen nun verstärkt mit Schutzargumenten begründet werden können.
>
> Vielfach ist die direkte Auswirkung der angestrebten Aufhebung von Schutzmaßnahmen auf den zu schützenden Bereich nicht direkt nachweisbar. Daher spielen wissenschaftliche Risikoanalysen, die ein vorhandenes oder zukünftiges Gefährdungspotenzial nachweisen sollen, für die Begründung der Rechtmäßigkeit von Handelssanktionen eine wichtige Rolle. Länder, die riskante Güter exportieren, sollen zukünftig Gutachten vorlegen, die beweisen, dass die betreffenden Produkte risikolos sind. So konnte die EU nicht eindeutig nachweisen, dass hormonbelastetes amerikanisches Rindfleisch zu gesundheitlichen Schäden führe. Das das Importverbot stützende Gutachten, demzufolge der Konsum hormonbehandelten Fleisches die Wahrscheinlichkeit von Krebsfällen in der Bevölkerung erhöhen würde – geschätzt wurde ein zusätzlicher Krebsfall auf eine Million Frauen – wurde als zu ungenau abgelehnt. Die EU musste daher das generelle Importverbot gegen US-Rindfleisch wieder aufheben, was sie jedoch nicht tat.
>
> Erst 2012 stimmte das EU-Parlament einer Handelsvereinbarung zwischen den USA und der EU zu, nach der nun aus den USA und Kanada jährlich 48.200 Tonnen – hormonell unbehandeltes – Rindfleisch in die EU eingeführt werden darf. Im Gegenzug werden die USA Einfuhrbeschränkungen für landwirtschaftliche Produkte aus der EU aufheben.[10]

Ein Problem besteht allerdings darin, dass die WTO-Bestimmungen lediglich auf die gehandelten Produkte und deren physische Eigenschaften ausgerichtet sind. Werden diese Produkte als tendenziell gefährlich für die Bevölkerung des Importlandes eingestuft, besteht grundsätzlich die Möglichkeit den Import zu erschweren. Dies gilt jedoch nicht bei umweltgefährdenden **Produktionsverfahren**, da hier kein Gefährdungspotenzial für das Importland angenommen wird. Damit besteht praktisch keine Möglichkeit ein Land durch den Einsatz von handelspolitischen Instrumenten zu umweltverträglichen Produktionsmethoden zu zwingen.

> **Der Tod in der Thunfischdose**
> Delfine und Thunfische haben einander gern. Die Tiere schwimmen zusammen, vor allem im Pazifischen Ozean westlich von Mexiko findet sich fast immer ein großer Schwarm Gelbflossen-Thunfische in der Nähe der Delfine. Warum das so ist, ist

---

[10] vgl. www.asentanews.de/handelsvereinbarung-zwischen-usa-und-eu-hormonstreit-beendet-925/ sowie www.agrarheute.com/hormonstreit-419090.

11.3 Globale Wettbewerbspolitik

> nicht komplett erforscht. Aber es ist ein Todesurteil für beide Arten. Meist sind Delfine und Wale Kollateralschäden des Fischfangs. Sie verirren sich in Netze und verenden. Bei den befreundeten Delfinen und Thunfischen im Westen Mexikos ist das anders. Fischer erspähen die Delfine, die zum Atmen auftauchen, treiben sie mit Schnellbooten zusammen, lassen riesige ringförmige Netze um sie herum ins Wasser und ziehen den Netzring zu. Ringwadenfischerei nennt man das. Die Fischer fangen beide Tiere gemeinsam. Zwischen den 1950er- und frühen 1990er-Jahren sind dabei mehr als sechs Millionen Delfine gestorben, die höchste Zahl der Beifang-Opfer. Zum Vergleich: Im gesamten 20. Jahrhundert haben kommerzielle Fischer rund zwei Millionen Wale getötet.
>
> Den Delfinen zur Rettung kamen die Macht des Marktes und des Gesetzes. Umweltaktivistenhaben groß angelegte Informationskampagnen gestartet. Sie hatten Erfolg: Die Amerikaner wollten keinen Thunfisch mehr essen, für den Delfine sterben. Der Absatz von Dosenthunfisch schrumpfte Ende der 1980er-Jahre so stark, dass große Importeure versprachen, keinen Thunfisch mehr einzuführen, für dessen Fang Delfine attackiert werden. Später wurde aus der Selbstverpflichtung ein Gesetz: Nur sogenannter delfin-sicherer Thunfisch durfte in die USA eingeführt werden. Das Handelsministerium entwickelte ein Siegel mit einem fröhlichen blauen Delfin. Doch das Siegel ist auch eine Handelsbarriere. Mexiko hat seit Langem gegen das Siegel und die Einfuhrbestimmungen geklagt – und jetzt recht bekommen, in letzter Instanz. Das Berufungstribunal der Welthandelsorganisation WTO hat entschieden, dass das Delfin-Siegel ein unzulässiges Handelshemmnis ist und die mexikanischen Fischer zu sehr benachteiligt ...
>
> Der Fall zeigt die Macht des Freihandels. Auch ohne neue Handelsabkommen wie die gerade vor dem Abschluss stehende Trans-Pacific Partnership (TPP) zwischen den USA und elf Pazifik-Anrainerländern oder das europäisch-amerikanische Abkommen TTIP können andere Länder über Gesetze und Umweltstandards einzelner Länder bestimmen. Die WTO hilft dabei. Nun sind die Juristen der WTO keine Delfin-Hasser. Mexiko kämpft schon seit mehr als zwanzig Jahren gegen die amerikanischen Regeln und hat bei der Welthandelsorganisation immer wieder recht bekommen. Das US-Handelsministerium musste die Regeln immer weiter aufweichen, inzwischen ist das Siegel freiwillig, es gibt kein Importverbot. Trotzdem hat Mexiko die WTO-Juristen überzeugt, dass die amerikanischen Regeln willkürlich sind ...
>
> Quelle: Werner 2015

Eine vor allem von den Industrieländern geforderte Vereinbarung über global gültige ökologische Mindeststandards, die eine Durchsetzung der Standards durch handelspolitische Maßnahmen, also vorwiegend durch Sanktionen im Falle der Nicht-Einhaltung, beinhalten soll, zielt darauf ab, einerseits den globalen Schutz der Umwelt zu verbessern und andererseits die globalen Wettbewerbsbedingungen zu vereinheitlichen. Allerdings müssen hierfür zunächst eindeutige global akzeptierte Kriterien für umweltschädliche Produkte und Produktionsmethoden vorliegen. Anschließend muss das Problem einer sauberen Trennung zwischen *handelspolitischen* und *handelsethischen* Interessenlagen und Motiven gelöst werden, um Willkürmaßnahmen zu begrenzen und gleichzeitig die Interessen der Länder mit niedrigen Umweltschutzniveaus angemessen zu berücksichtigen (Hein/Fuchs 1999). Der hohe Stellenwert, der dem Umweltschutz in einer zunehmenden Anzahl von Ländern zukommt, wird voraussichtlich dazu führen, dass der Grundwiderspruch zwischen freiem Handel und Umweltschutz nicht einseitig zugunsten des Freihandels gelöst werden kann.

Strategische Umweltpolitik
Einen Anknüpfungspunkt für eine bessere Durchsetzungsmöglichkeit nationaler Umweltvorschriften auf EU-Ebene bietet ein Urteil des *Europäischen Gerichtshofs* von 1988 über dänische Bierverpackungen. Hier wird festgestellt, dass der Umweltschutz als wesentliches Ziel der EU bestimmte Beschränkungen des freien Warenverkehrs rechtfertigen könne, wenn diese *verhältnismäßig* seien. Dies führt dazu, dass Länder mit einem höheren Umweltschutzniveau Importbeschränkungen gegenüber Produkten aus solchen Ländern durchsetzen können, die geringere oder fehlende nationale Umweltschutzauflagen gezielt zur kostengünstigeren Produktion von Exportgütern einsetzen, also mit *Ökodumping* eine *strategische Umweltpolitik* betreiben.

Wie erwähnt, kann *Ökodumping* dann unterstellt werden, wenn der Umweltverbrauch bzw. die Belastung der Umwelt durch die Güterproduktion gar nicht oder mit zu geringen Kosten in die Kalkulation der Produktionskosten einfließt.[11] Damit könnten Länder, die durch umweltschädigende Produktionsverfahren grenzüberschreitende Umweltschäden verursachen (z. B. größere Teile des Regenwaldes abholzen oder Grenzflüsse durch giftige Produktionsrückstände verunreinigen) gezwungen werden, sich umweltgerechter zu verhalten. Hierdurch würde der durch die kostengünstigere Konkurrenz bedingte Druck, im Importland Umweltstandards zu senken, verringert.

Da das protektionistische Land im Zweifel auch die eigenen Wirtschaftsinteressen berücksichtigen wird, ist es jedoch schwer, eindeutige und objektive Grenzlinien für einen ökologisch gerechtfertigten Protektionismus zu ziehen, insbesondere dann, wenn ökologisch motivierte protektionistische Maßnahmen von Industrieländern gegenüber konkurrierenden Niedrigpreisländern eingesetzt werden. Alle Lösungsansätze stellen daher

---

[11] vgl. Abschnitt 7.2.

schwierige Gratwanderungen zwischen Handelsliberalisierung und Umweltinteressen dar (Hauser/Schanz 1995, S. 269 ff.). Im Übrigen können durch die Beschränkung des Handels mit Ländern, die bestimmte Umweltstandards nicht erfüllen, u. U. auch eigene Unternehmen, die im Ausland vor allem deswegen produzieren, um kostenrelevante Niedrigstandards zu nutzen, betroffen sein.

Im Rahmen einer globalen Wettbewerbsordnung müssen also eindeutige Verhaltensregeln für den grenzüberschreitenden Wirtschaftsverkehr bereitgestellt werden, um die Zerstörung der menschlichen Lebensgrundlagen, auch unter Inkaufnahme von Handelsbehinderungen, die jedoch zielwirksam sein müssen, zu verhindern. Konsequenterweise müssen dann auch die WTO-Prinzipien der Meistbegünstigung und Nicht-Diskriminierung ihren Unbedingtheitscharakter verlieren und unter genau definierten ökologisch orientierten Bedingungen und Auflagen partiell ausgesetzt werden können.[12]

Ein Anfang wurde bereits 1994 mit der Einrichtung eines *Komitees für Handel und Umwelt* (CTE) bei der WTO gemacht, das seitdem regelmäßig zusammenritt und über den Zusammenhang dieser beiden Bereiche berät.[13] Ebenfalls könnten bestehende internationale Umweltabkommen stärker berücksichtigt werden. So wurde schon in dem 1987 beschlossenen *Montrealer Protokoll zum Schutz der Ozonschicht* die Möglichkeit von Handelsbeschränkungen bei Verstößen gegen internationale Umweltbestimmungen vereinbart.[14] Weitere multilaterale Abkommen, durch die ein koordinierter Abbau von Umweltbelastungen erzielt werden soll, sind das *Artenschutzprotokoll* und die *Basler Konvention über Sondermüllexporte*.[15] Eine andere Möglichkeit wäre die Einführung von Standards für *Umweltverträglichkeitsprüfungen* für die Produktion von Gütern. Produkte, die diesen Standards nicht genügen, könnten dann unter bestimmten Voraussetzungen durch handelspolitische Maßnahmen diskriminiert werden. Schließlich wird gefordert, *Öko-Dumping* als unzulässige *Subvention* des Exportlandes für seine Unternehmen zu betrachten und hierfür „Ausgleichszölle" zuzulassen. Als Plattform für die Durchsetzung von Umweltstandards könnte neben der WTO auch das *UN-Umweltprogramm* UNEP, derzeit eine Art Dachorganisation für globale Umweltfragen, mit Sitz in Nairobi, fungieren. Dieses müsste hierfür allerdings erheblich ausgebaut werden und möglicherweise in eine neu zu schaffende *Globalen Umweltagentur* überführt werden.

---

[12] vgl. Abschnitt 11.1.

[13] s. a. www.wto.org/english/tratop_e/envir_e/wrk_committee_e.htm.

[14] In Artikel 4 des Protokolls werden konkrete Handelsbeschränkungen genannt, die für den Handel mit Nicht-Vertragsparteien, also Staaten, die sich nicht zur Einhaltung der Bestimmungen verpflichtet haben, eingesetzt werden können. Hierzu zählen Handelsverbote für FCKWs sowie für Waren, die FCKWs enthalten (Kühlanlagen) und mögliche Handelsverbote für Waren, die mit FCKWs hergestellt wurden.

[15] vgl. Abschnitt 13.4.

Zusammenfassung: Umweltstandards und globale Wettbewerbspolitik
- Niedrige Umweltstandards führen zu unfairen Produktionskostenvorteilen.
- Unter bestimmten Voraussetzungen sind handelspolitische Maßnahmen gegen entsprechende Produkte gem. WTO-Regeln erlaubt.
- Für umweltgefährdende Produktionsverfahren gilt dies nicht, es gibt daher keine Möglichkeit Länder mit handelspolitischen Instrumenten zu umweltverträglichen Produktionsmethoden zu zwingen.

Wichtige Aspekte

- Eine globale Wettbewerbsordnung muss eindeutige Verhaltensregeln bereitstellen, um Umweltschutzziele auch durch Handelsbeschränkungen zu erreichen.
- GATT-Prinzipien der Meistbegünstigung und Nicht-Diskriminierung müssten dann unter bestimmten Voraussetzungen ausgesetzt werden können.
- Es müssen ökologische Mindeststandards definiert werden – eindeutige global akzeptierte Kriterien für umweltschädliche Produkte und Produktionsmethoden – die bei der Produktion von Gütern und Dienstleistungen global gelten und deren Durchsetzung mit handelspolitischen Regelungen erreicht werden sollten.
- Das Problem einer sauberen Trennung zwischen *handelspolitischen* und *handelsethischen* Vorstellungen muss gelöst werden, um die Interessen der Länder mit niedrigen Umweltschutzniveaus zu berücksichtigen.
- Dies gilt insbesondere bei *Ökodumping*, wenn der Umweltverbrauch bzw. die Belastung der Umwelt durch die Güterproduktion gar nicht oder mit zu geringen Kosten in die Kalkulation der Produktionskosten einfließt.

Erste Ansätze

- Einrichtung eines *Komitees für Handel und Umwelt* (CTE) bei der WTO
- *Aufgabe*: Transparent machen der Auswirkungen von Umweltmaßnahmen auf den internationalen Handel und die Erreichung von Umweltzielen.
- Das *Montrealer Protokoll zum Schutz der Ozonschicht* sieht die Möglichkeit von Handelsbeschränkungen bei Verstößen gegen internationale Umweltbestimmungen vor.
- Weitere multilaterale Abkommen: *Artenschutzprotokoll*, *Basler Konvention über Sondermüllexporte*.

Weitere Möglichkeiten

- Einführung von Standards für *Umweltverträglichkeitsprüfungen* für die Produktion von Gütern: Produkte, die diesen Standards nicht genügen, könnten dann unter bestimmten Voraussetzungen diskriminiert werden.
- Einstufung *von Öko-Dumping* als unzulässige *Subvention* des Exportlandes und Schaffung der Möglichkeit von Ausgleichszöllen.

11.3.3.3 Sozialstandards

Ebenso wie die nationalen Umweltregelungen beeinflusst auch der jeweilige nationale Sozialstandard die Produktionsbedingungen und damit die Produktionskosten. Jedes Land weist, jeweils in Abhängigkeit von seinem Entwicklungsstand und den gesellschaftlichen Wertvorstellungen, ein unterschiedliches soziales Regelungsniveau auf. So herrscht noch in vielen Ländern ein eher „verbrauchsorientierter Umgang" mit der „Ressource Mensch" vor. Vor allem aufgrund unzureichender sozialer Rahmenbedingungen sind die Arbeitsbedingungen für breite Schichten von Arbeitnehmern katastrophal: Kinderarbeit ist an der Tagesordnung, Gewerkschaften werden unterdrückt, Billigarbeitskräfte, häufig Frauen und Kinder, werden ausgebeutet: An der Elfenbeinküste arbeiten Kinder in den Goldminen; in Kolumbien atmen Jugendliche auf den Blumenfeldern Pestizide ein; in Nepal pflücken junge Mädchen bis zu vierzehn Stunden täglich Tee, in Malaysia wird gewerkschaftlich organisierten Näherinnen gekündigt und in Bangladesch werden Arbeiterinnen in Textilfabriken gezwungen auch bei akuter Brand- oder Einsturzgefahr des Gebäudes weiter zu arbeiten.

Abgesehen von humanen und ethischen Gesichtspunkten beeinflussen die Sozialstandards die jeweiligen Produktionskosten. Die Forderung nach *globalen sozialen Mindeststandards* ist daher ein wesentliches Element einer globalen Wettbewerbsordnung. Für die Vereinbarung von sozialen Mindeststandards spricht, dass es hierdurch einzelnen Ländern unmöglich gemacht würde, sich durch *Sozialdumping* auf Kosten der Arbeitnehmer *unfaire Wettbewerbsvorteile* zu verschaffen. Sozialdumping liegt – analog zum Ökodumping – dann vor, wenn die Arbeitskosten nicht die sozialen Reproduktionskosten der Arbeitskraft ermöglichen. Dies ist beispielsweise dann der Fall, wenn die Löhne nicht ausreichen die Grundbedürfnisse zu decken und/oder die Arbeitsbedingungen nicht Grundvoraussetzungen der Beachtung der Menschenwürde berücksichtigen. In allen Fällen handelt es sich um Kosten, die bei der Abnutzung des Produktionsfaktors Kapital analog in Form von Abschreibungen berücksichtigt werden.

Allerdings ist die Durchsetzung sozialer Mindeststandards noch schwieriger als die Durchsetzung von Umweltstandards. Während bei letzteren noch gegebenenfalls mit *globalen Vorteilen* argumentiert werden kann, wie die Beispiele der Regenwaldvernichtung, der FCKW-Produktion oder der Gift- und Atommüllbeseitigung zeigen, ist dies bei *Sozialstandards* kaum möglich: Im Gegensatz zu Umweltstandards, die sich sowohl auf Produkte wie auch auf Produktionsmethoden auswirken und in beiden Fällen grenzüberschreitende schädliche Wirkungen entfalten können, beeinflussen Sozialstandards „lediglich" die Lebensbedingungen der einheimischen Bevölkerung. Sozialstandards werden von den betreffenden Ländern daher i. d. R auch zur *inneren Angelegenheit* deklariert.

Als Hauptargument gegen die Vereinbarung von Sozialstandards wird angeführt, dass ihre Einführung die Produktionskosten für das betreffende Land nach oben treiben und damit die nationalen Wettbewerbsvoraussetzungen verschlechtern würden. Werden als wichtig angesehene Sozialstandards von (Niedriglohn-) Exportländern nicht eingehalten, so ist grundsätzlich davon auszugehen, dass diese Länder sich höhere Sozialstandards ökonomisch noch nicht leisten können. Dennoch kann die Abwesenheit oder Nichtbeachtung von Standards auch gezielt im globalen Wettbewerb als Standortvorteil eingesetzt werden (*strategische Sozialpolitik*), weil niedrige Lohn- und Lohnnebenkosten häufig zu den wenigen komparativen Wettbewerbsvorteilen des betreffenden Landes zählen. Die notwendige Anhebung der Exportpreise durch höhere Sozialstandards würde die Wettbewerbsfähigkeit dieser Länder tatsächlich verringern, da eine gleichzeitige Erhöhung der Produktivität kaum zu erwarten ist. Es kann bei der Einführung von Sozialstandards also nicht darum gehen, Entwicklungsländern die Vorteile niedriger Löhne und eines geringen Sozialschutzes zu nehmen, sondern vielmehr darum, diese Differenzen auf Kosten der eigenen Bevölkerung nicht künstlich zu bewahren, um daraus Vorteile für den Außenhandel zu ziehen.

Inzwischen werden Sozialstandards in ihren Kostenwirkungen differenzierter betrachtet. Einige Standards sind nur indirekt kostenrelevant, wie etwa das Recht auf Vereinigungsfreiheit oder der Schutz des Rechts der gewerkschaftlichen Organisation. Generell tragen demokratischere, nicht-diskriminierende Arbeits- und Verhandlungsformen dazu bei, die soziale Stabilität und damit auch die gesellschaftlichen Entwicklungsmöglichkeiten zu verbessern. So wird etwa ein Verbot zur Diskriminierung am Arbeitsplatz die Einsatzmöglichkeiten der Ressource Arbeit verbessern und eine Einschränkung von Kinderarbeit kann tendenziell mit einer Verbesserung des Bildungsniveaus einhergehen, sodass sich mit der Leistungsfähigkeit der Arbeitnehmer mittelfristig auch die Produktivität und damit die Entwicklungsmöglichkeiten der Länder erhöhen. Obwohl dieser Zusammenhang von vielen Entwicklungsländern erkannt wird, genießt er entwicklungsbedingt noch geringe Priorität.

Bei der Einführung kostenrelevanter sozialer Mindeststandards spricht daher viel dafür, dem Vorbild der heutigen Industrieländer zu folgen und diese an die wirtschaftlich-soziale Entwicklung dieser Länder zu koppeln, also nationale Sozialstandards schrittweise den Entwicklungs- und Produktivitätsfortschritten anzupassen. Dies führt im Gegenzug allerdings auch dazu, dass weniger leistungsfähige Industrieländer ihre bisher erreichten Sozialniveaus im Zuge der Globalisierung auch nach unten anpassen müssen. International zu vereinbarende soziale Mindeststandards sollten einen Kernbereich grundlegender *sozialer Rechte* mit ethischem Charakter umfassen, die weitgehend mit den wichtigsten *Menschenrechten* identisch sind und damit universale Geltung beanspruchen können. Diese Sozialstandards können dann auch als Sozialklauseln in Handelsvereinbarungen, analog zu der Umweltklausel in Artikel 20 des WTO-Vertrags, festgeschrieben werden und den Handelspartnern bestimmte Sozialbedingungen bei der Produktion von Exportgütern vorschreiben. Damit könnte dann auch ihre Einhaltung durch *Handelssanktionen*, also beispielsweise durch Anti-Sozialdumpingzölle, durchgesetzt werden.

Dieser Komplex ist, ähnlich wie dies bei Sanktionen wegen des Verstoßes gegen Umweltbedingungen der Fall ist, vor allem deswegen umstritten, weil die Motivation zur Verhängung derartiger Sanktionen schwer zu durchschauen und zu kontrollieren ist und sich die Wirkungen solcher Sanktionen von denjenigen protektionistisch motivierter Sanktionen kaum unterscheiden. Um die missbräuchliche Verhängung von Sanktionen zu erschweren, sollten daher an die Verknüpfung von internationalem Handel mit Sozialnormen in jedem Fall besondere Maßstäbe angelegt werden.

11.3 Globale Wettbewerbspolitik

Im Übrigen können auch *positive Anreize* eingesetzt werden, wie etwa die Verknüpfung eines (Handels-) Präferenzstatus' mit der Einhaltung von sozialen Mindestnormen. Eine andere Möglichkeit sind *Verbraucheraktionen* gegen Waren, die unter Verletzung bestimmter Sozialnormen gefertigt wurden, wie von Kindern geknüpfte Teppiche aus Indien oder Kaffee aus Ländern, die freie Gewerkschaften unterdrücken. Zur Kennzeichnung von Waren, deren Produzenten sich an die Bestimmungen halten, wurden bereits *Soziallabels* eingeführt, wie etwa *Rugmark*, das indische Teppiche kennzeichnet, die von Betrieben hergestellt werden, die keine Kinder unter 14 Jahren beschäftigen und ihren Arbeitern zumindest den staatlich festgelegten Mindestlohn zahlen. Zunehmend verlangen auch Produzenten und Handelsunternehmen wie etwa das Schweizer Handelsunternehmen *Migros* oder die Sportartikelhersteller *Nike* und *Adidas*, von ihren Lieferanten und Produzenten die Einhaltung bestimmter Sozialstandards.[16]

Zusammenfassung: Sozialstandards und globale Wettbewerbspolitik
- Nationale Sozialstandards beeinflussen die Produktionsbedingungen und -kosten und damit den globalen Wettbewerb.
- Die Forderung nach **globalen sozialen Mindeststandards** ist daher ein wesentliches Element einer globalen Wettbewerbsordnung, durch das zudem auch *Sozialdumping* erschwert würde.

Wichtige Aspekte
- Im Gegensatz zu Umweltstandards beeinflussen Sozialstandards „nur" die Lebensbedingungen der einheimischen Bevölkerung und werden daher häufig als *innere Angelegenheit* betrachtet.
- Da höhere Sozialstandards zu höheren Produktionskosten führen können, kann sich die Wettbewerbssituation des betreffenden Landes verschlechtern, sodass niedrige Sozialstandards im globalen Wettbewerb auch *strategisch* als Standortvorteil eingesetzt werden (können).
- Ziel muss es daher sein, niedrigere Sozialstandards auf Kosten der eigenen Bevölkerung nicht künstlich zu bewahren, um daraus Vorteile für den Außenhandel zu ziehen. Andererseits sollte die Einführung kostenrelevanter sozialer Mindeststandards an die nationalen Entwicklungs- und Produktivitätsfortschritte angepasst werden.
- Weniger leistungsfähige Industrieländer werden ihre Sozialniveaus nach unten anpassen müssen.
- Im Übrigen sind nicht alle Sozialstandards kostenwirksam, wie etwa das Recht auf Vereinigungsfreiheit oder ein Verbot der Diskriminierung am Arbeitsplatz.

---

[16] vgl. z. B. GTZ: Sozialstandards in der Weltwirtschaft, www.coc-runder-tisch.de/inhalte/publikationen_rt/Sozialstandards_Weltwirtschaft_dt.pdf. Zugegriffen am 15.11.2015.

- International zu vereinbarende soziale Mindeststandards sollten einen Kernbereich grundlegender *sozialer Rechte* mit ethischem Charakter (*Menschenrechte*) umfassen. Diese Sozialstandards können dann als „Sozialklauseln" in *Handelsvereinbarungen* festgeschrieben werden und den Handelspartnern bestimmte Sozialbedingungen bei der Produktion von Exportgütern vorschreiben. Ihre Einhaltung könnte durch *Handelssanktionen* durchgesetzt werden.
- Allerdings ist der gesamte Komplex umstritten, da die Motivation zur Verhängung derartiger Sanktionen schwer zu durchschauen ist und sich deren Wirkungen von protektionistisch motivierten Sanktionen kaum unterscheiden.

Erste Ansätze

- Zur Kennzeichnung von Waren, deren Produzenten sich an die Bestimmungen halten, wurden *Soziallabels* eingeführt.
- Zunehmend verlangen auch Produzenten und Handelsunternehmen direkt von ihren Lieferanten und Produzenten die Einhaltung bestimmter Sozialstandards.

Weitere Möglichkeiten

- Es können auch *positive Anreize* eingesetzt werden, wie etwa die Verknüpfung eines (Handels-) Präferenzstatus' mit der Einhaltung von sozialen Mindestnormen.
- Eine andere Möglichkeit sind *Verbraucheraktionen* gegen Waren, die unter Verletzung bestimmter Sozialnormen gefertigt wurden.

Unter handelspolitischen Gesichtspunkten bedeutsam ist neben der Frage, ob Mindeststandards eingeführt werden sollen, auch die Frage, wie sich solche Regeln durchsetzen lassen: ob einzelne Staaten das Recht erhalten sollen, ihre (vorhandenen) nationalen Standards durch Handelssanktionen, etwa durch Anti-Sozialdumpingzölle oder Anti-Ökodumpingzölle, durchzusetzen. Es ist daher abzusehen, dass dieser Komplex nur schrittweise und unter Inkaufnahme weitgehender Kompromisse verhandelt wird, mit dem Ziel, die komparativen Vorteile der einzelnen Länder in einen als fair empfundenen Bereich zu verlagern und eine als ungerecht empfundene Inanspruchnahme von Vergünstigungen zurückzudrängen, sodass zunehmend leistungsabhängige Komponenten die Wettbewerbsfähigkeit bestimmen.

Literatur

Bundesverband der Deutschen Industrie (BDI). (1997). *Leitlinien zur Handelspolitik*. Köln.
dpa. (2015). *WTO schafft Agrar-Exportsubventionen ab*, (21.12.2015). Frankfurter Neue Presse. www.fnp.de/nachrichten/wirtschaft/WTO-schafft-Agrar-Exportsubventionen-ab. Zugegriffen im 11.2015.
Flottau, J., & Kirchner, T. (2015). *Europas Kampf um die Lufthoheit* (07.12.2015). Süddeutsche Zeitung. www.sueddeutsche.de/wirtschaft/fluggesellschaften-kampf-um-die-lufthoheit-1.2769905. Zugegriffen im 11.2015.

Fox, E. (1996). *Wettbewerbsrecht und kommende Agenda der WTO*. In OECD (Hrsg.), Neue Dimensionen des Marktzugangs im Zeichen der wirtschaftlichen Globalisierung (S. 207–237). Paris.

Hagelüken, A. (2015) *Ein Konter für TTIP*. Süddeutsche Zeitung, 12.10.2015.

Hart, M. (1996). *Der nächste Schritt: Aushandlung von Regeln für eine globale Wirtschaft*. In OECD (Hrsg.), Neue Dimensionen des Marktzugangs im Zeichen der wirtschaftlichen Globalisierung (S. 269–295). Paris.

Hauser, H., & Schanz, K.-U. (1995). *Das neue GATT* (2. Aufl.). München.

Hein, W., & Fuchs, P. (Hrsg.). (1999). *Globalisierung und ökologische Krise*. Hamburg.

Koch, E. (2006). *Internationale Wirtschaftsbeziehungen* (3. Aufl.). München.

o. V. (2013). *Was der Bali-Pakt für die Welt bedeutet*, (07.12.2013) Süddeutsche Zeitung. www.sueddeutsche.de/wirtschaft/wto-einigung-auf-bali-die-wichtigsten-fragen-zum-welthandelsabkommen. Zugegriffen im 11.2015.

Schäfers, M. (2015). *Legale Steuerumgehung. G 20 gehen gegen Gewinnverschiebung vor* (16.11.2015). Frankfurter Allgemeine Zeitung. www.faz.net/aktuell/wirtschaft/wirtschaftspolitik/legale-steuerumgehung-g-20-gehen-gegen-gewinnverschiebung-vor-13915783.html. Zugegriffen im 11.2015.

Thomson, G. A. (1996). *Querverbindungen zwischen Handels- und Wettbewerbspolitik: Wie könnte ein künftiger Bezugsrahmen aussehen?* In OECD (Hrsg.), Neue Dimensionen des Marktzugangs im Zeichen der wirtschaftlichen Globalisierung (S. 171–181). Paris.

Werner, K. (2015) *Der Tod in der Thunfischdose* Süddeutsche Zeitung, 01.12.2015.

Wins, H. (2000) *Eine internationale Wettbewerbsordnung als Ergänzung zum GATT*, Baden-Baden

Links[17]

Internationale Handelsordnung

Doha-Runde: www.bmz.de/de/was_wir_machen/themen/wirtschaft/welthandel/welthandelssystem/WTO/doha_runde.html. Zugegriffen im 11.2015.

GATS: www.wto.org/english/tratop_e/serv_e/serv_e.htm

Kartellverfahren: www.computerwoche.de/a/google-kartellverfahren-gehen-ins-jahr-2013. Zugegriffen am 19.12.2012.

Wettbewerbsregeln: www.oecd.org/competition/globalforum

Handelsstreit: www.asentanews.de/handelsvereinbarung-zwischen-usa-und-eu-hormonstreit-beendet-925/;
www.agrarheute.com/hormonstreit

WTO Komitee für Handel und Umwelt: www.wto.org/english/tratop_e/envir_e/wrk_committee_e.htm

Doha-Runde: www.sueddeutsche.de/wirtschaft/wto-einigung-auf-bali-die-wichtigsten-fragen-zum-welthandelsabkommen-1.1838129

Bilaterale Abkommen (CETA, TTIP, TiSA): http://ec.europa.eu/trade/policy/in-focus/ceta/index_de.htm;
www.attac.de/ceta;
http://ec.europa.eu/trade/policy/in-focus/ttip/index_de.htm;
attac.de/ttip;
http://deutsche-wirtschafts-nachrichten.de/2014/11/16/ttip-und-lohn-dumping-usa-wollen-deutschland-maerkte-in-europa-abjagen/;
http://ec.europa.eu/trade/policy/in-focus/tisa/index_de.htm;

---

[17] Abrufdatum bzw. Überprüfung der Internetinformationen im November 2015.

www2.weedonline.org/uploads/infoblatt_tisa_und_finanzdienstleistungen.pdf;
www.kritisches-netzwerk.de/forum/tisa-das-abkommen-zum-handel-mit-dienstleistungen-und-die-agenda-der-konzerne

Internationale Wettbewerbsordnung

www.internationalcompetitionnetwork.org/

www.computerwoche.de/a/google-kartellverfahren-gehen-ins-jahr-2013, Zugegriffen am 19.12.2012.

www.coc-runder-tisch.de/inhalte/publikationen_rt/Sozialstandards_Weltwirtschaft_dt.pdf

www.faz.net/aktuell/wirtschaft/wirtschaftspolitik/legale-steuerumgehung-g-20-gehen-gegen-gewinnverschiebung-vor-13915783.html. Zugegriffen am 16.11.2015.

www.oecd.org/berlin/presse/steuervermeidung-multinationaler-unternehmen-eindaemmen-oecd--praesentiert-reformen-fuer-internationales-steuersystem.htm. Zugegriffen am 05.10.2015.

www.welt.de/wirtschaft/article142686620/EU-Kommission-stellt-30-Steueroasen-an-den-Pranger.html

Globale Währungs- und Finanzordnung

12

Die Finanzkrisen der letzten Jahre haben viele Schwachstellen der globalen Währungs- und Finanzordnung offen gelegt. So wurden die nationalen und internationalen Finanzmärkte und damit auch die jeweiligen Länder häufig von in diesem Umfang unerwartet schnellen Zu- und Abflüssen von internationalem Kapital überrascht. Die internationalen Kapitalströme reagierten damit unmittelbar auf Erwartungen und Informationen über einzelne Länder auf positive, schneller aber noch auf negative Erwartungen. Zeitpunkt und Umfang der Reaktionen waren dabei meist kaum vorhersehbar: Während in einem Fall Negativ-Informationen weitgehend negiert werden, so sind sie in einem anderen Fall Anlass für panikartige Reaktionen.

Internationale Kapitalströme ändern äußerst schnell ihre Richtung, wenn wirtschaftspolitische Probleme eines Landes, wie falsche politische Steuerungsmechanismen, ungenügende wirtschaftsstrukturelle Bedingungen oder fehlende Wettbewerbsfähigkeit dazu führen, dass sich wichtige Indikatoren, wie Haushaltsdefizite, Verschuldung, Leistungsbilanzergebnisse oder Arbeitsmarktdaten, verschlechtern. In vielen Fällen ist damit – zumindest temporär – die weitere erfolgreiche Teilnahme an den Globalisierungsprozessen gefährdet, sodass die Gefahr von Währungsabwertungen oder, wenn dies wie in der Eurozone nicht möglich ist, von Finanzierungsschwierigkeiten und Staatsbankrotten und somit auch von Kursverlusten auf den Wertpapiermärkten rasch ansteigt.

Derartige Entwicklungen, die sich zwar meist lange zuvor ankündigen, jedoch häufig erst sehr spät tatsächlich auch wahrgenommen werden, haben nicht nur erhebliche Folgen für die Finanz- und Währungssituation der betroffenen Länder, sondern beeinflussen auch die reale Wirtschaft, also Wirtschaftswachstum, Investitionen, Nachfrage, Beschäftigung und Einkommen und damit ganz unmittelbar die Lebenssituation der Bevölkerung: Sinkende Wachstumsraten verursachen Nachfrageausfälle, Produktionsrückgänge und Konkurse und damit Arbeitsplatzverluste, sodass sich nicht nur die wirtschaftliche Situation der direkt Betroffenen verschlechtert, sondern auch diejenige der zuliefernden Unternehmen und einer breiten Palette sonstiger Produktions- und Dienstleistungsunternehmen. Dies gilt zunächst für die Bevölkerung in den jeweiligen Ländern, kann aber auch rasch auf andere Länder übergreifen, insbesondere auf Exportländer, die unmittelbar von Zahlungsausfällen und Auftragsstornierungen betroffen sind.

Auch wenn Instrumente zur Früherkennung derartiger Entwicklungen durchaus vorhanden sind, so reichen offensichtlich die Kompetenzen und vor allem auch die politische Bereitschaft für ein Gegensteuern, für ein aktives Prä-Krisenmanagement noch nicht aus, um die durch die internationalen Verflechtungen, die Globalisierung und das weitgehend unkontrollierte Wachstum der internationalen Finanzströme verursachten Finanz- und Währungskrisen zu verhindern. Diese Erkenntnis ist der Anlass, verstärkt über eine verbesserte *globale Finanzordnung* nachzudenken, deren Aufgabe es einerseits sein muss, den freien globalen Kapitalfluss soweit wie möglich aufrecht zu erhalten, aber andererseits auch die negativen Folgen für den realen Bereich der Wirtschaft kontrollier- und damit auch beherrschbarer zu machen. Eine zukunftsfähige globale Finanzordnung muss also eine optimale globale Allokation des Kapitals sicherstellen und zugleich für ein hohes Maß an Systemsicherheit sorgen.

Diese komplexen Anforderungen resultierten bislang in vielen unterschiedlichen Vorschlägen zur weiteren Ausgestaltung der globalen Finanzordnung. Im Zentrum stehen dabei eine verbesserte *Krisenprävention* und ein leistungsfähigeres globales *Krisenmanagement*. Hierbei spielt auch der IWF wieder eine wesentliche Rolle, dessen Bedeutung in den letzten Jahren zugunsten regionaler Aktivitäten, wie etwa dem 2012 beschlossenen Europäischen Stabilitätsmechanismus ESM, leicht zurückgegangen ist.

12.1 Stabilisierung der Wechselkurse

Betrachtet man zunächst die Möglichkeiten zur Verbesserung der **Krisenprävention**, so spielen hier Überlegungen zur Festlegung der „richtigen" Wechselkurse eine wichtige Rolle. Darüber hinaus geht es um zweckmäßigere Informations- und Kommunikationsstrukturen, um die Funktionsfähigkeit und die Stabilität der nationalen Finanzmärkte, aber auch um Überlegungen zu einer möglichen Verhinderung eines weiteren unkontrollierten Wachstums der internationalen Finanzströme. Insbesondere die nach wie vor starken Schwankungen der Wechselkurse führten zu Forderungen die vorhandene Wechselkursflexibilität wieder einzuschränken. Hierfür wurden verschiedene Systeme vorgeschlagen: Feste Wechselkurse mit *größeren Bandbreiten*, *Zielzonen* für die großen Weltwährungen, wie US-Dollar, Euro, Yen oder Yuan[1] sowie eher informelle Absprachen zwischen den großen Währungsblöcken (*Blockabsprachen*).

---

[1] Das folgende Zitat zeigt die Aktualität dieses Konzepts. Nach einer geringen Abwertung der chinesischen Währung auf 6,46 Yuan für einen US-Dollar wird darüber spekuliert, ob die chinesische Zentralbank bei einem Kurs von 6,50 Yuan intervenieren werde. Hierzu wird ein chinesischer Devisenhändler wie folgt zitiert: „Die Regierung hat üblicherweise interne Zielmarken. Allerdings kennen wir die Spannen nicht." vgl. Yuan fällt auf ein Vier-Jahres-Tief, SZ vom 14.12.2015.

12.1 Stabilisierung der Wechselkurse

Das Konzept der **Zielzonen** (*target zones*) wurde in den 1980er-Jahren entwickelt. Es stellt eine Zwischenform zwischen festen und flexiblen Wechselkursen dar. Zunächst wird ein realistischer (Gleichgewichts-)Wechselkurs als Ausgangsbasis definiert, der sowohl die realen Wirtschaftsverhältnisse und Wettbewerbsstrukturen als auch die hieraus antizipierbaren Entwicklungen berücksichtigt, und um diesen Kurs ein als Zielzone bezeichneten Toleranzbereich definiert. Gerät der sich auf den Währungsmärkten herausbildende Wechselkurs nun in die Nähe der Zielzonengrenzen, sind die Zentralbanken der betroffenen Länder gehalten, durch geeignete geldpolitische Maßnahmen auf den Devisenmärkten zu intervenieren.

Von Systemen „fester Wechselkurse mit Bandbreiten" unterscheiden sich Zielzonen vor allem durch ihre im Prinzip geringere Verbindlichkeit und einen relativ großen Schwankungsbereich. Am häufigsten wurden hier nach den positiven Erfahrungen in der letzten Phase des Europäischen Währungssystems, EWS, in den 1990er-Jahren $\pm 15\%$ genannt. Die Effizienz von Zielzonenvereinbarungen hängt vor allem ab von der Festlegung des Ausgangswechselkurses, der Breite der Zielzone und der Verbindlichkeit der Interventionsverpflichtung. Zielzonen sollen die Vorteile von festen und flexiblen Wechselkurssystemen kombinieren. So steht einerseits ein verlässlicher Rahmen für internationale Transaktionen zur Verfügung, während andererseits Unterschiede in den Inflationsraten, Verschiebungen in der Wettbewerbsfähigkeit und spekulative Attacken durch die vorhandene Wechselkursflexibilität ausgeglichen werden können (Williamson 1987; Konrad 2000).

Zielzonen sind sicher ein interessanter Beitrag zur Diskussion um Wechselkursstabilität. Allerdings setzen sie neben dem übereinstimmenden Willen der beteiligten Länder ein solches System einzuführen und durch eine angemessene Wirtschafts-, Geld- und Währungspolitik auch zu verteidigen vor allem eine konvergierende, an anerkannten Prinzipien orientierte stabilitätsorientierte Wirtschaftspolitik (s. u.) voraus. An diese Überlegung knüpfte auch ein Vorschlag der 1994 zum 50. Jahrestag der Bretton-Woods-Konferenz ins Leben gerufenen *Bretton-Woods-Kommission* an. Diese schlug ein „regelgestütztes System der internationalen Politik-Koordinierung" als Voraussetzung für neue flexible Bandbreiten zwischen den Währungen vor, das unter der Aufsicht des IWF umgesetzt werden solle. Da die Umsetzung dieser Vorstellungen derzeit als eher unwahrscheinlich angesehen werden kann und auch in der Vergangenheit eine solche Situation nur einmal Mitte der 1980er Jahre unter anderen Umständen und über einen sehr kurzen Zeitraum bestand, konnten Zielzonen ihre Funktionsfähigkeit bisher noch nicht unter realen Bedingungen unter Beweis stellen.

Das Konzept der **Blockabsprachen** setzt voraus, dass sich innerhalb der wichtigsten Währungsräume immer mehr Währungen mehr oder weniger fest an die jeweilige Leitwährung binden, sodass Absprachen zwischen den Währungsblöcken, bei einer grundsätzlichen Flexibilität der Blöcke zueinander, erleichtert würden. Als Währungsräume bieten sich zunächst der Dollar- und der Euroraum an, während in Asien die Bindungskraft des japanischen Yen nachlässt und die des chinesischen Yuan zunehmen könnte. Voraussetzung und Ergebnis wäre eine intensivere Kommunikation und Absprache zwischen den Blöcken, ein System klarer und verbindlicher Indikatoren als Entscheidungsparameter für Währungsinterventionen sowie ggf. eine wechselseitige Verpflichtung zur Bereitstellung von Währungskrediten.

Beide Modelle werden derzeit nicht weiterverfolgt. Das Experiment der Eurozone hat spätestens seit 2009 deutlich die Gefahren der Bindung an feste und im Prinzip nicht mehr änderbare Währungsrelationen bei einem fehlenden Konsens über einheitliche Wirtschaftspolitiken der beteiligten Länder deutlich gemacht hat. Voraussetzung für eine funktionierende enge Währungskooperation sind vergleichbare wirtschaftspolitische und -strukturelle Bedingungen und die Fähigkeit und Bereitschaft diese in einem übersehbaren Zeitraum herzustellen.

Obwohl konzediert werden kann, dass Wechselkursschwankungen, die meist unmittelbare Folge von spekulativen Aktionen privater Akteure auf den Weltwährungsmärkten sind, diese zu weiteren spekulativen Transaktionen motivieren, kann nicht im Umkehrschluss gefolgt werden, dass stabilere Wechselkurse Spekulationen verhindern: Divergierende wirtschaftliche Entwicklungen und Erwartungen führten immer wieder dazu, dass auch in Währungsgemeinschaften Währungsspekulationen an der Tagesordnung waren. Dies zeigt allein die Tatsache, dass im Europäischen Währungssystem (EWS) zwischen 1979 und 1999 im Schnitt einmal pro Jahr Paritätsänderungen (*re-alignments*) vereinbart werden mussten.

Fehlt diese Möglichkeit, müssen andere Mechanismen zum Einsatz kommen, die vorübergehend für Beruhigung sorgen können, jedoch auf Dauer die Kohärenz der Gemeinschaft zerstören, wenn keine grundlegenden wirtschaftsstrukturellen Änderungen erfolgen. Solche Mechanismen sind etwa umfangreichere Währungskredite, Zinssubventionen oder Aufkäufe von Staatsanleihen durch fremde oder eigene Zentralbanken, wie dies im Rahmen der Eurokrise durch die EZB ab 2010 erfolgte. Dies kann mittelfristig aber nur funktionieren, wenn die betreffenden Länder die strukturellen Voraussetzungen dafür schaffen wieder wettbewerbsfähig zu werden, um so einen Staatsbankrott oder den Austritt aus der Währungsgemeinschaft zu verhindern. Erst letzterer würde ihnen wieder die Möglichkeit geben, Wechselkursänderungen, in der Regel also eine Abwertung ihrer Währung, als wirtschaftspolitisches Instrument zu nutzen.

Obwohl die vorgeschlagenen Systeme genügend große Schwankungsbreiten vorsehen würden, müssten die Wechselkurse im Krisenfall grundsätzlich auch von den Zentralbanken durch Interventionen verteidigt werden, sodass diese zumindest zeitweise einen erheblichen Teil ihrer *geldpolitischen Autonomie* einbüßen würden: Im Zweifel müssten sie geldpolitische Entscheidungen zugunsten der Wechselkursstabilität und zu Lasten der binnenwirtschaftlichen Stabilität treffen. Andererseits ist die Zentralbankautonomie heute für die meisten Länder angesichts der Verflechtung der Weltfinanzmärkte ohnehin schon deutlich eingeschränkt: Bei ähnlich verlaufenden Konjunkturzyklen divergieren die geldpolitischen Entscheidungen kaum.

Auch bei unterschiedlich verlaufenden Konjunkturzyklen sind die Zentralbanken gezwungen, bei ihren Entscheidungen die Weltkonjunktur und die Reaktionen der Weltfinanzmärkte zu berücksichtigen. Dies vor allem deswegen, weil die Fremdwährungszuflüsse in den eigenen Währungsraum – aufgrund einer positiven Zinsdifferenz zum Ausland – (bzw. Währungsabflüsse aufgrund einer negativen Zinsdifferenz) zu Stabilitätseinbußen führen würden. Auch die Überlegung, dass durch den Zwang, die Wechselkurse zu stützen, die Anpassungslasten gleichmäßiger verteilt würden, ist nur vordergründig richtig, da schließlich die abwertungsbedrohten Länder mittel- bis langfristig gezwungen sind, Maßnahmen zur Erhöhung ihrer Wettbewerbsfähigkeit zu ergreifen.

Die Hauptverantwortung für annähernd stabile Wechselkurse tragen die jeweiligen Staaten selbst. Stabile Wechselkurse sind vor allem Folge einer nationalen Wirtschaftspolitik, die auf einer *inflationsvermeidenden Geldpolitik* basiert und Haushalts- und Leistungsbilanzdefizite, in jedem Fall aber eine exzessive Auslands- sowie Inlandsverschuldung vermeidet. Eine solche Politik muss flankiert sein von breit angelegten strukturellen, wettbewerbsfördernden Reformen, einem angemessen regulierten Finanzmarkt mit einem soliden leistungsfähigen Bankensystem und einer transparenten Informationspolitik. Besteht hierüber Einvernehmen und wird zusätzlich versucht, auf überregionaler Ebene *geld-* und *fiskalpolitische Konvergenz* zu erzielen, so besteht eine hohe Wahrscheinlichkeit marktgerechter stabiler Wechselkurse – auch bei flexiblen Wechselkursen (*floating*). Werden Währungsrelationen dagegen politisch und damit eher marktfern festgelegt, so überfordern sie in aller Regel das Kursstützungspotenzial der jeweiligen Zentralbanken im Krisenfall, sodass Wechselkursinstabilitäten wahrscheinlich werden.

12.2 Verbesserung der Frühwarnsysteme durch höhere Transparenz

Finanz- und Währungskrisen sind in der Regel kaum voneinander zu trennen und treten häufig zusammen auf. In den meisten Fällen führen sie dann zu realen Wirtschaftskrisen eines oder auch mehrerer Länder mit sinkender Nachfrage, sinkender Produktion und steigender Arbeitslosigkeit. Nationale Währungskrisen zeigen sich in einem Abfluss von Devisen mit der Folge einer starken Abnahme der Währungsreserven des betreffenden Landes, einer größeren Abwertungstendenz der Landeswährung und wachsenden Schwierigkeiten des Landes sich auf den internationalen Finanzmärkten zu finanzieren. Dies geht meist einher mit einer Finanzkrise, also einem abrupten Verfall von Finanzindikatoren, wie sinkender Kreditvergabe, steigenden Kreditausfallraten, Börsenturbulenzen und steigenden Kapitalmarktzinsen. Alle Ursachen sind eng miteinander verknüpft und treten häufig zeitgleich auf.[2] Dies geschieht jedoch i.d.R. nicht ohne Vorwarnung, vielmehr gehen Krisen meist bestimmte ökonomische Konstellationen voraus, die zwar nicht zwanghaft in eine Krise münden, aber die Gefahr des Entstehens einer Krise begünstigen. Es wird daher versucht, aus diesen Konstellationen Frühwarnindikatoren herauszufiltern, um so Prognosen erstellen und Handlungsoptionen zur Krisenvermeidung bzw. frühzeitigen Verringerung der sich einstellenden negativen wirtschaftlichen Folgen planen zu können (Deutsche Bundesbank 1999, S. 18 ff.).

---

[2] Abwertungseffekte treten nur dann unmittelbar auf, wenn das betreffende Land über eine eigene Währung verfügt, die nicht vertraglich fest an eine andere Währung gebunden ist.

Finanz- und Währungskrisen liegen häufig fundamentale Finanz- und Währungsungleichgewichte zugrunde, die meist Folge einer übermäßig expansiven Geld- und Fiskalpolitik sind und einhergehen mit Leistungsbilanzdefiziten, also sinkenden Exporten und steigenden Importen, bei tendenziell rückläufigen Direktinvestitionen. Damit muss zunächst die Entwicklung derjenigen *binnenwirtschaftlichen Indikatoren* beobachtet werden, die auch als zentrale Konvergenzindikatoren für den Beitritt zur Europäischen Wirtschafts- und Währungsunion (EWWU) herangezogen wurden: Haushaltsdefizit, gesamte Staatsverschuldung, Kapitalmarktzinsen, Inflationsrate sowie die Wechselkursentwicklung der einheimischen Währung. Diese Indikatoren müssen dann wertbestückt werden, also mit bestimmten Werten versehen werden, deren Überschreiten bestimmte Reaktionen veranlassen sollte. Hierbei ist zu beachten, dass diese Werte dann auch dauerhaft erreicht werden müssen, was wiederum von weiteren Ursachen abhängt, die ebenfalls zu beobachten sind, wie etwa strukturelle Veränderungen oder bestimmte politischen Konstellationen.

Zentrale Indikatoren sind hierfür die in der Europäischen Wirtschaft- und Währungsunion geltenden, allerdings kaum eingehaltenen, Konvergenzkriterien:

Konvergenzkriterien für den Beitritt zur Europäischen Währungsunion
Einheitliche Preissteigerungsraten Steigt in einem Land das Preisniveau schneller als in anderen Ländern, wird es seine Währung abwerten müssen, um seine internationale Wettbewerbsfähigkeit zu erhalten. Da in einer Währungsunion diese Möglichkeit entfällt, müssen sich die Inflationsraten einander angleichen: *Die Preissteigerungsrate durfte im letzten Jahr vor der Überprüfung durchschnittlich höchstens 1,5 % über der durchschnittlichen Rate der drei preisniveaustabilsten EU-Länder liegen.*

Einheitliches Zinsniveau In einer Währungsunion entfällt für Kapitalanleger das Währungsrisiko. Unterschiedliche Zinssätze in den Mitgliedsstaaten würden zu einem Kapitalabfluss in das Land mit der höchsten Rendite führen und bei dem Land mit niedrigeren Zinsen notgedrungen zu einem Zinsanstieg führen. Um diese Situation zu vermeiden, sollen sich die langfristigen nationalen Zinssätze, gemessen an der Umlaufrendite langfristiger öffentlicher Anleihen, einander angleichen: *Der durchschnittliche Kapitalmarktzinssatz, durfte daher im letzten Jahr vor der Überprüfung um nicht mehr als 2 % über dem Durchschnittszinssatz der drei Länder mit der niedrigsten Inflationsrate liegen.*

Stabile Wechselkurse Ein wichtiger Nachweis für Konvergenz ist die Stabilität des Außenwerts der eigenen Währung. *Die nationale Währung soll sich daher mindestens zwei Jahre vor dem Eintritt in die Währungsunion ohne größere Schwankungen gegenüber den anderen Währungen behauptet haben und sich innerhalb der Bandbreiten ohne Abwertungen gegenüber einem anderen Mitgliedsstaat bewegt haben.* Während der erste Teil der Bedingung gegen Ende der Vorbereitungszeit auf

> die Europäische Währungsunion nach wie vor relevant war, war der Bezug auf die Bandbreiten angesichts deren Ausdehnung auf ± 15 % nicht mehr von Bedeutung. Es war daher Konsens, diese Bedingung auf die zuvor geltende Bandbreite von ± 2,25 % zu beziehen.
>
> **Geringe Haushaltsdefizite und niedrige öffentliche Verschuldung** Zur Erzwingung einer soliden Finanzpolitik und zur Verhinderung einer zu großen Belastung der Kapitalmärkte sollte das *Haushaltsdefizit 3 % des Bruttoinlandsprodukts (BIP) nicht überschreiten und die gesamte, kumulierte öffentliche Verschuldung nicht mehr als 60 % des BIP* betragen.

Weitere Indikatoren sind die Auslandsverschuldung sowie die kumulierten Währungsreserven eines Landes. Hinzu kommen qualitative Faktoren, wie die Steuerungsfähigkeit (sowie die Steuerungsbereitschaft) der Staatsorgane und die in den letzten Jahren immer wichtiger gewordene Qualität (*soundness*) des *Bankensystems*. Darüber hinaus spielen *externe Faktoren*, wie die Entwicklung des internationalen Zinsniveaus oder die globale Konjunkturlage eine wichtige Rolle. Obwohl die meisten dieser Größen als *Frühwarnindikatoren* weitgehend akzeptiert sind, bleibt die konkrete krisenrelevante Ausprägung der Indikatoren ebenso umstritten wie die Wirkung von Verknüpfungen bestimmter Ausprägungen. Eine wichtige Rolle spielt zudem die Qualität der Datenerhebung in dem betreffenden Land, die Bereitschaft, diese Daten auch unverfälscht, schnell weiterzugeben sowie die Einschätzung der weiteren Entwicklung der Indikatoren. Noch kaum geklärt ist, in welcher Form und Intensität und von welcher Seite Reaktionen erfolgen müssen, die geeignet sind, negative Entwicklungen zu stoppen oder zu verhindern, ohne dass sich die beobachteten negativen Trends durch Panikreaktionen auf den internationalen Finanzmärkten rasch weiter verschlechtern.

Die Verbesserung des *Frühwarnsystems* ist eine wichtige Aufgabe des IWF, der seine Mitglieder daher auch auffordert, statistische und volkswirtschaftliche Daten zeitnah und korrekt zu veröffentlichen. Als Orientierungshilfe für seine Mitglieder beschloss das Exekutivdirektorium einen zweistufigen Ansatz: den detaillierteren *Special Data Dissemination Standard* (SDDS), der bereits 1996 für Länder eingerichtet wurde, die Zugang zu internationalen Finanzmärkten haben oder suchen, und ein weniger umfassendes *General Data Dissemination System* (GDDS), das ein Jahr später für Mitgliedsländer mit weniger entwickelten statistischen Systemen eingeführt wurde und durch das die allgemeine Qualität der veröffentlichten Daten erhöht werden soll. 2012 wurde *SDDS Plus* initiiert, um weitere wichtige Daten zu ermitteln. Inzwischen beteiligen sich schon über 90 % der IWF-Mitgliedsstaaten an GDDS oder SDDS, vgl. Abb. 12.1.[3]

---

[3] vgl. www.imf.org/external/np/exr/facts/data.htm.

Abb. 12.1 Der Internationale Währungsfonds (IWF)

Seit 1994 veröffentlicht der IWF Hintergrundmaterialien und Analysen zur wirtschaftlichen Entwicklung der meisten Mitgliedsländer. Zur weiteren Verbesserung der Transparenz werden seit Mai 1997 die zusammengefassten Ergebnisse der jährlichen IWF-Analysen der Volkswirtschaften der Mitgliedsländer, die *Country Reviews*, aufgrund der Artikel IV-Konsultationen in zusammengefasster, über das Internet abrufbarer Form veröffentlicht.[4] Ergänzend wurde 1998 ein 2007 überarbeiteter Verfahrenskodex zur fiskalischen Transparenz, der *Code of Good Practices on Fiscal Transparency*, beschlossen, der u. a. IWF-Schuldnerländer verpflichtet, Transparenzberichte über den Erfolg der Umsetzung ihnen auferlegter Reformmaßnahmen vorzulegen.[5]

Nur dann, wenn alle Informationen zeitnah ausgewertet werden, können Fehlentwicklungen frühzeitig erkannt werden, um gegebenenfalls frühzeitig *präventive Gegenmaßnahmen* ergreifen zu können. Falls die Länder die Daten nicht oder verfälscht bzw. verzögert bereitstellen oder auf Fehlentwicklungen nicht adäquat reagieren, muss überlegt werden, auf welche Weise dies publik gemacht werden sollte. Dies gilt erst recht, wenn die Durchführung von empfohlenen restriktiven geld- oder fiskalpolitischen Maßnahmen verzögert wird.

---

[4] vgl. www.imf.org/external/country/index.htm.

[5] vgl. www.imf.org/external/np/pp/2007/eng/051507c.pdf.

Organisatorisch reagierte der IWF auf die Herausforderungen vor allem bei der Krisenprävention schon 2001 durch die Schaffung einer neuen Abteilung, dem *International Capital Markets Department*, die die zentrale Verantwortung für die Gestaltung der Beziehungen zwischen dem IWF und dem internationalen Finanzsystem trägt[6] und seitdem jährlich den *Global Financial Stability Report* publiziert.[7] Vorrangig geht es dem IWF hierbei darum, sich frühzeitig Erkenntnisse über die Funktions- und Reaktionsmechanismen auf den internationalen Kapitalmärkten zu verschaffen, um auf Fehlentwicklungen schneller und adäquater reagieren zu können.[8]

12.3 Finanzmarktstrukturen: Sicherheitsstandards

Die verschiedenen Finanz- und Währungskrisen insbesondere seit Mitte der 1990er-Jahre[9] haben deutlich gemacht, dass eine Destabilisierung der vernetzen internationalen Finanzmärkte zu Kettenreaktionen bei kumulierten Finanzrisiken (Überschuldung, Kreditausfällen, Kursverfall bei Wertpapieren), Bankzusammenbrüchen und öffentlichen Verschuldungsproblemen mit Folgeproblemen für die globale realwirtschaftliche Entwicklung führt.

Insbesondere die Krisen legten die vielen noch bestehenden Schwachstellen der derzeitigen Finanzmarktstruktur offen:

- den zu niedrigen Informationsstand in Bezug auf aktuelle Probleme, die damit zu geringe Transparenz und die zu geringen Kenntnisse über systemische Risiken und risikobehaftete Finanztransaktionen,
- die sehr unterschiedliche Qualität der nationalen Finanzmarktaufsichten,
- die zu geringe Vernetzung und Kooperation der nationalen Finanzaufsichtsbehörden,
- die weiterhin unterschiedlichen Standards für Rechnungslegung, Kontrollen und staatliche Eingriffe und den damit
- zu geringen Schutz vor den Gefahren einer Destabilisierung der Finanzmärkte und deren realwirtschaftlichen Folgen.

Die Globalisierung der Finanzmärkte stellt somit hohe Anforderungen an die Planungs-, Steuerungs- und Kontrolleffizienz sowohl der staatlichen als auch der privaten Finanz-

---

[6] www.imf.org/external/np/sec/nb/2001/nb0124.htm.

[7] www.imf.org/external/pubs/ft/gfsr/.

[8] Um über zeitnahe Informationen zu verfügen, fordert auch das *Institute of International Finance* (IIF) in Washington (www.iif.com), eine internationale Organisation für Finanzorganisationen, der über 450 international tätige Finanzinstitute Banken aus 75 Ländern angehören, von seinen Mitgliedern wöchentliche Berichte und empfiehlt dem IWF dieses ebenfalls zu tun und diese dann auch umgehend auch auszuwerten.

[9] Hierbei handelte es sich im Wesentlichen um die Mexikokrise 1994/95, die Asienkrise 1997/1998, die Russlandkrise 1998, die Brasilienkrise 1998, die Argentinienkrise 2001/2002 – vgl. hierzu u. a. Koch 2006, S. 494 ff. – sowie die internationale Finanz-, Wirtschafts- und Verschuldungskrise 2007–2013.

marktakteure. Dabei zeigt sich, dass die nationalen Finanzsysteme nach wie vor z. T. erhebliche Defizite aufweisen und viele Akteure diesen Herausforderungen nicht gewachsen sind. Adäquate Rahmenbedingungen und krisenfeste institutionelle Strukturen sind noch zu wenig erkennbar. Insbesondere scheint es an der Bereitschaft zu fehlen, Krisensymptome rechtzeitig zu erkennen und einzuschätzen und aus den vorhandenen Informationen mit passgenauen Instrumenten schnell, adäquat und verantwortlich die richtigen Konsequenzen zu ziehen und durchzusetzen. Risiken wurden häufig nicht erkannt oder falsch bewertet.

Finanzinstitutionen lagern Risiken zudem in sog „*Schattenbanken*" aus, etwa in eigene Zweckgesellschaften (*Special Purpose Vehicles* – SPV), und entziehen sie so ihrem unmittelbaren Verantwortungsbereich. Bei einem solchen Vorgehen steht offensichtlich Gewinnmaximierung und nicht die Sicherheit der Finanzinstitution und insbesondere des Finanzsystems im Vordergrund.

Der rasante Aufstieg der Schattenbanken

Banken, von der Finanzkrise gebeutelt und mit strengeren Kapitalregeln belegt, ziehen sich zunehmend aus der Kreditvergabe zurück. Die Lücke wird von Vermögensverwaltern, privaten Kreditfonds und Crowdfunding-Firmen gefüllt. Sie sind sogenannte Schattenbanken: Firmen, die Funktionen von Banken übernehmen, aber nicht wie solche reguliert werden. Für viele Unternehmen ist der Aufstieg der Schattenbanken ein Segen. Blackstone kann Kredite meist billiger und schneller als traditionelle Banken ausstellen. Doch unter Ökonomen wächst die Sorge, dass die Ausbreitung unregulierter Kreditvergabe letztlich in die Katastrophe führen wird... „Seit der Krise fördert die zunehmende Verschärfung der Bankenregulierung möglicherweise eine Verschiebung traditioneller Bankenaktivitäten in die Schatten", heißt es in einem Bericht des **IWF** aus dem Oktober 2014. Der IWF fand Anzeichen dafür, dass aufgrund dieses Trends „die Risiken in den entwickelten Volkswirtschaften gestiegen sind"[10].

In den USA sind Schattenbanken laut IWF für mehr als die Hälfte der Kreditvergabe verantwortlich. In der Eurozone sind es bislang nur gut ein Viertel, doch auch hier steigt der Anteil. ... Das Schattenbankensystem hatte einen wesentlichen Anteil an der US-Immobilienblase, deren Platzen im Jahr 2007 ein globales Finanzbeben auslöste. Unzählige private Vermittler vergaben jahrelang billige Hypotheken, die dann in Anleihen verpackt und an Banken und andere Investoren verkauft wurden. Doch als die Kreditblase platzte, fanden sich die Banken selbst im Zentrum der Krise wieder.

Um gegen solche Finanzkrisen künftig besser gewappnet zu sein, verschärften die Aufsichtsbehörden weltweit die Regulierung: Die *Dodd-Frank-Gesetze* in den USA und die globalen Basel-III-Richtlinien verpflichten die regulären Banken, mehr Eigenkapital zurückzulegen und sich aus bestimmten riskanten Anlageformen zurückzuziehen[11]. Das macht die Institute zwar sicherer, aber es bedeutet auch, dass sie weniger

---

[10] www.imf.org/external/pubs/ft/gfsr/2014/02/pdf/sum2.pdf.

[11] dealbook.nytimes.com/2015/01/14/a-strategy-in-the-fight-over-financial-reform-go-big/?_r=2.

> Kapital für Kredite haben. Die Strategie hatte einen guten Grund. Denn anders als typische Fonds oder Vermögensverwalter waren viele Banken systemrelevant. Mit anderen Worten: Sie waren so groß und mit anderen Banken so stark vernetzt, dass ihre Pleite das gesamte Finanzsystem hätte mitreißen können. ...
> Doch die Maßnahmen hatten einen Nebeneffekt: Sie bot anderen Finanzunternehmen plötzlich einen Wettbewerbsvorteil, weil sie nicht der schärferen Regulierung unterliegen. Ein Beispiel ist der US-Hypothekenmarkt, aus dem sich Banken zunehmend zurückziehen. ... Die Befürworter unregulierter Schattenbanken sagen, dass die Vorteile die Risiken klar überwiegen. Eine schärfere Regulierung des Sektors sei unnötig oder sogar schädlich. ... Doch andere Experten sehen in dem Aufstieg unregulierter Schattenbanken eine Gefahr für das globale Finanzsystem. Die riskante Kreditvergabe aus den Jahren vor dem Crash sei in einigen Bereichen schon zurückgekehrt, heißt es immer öfter an der Wall Street. Schuld daran seien nicht die generell immer noch sehr vorsichtigen Banken, sondern Schattenbanken. Denn mit ihnen wächst auch das Risiko... Das *Financial Stability Board (FSB),* eine internationale Organisation, die das Finanzsystem überwacht, fordert in ihrem jüngsten Bericht zum Beispiel eine bessere Überwachung und neue Regeln, die Schuldenaufnahme durch Schattenbanken begrenzen sollen.[12] Doch das FSB kann nur Empfehlungen aussprechen. Letztlich liegt es an den Regierungen, das Schattenbankensystem sicherer zu machen... Es wächst nun die Sorge, dass im Schattenbankensektor die nächste globale Finanzkrise heranwächst.
> Quelle: http://www.zeit.de/autoren/P/Konrad_Putzier/index Konrad Putzier, New York, 5. Februar 2015

Viele Schritte, wie etwa die folgenden, sind daher noch zu gehen:

- Ratingagenturen sollten unabhängig von den zu bewertenden Institutionen und Produkten nach klaren offenzulegenden Kriterien bewerten, insbesondere sollten sie nicht dem Einfluss von Auftraggebern unterliegen;
- Finanzinstitute, die (neue) Produkte in den Verkehr bringen, sollten hierfür haften und entsprechende Rückstellungen bilden und zudem verpflichtet werden, einen bestimmten Anteil in ihrem eigenen Portfolio zu halten;
- Boni an Mitarbeiter von Finanzinstitutionen sollten sich an Nachhaltigkeits- und Langfristwirkungen orientieren, zudem sollten
- *alle* Finanzinstitute und damit selbstverständlich auch „Schattenbanken" einer umfassenden wirksamen Finanzaufsicht unterstehen.

Andere Überlegungen sind – meist im Rahmen überstaatlicher Organisationen – bereits in fortgeschrittenem Stadium. Mit anderen Worten: Die globale Finanzordnung ist eine Säule, mit deren Bau zwar begonnen wurde, die aber keineswegs fertiggestellt ist und wohl ständig eine Baustelle bleiben wird.

Auch die Risikoeinschätzung und -vorsorge auf Bankenseite ist vielfach noch unzureichend, zumal Umfang und Art der Transaktionen selbst für Verantwortliche vielfach noch

---

[12] www.financialstabilityboard.org/2013/08/r_130829a/.

intransparent sind, sodass die Nicht-Einhaltung von finanztechnischen Minimumstandards und damit die Entstehung von Instabilitäten begünstigt werden. Viele Überlegungen zu einer globalen *Weltfinanzordnung* beschäftigen sich daher auch mit verschiedenen Ansätzen diese Defizite zu beseitigen.

Der verschärfte internationale Wettbewerb verführt viele Finanzinstitute dazu, immer komplexere Geschäfte mit immer höheren Risiken einzugehen, um die eigene Marktstellung zu verteidigen oder auszubauen und so steigende Gewinne zu erzielen, sodass ihre Eigentümer (*shareholder*) zufrieden gestellt werden. Den damit einhergehenden Anforderungen ist das jeweilige Management nicht immer gewachsen. Die Kapitalstruktur der Banken, die Managementinformationssysteme und internen Kontrollsysteme, aber auch das finanztechnische Know-how der obersten Managementebene reichen vielfach nicht aus, um alle Risiken oder gar die nationalen und internationalen Folgen von (Fehl-) Entscheidungen zu übersehen. Die Akteure der globalen Finanzordnung, wie der IWF oder das International Institute of Finance (IIF), der wichtigste internationale Verband von Finanzinstitutionen, sind daher schon seit Beginn des letzten Jahrzehnts bestrebt die Finanzinstitute zu motivieren, ihr **Risikomanagement** zu verbessern. Dies beinhaltet u. a. eine Verbesserung der Risikomess- und -kontrollsysteme, der Kommunikation zwischen den verschiedenen Unternehmenssektoren und der entsprechenden Reaktionen im Schadenseintrittsfall.[13]

Gleichzeitig sollen global möglichst einheitliche, zuverlässige und fundierte **Bilanzierungs- und Rechnungslegungsvorschriften** nicht nur vorgeschrieben, sondern auch angewendet und ihre Einhaltung kontrolliert werden. Auf diese Weise werden die Finanzverhältnisse von Unternehmen und Banken transparenter, die Risiken von grenzüberschreitenden Finanzengagements überschaubarer und die Gefahr globaler Wirtschaftskrisen geringer. Für die Umsetzung dieses Ansatzes ist seit 2001 der *International Accounting Standards Board* (IASB) mit Sitz in London zuständig (vorher: International Accounting Standards Committee, IASC), der für die IFRS-Stiftung tätig ist (IFRS: International Financing Reporting Standard).[14] Aufgabe des IASB ist die Ausarbeitung von internationalen Rechnungslegungsstandards. Zuvor als *International Accounting Standards* (IAS) bezeichnet, heißen diese nun *International Financial Reporting Standards* (IFRS), um der Tatsache Rechnung zu tragen, dass das Ziel dieser Standards nicht nur eine korrekte Rechnungslegung, sondern auch eine vollständige und transparente Finanzberichterstattung ist. Abb. 12.2 gibt einen Überblick über die verschiedenen in diesem Bereich tätigen Organisationen und Institutionen.

In diesem Zusammenhang übernehmen auch andere private Organisationen wichtige Aufgaben bei dem Auf- und Ausbau einer globalen Finanzordnung. So ist die *International Organization of Surpreme Audit Institutions* (INTOSAI) verantwortlich für die Entwicklung und Verbreitung von Rechnungsprüfungsstandards und -richtlinien, während das Ziel

---

[13] Die im Dezember 2012 veröffentlichte Fassung der von der deutschen Bundesanstalt für Finanzdienstleistungsaufsicht (BaFin) herausgegebene Richtlinie über Mindestanforderungen an das Risikomanagement (MaRisk) findet sich unter: www.bafin.de/SharedDocs/Veroeffentlichungen/DE/Rundschreiben/rs_1210_marisk_ba.html.

[14] vgl. zum IASC: www.iasplus.com/de/resources/resource25; zum IASB: www.iasplus.com/de/resources/resource38; zum IFRS: www.ifrs.org/Pages/default.aspx.

12.3 Finanzmarktstrukturen: Sicherheitsstandards

> - **BCBS: Basel Committee on Banking Supervision** (BIZ) *(www.bis.org/bcbs)*
>   Harmonisierung der rechtlichen Grundlagen der Bankenaufsicht und international abgestimmter Eigenkapitalnormen (Basel I, II, III)
>   Untergremium: **Joint Forum - Financial Conglomerates**
> - **CFGS: Committee on the Global Financial System** (BIZ) (www.bis.org/cgfs)
>   Fördern des Verständnisses der Finanzmärkte und Identifizierung von Verbesserungen für das Funktionieren und die Stabilität der Märkte
> - **FATF: Financial Action Task Force on Money Laundering** (OECD) (www.fatf-gafi.org)
>   Bekämpfung von Geldwäsche und Überwachung der Offshore Finanzzentren (OFC)
> - **FSB: Financial Stability Board** (früher FSF) (BIZ) (www.financialstabilityboard.org/)
>   Förderung der Finanzstabilität durch die Koordinierung der Entwicklung, Überwachung und Umsetzung von Regulierungs-, Aufsichts- und anderen Finanzsektorpolitiken
> - **IASB: International Accounting Standards Board** (früher: IASC) (www.iasplus.com/de/resources/resource38)
>   (Unabhängiges privates Gremium) Ausarbeitung von International Financial Reporting Standards (IFRS)
> - **IAIS: International Association of Insurance Supervisors**
>   (www.bafin.de/DE/Internationales/GlobaleZusammenarbeit/IAIS/iais_node.html)
>   Förderung der Zusammenarbeit zwischen den Behörden, Erarbeitung internationaler Normen für die Versicherungsaufsicht
> - **ICGN: International Corporate Governance Network** (www.icgn.org/)
>   (Verband mit Mitgliedern aus über 550 Unternehmen) Verbesserung der globalen Rechnungslegungs- und Management-Standards
> - **INTOSAI: International Organization of Surpreme Audit Institutions** (www.intosai.org/de/ueber-uns.html)
>   (Unabhängige, nichtstaatliche Organisation) Wissenstransfer und Wissensvermehrung zur weltweiten Verbesserung der öffentlichen Finanzkontrolle, Entwicklung und Verbreitung von Rechnungsprüfungsstandards und –richtlinien
> - **IOSCO: International Organization of Securities Commissions** (www.iosco.org/)
>   (Internationale Organisation) Entwicklung, Implementierung und Unterstützung der Einhaltung international anerkannter Standards für die Wertpapierregulierung (Aufsichtsstandards und Überwachung); Informationsaustausch zwischen den Wertpapieraufsichtsbehörden

Abb. 12.2 Globale Finanzordnung – Internationale Organisationen

des *International Corporate Governance Network* (ICGN) eine Verbesserung der globalen Rechnungslegungs- und Management-Standards ist.[15] Die *International Organization of Securities Commissions* (IOSCO) mit Sitz in Montreal, der Wertpapieraufsichtsbehörden aus 117 Ländern angehören,[16] wurde bereits 1983 gegründet mit dem Ziel den Informationsaustausch zu verbessern und international gültige Aufsichtsstandards für Wertpapiermärkte und -händler und die Überwachung internationaler Wertpapiergeschäfte zu erarbeiten und durchzusetzen.

Die maßgeblich von den international tätigen Finanzinstituten zu verantwortende unreglementierte Kreditvergabe insbesondere an Schwellenländer („Recycling der Petro-Dollars") mit den daraus resultierenden Rückzahlungsproblemen führte zunächst zur Schuldenkrise der Dritten Welt in den 1980er-Jahren. Dies und das im Anschluss daran immer stärkere unkontrollierte Wachstum der *Wertpapiermärkte*, vor allem auch durch Finanzderivate, begründete die Forderungen die dramatisch gewachsenen Handlungsspielräume für die Akteure der globalen Finanzmärkte wieder zu beschneiden. Nach den umfangreichen Deregulierungen zu Beginn der Globalisierung sollte nun ein neues *Regelwerk* erstellt werden. Dass dieses weiterhin erhebliche Lücken aufwies, zeigte sich deutlich während der durch die „*Subprimekrise*" ausgelösten Weltfinanzkrise.[17]

---

[15] vgl. www.intosai.org/de/aktuelles.html bzw. www.icgn.org/about-icgn.

[16] vgl. www.iosco.org/.

[17] Eine gute Chronologie der Krise findet sich bei: www.tagesschau.de/wirtschaft/chronologiefinanzmarktkrise100.html; s. a. Sinn (2009) Kasino-Kapitalismus, Berlin.

Gerade auf globalisierten Märkten ist der professionelle Umgang mit Kredit-, Markt- und Liquiditätsrisiken seitens der Finanzinstitute von entscheidender Bedeutung für die Stabilität der Finanzmärkte. Dieser kann offensichtlich angesichts der unterschiedlichen nationalen Verhältnisse und der intensiven Wettbewerbssituation nicht unbedingt vorausgesetzt werden. Eine zentrale Forderung in diesem Zusammenhang war die Formulierung und Einführung einheitlicher **Eigenkapitalanforderungen** an die Kreditinstitute. Im Juli 1988 wurden daher durch den bei der *Bank für Internationalen Zahlungsausgleich* (BIZ) in Basel angesiedelten *Basler Ausschuss für Bankenaufsicht* (BCBS)[18] im Rahmen des sog. *Basler Akkords* neben einer Harmonisierung der rechtlichen Grundlagen der Bankenaufsicht international abgestimmte Eigenkapitalnormen vorgeschlagen (*Basel I*), die in über 100 Ländern Anwendung fanden. Ab 2007 wurde schrittweise *Basel II* eingeführt, das jedoch erhebliche Schwächen während der weltweiten Finanzkrise erkennen ließ, sodass der BCBS, in dem Zentralbanken und Bankenaufsichtsbehörden aus 27 Ländern vertreten sind, inzwischen *Basel III* verabschiedete.

Als **Basel I** wird die von dem BCBS vorgelegte erste *Basler* Eigenkapitalvereinbarung von 1988 bezeichnet. Hiernach mussten Banken Kreditgeschäfte mit 8 % Eigenkapital unterlegen, wobei die Kredite, nach ihrem Risiko gewichtet, in insgesamt fünf Risikokategorien eingeteilt wurden. Implizit sollte hierbei das so gemessene Kapital auch andere, nicht in diese Berechnung einbezogene Risiken abdecken. Neben größerer Sicherheit trugen diese Regeln auch zu einer gewissen Vereinheitlichung der Wettbewerbsbedingungen bei.[19]

Dieses System wurde jedoch angesichts der Vielzahl neu entwickelter Finanzierungsinstrumente, neuer Kreditrisikomodelle sowie der zunehmenden Verbriefung von Aktiva als zu starr kritisiert. Der BCBS legte daher im Juni 1999 einen ersten Vorschlag für eine Neufassung des *Basler Akkords* vor, der nach der Berücksichtigung von Reaktionen der Betroffenen, also insbesondere der Banken und der Bankenaufsichtsbehörden, 2007 als **Basel II** in Kraft trat. Basel II sah vor, dass die Banken ihre Kreditkonditionen und ihr Eigenkapital – auf der Grundlage leistungsfähiger Risiko- und Kapitalmanagementsysteme – an die Bonität ihrer Kunden knüpfen. Dabei handelte es sich um ein mehrstufiges System, das den verschiedenen Risiken Rechnung tragen sollte, wobei insbesondere die Risikovorsorge für Schuldner mit einer niedrigeren Bonität deutlich erhöht wurde. Durch die stärkere Berücksichtigung von Einzelrisiken wurde es zwar den unterschiedlichen Kredit- und Anlagestrukturen der Banken eher gerecht, andererseits war die Überprüfbarkeit durch die Flexibilität bei der Auslegung der Bewertungskriterien erschwert, sodass die Risikoanfälligkeit der internationalen Finanzmärkte eher noch stieg.[20]

Basel III sollte daher die Risikoneigung der Banken verringern und diese weniger krisenanfällig machen. Das neue Regelsystem wurde 2010 von den G20 verabschiedet und trat 2014 in Kraft. Hiernach sollen sich die Banken über einen Zeitraum von 6 Jahren mit mehr Eigenkapital versorgen und dann 6 % (zuvor 4 %) ihrer risikogewichteten Aktiva als Kernkapital (Tier 1) vorhalten, plus einen Kapitalpuffer von 2,5 % für Krisen. Hartes Kernkapital (Core Tier-1), das aus Aktionärskapital und Gewinnrücklagen besteht, soll nun 75 % des Kernkapitals ausmachen (zuvor 50 %). Insgesamt benötigen die Banken damit künftig eine Mindesteigenkapitalquote von 8–9 % und damit etwa doppelt so viel wie bisher. Hiervon sollen allein 7 % hartes Kernkapital sein. Zudem müssen Banken seit 2015 über ein Liquiditätspolster verfügen, mit dem sie auch in Stresssituationen Zahlungsverpflichtungen für einen Monat abdecken können (Noack et al. 2014).

---

[18] vgl. www.finma.ch/d/finma/internationales/gremien/basel/Seiten/default.aspx.

[19] Dokumente zu Basel I, II und III: www.bis.org/list/bcbs/tid_21/index.htm; s. a. www.wirtschaftslexikon24.net/e/basel-i-basel-eins/basel-i-basel-eins.htm.

[20] ausführlicher hierzu www.bundesbank.de/Navigation/DE/Kerngeschaeftsfelder/Bankenaufsicht/Basel2/basel2.html; s. a. www.wirtschaftslexikon.gabler.de/Definition/basel-ii.html.

Neben dem BCBS ist bei der BIZ auch der *Ausschuss für das globale Finanzsystem* (CGFS) und das Sekretariat der *Internationalen Vereinigung der Versicherungsaufsichtsbehörden* (IAIS) angesiedelt. Der BCBS ist ein Forum für die regelmäßige Zusammenarbeit in Fragen der Bankenaufsicht mit dem Ziel, die Qualität der Bankenaufsicht weltweit zu verbessern. Der CGFS kommentiert die Entwicklungen auf den globalen Finanzmärkten.[21]

Das *Forum für Finanzstabilität* (*Financial Stability Board* – FSB) soll die Arbeit der nationalen Finanzbehörden und Normungsgremien auf internationaler Ebene koordinieren und die Entwicklung und Umsetzung von wirksamen Regulierungs-, Aufsichts- und sonstigen den Finanzsektor betreffenden Politiken fördern. Es ist seit 2009 Nachfolger des 1999 zur Sicherung der Stabilität des internationalen Finanzsystems ins Leben gerufenen *Financial Stability Forum* (FSF). Mitglieder sind Vertreter der Finanzministerien und der Zentralbanken der G20, internationaler Finanzmarktregulierungs- und -aufsichtsgremien, wie dem BCBS, der IOSCO und der IAIS sowie des IWF, der Weltbank, der OECD und der Europäischen Kommission. Bereits 2008 legte das FSF einen Empfehlungskatalog für die Überprüfung und Verschärfung des Regulierungs- und Aufsichtsrahmens für das internationale Finanzsystem vor, die *Principles for Crossborder Cooperation on Crisis Management*.[22]

Die IAIS schließlich wurde 1994 ins Leben gerufen und versammelt Vertreter von Versicherungsaufsichtsbehörden aus etwa 100 Rechtssystemen. Wichtige Ziele der IAIS sind die Förderung der Zusammenarbeit zwischen den Behörden und die Erarbeitung internationaler Normen für die Versicherungsaufsicht.[23]

12.4 Finanzmarktaufsicht

Die internationale Verflechtung der Finanzaktivitäten erfordert eine verstärkte multilaterale Kooperation zur Gestaltung und Umsetzung von Standards und Spielregeln sowie einen generell verbesserten Informationsaustausch bei der Aufsicht und Überwachung der Finanzmärkte. Im Wesentlichen muss dabei der bestehende Rahmen ausgebaut, die vorhandenen Standards und Regeln weiter verbessert und den Entwicklungen und neuen Erkenntnissen angepasst werden, daraus sollten *best practices* abgeleitet und den nationalen Regierungen als Empfehlungen vorgeschlagen werden.

Damit wird deutlich, dass auch in diesem Bereich nur ein zweistufiger Prozess zum Erfolg führen kann. Während auf supranationaler Ebene – möglichst im Konsens – weitgehend allgemeingültige Vorgehensweisen abgesprochen und als Empfehlungen formuliert werden müssen, folgt diesem Schritt dann die Umsetzung auf nationaler Ebene. Voraussetzung ist die Einsicht in die Notwendigkeit eine wirksame Finanzmarktaufsicht zu etablieren.

---

[21] vgl. Bank für Internationalen Zahlungsausgleich: www.bis.org/cgfs/index.htm?ql=1; www.financialstabilityboard.org/; www.bafin.de/DE/Internationales/GlobaleZusammenarbeit/IAIS/iais_node.html.

[22] vgl. Financial Stability Board: www.financialstablityboard.org.

[23] vgl. www.bafin.de/DE/Internationales/GlobaleZusammenarbeit/IAIS/iais_node.html.

Schon in den 1990er Jahren legten alle bereits erwähnten internationalen Organisationen, die im Bereich der Finanzmarktaufsicht tätig sind, Grundätze zur Finanzmarktaufsicht vor, so beispielsweise der BCBS, der 1997 mit den „Grundsätzen für eine wirksame Bankenaufsicht" ein umfassendes Regelwerk veröffentlichte.[24] IOSCO veröffentlichte 1998 ein umfassendes Regelwerk zur Aufsicht über Wertpapiermärkte und IAIS gab 1997/1998 Grundsätze und Standards für die Versicherungsaufsicht heraus. Unterstützt werden diese Initiativen durch das 1999 gegründete *Institut für Finanzstabilität*, u. a. durch die Bereitstellung von Informationen und Veröffentlichungen. Schließlich ist in diesem Kontext auch das *Joint Forum on Financial Conglomerates* als wichtigstes Fachgremium für die internationale sektorübergreifende Zusammenarbeit im Bereich der Finanzmarktaufsicht zu nennen.[25] Es wurde 1996 von BCBS, IOSCO und IAIS gegründet und hat die Aufgabe, den Austausch zwischen den Aufsichtsbehörden zu erleichtern sowie Prinzipien für eine effektivere Überwachung von Finanzinstituten zu entwickeln. Da eine globale Finanzmarktaufsicht vorläufig kaum zu realisieren ist, müssen die nationalstaatlichen Aufsichtssysteme durch internationale Kooperation ergänzt werden. Dies geschieht ansatzweise bereits durch die Einigung auf politische Grundsatzvorgaben im Rahmen der G20. Gleichzeitig soll auch der IWF bei der Überprüfung globaler Standards sowie die Rollen und Funktionen von FSB und BCBS (s. o.) gestärkt werden. Zusätzlich spielt auch Basel III eine wichtige Rolle bei der Vereinheitlichung der Grundlagen für die Wahrnehmung von Aufsichtsfunktionen. Auch wenn Schattenbanken bislang von globalen Regulierungsstandards nicht betroffen sind, so sind die Reformbemühungen doch als wichtige Schritte auf dem Weg zu einem langfristig stabilen globalen Finanzsystem zu sehen (Georg/Meinert 2012).

Auf europäischer Ebene wurde im November 2014 bereits ein einheitlicher europäischer Bankenaufsichtsmechanismus, der Single Supervisory Mechanism (SSM), als Teil der zukünftigen „Europäischen Bankenunion" eingeführt. Der SSM stellt 120 Großbanken der teilnehmenden Länder, sowohl Banken der Euro-Länder als auch freiwillig teilnehmende Banken anderer Länder, unter die direkte Aufsicht der Europäischen Zentralbank (EZB).[26]

---

[24] U. a. forderte das BCBS in seinen *core principles* eine verbesserte Publizität der Finanzinstitute, um so Transparenz über Art und Umfang insbesondere risikobehafteter Finanztransaktionen herzustellen. Dies schließt Regeln über Art und Umfang der Berichterstattung genauso ein, wie international vergleichbare Vorschriften über Rechnungslegung, Kreditwesen, Konkursrecht u. ä. Bezüglich der Risikoermittlung wird vorgeschlagen, dass durch regelmäßige Erhebungen alle Finanzgeschäfte für die Aufsichtsbehörden transparent gemacht und die Grundsätze zur Bewertung von Kreditrisiken und Verfahren bei Kreditausfällen vereinheitlicht werden sollen. Die Finanzaufsicht soll durch verbesserte globale Kooperation qualitativ verstärkt werden, um durch Finanzinstitutionen (mit-) verursachte Finanzmarktprobleme und die Gefahr von negativen Kettenreaktionen und systemischen Risiken möglichst schon im Vorfeld zu entschärfen.

[25] vgl. www.bis.org/publ/bcbs34.htm.

[26] vgl. Bundesanstalt für Finanzdienstleistungsaufsicht: www.bafin.de/DE/DieBaFin/AufgabenGeschichte/Bankenaufsicht/bankenaufsicht_node.html.

12.4 Finanzmarktaufsicht

Ein wichtiger Aspekt der globalen Finanzordnung ist zudem der gemeinsame Kampf gegen **Geldwäsche** (*money laundering*), der gleichzeitig die Ausweitung und Stabilisierung der internationalen organisierten Kriminalität bekämpft. Durch Geldwäsche werden Einnahmen aus Drogen-, Waffen- und Mafia-Geschäften quasi „legalisiert" und gleichzeitig der internationale Terrorismus mitfinanziert. Ermöglicht wird sie im Wesentlichen durch fehlende oder eine zu schwache Finanzmarktaufsicht. Als Geldwäsche wird die Einschleusung illegal erworbenen Vermögens in den legalen Finanz- und Wirtschaftskreislauf bezeichnet. Auf diese Weise soll die Herkunft der Gelder verschleiert und der Anschein rechtmäßigen Erwerbs erweckt werden. Der Umfang der Geldwäsche wurde vom IWF auf 2–5 % des Welt-BIP geschätzt, damit betrug der geschätzte Umfang 2013 mindestens etwa 1,5 Bio. US$.

Bereits Ende 2000 wurde daher auf verschiedenen Ebenen eine Verstärkung des Kampfes gegen Geldwäsche vereinbart. Hierfür wurde schon 1989 auf Initiative der G7 die *Financial Action Task Force on Money Laundering* (FATF) als internationale Koordinierungsstelle sowie für die Überwachung der **Offshore Finanzzentren** (OFC) ins Leben gerufen. Sie ist bei der OECD in Paris angesiedelt und verpflichtet ihre derzeit 34 Mitgliedsstaaten zu besonderer Disziplin im Kampf gegen Geldwäsche. Die FATF legte Empfehlungen zur Bekämpfung der Geldwäsche für Banken und Finanzmarkt-Aufsichtsbehörden vor, die inzwischen auch von einer wachsenden Anzahl von Nicht-FATF-Mitgliedern als Kern eines globalen Systems zur Bekämpfung von Geldwäsche angesehen werden. Als Reaktion auf den 11. September 2001 wurden weitere Maßnahmen gegen die Finanzierung von Terrornetzen verabschiedet, die auch von IWF und Weltbank akzeptiert und in ihre Programme eingearbeitet wurden.[27] Verschiedene Regionalgruppen unterstützen die Arbeit der FATF, so u. a. die Arbeitsgruppe für die Karibik (CFATF), die asiatisch-pazifische Gruppe (APG) und die Arbeitsgruppe für Südamerika (GAFISUD).[28]

Die erwähnten *Offshore Financial Centers* (OFCs) spielen eine zentrale Rolle bei illegalen internationalen Finanztransaktionen. Hierbei handelt es sich in den meisten Fällen um Inseln und Insel-Staaten, wie die britischen Kanalinseln Guernsey und Jersey, die Isle of Man, die karibischen British Virgin Island, die Bermudas oder die Cayman Islands, aber auch Mauritius, Macao, Panama oder Bahrain. Mindestens 30 unabhängige Staaten, Überseegebiete oder, wie die Kanalinseln, direkt der britischen Krone unterstellter Kronbesitz gelten als Steueroasen, die die Einhaltung des Bankgeheimnisses zum Geschäftsprinzip erhoben haben und ihren Finanzinvestoren völlige oder weitgehende Steuerfreiheit und Anonymität gewähren, (vgl. Abb. 7.9). In der Regel stellt der Finanzdienstleistungssektor auch das mit Abstand dominierende oder auch alleinige Geschäftsmodell dieser Staaten

---

[27] vgl. www.fatf-gafi.org. Hier findet sich auch die derzeit letzte Fassung der „International Standards on Combating Money Laundering and the Financing of Terrorism & Proliferation" in der gedruckten Version vom Februar 2013.

[28] vgl. www.cfatf-gafic.org; www.apgml.org; www.fatf-gafi.org/pages/financialactiontaskforceofsouthamericaagainstmoneylaunderinggafisud.html.

und damit auch die wichtigste Finanzierungsquelle dar, wobei eine Finanzaufsicht kaum oder gar nicht ausgeübt wird.[29]

Durch die Globalisierung des Kapitalverkehrs kann heute jeder, entsprechendes Kapital vorausgesetzt, die Dienstleistungen der OFCs nutzen. Staaten, die nur eine geringe Neigung hatten mit anderen Steuerbehörden bei Verdacht auf Steuerhinterziehung oder Steuerflucht zusammenzuarbeiten, wurden von der FATF als nicht-kooperativ eingestuft. Erstmals im Sommer 2000 veröffentlichte die FATF eine Liste solcher „nicht kooperativer Staaten und Territorien". Die Androhung oder Umsetzung von Sanktionen (von der Überwachung der Finanztransaktionen bis zum Verbot von Transaktionen mit diesen Ländern) führte dazu, dass viele Länder ihre Gesetzgebung änderten, sodass 2011 praktisch alle OFCs den inzwischen allgemein akzeptierten OECD-Standard zu Transparenz und effektivem Austausch für Besteuerungszwecke akzeptierten und von der zuvor geführten schwarzen Liste gestrichen wurden.

Die OECD-Vorgaben von 2002 und 2005 verlangen, dass Informationen, die für die Besteuerung relevant sind, zugänglich sein und auf Anfrage ausländischer Finanzbehörden zur Verfügung gestellt werden müssen. Zu diesen Informationen gehören auch Bankinformationen und Auskünfte über die Eigentumsverhältnisse an Gesellschaften oder die Begünstigten bei Stiftungen (Kracht 2011). In vielen Fällen wurden diese Zusagen jedoch nicht eingehalten, wie sich 2013 bei der Aufdeckung einer Vielzahl illegaler Konten herausstellte. Damit sind weitere koordinierte Aktionen gegen die OFCs zu erwarten.

12.5 Reduzierung der internationalen Kapitalströme

Während das langfristig orientierte Kapital relativ besonnen auf mögliche oder erwartete Veränderungen der wirtschaftspolitischen Konstellationen reagiert, tendieren die kurzfristigen, spekulativen internationalen Kapitalströme auch zu Überreaktionen. Selbst irrationale Erwartungen und Informationen veranlassen Finanzanleger, äußerst schnell und heftig zu reagieren (*Overshooting-Phänomene*), um Gewinnchancen zu realisieren und Verluste zu reduzieren.[30] Devisentransaktionen in Größenordnungen von – in Extremsituationen – mehreren Hundert Milliarden US-Dollar pro Tag (*hot money movements*) sind keine Seltenheit. Hierdurch können extreme Schwankungen der Devisen- und Wertpapierkurse (*Volatilitäten*) ausgelöst werden, die unmittelbar die Realwirtschaft beeinflussen und entweder bestehende Probleme des betreffenden Landes vergrößern oder neue wirtschaftliche Probleme hervorrufen. Adäquate Anpassungsreaktionen auf politisch-ökonomische Fehlentwicklungen werden so erschwert oder unmöglich gemacht.

---

[29] vgl. hierzu auch www.imf.org/external/NP/ofca/OFCA.aspx; vgl. auch Brady et al. 2010.
[30] vgl. hierzu auch noch einmal die starken Ausschläge der Private Debt & Protfolio Equity Kurve in Abb. 4.5.

Die spekulationsbedingten Wechselkursanstiege (*bubbles*) entstehen durch die Erwartung steigender Wertpapierkurse: die hohe Nachfrage nach der Währung des betreffenden Landes führt zu einer stärkeren Aufwertung der Währung. Damit entfernt sich der Wechselkurs immer weiter von einem theoretischen Gleichgewichts-Wechselkurs, der sich aufgrund fundamentaler Marktdaten ergeben müsste. Erfüllen sich die dieser Entwicklung zugrunde liegenden Erwartungen in Bezug auf die Wirtschaftsentwicklung des betreffenden Landes nicht, drehen die Finanzströme, das spekulative Kapital wird wieder abgezogen und der Wert der Währung kann wieder schlagartig fallen.

Da für diese Phänomene vor allem kurzfristige grenzüberschreitende Kapitalströme verantwortlich sind, wird überlegt, ob es nicht sinnvoll sein könne, bestimmte Liberalisierungsschritte wieder rückgängig zu machen. Insbesondere könnte – zumindest vorübergehend – der kurzfristige grenzüberschreitende Kapitalverkehr wieder stärker beschränkt werden, um zu verhindern, dass rasche Zu- und Abflüsse von Kapital die Stabilität der jeweiligen Währung unterminieren und der Wirtschaft des jeweiligen Landes u. U. schweren Schaden zufügen. Eine solche Einschränkung käme vor allem für Länder in Frage, deren Wirtschaftsstruktur und politisch-ökonomische Rahmenbedingungen noch nicht in der Lage sind, sich in vollem Umfang dem internationalen Wettbewerb um Kapital und Ressourcen zu stellen. Dies gilt für viele Entwicklungs- und Schwellenländer, und auch für solche Länder der Eurozone – wie die Ereignisse im Rahmen der Euro-Schuldenkrise gezeigt haben – die nicht in der Lage waren, ein wettbewerbsfähiges „ökonomisches Geschäftsmodell" und leistungsfähige politisch-ökonomische Rahmenbedingungen zu entwickeln.

Freie Kapitalmärkte sind eine wesentliche Voraussetzung für die Globalisierung: ein liberalisierter Kapitalverkehr erleichtert grenzüberschreitende Wirtschaftsbeziehungen und begünstigt höhere Wachstumsraten durch einen Gewinn bringenderen Einsatz von Kapitel. Vielfach wurde jedoch zu wenig berücksichtigt, dass eine umfassende Kapitalmarktliberalisierung funktionierende Kapitalmärkte, ein effizientes Finanzsystem mit nach internationalen Standards arbeitenden und kontrollierten Banken und ein verantwortungsbewusstes staatliches Wirtschafts- und Finanzmanagement voraussetzt, Rahmenbedingungen, die in vielen Ländern noch nicht oder nur zum Teil gegeben sind. Solange dies noch nicht der Fall ist, scheint daher eine temporäre De-Liberalisierung oder Re-Regulierung des Kapitalverkehrs mit dem Ziel, kurzfristige, spekulative Finanzströme zu verringern, ohne langfristig orientierte Kapitalzuflüsse, insbesondere Direktinvestitionen, zu beeinträchtigen, sinnvoll zu sein. Eine solche Beschränkung kann indirekt über eine Verteuerung von kurzfristigen Kapitalbewegungen, wie etwa die in einigen Ländern der Eurozone bereits beschlossene Finanztransaktionssteuer, oder direkt über Kapitalverkehrskontrollen erfolgen.

Globale Lösungen liegen hierbei weniger darin, solche Kapitalbewegungsbeschränkungen vorzuschlagen, als darin, allgemein akzeptierte Regeln zu entwickeln, die es einzelnen Ländern ermöglichen, in bestimmten Situationen die Liberalisierung des Kapitalverkehrs auf Zeit auszusetzen, um gravierende Nachteile für die eigene Wirtschaft zu verhindern. Die Anwendung dieser Regeln wäre dann nur unter transparent und restriktiv definierten Voraussetzungen möglich. Voraussetzungen, Maßnahmen und Anwendungsperiode müssten kontrollierbar und von internationalen Organisationen überprüfbar sein. Dann aber müssten diese auch von den globalen Wirtschaftspartnern ohne Sanktionsandrohungen akzeptiert werden.

Kapitalverkehrsbeschränkungen können entweder indirekt – über eine Verteuerung der Kapitaltransaktionen – oder direkt durch Transaktionsverbote erfolgen. Die indirekt wirkenden Ansätze zielen primär auf die Verringerung von Kapitalzuflüssen, auch wenn hiervon natürlich indirekt Kapitalabflüsse betroffen sind. Sie setzen damit unmittelbar an der möglichen Ursache potenziell stabilitätsbedrohender Kapitalbewegungen an. Eine andere Funktion haben direkte Beschränkungen von Kapitalabflüssen, wie beispielsweise Kapitalverkehrsbeschränkungen, die etwa von Malaysia auf dem Höhepunkt der Asienkrise 1998 auch nach Auffassung des IWF erfolgreich praktiziert worden sind. Auch China, das seinen Kapitalverkehr nach wie vor beschränkt, war bislang nur in verhältnismäßig geringem Umfang von direkten negativen Auswirkungen von Währungsspekulationen betroffen.

Kapitalverkehrskontrollen
„Die Angst vor der Kapitalflucht geht um: Hundert Milliarden Euro haben spanische Anleger allein im ersten Quartal 2012 aus dem krisengeplagten Land abgezogen", das entspricht einem Zehntel der spanischen Wirtschaftsleistung. Die griechischen Bankkunden hoben in den Wochen vor der Wahl bis zu 500 Mio. € täglich ab. Seit Ausbruch der Krise im Jahr 2009 sollen rund 80 Mrd. € abgeflossen sein. Auch aus Portugal, Italien und Irland ziehen Anleger stetig Gelder ab. Gleichzeitig wachsen die Bankeinlagen in Ländern, die als „sichere Häfen" gelten, namentlich in Deutschland und in der Schweiz. Jetzt fürchten viele Beobachter, dass sich die Kapitalflucht aus dem Süden in den Norden beschleunigt, wenn es zu einer erneuten Zuspitzung der Euro-Schuldenkrise kommt. Das würde nicht nur zu massiven wirtschaftlichen Problemen in den Krisen-Ländern führen, weil deren Banken irgendwann das Geld ausginge. Das viele Geld aus den südeuropäischen Ländern würde auch die Zielländer im Norden Europas überfordern. Schon jetzt kämpft die Schweiz mit einer massiven Aufwertung des Franken und mit einer Immobilienblase, weil vermögende Europäer in der Alpenrepublik ihr Geld in Sicherheit bringen.
Deshalb stellte die EU-Kommission kürzlich klar: In Ausnahmefällen erlaubt das EU-Recht Kapitalkontrollen. Ein Austritt Griechenlands aus der Währungsunion wäre ein solcher Fall. Krisenländer wie Griechenland könnten dann ihre Grenzen dicht machen, hohe Konto-Abhebungen verbieten und verhindern, dass Kapital ins Ausland abfließt. Und die Schweiz würde umgekehrt ausländische Anleger daran hindern, weiter ihr Fluchtgeld in Franken anzulegen. Das Spektrum der möglichen Maßnahmen, um eine Kapitalflucht einzudämmen, ist groß: Denkbar sind etwa hohe Steuern auf grenzüberschreitende Geldgeschäfte, Strafzinsen auf ausländisches Kapital, ein Verbot von Auslandsüberweisungen oder Zollkontrollen, die kein Bargeld mehr über die Grenzen lassen.

In den westlichen Industriestaaten sind solche harten Eingriffe in die Kapitalmärkte verpönt, innerhalb der EU eigentlich sogar grundsätzlich verboten. Sie kommen bisher vor allem in Schwellenländern wie Brasilien oder China zum Einsatz, die hohe Zuflüsse von Spekulationsgeldern mit Hilfe von Steuern, Strafzinsen oder anderen staatlichen Maßnahmen abwehren. In Europa hingegen gelten sie als überholte und wenig effektive Art der staatlichen Intervention in die Finanzmärkte, die vielleicht in Zeiten fester Wechselkurse und des Goldstandards funktioniert haben mag – auf modernen, vernetzten Finanzmärkten aber allenfalls zu unerwünschten Nebenwirkungen führt. In der Panik vor der Griechenland-Wahl ließen die Schweizer Nationalbank und die EU nun Anleger und Spekulanten einen tiefen Blick in den Giftschrank der Zentralbanken werfen: Wenn es in der Schuldenkrise hart auf hart kommt, so viel ist seither klar, sind Kapitalkontrollen als Beruhigungspille erlaubt.

Einen Präzedenzfall gibt es bereits: Island schottete sich gleich zu Beginn der Finanzkrise mit Kapitalkontrollen ab, als die Banken in dem 320.000-Einwohner-Land zusammenbrachen. Weder durfte Geld in den Markt fließen, noch durften Ausländer Kapital aus Island abziehen. Der Fall Island zeigt allerdings auch, dass Kapitalkontrollen gefährliche Nebenwirkungen haben können. Zwar konnte Island eine Massenflucht der Anleger nach der Verstaatlichung seiner Banken und damit den Staatsbankrott abwenden. Doch die isländische Regierung kann die Kapitalkontrollen wegen der anhaltenden Krise in Europa nicht so schnell wieder lockern wie geplant. Finanzminister Steingrimur Sigfusson kündigte bereits an, dass ein Teil der Kapitalkontrollen bis 2015 weiter gelten wird. Andernfalls könnten ausländische Investoren bis zu sechs Milliarden Euro aus dem Land abziehen. Stattdessen fließt das Geld, das nicht aus dem Land heraus kann, nun in den Immobiliensektor – Beobachter warnen bereits vor der nächsten Blase. Ökonomen warnen, dass Kapitalkontrollen schnell zu solchen Verzerrungen führen.

Mancher Beobachter hält deshalb die öffentliche Diskussion über Kapitalkontrollen für eine leere Drohung – zumindest bis auf weiteres. „Wenn die Schweizer Regierung laut über Kapitalkontrollen nachdenkt, ist das natürlich in erster Linie ein rhetorischer Versuch, die Währung abzuwerten", sagt Daniel Kalt, Chefökonom der Schweizer Großbank UBS. ... Doch für den Fall einer Zuspitzung der Eurokrise müsse die Zentralbank wohl noch deutlich tiefer in den Giftschrank greifen. „In dem Fall sind Kapitalkontrollen, zum Beispiel in Form von Negativzinsen, durchaus realistisch. „Niedrige Negativzinsen würden die Flucht in den Franken nicht stoppen", sagt Kalt. In den 70er Jahren hat die Schweiz solche Negativzinsen schon einmal eingesetzt. Damals wurde für ausländische Geldanlagen im Schweizer Franken pro Quartal eine Kommission von zehn Prozent fällig. Pro Jahr verloren Anleger dadurch rund 40 % ihrer Anlage. „Das hat gewirkt", konstatiert UBS-Ökonom Kalt."

Quelle: Sommer 2012

Kapitalverkehrsbeschränkungen sollen Liberalisierung also nicht abschaffen, sondern nur kurzfristig aussetzen. Noch bestehende oder wieder eingeführte Beschränkungen sind also nur dann sinnvoll, wenn ihre (Wieder-) Abschaffung konkret ins Auge gefasst wird und der nationale Kapitalmarkt zwischenzeitlich durch Strukturreformen vor zukünftigen negativen externen Einwirkungen geschützt wird. Kapitalverkehrskontrollen können also dem Land die Gelegenheit bieten, seine Finanzmarktstrukturen soweit zu verbessern, dass diese einem freien Kapitalverkehr (wieder) gewachsen sind.

Damit weist dieses Konzept eine deutliche Analogie zu *Erziehungszöllen* auf, die Produzenten für einen befristeten Zeitraum von allzu leistungsfähiger ausländischer Konkurrenz entlasten. Temporäre, degressiv gestaltete Erziehungszölle werden dann als sinnvoll angesehen, wenn sie dazu dienen, dem betreffenden Land den Aufbau eines neuen Industriezweiges (*infant industry*) zu ermöglichen, was wegen der internationalen Konkurrenz sonst nicht möglich wäre (Koch 2006, S. 125 f.). Dem Bedenken, dass preisgünstigere Importe von größerem Vorteil wären, wird üblicherweise mit dem Argument begegnet, dass nur so der eigenständige Aufbau von Know-how und Unternehmertum gewährleistet sei. Eine solche zeitliche begrenzte Schutzphase kann auch deswegen wichtig sein, weil entweder die vollständige Konvertibilität der eigenen Währung oder die Bindung an eine andere Währung bzw. die Mitgliedschaft in einem Währungsraum, wie der Eurozone, eine eigenständige Geldpolitik nicht zulässt. So führen beispielsweise Zinserhöhungen zur Abwehr von Überhitzungserscheinungen im Allgemeinen zu verstärkten Kapitalimporten etwa durch inländische Unternehmen, die eine Auslandsverschuldung zu günstigeren ausländischen Zinssätzen vorziehen. Banken verschulden sich ebenfalls im Ausland, um diese Mittel dann an ihre Kunden zu inländischen Konditionen weiterzugeben und somit ebenfalls von der Zinsdifferenz zu profitieren. Damit wird der Zweck der geldpolitischen Maßnahme verfehlt: Die zunehmende Geldmenge wird die Inflationsgefahr weiter erhöhen. Bei starren Wechselkursen bzw. einer Gemeinschaftswährung, wie dem Euro, kann der Abzug von Kapital zur Illiquidität des Bankensystems und zu Bankzusammenbrüchen führen, während zu große Zuflüsse die Absorptionsfähigkeit des Finanzsystems überfordern und tendenziell inflationsfördernd wirken.

Es ist allerdings wichtig, dass die Entscheidung zur Einführung von Kapitalverkehrskontrollen mit klaren Reformzielvorstellungen für diese Periode verknüpft ist, und dass die Kontrollen auch tatsächlich durchgesetzt werden können. Ist dies nicht der Fall, etwa weil das Finanzsystem infolge von Korruption oder Nepotismus (noch) nicht funktioniert, werden Kontrollen eher den Schwarzmarkt für Fremdwährungen stärken. Reformen können sich beispielsweise beziehen auf eine Anpassung des Außenwerts der Währung, auf die Verbesserung der Rechtssicherheit, die Etablierung unabhängiger externer und/oder adäquater interner Finanzkontroll- und Bankenaufsichtssysteme, die Förderung effizienter und widerstandsfähiger Bankensysteme, die Erhöhung der Transparenz von politischen Entscheidungen und Entscheidungsvorgängen oder die Verbesserung der staatlichen Statistik und Öffentlichkeitsarbeit (Weber 1999).

Kapitalverkehrskontrollen stehen im Übrigen nicht im Widerspruch zu dem IWF-Ziel, ein freies multilaterales Zahlungssystem zu fördern. Den IWF-Vereinbarungen entspricht ein Land schon dann, wenn es sich durch Anerkennung des *Artikel VIII des IWF-Übereinkommens* verpflichtet, den freien Kapitalverkehr für Transaktionen im Rahmen der Leistungsbilanz (*Leistungsbilanzkonvertibilität*) nicht zu beschränken und sich an keinen diskriminierenden Währungsvereinbarungen zu beteiligen. So erhielt der IWF bereits 1997 das Mandat, Kapitalverkehrsbeschränkungen als mögliches Instrument zur Verringerung von Zahlungsbilanzkrisen mit zu berücksichtigen.

12.6 Neue Herausforderungen

Zu den wichtigsten Akteuren der globalen Finanzordnung gehören neben dem IWF und der BIZ mit ihren diversen Arbeitsgruppen die G7 und neuerdings die G20.[31] Währungspolitische Kooperation wurde seit den 1970er Jahren stark von den G7 geprägt. Seit Beginn der 2000er Jahre, spätestens aber mit dem Ausbruch der Weltfinanzkrise 2007, wurde jedoch deutlich, dass die wechselseitigen Abhängigkeiten der globalen Finanz- und Währungsbeziehungen sehr viel stärker fokussiert werden müssen und der zukunftsgerechten Gestaltung einer zusammenhängenden *Globalen Währungs- und Finanzordnung* eine wichtige Rolle im Rahmen der *global governance* zukommen muss. Zudem wurde erkennbar, dass sich diese Aufgabe den Repräsentanten einer multipolaren Welt stellt und nicht mehr allein von dem weitgehend selbst ernannten „Industrieländerklub" der G7 gehandhabt werden kann.

Auf ihren *Weltwirtschaftsgipfeln* hielt die G7, die in den 1990er Jahren mit Russland zur G8 erweitert worden war, zunächst an ihrem Führungsanspruch fest. Nach dem Ausbruch der jüngsten Finanzkrise wurde aber sehr schnell deutlich, wie weit sich die globalen Gewichte inzwischen verschoben hatten: An eine Bewältigung der Krise, die sich rasch zu einer globalen Wirtschaftskrise auswuchs, war ohne die verantwortliche Beteiligung der großen Schwellenländer nicht mehr zu denken. Als Organisationsform bot sich dafür die Gruppe der 20 (G20) an, deren Finanzminister und Notenbankchefs schon im Dezember 1999 zum ersten Mal auf Vorschlag der G7 in Berlin zusammen getreten waren, um über zentrale Fragen der Weltwirtschaft und des internationalen Finanzsystems zu beraten. Ziele der G20 beziehen sich auf die politische Koordinierung ihrer Mitglieder, um globale wirtschaftliche Stabilität und nachhaltiges Wachstum zu erreichen, sowie auf die „Modernisierung" der internationalen Finanzarchitektur, um das Risiko künftiger Finanzkrisen zu verringern.[32]

Mitglieder der G20 sind die Industrieländergruppe G7 (die USA, Kanada, Japan, Deutschland, Großbritannien, Frankreich und Italien), die BRICS-Staaten (Brasilien, Russland, Indien, China und Südafrika) und weitere Industrie- und Schwellenländer: Argentinien, Australien, Indonesien, Mexiko, Saudi Arabien, Südkorea, Türkei sowie der Präsident des Europäischen Rats. Zusammen repräsentiert die G20 zwei Drittel der Weltbevölkerung, über 90 % der Weltwirtschaftsleistung und 80 % des Welthandels, zudem einen großen Teil der Welt-Rohstoffvorräte und der globalen Devisenreserven, vgl. Abb. 12.3.

---

[31] vgl. Abb. 5.4.
[32] vgl. www.g20.org.

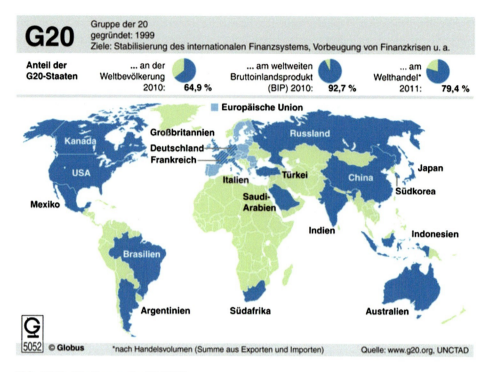

Abb. 12.3 Die Gruppe der 20 (G20)

Wie erwähnt, änderte sich die Bedeutung der G20 mit der Weltfinanzkrise. Während sich bis 2007 (nur) die Finanzminister und Notenbankpräsidenten zu regelmäßigen Konsultationen trafen, fanden ab 2008 meist halbjährliche Treffen der Staats- und Regierungschefs der G20, die *G20 Leaders' Summits*, statt. Zunächst standen hierbei Beratungen und Entscheidungen zur Überwindung der globalen Finanzkrise im Vordergrund. Zunehmend wurden aber auch weitere Themen der internationalen wirtschaftlichen Zusammenarbeit in die Kataloge der Gipfelbeschlüsse aufgenommen. Diese Kataloge und Verpflichtungen wurden allerdings immer komplexer und umfangreicher und damit auch anspruchsvoller, weniger leicht umsetzbar und damit auch weniger kontrollierbar.

Ergebnisse der G20-Treffen

- Noch auf dem Höhepunkt der Finanzkrise fand im November *2008 in Washington* das erste Gipfeltreffen der Staats- und Regierungschefs statt, bei dem man sich auf gemeinsame Grundlagen zur Reform der Finanzmärkte verständigte. Insgesamt wurde ein Katalog von knapp 50 Einzelmaßnahmen beschlossen, durch den eine Wiederholung der Finanzkrise vermieden werden sollte.
- Auf dem Gipfeltreffen im April *2009 in London* wurden Maßnahmen zur Stärkung des Finanzsystems und zur Überwindung der globalen Rezession diskutiert.

12.6 Neue Herausforderungen

- In *Pittsburgh/USA*, im September *2009*, wurden konkrete Schritte zur Finanzmarktregulierung beschlossen. Bis Ende 2010 sollten auf der Grundlage von Vorschlägen des FSB Regeln für die Erhöhung und Verbesserung des Eigenkapitals von Banken entwickelt und bis Ende 2012 eingeführt werden.
- Im Juni *2010* traten die G20 zunächst in *Toronto* und im September noch einmal in *Seoul* erstmals als zentrales Forum der internationalen wirtschaftspolitischen Zusammenarbeit zusammen und konkretisierte viele der zuvor verabschiedeten Empfehlungen und Forderungen.
- Im November *2011* in *Cannes* wurden Empfehlungen zu insgesamt 13 Themenbereichen beschlossen. Im Zentrum standen dabei nach wie vor Empfehlungen für die Entwicklung eines stabilen internationalen Währungssystems sowie die weitere Intensivierung von Reformen des Finanzsektors. Hinzu kam eine Reihe wirtschafts- und sozialpolitischer, energie- und klimapolitischer Themen.
- Im Juni *2012*, in *Los Cabos/Mexiko*, wurden erstmals länderbezogene Verpflichtungen beschlossen: Jeder einzelne Mitgliedsstaat verpflichtete sich zu strukturellen Reformen, um so einen Beitrag zur Erreichung eines gemeinsam unterzeichneten Katalogs von über 80 Einzelzielen zu leisten.[33]
- In *St. Petersburg*, im September *2013*, standen entgegen den Erwartungen keine abgestimmten Maßnahmen gegen den Krieg in Syrien im Vordergrund, sondern mit einer Vereinbarung zum grenzüberschreitenden automatisierten Austausch von Steuerdaten, ab 2015, die gemeinsame Bemühungen zur Reduzierung von Steuerhinterziehungsmöglichkeiten für Zivilpersonen und Transnationale Unternehmen.
- Der Gipfel in *Brisbane*, im November *2014*, stand im Schatten des Ukraine-Konflikts. Es wurden nur wenige Beschlüsse gefasst: So sollen zur Wachstumsförderung mehr Anreize für Investitionen geschaffen, die Infrastruktur ausgebaut und Handelshemmnisse abgebaut werden. Die Eigen- und Fremdkapitalbasis der 30 weltgrößten Banken soll weiter erhöht werden.
- Wichtigstes Thema des G20 Gipfels in *Antalya* November *2015* – kurz nach den terroristischen Attentaten in Paris – war der Kampf gegen den Terrorismus. Neben politischen und militärischen Optionen ging es dabei u. a. um eine stärkere Kooperation bei der Überwachung des internationalen Zahlungsverkehrs durch verstärkten Informationsaustausch, um Bankvermögen zur Finanzierung terroristischer Handlungen leichter identifizieren und einfrieren zu können, die „Kriminalisierung" der Terrorismusfinanzierung und Sanktionsmechanismen gegen die Finanziers. Ein weiteres Thema war eine bessere Kooperation bei der Bewältigung der Flüchtlingskrise, u. a. durch eine Aufstockung der Finanzierung für die mit Flüchtlingshilfe befassten internationalen Organisationen, einen wirksameren Schutz der EU-Außengrenzen und eine Reduzierung von illegaler Migration.

---

[33] vgl. www.g20.org/documents/ – G20 Leaders Declarations.

Neben den bereits genannten Themen fassten die G20 Beschlüsse u. a. zur Überwindung der europäischen Schuldenkrise, der Schaffung von Arbeitsplätzen vor allem für junge Menschen, Reformen der multilateralen Organisationen, der Aufstockung der Mittel des IWF und der Einrichtung eines Informationssystems zur Beobachtung der Weltagrarmärkte.

G20-Beschlüsse zur Globalen Finanzordnung (2008 und 2009)

- **Ratingagenturen** sollen stärker überwacht werden
- **Hedgefonds** und bislang nicht-regulierte Finanzprodukte sollen stärker reglementiert werden
- Für **Derivate** sollen Bewertungsmaßstäben festgelegt werden
- Das International Accounting Standards Board (IASB) wird aufgefordert neue globale **Rechnungslegungsstandards** vorzulegen sowie die die Bilanzierungsregeln zu überarbeiten und zu harmonisieren
- **Anreizsysteme** für Manager sollen sich an mittelfristigen (nicht kurzfristigen) Zielen orientieren
- Die OECD soll graue und schwarze Länderlisten veröffentlichen, um den unfairen Wettbewerb durch **Steueroasen** zu vermindern
- Der **IWF** soll durch eine Erhöhung der Mittel auf 750 Mrd. US$ gestärkt werden
- Der **Verbraucherschutz** soll durch transparentere Informationen verbessert werden
- Alle Länder (auch die USA) sollen die **Basel II** Regeln bis 2011 umsetzen
- Die Banken sollen mehr und hochwertigeres **Eigenkapital** vorhalten und Kapitalpuffer anlegen.
- Es soll ein zusätzlicher maximaler **Verschuldungsgrad** für Banken definiert werden.
- Der Markt für hochkomplexe **Derivate** soll stärker reguliert werden.
- Es sollen höhere Anforderungen für **riskante Finanzgeschäfte**, insbesondere für solche, die nicht in den eigenen Büchern gehalten werden, („off-sheet") gelten.
- **Systemrelevante Banken** sollen Strategien für die Abwicklung ihrer eigenen möglichen Insolvenz entwickeln

---

Diese unvollständige Themenliste zeigt, dass vor allem Ansätze zur Konstruktion einer globalen Wirtschaftsstruktur im Zentrum der politischen Überlegungen liegen, wobei sich der Schwerpunkt in den letzten Jahren auf die Bewältigung der Folgen der Weltfinanzkrise und auf Bestrebungen das Weltfinanzsystem zu stabilisieren verlagert hat.

Literatur

Brady, K., et al. (2010). *The Evolution of Offshore Financial Centers.* www.arturodevesa.com/EconomicsFinance/EvolutionOffshoreFinancialCenters.htm. Zugegriffen im 11.2015.

Deutsche Bundesbank. (1999). *Zur Bedeutung von Fundamentalfaktoren für die Entstehung von Währungskrisen in Entwicklungs- und Schwellenländern.* Monatsberichte April 1999.

Georg, C., & Meinert, P. (2012). *Globale Finanzmarktaufsicht.* (März/2012). Aus Politik und Zeitgeschehen. www.bpb.de/apuz/126028/globale-finanzmarktaufsicht? Zugegriffen im 11.2015.
Koch, E. (2006). *Internationale Wirtschaftsbeziehungen* (3. Aufl.). München.
Konrad, A. (2000). *Alternative Formen der Währungsbindung.* Das Wirtschaftsstudium 1/2000, 106–111.
Kracht, R. (2011). *Steueroasen sind keine mehr,* (23.08.2011). Capital. www.capital.de/steuerrecht/kolumne/:23–August-2011-Steueroasen-sind-keine-mehr/100041001.html. Zugegriffen im 11.2015.
Noack, T., et al (2014). *Neue regulatorische Konzepte der Bankenaufsicht und ihre Auswirkungen auf die Gesamtbanksteuerung.* Frankfurt School – Working Paper Series No 212, June 2014. www.frankfurt-school.de. Zugegriffen im 11.2015.
Sinn, H.-W. (2009). *Kasino-Kapitalismus.* Berlin.
Sommer, S. (2012). *Kapitalverkehrskontrollen.* (26.06.2012). Manager Magazin online. http://www.manager-magazin.de/politik/weltwirtschaft/a-840438-3.html. Zugegriffen im 05.07.2016.
Weber, R. (1999). *Liberalisierung des Kapitalverkehrs.* Wirtschaftswissenschaftliches Studium 6/Juni 1999, 304–306.
Williamson, J. H. (1987). *Exchange rate management: The role of target zones.* The American Economic Review, Papers and Proceedings, 77, 200–204.
o.V. *Yuan fällt auf Vier-Jahres-Tief.* (14.12.2015). Süddeutsche Zeitung.

Links[34]

Schattenbanken: www.zeit.de/wirtschaft/geldanlage/2015-02/schattenbanken-wall-street-finanz-krise/; www.imf.org/external/pubs/ft/gfsr/2014/02/pdf/sum2.pdf; http://dealbook.nytimes.com/2015/01/14/a-strategy-in-the-fight-over-financial-reform-go-big/?_r=2; www.financialstabilityboard.org/2013/08/r_130829a/
Basel III: www.frankfurt-school.de
Finanzmarktaufsicht: www.bpb.de/apuz/126028/globale-finanzmarktaufsicht?; www.bafin.de/DE/DieBaFin/AufgabenGeschichte/Bankenaufsicht/bankenaufsicht_node.html
Verbesserung der Frühwarnsysteme durch höhere Transparenz
IMF: Standards for Data Dissemination: www.imf.org/external/np/exr/facts/data.htm
IMF: Country Reviews: www.imf.org/external/country/index.htm
IMF: Code of Good Practices on Fiscal Transparency: www.imf.org/external/np/pp/2007/eng/051507c.pdf
IMF: International Capital Markets Department: www.imf.org/external/np/sec/nb/2001/nb0124.htm
IMF: Global Financial Stability Report: www.imf.org/external/pubs/ft/gfsr/
Institute of International Finance (IIF): www.iif.com/
FSB: Schattenbanken: www.financialstabilityboard.org/publications/r_121118c.pdf
Finanzmarktstrukturen: Sicherheitsstandards
BaFin: Mindestanforderungen an das Risikomanagement (MaRisk): www.bafin.de/SharedDocs/Veroeffentlichungen/DE/Rundschreiben/rs_1210_marisk_ba.html
International Accounting Standards Committee (IASC): www.iasplus.com/de/resources/resource25
International Accounting Standards Board (IASB): www.iasplus.com/de/resources/resource38
International Financing Reporting Standard (IFRS): www.ifrs.org/Pages/default.aspx

---

[34] Abrufdatum bzw. Überprüfung der Internetinformationen: November 2015.

International Organization of Surpreme Audit Institution (INTOSAI): www.intosai.org/de/aktuelles.html
International Corporate Governance Network (ICGN): www.icgn.org/about-icgn
International Organization of Securities Commissions (IOSCO): www.iosco.org/
Chronologie der letzten Finanz-, Wirtschafts- und Verschuldungskrise: www.tagesschau.de/wirtschaft/ chronologiefinanzmarktkrise100.html
Basler Ausschuss für Bankenaufsicht (BCBS): www.bis.org/bcbs
Ausschuss für das globale Finanzsystem (CGFS): www.bis.org/cfgs
Financial Stability Board (FSB): www.financialstabilityboard.org/
Dokumente zu Basel I, II und III: www.bis.org/list/bcbs/tid_21/index.htm
Basel I: www.wirtschaftslexikon24.net/e/basel-i-basel-eins/basel-i-basel-eins.htm
Basel II: www.bundesbank.de/Navigation/DE/Kerngeschaeftsfelder/Bankenaufsicht/Basel2/basel2.html; www.wirtschaftslexikon.gabler.de/Definition/basel-ii.html
Basel III: www.bis.org/bcbs/basel3.htm
International Association of Insurance Supervisors (IAIS): www.bafin.de/DE/Internationales/GlobaleZusammenarbeit/IAIS/iais_node.html
Joint Forum on Financial Conglomerates: www.bis.org/publ/bcbs34.htm
Financial Stability Board – Principles for Cross-border Cooperation on Crisis Management: www.financialstabilityboard.org/publications/r_0904c.pdf

Finanzmarktaufsicht

Financial Action Task Force on Money Laundering (FATF): www.fatf-gafi.org/
Caribbean *Financial Action Task Force (CFATF):* www.cfatf-gafic.org/
The Asia/Pacific Group on Money Laundering (APG): www.apgml.org/
Financial Action Task Force of South America Against Money Laundering (GAFISUD): www.fatf-gafi.org/pages/financialactiontaskforceofsouthamericaagainstmoneylaunderinggafisud.html
Offshore Financial Centers (OFC): www.imf.org/external/NP/ofca/OFCA.aspx; www.taxhavensguide.com/list-of-offshore-financial-centres.php

Neue Herausforderungecn

G20: www.g20.org; www.g20.org/documents

13 Globale Nachhaltigkeitsarchitektur

Globalisierung produziert auf den unterschiedlichsten Ebenen neben Gewinnern auch Verlierer. Hierbei handelt es sich um Personen, Regionen oder Staaten, die nicht in der Lage sind, dem durch die Globalisierung erzeugten Zwang zur Anpassung zu entsprechen und nicht in der Lage sind, dem Wettbewerbsdruck standzuhalten. Abgesehen von Menschen gilt dies auch für Natur und Umwelt, die als wichtiger Produktionsfaktor – häufig nicht durch wirksame Gesetze und Kontrollen abgesichert – den Profit- aber auch den Überlebensinteressen von Bevölkerungsgruppen ausgeliefert sind und geschädigt werden, sodass damit auch die globalen Überlebenschancen nachhaltig beeinträchtigt werden.

Eine globale Ordnung kann daher aus Gerechtigkeits-, Stabilitäts- und Nachhaltigkeitserwägungen nicht auf Mechanismen und Regelwerke verzichten, die über ordnende und effizienzsteigernde Aspekte hinausgehen und übergreifende Schutz- und Korrekturmechanismen bereitstellen. Diese sollten in der Lage sein, durch die Verabschiedung und Überwachung sozialer und ökologischer Normen sowie die Bereitstellung von Kompensations-, Hilfs- und Schutzmaßnahmen die mit der Globalisierung einhergehenden negativen Wirkungen zu reduzieren, vgl. Abb. 13.1.

13.1 Ansätze und Akteure

Grundsätzlich geht es dabei darum, Schutzmechanismen zu etablieren, um die Ausgrenzung der von der Globalisierung Benachteiligten so weit wie möglich zu verhindern sowie Risiken und Probleme, die durch die Marginalisierung von Ländern und Regionen sowie von gesellschaftlichen Gruppen entstehen, zu verringern. Hierbei geht es einerseits um Gerechtigkeit, andererseits aber auch um die negativen und weitreichenden Folgen von „globalen Schieflagen", wie wachsendem Terrorismus und zunehmenden Flüchtlingszahlen.

Problembereich	Globale Nachhaltigkeitsarchitektur	
	Globale Sozialordnung	Globale Umweltordnung
Aufgabe (was?)	3.1 Soziale Flankierung der Globalisierung • Kompensation von Globalisierungsnachteilen • „Internationale Sozialhilfe" • Soziale Mindeststandards • Soziale Gerechtigkeit	3.2 Ökologische Nachhaltigkeit • Schaffung und Angleichung von Umweltstandards • Grenzüberschreitende Kooperation in Umweltfragen • Spezifische Belange: Klima-, Gewässer- und Artenschutz
Organisationen (wer, wie?)	• UN, ILO, UNDP • UN-Global Compact • Globale Unternehmens-initiativen (CSR, Nachhaltigkeit, Global-Reporting-Initiative, Clean Clothes)	• NROs: Greenpeace, WWF, WEED • ca. 100 Internationale und 140 regionale Umweltabkommen • UNEP, UNFCC, IUCN • (Earth Alliance / Earth Council) • Commission on Sustainable Development (CSD)
Ziele (warum?)	• Stabilere Gesellschaftsordnungen durch bessere Voraussetzungen • Verringerung globaler Ungerechtigkeit und Schaffen von Fairness	• Zukunftssicherere Umweltbedingungen durch gemeinsame Umweltstandards • Nachhaltigkeit: Erhaltung von (Bio-) Ressourcen, Verringerung von Umweltproblemen

(c) Eckart Koch Globalisierung: Wirtschaft und Politik

Abb. 13.1 Globale Nachhaltigkeitsarchitektur – Übersicht

Zum zweiten geht es darum, den besonders gefährdeten Bereich der Umwelt vor den negativen Folgen einer ungebändigten Globalisierung zu schützen. Anders formuliert: Die durch die Globalisierung als maßgeblich akzeptierte individualistische Ausrichtung muss durch ein vernünftiges Maß an Solidarität begrenzt werden, das sich in der Anerkennung einer „Verantwortung der Stärkeren für die Schwächeren" ausdrückt.

Das Spektrum dieser „dritten Säule der Weltwirtschaftsordnung" ist breit gefächert. Es beginnt bei der Bereitstellung allgemein anerkannter Menschenrechte und Prinzipien und deren Garantie durch internationale Institutionen und setzt sich fort in dem spezifischen Schutz des Individuums vor unfairen oder gar unmenschlichen Arbeitsbedingungen und der Verringerung von sozialen und politischen Problemen, die durch die immer noch zunehmende Ungleichheit zwischen verschiedenen Gruppen innerhalb der Gesellschaften entstehen. Und es beinhaltet schließlich Regelungen für eine global und langfristig sozial- und ökonomieverträgliche Nutzung des Produktionsfaktors Natur mit der Formulierung und Durchsetzung global akzeptierter Umweltschutzstandards.

Damit steht hier die Korrektur kurzfristiger Marktüberlegungen zugunsten langfristiger stabilitätsorientierter sozialer und ökologischer Aspekte und von einseitig-ökonomischen Einzelinteressen zugunsten übergeordneter allgemeiner Interessen im Zentrum der Überlegungen: Die mit der Globalisierung verbundene Entfesselung der Marktkräfte und die mit der Liberalisierung einhergehende Deregulierung muss durch globale Ausgleichsmechanismen in global akzeptierte Bahnen gelenkt und durch ein vorwiegend sozial- und ökologisch definiertes Gerüst stabilisiert werden. Die Basis bilden allgemeine und spezielle UN-Konventionen zu Menschenrechten, wie die schon 1948 verkündete Allgemeine Erklärung der Menschenrechte oder der Internationale Pakt über wirtschaftliche, soziale und kulturelle Rechte. Diese werden ergänzt durch zusätzliche Konventionen, die die

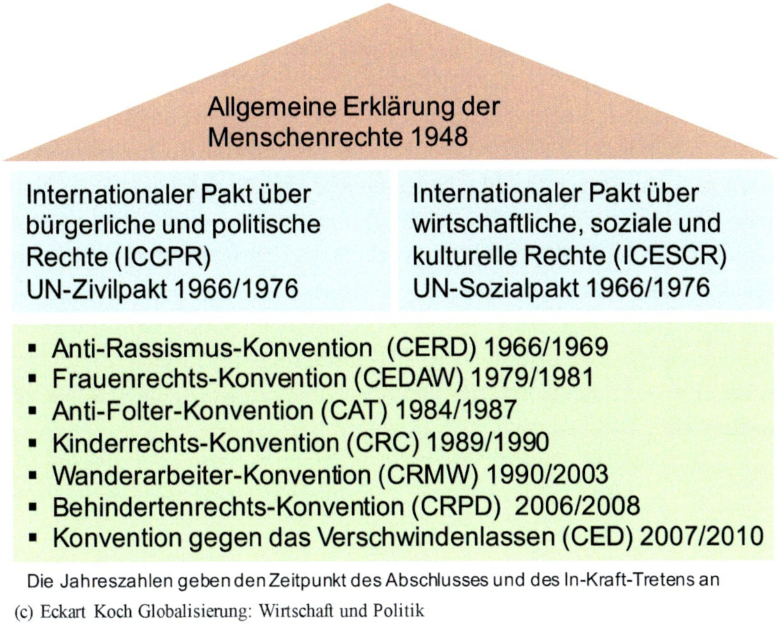

13.1 Ansätze und Akteure

```
        Allgemeine Erklärung der
        Menschenrechte 1948

Internationaler Pakt über      Internationaler Pakt über
bürgerliche und politische     wirtschaftliche, soziale und
Rechte (ICCPR)                 kulturelle Rechte (ICESCR)
UN-Zivilpakt 1966/1976         UN-Sozialpakt 1966/1976
```

- Anti-Rassismus-Konvention (CERD) 1966/1969
- Frauenrechts-Konvention (CEDAW) 1979/1981
- Anti-Folter-Konvention (CAT) 1984/1987
- Kinderrechts-Konvention (CRC) 1989/1990
- Wanderarbeiter-Konvention (CRMW) 1990/2003
- Behindertenrechts-Konvention (CRPD) 2006/2008
- Konvention gegen das Verschwindenlassen (CED) 2007/2010

Die Jahreszahlen geben den Zeitpunkt des Abschlusses und des In-Kraft-Tretens an

(c) Eckart Koch Globalisierung: Wirtschaft und Politik

Abb. 13.2 Globale Menschenrechtsabkommen

Rechte von Frauen, Kindern, Ethnien oder Behinderten stärken. Auch wenn die Konventionen von den meisten UN-Mitgliedern inzwischen ratifiziert wurden, bleibt die Umsetzung in nationales Recht und damit die Durchsetzung dieser Rechte einer Minderheit der UN-Mitgliedsstaaten vorbehalten, vgl. Abb. 13.2.

Ein wichtiges Instrument zur Artikulation der verschiedenen Interessen, zur Suche nach Kompromissen, zur Organisation von Lernprozessen sowie zur wechselseitigen und globalen Information stellen *internationale Konferenzen* dar. So fanden in den letzten beiden Jahrzehnten verschiedene Weltkonferenzen zu Sozial- und Entwicklungsthemen statt, wie die Menschenrechtskonferenz in Wien (1993), die UN-Konferenz über Bevölkerung und Entwicklung in Kairo (1994), die Weltfrauenkonferenz in Peking (1995), die UN-Sozialgipfel in Kopenhagen (1995), die UN-Konferenzen über menschenwürdiges Wohnen, UN Habitat II (1996), der Weltgipfel zur Ernährungssicherheit in Rom (1996 und 2009), der Millenniumsgipfel in New York (2000), bei dem die Milleniumsziele festgeschrieben wurden, der Weltkindergipfel in New York (2002) sowie zwischen 1989 und 2010 diverse WHO-Konferenzen zum Thema Umwelt Gesundheit.[1]

Die in diesen Konferenzen verabschiedeten Vorhaben dienen vor allem der sozialen Abfederung der Globalisierungsprozesse. Dagegen sind kaum noch Versuche auszumachen, den Weltmarkt und seine Strukturen einseitig zugunsten der wirtschaftlich schwächeren Elemente zu ändern, wie dies einst durch die Neue Weltwirtschaftsordnung

---

[1] Eine gute Quelle hierfür ist das Lexikon der Nachhaltigkeit: www.nachhaltigkeit.info/, s. a. Messner und Nuscheler 1996, S. 160 ff.

(NWWO) geschehen sollte (Kapitel 9). Damit einher geht auch der relative Bedeutungsverlust bzw. die politische Umorientierung von UN-Organisationen, wie der UNIDO oder der *UN-Handels- und Entwicklungskonferenz* UNCTAD, die angetreten waren, die weltwirtschaftlichen Rahmenbedingungen einer sich immer stärker globalisierenden Wirtschaft zu verändern, um evidente Nachteile für einzelne Teilnehmer oder Teilnehmergruppen zu beseitigen oder zu kompensieren. Es geht daher heute nicht mehr um die Herstellung einer schwierig zu definierenden, utopischen sozialen Gerechtigkeit, sondern eines Mindestmaßes an ökologischer und sozialer und damit auch wirtschaftlicher Stabilität als flankierende Maßnahme.

Hauptakteure und -träger der Sozial- und Umweltarchitektur sind vor allem wiederum von Staaten getragene IOs, insbesondere **UN-Sonderorganisationen**, die präventiv oder kompensierend, etwa durch Korrektur- und Schutzmechanismen, eingreifen können. Beispiele hierfür sind

- die Vereinbarung und Durchsetzung von *sozialen Mindeststandards* durch die *Internationalen Arbeitsorganisation* ILO in Genf,
- die Bereitstellung von *Ausgleichs- und Kompensationsmaßnahmen* durch nationale und internationale Hilfsorganisationen, wie die *Weltbank* (IBRD) in Washington D.C., die *Welternährungsorganisation* FAO in Rom sowie *UN-Unterorganisationen*, wie die *Entwicklungshilfeorganisation* UNDP oder das *Kinderhilfswerk* UNICEF, oder in recht begrenztem Umfang
- für den Bereich der Ökologie, durch die Verhinderung der Ausbeutung von nichtregenerierbaren Ressourcen, das *UN-Umweltprogramm* UNEP.

Nach den gewalttätigen Demonstrationen der Globalisierungsgegner anlässlich der WTO Konferenz in Seattle (USA) im November 1999 nahm die internationale Beachtung der weltwirtschaftlich orientierten NGOs schlagartig zu. Demonstrationen bei allen wichtigen internationalen Konferenzen von IWF, Weltbank oder G7/G8 führten zu einem erheblichen Mitgliederzuwachs bei den Organisationen, zudem wurden die kritischen Argumente und Vorschläge von Organisationen wie ATTAC (*association pour la taxation des transactions financières et pour l'action citoyenne*) und WEED (*World Economy, Ecology and Development*) von Vertretern der etablierten Internationalen Organisationen auch zunehmend ernster genommen. So unterhielt die UN-Organisation UNESCO 2012 allein mit fast 400 internationalen NGOs offizielle Beziehungen.[2] Seit 2012 publiziert das *Global Journal* regelmäßig eine Liste mit den „100 besten NGOs", s. a. Abb. 13.3.[3]

Vorwiegend im **humanitären Bereich** arbeiten u. a. das *Internationale Rote Kreuz*, die Kinderhilfsorganisation *Save the Children*, *Oxfam* und *Ärzte ohne Grenzen*; mit Menschenrechtsverletzungen beschäftigen sich u. a. *Amnesty International* und *Human Rights Watch* und der internationalen Korruptionsproblematik hat sich beispielsweise

---

[2] vgl. UNESCO, www.ngo-db.unesco.org/s/or/en.
[3] vgl. The Global Journal, www.theglobaljournal.net/photo/full_view/575/.

13.1 Ansätze und Akteure

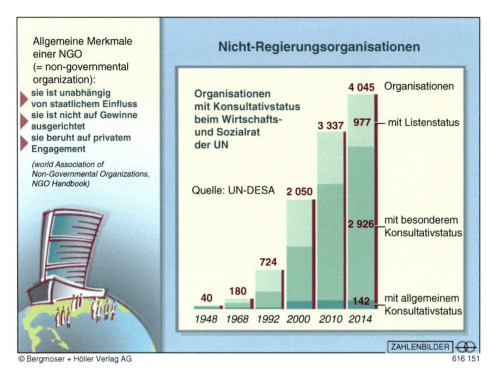

Abb. 13.3 Nicht-Regierungsorganisationen (NGOs)

Transparency International angenommen. Zusätzlich bilden auch die Kirchen mit ihren Hilfsorganisationen eigene leistungsfähige globale Netzwerke. Im **Umweltbereich** sind etwa *Greenpeace*, der *Worldwide Fund for Nature* (*WWF*), die *Global-Reporting-Initiative* oder der NRO-Verband *WEED* aktiv.[4] Im **Sozialbereich** sind dies beispielsweise die *Clean Clothes Campaign* (*CCC*), eine Kampagne für faire Arbeitsbedingungen in der Bekleidungsindustrie,[5] *Rugmark*, ein Siegel für Teppiche, die ohne Kinderarbeit hergestellt wurden sowie die Initiative *Fair Trade*.

Angesichts vielfältiger neuer Aufgaben, der zunehmenden Komplexität sowie der Multipolarisierung der Weltgesellschaft wird eine **Reform der Vereinten Nationen** von den meisten Mitgliedsstaaten befürwortet. Über Zielrichtung, Form und Umfang wird allerdings schon seit Ende der 1990er-Jahre diskutiert. Einerseits geht es hierbei um organisatorische Reformen sowie um die Rolle und vor allem die Besetzung des Sicherheitsrates, andererseits aber auch darum neben der globalen Sicherheitspolitik u. a. auch die Menschenrechte aktiver durchzusetzen und eine prominentere Rolle bei der Bekämpfung der Armut zu spielen. Der damalige UN-Generalsekretär Kofi Annan setzte daher bereits im September 2003 ein

---

[4] vgl. The Global Reporting Initiative, www.globalreporting.org.
[5] vgl. www.cleanclothes.org/.

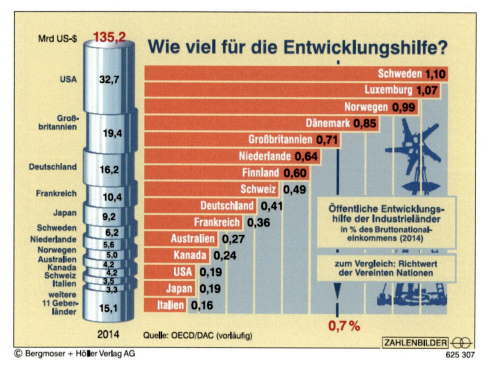

Abb. 13.4 Öffentliche Entwicklungshilfe (ODA) 2014

Gremium zur Erarbeitung von Vorschlägen zur UN-Reform ein (*High-Level-Panel on Threats, Challenges and Change*), das Ende 2004 einen Bericht mit insgesamt 101 Empfehlungen veröffentlichte.[6] Im Wesentlichen wurde eine Erweiterung des Sicherheitsrates und die Einsetzung eines Rats für Menschenrechte, der 2006 auch etabliert wurde, gefordert. Zudem wurde das Ziel bekräftigt, dass die Industrieländer 0,7 % des BIPs für ODA bereitstellen sollten, vgl. Abb. 13.4.[7]

13.2 Ansätze einer globalen Sozialordnung

Die Idee einer Internationalen Sozialordnung wurde zum ersten Mal umfassend auf dem *UN Weltgipfel für soziale Entwicklung in Kopenhagen* 1995 (Weltsozialgipfel) diskutiert. Eine Einigung scheiterte jedoch an den unterschiedlichen Interessen der beteiligten Staaten, vor allem aber daran, dass die Industrieländer ein teures und gleichzeitig eher wettbewerbsfeindliches Regelwerk ablehnten. Dennoch wurden seinerzeit Beschlüsse gefasst, die durchaus als Einstieg in eine globale Sozialordnung interpretiert werden können: So wurde u. a. die

---

[6] vgl. www.dgvn.de/fileadmin/user_upload/PUBLIKATIONEN/Sonstiges/RUNIC_2038.pdf.
[7] vgl. zu dieser Thematik auch Abschnitt 10.3.

13.2 Ansätze einer globalen Sozialordnung

Bedeutung der Menschenrechte und der demokratischen Rechtsstaatlichkeit für die soziale Entwicklung und die Notwendigkeit der Partizipation der Betroffenen und ihrer Interessenverbände bei der Formulierung und Durchführung von Armutsreduzierungsstrategien hervorgehoben. Darüber hinaus wurde der Wille zum Erlass von Schulden für hoch verschuldete Entwicklungsländer betont und Möglichkeiten zur Umwandlung von Schulden in Sozialprogramme sowie der verstärkten Berücksichtigung sozialer Aspekte in sog. Strukturanpassungsprogrammen für Entwicklungsländer erwogen. Insgesamt gelang es dadurch, sozialen Aspekten auf internationaler Ebene einen neuen Stellenwert zu verschaffen und sie damit auch zu einem wesentlichen Bestandteil internationaler Politik zu machen. Weitere Überlegungen finden sich etwa in Dokumenten der OECD (1996), der Kirchen oder der Weltbank und wurden zum Teil präzisiert und zu Programmen erweitert (Donner-Reichle 2000, S. 95; OECD 1996).

Gerade in diesem Prozess gewannen zivilgesellschaftliche Organisationen immer mehr an Bedeutung. So wurde 2001 das erste *Weltsozialforum* in Porto Alegre, Brasilien, als Gegenveranstaltung zu den Gipfeln der Welthandelsorganisation (WTO), dem Davoser Weltwirtschaftsforum und den jährlichen Weltwirtschaftsgipfeln der Regierungschefs der G7/G8-Staaten organisiert und fand zunächst jährlich, seit 2009 zweijährlich an unterschiedlichen Orten statt. Allerdings werden hier eher globalisierungskritische Aspekte diskutiert und weniger reale und konkrete Elemente einer globalen Sozialpolitik.[8]

Die Verbesserung der globalen *Verteilungsgerechtigkeit* ist ein wesentlicher Teil einer globalen Sozialordnung. Hierunter werden u. a. Mechanismen verstanden, die weniger privilegierte gesellschaftliche Gruppen schützen und ihnen Mindestleistungen gewähren sollen, sowie Maßnahmen zur Umverteilung von Vermögen und Einkommen. Allerdings waren derartige Konzepte bisher mit sozialen Marktwirtschaften, also mit westlichen Industrieländern verknüpft und damit bislang auch immer an nationalstaatliches Handeln gekoppelt. Wenn globale Sozialpolitik „die Existenz redistributiver sowie sozialregulativer Politik und sozialer Leistungsansprüche auf der globalen Ebene" (Brühl/Nölke 2009, S. 150) bedeutet, müssen sozialpolitische Ziele und Strategien aber von einer breiten Staatenmehrheit getragen werden und es müssen geeignete global finanzierte und akzeptierte Träger bzw. Akteure vorhanden sein, die konkrete Maßnahmen definieren und umsetzen.

Allerdings wird sich die Redistribution von reichen zu ärmeren Gesellschaften auf globaler Ebene auch auf längere Sicht wohl eher auf staatliche Maßnahmen konzentrieren, wo dies durch Schenkungen, Schuldenerlasse, Budgetfinanzierungen im Rahmen der ODA schon praktiziert wird. Mittel- bis langfristig wird dies allerdings kaum ausreichen, um das immer weitere Auseinanderklaffen zwischen arm und reich auf der nationalen Ebene zu stoppen. Dies ist zum einen aus sozialen und Gerechtigkeitserwägungen notwendig. Immer mehr aber auch wegen der sich aus den zunehmenden sozialen und ökonomischen Unterschieden ergebenden politischen Folgen: dem Auseinanderbrechen des gesellschaftlichen Konsens' und der Spaltung von Gesellschaften, der politischen Radikalisierung und der vielfältigen Gefährdungen durch das Ausbreiten terroristischer Bewegungen. Eine

---

[8] vgl. hierzu: www.weltsozialforum.org/.

wesentliche Aufgabe einer globalen Sozialordnung muss daher darin bestehen, Rahmenbedingungen zu formulieren und bereitzustellen, die ein *race-to-the-bottom* und ein Sozialdumping verhindern oder schrittweise verringern. Soziale Mindeststandards und Bedingungen, die eine Spaltung der Gesellschaften schrittweise reduziert, müssen nicht nur formuliert, sondern auch umgesetzt und weiterentwickelt werden (Leisering 2008).

Damit setzt eine globale Sozialordnung einen Minimalkonsens über die Notwendigkeit voraus, den Globalisierungsprozess zu stabilisieren, sozial zu flankieren und vereinbarte Regelungen durch geeignete Instrumente und Träger auch durch- und umzusetzen. Dies muss für möglichst alle teilnehmenden Länder gelten, um Wettbewerbsnachteile für einzelne Länder oder Sektoren zu vermeiden. Hierbei ist zu berücksichtigen, dass diese in den verschiedenen Wirtschaftssystemen unterschiedlich ausgeprägt sind. So unterscheiden sich beispielsweise marktwirtschaftliche Systeme angelsächsischer, nord- und südeuropäischer oder asiatisch-konfuzianischer Prägung in ihren Wertesystemen und -prioritäten, u. a. durch den Stellenwert von politischer Freiheit, Wettbewerbsfreiheit, Stabilität, Gerechtigkeit oder sozialer Sicherheit. Abgesehen von dem unterschiedlichen Entwicklungsstand der Länder ergeben sich hieraus folglich auch unterschiedliche Vorstellungen über Art und Umsetzung sozial korrigierender Maßnahmen auf globaler Ebene.

13.3 Umsetzung – Träger und Initiativen

13.3.1 Internationale Arbeitsorganisation ILO

Nach der Diskussion von Sozialklauseln auf dem *Weltsozialgipfel* 1995 und anschließend auf dem *Weltwirtschaftsgipfel* der G7/8 1996 wurde auf der *WTO-Ministerkonferenz* 1996 in Singapur beschlossen, diese Aufgabe an die *Internationale Arbeitsorganisation* (International Labour Organisation, ILO) zu delegieren. Die Internationale Arbeitsorganisation wurde bereits 1919 gegründet und ist seit 1946 UN-Sonderorganisation. Sie ist die einzige internationale Organisation, die sich mit sozialpolitischen Fragen befasst, wobei es vorrangig um den Schutz des Individuums in der Arbeitswelt vor einer Verletzung von grundlegenden allgemein anerkannten Menschenrechten geht. Etwa 190 Übereinkommen (Konventionen), die allerdings nur zu einem geringen Teil von den Mitgliedsländern ratifiziert wurden, und rund 200 Empfehlungen für die Gestaltung der Arbeits- und Sozialpolitik stellen inzwischen die Basis der globalen Sozialordnung dar, vgl. Abb. 13.5.

Eine besondere Rolle spielen hierbei acht Kernarbeitskonventionen, zu denen u. a. der Grundsatz der Vereinigungsfreiheit, das Verbot von Zwangsarbeit, die Abschaffung der Kinderarbeit und das Verbot der Diskriminierung gehören. An diese Übereinkommen sind alle Mitgliedstaaten völkerrechtlich gebunden, auch wenn sie diese nicht ratifiziert haben. Eine weitere wichtige Rolle spielt in diesem Zusammenhang, die 2008 verabschiedete „Erklärung über soziale Gerechtigkeit für eine faire Globalisierung", die die wichtigsten arbeits- und sozialpolitischen Forderungen zusammenfasst. Für die ILO soll auf diese Weise die Globali-

13.3 Umsetzung – Träger und Initiativen

Abb. 13.5 International Labour Organisation (ILO)

sierung fairer gestaltet werden. Sie fordert daher ihre Mitglieder auf, die Agenda umzusetzen, um so vier Ziele zu erreichen: die Schaffung produktiver und ausreichend bezahlter Arbeitsplätze, die Einhaltung der Kernarbeitsnormen, die Verbesserung des sozialen Schutzes der Arbeitnehmer und die Förderung des sozialen Dialogs (IAO 2008).

Auch wenn sich mit der Umsetzung dieser Rechte in einigen Fällen die komparativen Wettbewerbsvorteile von Entwicklungsländern verringern sollten, so kann doch davon ausgegangen werden, dass die mit zunehmender Sozialverträglichkeit von Arbeit steigende soziale Stabilität auch Entwicklungsvorteile mit sich bringt, ganz abgesehen von der Verbesserung der Lebensqualität durch die Einhaltung individueller Schutzrechte.

Bereits 1998 wurde von den ILO-Mitgliedsländern eine Erklärung über die grundlegenden Prinzipien und Rechte bei der Arbeit verabschiedet. Damit bekennen sich alle ILO-Mitgliedstaaten grundsätzlich zu sechs ILO-Konventionen mit insgesamt vier zentralen sozialen Grundprinzipien. Die Einhaltung dieser Regeln, die prinzipiell auch ohne Ratifikation durch die nationalen Parlamente gültig sind, wird von der ILO überwacht. Die Mitgliedsländer haben hier eine Berichtspflicht, der die meisten Staaten auch nachkommen, zudem gibt es ein Beschwerderecht anderer Staaten.

> **Grundlegende Sozialstandards bzw. soziale Mindestprinzipien lt. OECD und ILO**
>
> 1. *Vereinigungsfreiheit und Schutz des Rechts der gewerkschaftlichen Organisation* (*Nr. 87*)
>   Diese Konvention legt das Recht von Arbeitnehmern und Arbeitgebern fest, unabhängige Verbände zu bilden und diesen beitreten zu können.
> 2. *Recht auf Organisation in Verbänden und kollektive Tarifverhandlung* (*Nr. 98*)
>   Gewerkschaftsmitglieder sollen vor Diskriminierung durch den Arbeitgeber geschützt werden, außerdem wird Tarifautonomie zugesichert.
> 3. *Verbot von Zwangsarbeit* (*Nr. 29 und 105*)
>   Zwangsarbeit darf nicht zur Disziplinierung oder Diskriminierung von Beschäftigten, zur Bestrafung von Streikenden oder als Mittel zur Erlangung wirtschaftlicher Wettbewerbsvorteile eingesetzt werden.
> 4. *Gebot der gleichen Entlohnung für Männer und Frauen für gleichwertige Arbeit* (*Nr. 100*) und *Verbot der beruflichen Diskriminierung nach Rasse, Hautfarbe, Geschlecht, nationaler und sozialer Herkunft, Religion und politischer Überzeugung* (*Nr. 111*)
> 5. *Verbot der Kinderarbeit* (*Nr. 138*) und *Beseitigung der schlimmsten Formen der Kinderarbeit"* (*Nr. 182*)
>   Das Mindestalter für erwerbsmäßige Beschäftigung von Kindern in Entwicklungsländern wird auf 15 Jahre bzw. 14 Jahre festgelegt. Kinder dürfen zudem keine gefährlichen Arbeiten, etwa im Bausektor, Bergbau oder Drogenhandel oder zur Prostitution verrichten.

Der folgende Artikel und Abb. 13.6 zeigen allerdings, dass es offensichtlich noch erheblicher Anstrengungen bedarf, die Standards auch tatsächlich umzusetzen.

> **Fast alle Staaten der Welt haben die Kinderrechts-Konvention akzeptiert – aber viele von ihnen nur in der Theorie**
> ... Am 20. November wird das „Übereinkommen über die Rechte des Kindes", die Kinderrechtskonvention, 18 Jahre alt, seit 1989 ist dies der „Weltkindertag", seither besitzen alle Kinder verbriefte Rechte – auf Überleben, auf Entwicklung, Schutz und Beteiligung. Doch weil wir längst nicht so weit gekommen sind, wie wir es gerne wären, hat Unicef zu diesem Anlass Statistiken vorgelegt, die „Oliver Twist" recht aktuell aussehen lassen: Fast 100 Millionen Kinder im Grundschulalter gehen immer noch nicht in die Schule. Weltweit werden 1,2 Millionen Kinder in die Prostitution gezwungen, werden 1,5 Millionen Mädchen an ihren Geschlechtsorganen beschnitten – jedes Jahr. Eine Viertel Million Kinder sind Soldaten, in regulären Armeen, in Milizen oder Guerillatruppen. Nur 16 Staaten haben bisher ein Recht auf gewaltfreie Erziehung auch in der Familie festgeschrieben. Und allein in den

13.3 Umsetzung – Träger und Initiativen

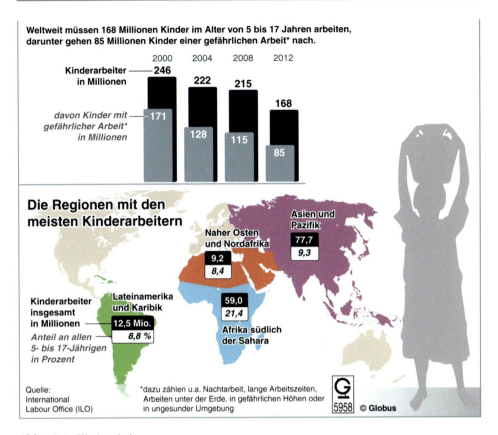

Abb. 13.6 Kinderarbeit

> OECD-Ländern sterben nach einer Untersuchung von UNICEF jedes Jahr 3500 Kinder an den Folgen von Misshandlungen und Vernachlässigung. In Deutschland lebt jedes siebte Kind in Armut.
>
> Babies werden totgeschlagen, weil sie zu laut geweint haben. In Guatemala werden Kinder an westliche Adoptiveltern verkauft. In Südasien werden junge Mädchen mit Säure übergossen. In Zentralafrika werden Kinder der Hexerei beschuldigt und aus dem Haus geprügelt, weil die Eltern sie nicht mehr ernähren können. In China werden Kinder entführt und zur Arbeit in Fabriken gezwungen. In ganz Asien werden Mädchen abgetrieben, weil sie Mädchen sind.
>
> Dabei haben bis auf zwei – nämlich Somalia und die Vereinigten Staaten von Amerika – alle Staaten der Erde die Kinderrechtskonvention ratifiziert. Damit ist sie die am meisten akzeptierte UN-Konvention weltweit. Wenigstens in der Theorie. Doch in der Realität setzen viele Staaten die Konvention nur unzureichend um; weil sie kein Interesse daran haben, da Menschenrechte allgemein nicht besonders viel zählen; weil sie zu schwach sind, sich durchzusetzen, oder weil ihre Gesellschaften

> so traditionell sind, dass sie vieles – wie die Verheiratung von Minderjährigen oder die Ausbildung von Mädchen – nur schwer oder gar nicht akzeptieren; oder weil sie, wie beispielsweise Deutschland, in Konflikt zu einer konkreten Ausländer- und Asylpolitik geraten, die dazu führt, dass beispielsweise Flüchtlingskinder bei der medizinischen Versorgung und der Ausbildung schlechtergestellt sind.
>
> Ganz zahnlos ist die Konvention allerdings nicht. „Wenn beispielsweise Verhandlungen mit dem Internationalen Währungsfonds anstehen, wenn es um Geld geht, dann kann auf einmal sehr viel geschehen", sagt der Pädagoge und. Soziologe Lothar Krappmann, der für Deutschland im 13-köpfigen UN-Ausschuss für die Rechte des Kindes sitzt. Wer von den internationalen Organisationen, den Geberstaaten, etwas will, muss auch etwas für sie tun. Immerhin ist die Konvention das erste rechtlich verbindliche Instrument zur Durchsetzung sämtlicher wirtschaftlicher, kultureller, lolitischer, sozialer Menschenrechte m Gegensatz zur Menschenrechtserklärung selbst.
> …
> Quelle: Steinberger 2007

Auch wenn die ILO bei Verstößen das Recht hat Zwangsmaßnahmen einzuleiten, fehlen immer noch wirkungsvolle Sanktionsmöglichkeiten, etwa internationale Auflagen oder auch – in genau bezeichneten Fällen – Handelssanktionen, sodass die Möglichkeiten Beschlüsse auch durchzusetzen begrenzt bleiben (Brühl/Nölke 2009, Senghaas-Knobloch et al. 2003).[9] Damit ist angesichts der tatsächlichen Praktiken und des meist recht laxen Umgangs der Staaten mit den ILO-Konventionen eine breite Umsetzung nicht gewährleistet und erhebliche Zweifel an der Wirksamkeit dieser Konventionen sind angebracht.

Der folgende Artikel zeigt schlaglichtartig einige besonders problematische Situationen und deutet die Notwendigkeit für privatwirtschaftliche Lösungsansätze an. Diese werden allerdings wohl nur dann erfolgreich sein, wenn zugleich entsprechende staatliche Rahmenbedingungen auf globaler Ebene umgesetzt und Abweichungen auch negativ sanktioniert werden können.

> **Blut-Klamotten aus Arbeit ohne Würde**
> Mehr als 500 Menschen sterben im April beim Einsturz des Fabrikhauses in der Nähe der bangladeschischen Hauptstadt Dhaka. Mehr als 100 Arbeiter kommen beim Brand in der Tazreen-Kleiderfabrik im November 2012 ums Leben. Über 50 Menschen werden wenig später bei einem Feuer in einer Textilfabrik in der Hafenstadt Chittagong verletzt. Wie viele Menschen werden es morgen sein – werden in einer anderen Textilfabrik des Landes ihr Leben lassen?

---

[9] vgl. hierzu auch Abschnitt 11.2.3.3.

> Der Fabrikeinsturz im April zeigt erneut, dass freiwillige Selbstverpflichtungen der Firmen nichts wert sind. Die internationalen Vereinbarungen über Mindeststandards für Arbeitnehmer sind feine Willenserklärungen, die vielleicht das Firmenimage aufmöbeln. Den Arbeitern nützen sie nichts, weil es keine Sanktionsmöglichkeiten gibt.... Verstöße gegen Menschenrechte gerade bei Zulieferbetrieben von Textilherstellern prägen den Arbeitsalltag der bangladeschischen Arbeiter. Die Menschenrechtsorganisation *Human Rights Watch* hat Kinder befragt, die in den Gerbereien Bangladeschs arbeiten. Sie mussten Tierhäute in Chemikalien einweichen, gegerbte Häute mit Rasierklingen zurechtschneiden und Gerbereimaschinen bedienen. Eine sorglose Kindheit sieht anders aus.
>
> Das Sterben in den Fabriken Bangladeschs wird so lange weitergehen, bis das umgesetzt ist, was längst auf dem Papier geschrieben steht: die Achtung der Menschenrechte, das Verbot von Kinder- und Zwangsarbeit, der Gesundheitsschutz, Chancengleichheit und das Recht, Gewerkschaften zu gründen. Es sind die Kernarbeitsnormen der Internationalen Arbeitsorganisation ILO. Es sind Mindeststandards und jene Arbeitnehmerrechte, die in vielen Industrieländern, in denen die Blut-Klamotten gekauft werden, selbstverständlich sind.
>
> Bangladesh ist nach China der zweitgrößte Textilproduzent der Welt, und die EU ist der größte Handelspartner. Der bangladeschische Staat ist also auf die Textilkonzerne aus den Industrieländern angewiesen. Sie haben Macht! Ist es nicht längst an der Zeit, dass die westlichen Firmen endlich die Sozialstandards vorgeben anstatt nur die Abnehmerpreise? Sie könnten für anständige Arbeitsbedingungen sorgen und sie haben die Verantwortung dazu. Es ist zu einfach, sich darauf zurückzuziehen, dass der Vertriebspartner mit einem unsauberen Subunternehmen vor Ort kooperiert hat, von dem man nichts wusste.... Viele Fakten sind in den westlichen Management-Etagen bekannt.... Das im April eingestürzte Fabrikgebäude wurde illegal gebaut. Einen Brand- und Gebäudeschutz gab es nicht. Die Beschäftigten wurden sogar dann noch zum Weiterarbeiten angetrieben, als die Risse in den Wänden immer größer wurden. Das Unglück hätte vielleicht verhindert werden können, wenn westliche Firmen mit eigenen Mitarbeitern am Ort gewesen wären.... Eine EU-weite gesetzliche Offenlegungspflicht könnte ein erster Schritt sein. Unternehmen, die über Arbeits- und Umweltbedingungen in ihren Lieferketten berichten müssen, schauen genauer hin. Niedriglöhne in Zulieferbetrieben, unbezahlte Überstunden, gefährliche Arbeiten und Umweltschäden in den Produktionsländern könnten so zurückgedrängt werden...
>
> Quelle: Haas 2013

13.3.2 Unternehmen und Gewerkschaften

Ein weiterer Vorstoß kam von dem früheren UN-Generalsekretär Kofi Annan. Er forderte bereits 1999 die Erstellung eines *ethischen Verhaltenskodexes* von Unternehmen, der zentrale ILO-Konventionen, die Verpflichtung zur Einhaltung von Umweltstandards und die

Einhaltung der Menschenrechte umfassen solle. Ein solcher Prinzipienkodex solle von den Weltwirtschaftsführern und den Vereinten Nationen gemeinsam erarbeitet werden. Hierbei gehe es um die Übernahme von Verantwortung dafür, dass die Welt nicht in eine kleine Gruppe von wirtschaftsstarken und eine große Mehrheit von wirtschaftsschwachen Ländern zerfalle. Aus diesem Vorstoß entwickelte sich der **UN-Global Compact**, der seine Mitgliedsunternehmen auffordert, sich zu einem Katalog von Grundwerten aus den Bereichen Menschenrechte, Arbeitsnormen, Umweltschutz und Korruptionsbekämpfung zu bekennen, diese zu unterstützen und innerhalb des eigenen Einflussbereichs in die Praxis umzusetzen. Die hieraus abgeleiteten 10 Prinzipien basieren auf

- der Allgemeinen Erklärung der Menschenrechte,
- der Erklärung über grundlegende Prinzipien und Rechte bei der Arbeit der ILO,
- den Grundsätzen der Erklärung von Rio zu Umwelt und Entwicklung und
- der UN-Konvention gegen Korruption (vgl. Abb. 13.7).

Neben dem Global Compact existieren weitere unternehmensbezogene Initiativen, von denen *Corporate Social Responsibilty* (CSR)[10] eine der wichtigsten ist.

Menschenrechte
Prinzip 01: Unternehmen sollen den Schutz der internationalen Menschenrechte unterstützen und achten und
Prinzip 02: sicherstellen, dass sie sich nicht an Menschenrechtsverletzungen mitschuldig machen.

Arbeitsnormen
Prinzip 03: Unternehmen sollen die Vereinigungsfreiheit und die wirksame Anerkennung des Rechts auf Kollektivverhandlungen wahren.
Prinzip 04: Unternehmen sollen sich für die Beseitigung aller Formen der Zwangsarbeit einsetzen.
Prinzip 05: Unternehmen sollen sich für die Abschaffung von Kinderarbeit einsetzen.
Prinzip 06: Unternehmen sollen sich für die Beseitigung von Diskriminierung bei Anstellung und Erwerbstätigkeit einsetzen.

Umweltschutz
Prinzip 07: Unternehmen sollen im Umgang mit Umweltproblemen dem Vorsorgeprinzip folgen.
Prinzip 08: Unternehmen sollen Initiativen ergreifen, um größeres Umweltbewusstsein zu fördern.
Prinzip 09: Unternehmen sollen die Entwicklung und Verbreitung umweltfreundlicher Technologien beschleunigen.

Korruptionsbekämpfung
Prinzip 10: Unternehmen sollen gegen alle Arten der Korruption eintreten, einschließlich Erpressung und Bestechung.[a]
www.unglobalcompact.org/Languages/german/die_zehn_prinzipien.html

---

Abb. 13.7 Prinzipien des UN-Global Compact

---

[10] vgl. www.csr-weltweit.de/de/initiativen-prinzipien/index.html; www.csrgermany.de/www/csr_cms_relaunch.nsf/id/home-de; s. a. www.youtube.com/watch?v=3ejgFi5hYLQ. Zu einer Kurzdarstellung weiterer internationaler Konventionen, siehe www.csr-weltweit.de/de/initiativen-prinzipien/internationale-konventionen/index.html.

13.3 Umsetzung – Träger und Initiativen

Die Vertretung von Arbeitnehmerinteressen in einer globalen Wirtschaft ist extrem schwierig geworden. Da Unternehmen im Rahmen ihrer globalen Produktions- und Wertschöpfungsketten eine – wechselnde – Vielzahl verschiedener Branchen und Betriebsgrößen miteinander verknüpfen, ist auch „die Interessenvertretung der Beschäftigten einer globalen Wertschöpfungskette, sofern es sie überhaupt gibt, organisatorisch und räumlich zersplittert. Sie liegt in den Händen einer Vielzahl von AkteurInnen, die sich häufig nicht kennen und in vielen Fällen noch nicht einmal dieselbe Sprache sprechen. Umso schwerer fällt der Austausch über unterschiedliche Erfahrungen, Bedingungen und Potenziale; und damit die gemeinsame Strategieentwicklung. Das hat die praktische Handlungsfähigkeit von Gewerkschaften vielerorts beschnitten und sie strategisch in die Defensive gebracht…" (Hübner 2015, S. 6).

Diese Entwicklung geht einher mit fortschreitendem Outsourcing und Offshoring, also der vermehrten Einbindung von einerseits meist völlig anders strukturierten Unternehmen, die ihrerseits wieder nicht-traditionelle Beschäftigungsmodelle, wie Zeit- oder Leiharbeit, verwenden, und zueinander in Konkurrenz stehen. Eine besondere Rolle bei der Ausgestaltung einer globalen Sozialordnung zur Durchsetzung von Arbeitnehmerrechten auch auf globaler Ebene spielt daher die grenzüberschreitende Gewerkschaftskooperation, die wiederum unterstützt werden kann durch globale Gewerkschaftsverbände. Die beiden folgenden *Beispiele* demonstrieren eine solche erfolgreiche Zusammenarbeit.

> **2012: IKEA**
> das »freundliche Möbelhaus« aus Schweden, wollte keine Verantwortung für die menschenunwürdigen und gefährlichen Arbeitsbedingungen übernehmen, die bei seinem Zulieferer (im Besitz von Ikea) in den USA vorherrschten. Obwohl IKEA eine globale Rahmenvereinbarung unterzeichnet und sich verpflichtet hatte, die gewerkschaftliche Vereinigungsfreiheit zu respektieren, ließ die Konzernzentrale zu, dass das US-Management massiv gegen Gewerkschaftsaktivitäten vorging. Die US-Gewerkschaft knüpfte daraufhin Kontakte zu schwedischen und anderen Gewerkschaften. Mit Unterstützung des globalen Gewerkschaftsverbandes BHI konnte IKEA schließlich dazu gebracht werden, die anti-gewerkschaftlichen Maßnahmen zu beenden. Heute haben die Beschäftigten in den USA eine Gewerkschaft und sind durch Tarifverträge geschützt (Hübner 2015, S. 12).
>
> 2013: Die Deutsche Post DHL Group war erst nach einer intensiven gewerkschaftlichen Kampagne, die dreißig Monate dauerte, bereit, eine Vereinbarung zu unterschreiben, welche die Rechte ihrer Beschäftigten in der Türkei auf eine Gewerkschaft sicherte. Zudem konnte die Wiedereinstellung fast aller der 37 zuvor wegen gewerkschaftlicher Betätigung entlassenen MitarbeiterInnen erreicht werden. Aus der Kampagne, an der die drei globalen Gewerkschaftsverbände ITF, IUF und UNI beteiligt waren, ist ein transnationales Gewerkschaftsnetzwerk entstanden (Hübner 2015, S. 12).

Von Bedeutung ist auch die Bildung von *europäischen* oder – bislang ein Ausnahmefall – *Welt-Betriebsräten*. *Europäische Betriebsräte* (EBR) waren 2011 in etwa 37 % der 2400

TNCs, in denen EBR rechtlich durchsetzbar sind, aktiv.[11] Zwar waren in Deutschland in über 160 Unternehmen EBR vertreten, dennoch liegt Deutschland mit einer Quote von 30 % (Verhältnis der vollzogenen zu den möglichen Gründungen) unter dem Durchschnitt. EBR waren zunächst als reine Informationsorgane geplant, versuchen inzwischen aber vermehrt bei Unternehmensentscheidungen, beispielsweise über Produktionsverlagerungen oder Arbeits- und Gesundheitsschutzmaßnahmen, mitzuwirken (Jagodzinski/Pas 2011).[12] Eine Funktion als echte Arbeitnehmerinteressenvertretung können sie allerdings kaum wahrnehmen, dies bleibt bislang noch die wichtigste Aufgabe der nationalen Gewerkschaften. Eine wichtiger werdende Rolle kann ihnen jedoch bei überbetrieblichen Verhandlungen zukommen. So gibt es für einzelne Bereiche bereits europäische Regelungen, etwa im Bereich des Arbeits- und Gesundheitsschutzes, des Umweltschutzes, im Sozialbereich, bei Fragen betrieblich bedingter Massenentlassungen, bei der Gleichstellung von Männern und Frauen und des Elternurlaubs. Aber auch andere Themen können unternehmensübergreifend diskutiert werden, wie allgemeine Beschäftigungs- und Ausbildungsfragen, soziale Fragen im Zusammenhang mit Fusionen, Betriebsverlagerungen und Stilllegungen, Probleme von Entgelt- und Arbeitszeitsystemen oder im Bereich von Sozialleistungen.

Eine echte Globalisierung der Wahrnehmung der Interessen von Arbeitnehmern auf betrieblicher Ebene steht noch aus. So verfügen derzeit nur sehr wenige Unternehmen über einen *Weltbetriebsrat*, u. a. die *Volkswagen AG* (seit 1998). Insgesamt ist Müller u. a. bei ihren Schlussfolgerungen im Rahmen einer 2006 veröffentlichten Studie zum Weltbetriebsrat zuzustimmen:

> „Von wenigen Ausnahmen abgesehen (wie dem Weltbetriebsrat bei Volkswagen…) dient keines der Instrumente einer Regulierung „harter" arbeits-oder tarifpolitischer Materien, wie Lohn-, Zeitstrukturen, Arbeitsbedingungen etc. Mit einer Regulierung dieser Materien auf globaler Konzernebene ist selbst bei einer Fortentwicklung bestehender bzw. der Etablierung weiterer globaler Dialogstrukturen auch mittelfristig kaum zu rechnen. Wohl aber sind Ansätze und Ergebnisse „weicher" Regulierung vorhanden, die einer globalen, der Reichweite des Konzerns folgenden Verankerung sozial- und arbeitspolitischer Mindeststandards dienen. Diese verhandelte Mindeststandardsicherung ist kein Mittel zur Reduzierung eines infolge der Globalisierung forcierten… Standortwettbewerbs, sie ist aber ein Instrument zur Stärkung von Arbeitnehmer- und Gewerkschaftsrechten in Entwicklungs- und Schwellenländern…
>
> Eine… die Ausbreitung dieser Instrumente begünstigende Konfiguration scheint gegenwärtig am ehesten im Bereich der globalen Vereinbarungen über soziale Mindeststandards vorhanden zu sein…, weil hier mehrere Faktoren zusammenfließen:… der Wirkungshintergrund der internationalen Normen (ILO-Richtlinien für multinationale Konzerne; OECD-Guidelines etc.) und UN-Initiativen (Global Compact), eine von einzelnen Gewerkschaften bereits systematisch entwickelte diesbezügliche Agenda und schließlich das (Verhandlungs-) Potenzial etablierter transnationaler Strukturen in Gestalt der Europäischen Betriebsräte…. Gemessen am zahlenmäßigen Wachstum transnationaler Konzerne, deren qualitativ veränderten Operationen und den damit

---

[11] weitere Daten: www.boeckler.de/3995.htm.
[12] vgl. www.boeckler.de/3995.htm.

verbundenen arbeits-, tarif- und mitbestimmungspolitischen Herausforderungen bleibt die Entwicklung transnationaler Institutionen und Instrumente gleichwohl nach Zahl, räumlicher Reichweite und politischer Regulierungsqualität bisher weit hinter der ökonomischen und unternehmerischen Globalisierungsdynamik zurück…" (Müller et al. 2006, S. 8 f.)

13.4 Globale Umweltordnung

Globalisierung trägt zur laufenden und zunehmenden globalen **Zerstörung von Umwelt** und Lebensraum bei, Probleme, die nur noch zu einem geringen Teil auf nationaler Ebene lösbar sind. Die Folgen etwa der Schädigung des globalen Klimasystems, der Luft- und Wasserverseuchung oder der Ausrottung von Arten und die damit einhergehende Zerstörung von natürlichen Genbanken und Biodiversität erfordern gemeinsame globale Anstrengungen und damit eine globale Umweltpolitik. Dies gilt auch für den Einsatz umweltfeindlicher Verfahren bei Rohstoffförderung und Produktion, den ungezügelten und unkontrollierten Einsatz von Brandrodung, ungesicherte Deponien, die Verklappung von Giftstoffen in den Weltmeeren oder zu niedrigen Sicherheitsstandards von Tankschiffen, die eine gefährliche Allianz eingehen mit einer unzulänglichen Versicherungspraxis, unzureichenden Kontrollen, nicht zuständigen Aufsichtsgremien und einer verbreiteten Flucht vor Verantwortung.

Nationale Regelungen können hierfür keine vertretbaren Lösungen bereitstellen. Abgesehen von der beschränkten Wirksamkeit bei grenzüberschreitenden Umweltproblemen sind diese meist kostenintensiv und würden zu Wettbewerbsnachteilen führen, sodass sie angesichts des internationalen Wettbewerbsdrucks nicht durchsetzbar sind. Damit besteht auch im Umweltbereich die Notwendigkeit durch global verbindliche Regelungen die Weltgemeinschaft gemeinsam zu einer Lösung dieser Probleme zu verpflichten. Hierbei wird in erster Linie auf internationale Konventionen und Vereinbarungen gesetzt, die auf internationalen UN Konferenzen vorbereitet und beschlossen werden. Dabei fungieren internationale NGOs meist als Vordenker und *pressure groups*.[13]

Diese „Säule" besteht allerdings nur aus wenigen mehr oder weniger soliden, also verbindlichen Bausteinen, die meist im Zusammenhang mit internationalen Konferenzen entwickelt worden sind. Hierzu zählen das Washingtoner Artenschutzabkommen (1973), das Montrealer Protokoll zum Schutz der Ozonschicht (1987), die Basel-Konvention über grenzüberschreitenden Verkehr mit Sondermüll (1989).

Von besonderer Bedeutung ist die 1992 während der *Internationalen Umweltkonferenz in Rio de Janeiro* (UN Conference on Environment and Development, UNCED), dem „*Earth Summit*" (Rio 92), an der 178 Staaten teilnahmen, unterzeichnete Klima-Rahmenkonvention (*United Nations Framework Convention on Climate Change*, UNFCCC). Ziel war die Reduzierung der globalen Treibhausgasemissionen. Die Konvention trat zwei

---

[13] vgl. *Earth Council Alliance*: www.earthcouncilalliance.org; *Earth Council*: www.earthcouncil-geneva.com; Earth Charter Initiative: www.earthcharterinaction.org; *Greenpeace*; www.greenpeace.de; *WEED*: www.weed-online.org.

Jahre später in Kraft und wurde schließlich von insgesamt 195 Staaten ratifiziert. Die Staaten verpflichteten sich damit, eine gefährliche anthropogene Störung des Klimasystems zu verhindern und eine Stabilisierung der Treibhausgaskonzentrationen zu erreichen. Dieses Ziel wurde 2010 präzisiert: Der globale Temperaturanstieg soll auf unter zwei Grad Celsius gegenüber der vorindustriellen Zeit begrenzt werden. Oberstes Entscheidungsgremium der Klimarahmenkonvention ist die „Vertragsstaatenkonferenz" („*Conference of the Parties*", *COP*), auch Weltklimakonferenz, Klimagipfel oder UN-Klimakonferenz genannt. Die Vertragsstaaten treffen sich jährlich (der Klimagipfel in Paris 2015 war COP 21), um den internationalen Klimaschutz voranzutreiben und neue Abkommen zu verabschieden. Das wichtigste Folgeabkommen war das 1997 in Kyoto, Japan, (COP 3) verabschiedete *Kyoto-Protokoll*, das erstmals völkerrechtlich verbindliche Werte für den Ausstoß von CO_2 der Industriestaaten festgelegt. Das Protokoll wurde von 191 Staaten ratifiziert, darunter alle EU-Mitgliedstaaten sowie Schwellenländer wie Brasilien, China, Indien und Südafrika, nur die USA ratifizierten das Kyoto-Protokoll nicht.

Neben der UNFCCC wurden in Rio de Janeiro noch weitere vier Abkommen unterzeichnet: die

- Deklaration von Rio über Umwelt und Entwicklung, ein Aktionsprogramm gegen Armut und Umweltzerstörung,
- Biodiversitätskonvention zum Schutz der biologischen Vielfalt,
- Walddeklaration zur Erhaltung und nachhaltigen Entwicklung der Wälder der Erde,
- Agenda 21, die Regierungen auffordert auf nationaler Ebene die Umsetzung der nachhaltigen Entwicklung zu planen und die
- Konvention zur Bekämpfung der Wüstenbildung, die zunächst nur die Vorbereitung einer solchen Konvention beinhaltete und 1994 beschlossen wurde. Sie forderte zur Erarbeitung von Aktionsprogrammen zum Management der natürlichen Ressourcen, schwerpunktmäßig in den Trockenzonen Afrikas, auf und wurde in mehreren Folgekonferenzen, u. a. 2000 in Bonn, konkretisiert.[14]

Hieran schlossen sich Folgekonferenzen an, u.a., die Rio + 5 Konferenz in New York (1997), die Rio + 10 Konferenz in Johannesburg (2002) und vor allem die Rio + 20 Konferenz wiederum in Rio de Janeiro (2012). Auch die UN-Konventionen führten zu internationale Folgekonferenzen, den Vertragsstaatenkonferenzen, wie z. B. UN-Klimakonferenzen zur Klimaschutzkonvention, UN-Artenschutzkonferenzen zur Artenschutzkonvention (Biodiversitätskonvention) sowie Konferenzen zur Walddeklaration und

---

[14] vgl. zu dieser Thematik: www.nachhaltigkeit.info/artikel/weltgipfel_rio_de_janeiro_1992_539.htm., www.nachhaltigkeit.info/artikel/rio_deklaration_950.htm, www.nachhaltigkeit.info/artikel/klimaschutzkonvention_903.htm, www.nachhaltigkeit.info/artikel/artenschutzkonvention_949.htm, www.nachhaltigkeit.info/artikel/walddeklaration_772.htm, www.nachhaltigkeit.info/artikel/agenda_21_dokumente_985.htm, www.nachhaltigkeit.info/artikel/weltwuestenkonferenz_rom_1997_806.htm.

13.4 Globale Umweltordnung

Weltwüstenkonferenzen. 2001 wurden Konventionen zum *Handel mit toxischen Stoffen* (Rotterdam) und zum *Verbot von langlebigen organischen Schadstoffen* (Stockholm) vereinbart und durch das Übereinkommen von Marrakesch (Marokko) wurde 2001 der *Handel mit Emissionszertifikaten* eingeführt.

2005 trat das Kyoto-Protokoll endlich in Kraft und bereits 2007 wurde in Bali (Indonesien) eine Roadmap für eine gemeinsame Politik nach dem Auslaufen der Kyoto-Vereinbarungen 2012 beschlossen. Die Verhandlungen sollten ursprünglich auf der Klimakonferenz in Kopenhagen 2009 abgeschlossen werden. Mit dem „*Copenhagen Accord*" wurden jedoch nur einige Kernelemente einer zukünftigen Klimaschutzpolitik festgelegt, denen sich in der Folge aber die Mehrheit der UN-Mitgliedsstaaten anschlossen. Auf der Weltklimakonferenz in Cancún (Mexiko) 2010 wurden in den „*Cancún Vereinbarungen*" die zentralen Inhalte des *Copenhagen Accords* dann zu allgemeinen UN Beschlüssen. Zudem wurde ein *Green Climate Fund* (Klimafonds) zur Finanzierung von Anpassungsmaßnahmen und „grünen Klimaprojekten" der Entwicklungsländer als neue wichtige Komponente einer globalen Umweltpolitik beschlossen. Über diesen Fonds sollen ab 2020 jährlich 100 Mrd US-Dollar zur Verfügung stehen, die von den Industrieländern aufgebracht werden sollen. Dies wird von den Entwicklungsländern als gewisse Kompensationsleistung für die bereits während der Industrialisierung verursachten Klimaschäden gesehen.

Auf dem Klimagipfel 2011 in Durban (Südafrika) verständigten sich die Teilnehmer lediglich darauf, dass sich zukünftig alle Staaten – Industrie-, Entwicklungs- und Schwellenländer – zu mehr Klimaschutz verpflichten sollen. Wichtigstes Ergebnis der Konferenz von Doha 2012 war der Beschluss, das Kyoto-Protokoll bis 2020 zu verlängern. In Warschau wurde 2013 der weitere Fahrplan festgelegt, nach dem 2015 in Paris ein neuer Welt-Klimavertrag beschlossen werden soll, die Einrichtung des *Green Climate Funds* wurde nochmals bekräftigt sowie weitere klimabezogene Finanzierungszusagen, wie ein „Klima-Anpassungsfonds", ein spezieller Fonds für die Least Developed Countries sowie die wesentlichen Rahmenbedingungen für die „REDD+ Initiative" beschlossen.[15] Zudem wurde erreicht, dass auch Entwicklungs- und Schwellenländer bis 2015 eigene Ziele für die Beschränkung ihrer Treibhausgasemissionen vorliegen sollen, wobei allerdings zukünftig statt von „Verpflichtungen" nur noch von „Beiträgen" gesprochen wird. Auf dem Klimagipfel in Lima 2014 wurde schließlich über Kriterien für die Vergleichbarkeit der nationalen Klimaschutzpläne zur Reduzierung ihrer umweltschädlichen Emissionen (*Intended Nationally Determined Contributions*, *INDCs*) diskutiert. Zudem wurden Informationspflichten und ein Bericht zu den Auswirkungen der nationalen Pläne, die die Bausteine für das neue, in Paris zu beschließende Klimaschutzabkommen bilden, auf den globalen Klimaschutz vereinbart (vgl. Abb. 13.8).[16]

---

[15] s. hierzu die gesonderte Darstellung der REDD+ Initiative weiter unten.

[16] s. a. www.bmu.de/themen/klima-energie/klimaschutz/internationale-klimapolitik.

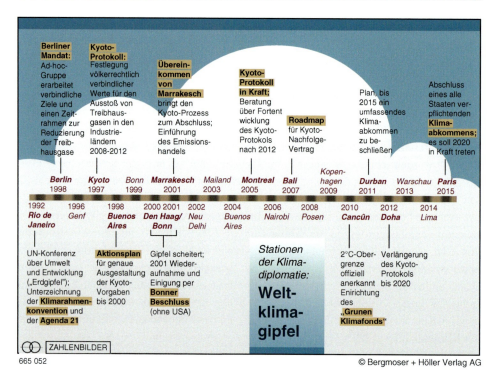

Abb. 13.8 Stationen der Klimadiplomatie

Das auf dem Weltklimagipfel im Dezember 2015 in Paris im Rahmen von COP 21 von 196 Staaten angenommene neue Klimaabkommen soll das Kyoto-Protokoll 2020 ablösen und die globale Zusammenarbeit im Klimaschutz und bei der Bewältigung der Folgen des Klimawandels regeln. Die formale Unterzeichnung des Abkommens durch die Staats- und Regierungschefs soll im April 2016 während einer UN-Sitzung erfolgen. Es tritt in Kraft, nachdem es von „mindestens 55 Staaten mit insgesamt mehr als 55 % der weltweiten Emissionen" ratifiziert worden ist. Wichtige Punkte sind:

1. Als Ziel wurde festgeschrieben, die Erderwärmung deutlich unter zwei Grad – wenn möglich unter 1,5 Grad – im Vergleich mit dem vorindustriellen Niveau zu senken und „Treibhausgasneutralität", ein Gleichgewicht zwischen CO2-Erzeugung und natürlichem CO2-Abbau, ab 2050 anzustreben. Alle Staaten verpflichten sich, selbstständig festzulegen, wie sie diese Ziele durch eine Verringerung der Schadstoffemissionen erreichen wollen. Schon 2018 soll geprüft werden, ob die nationalen Pläne ausreichen werden das globale Ziel zu erreichen. Die angepassten nationalen Pläne sollen anschließend alle fünf Jahre – ab 2023 – in einem Prozess gegenseitiger Beobachtung und Kontrolle überprüft werden. Dabei müssen die einzelnen Staaten nach einheitlichen Regeln darlegen, was sie jeweils erreicht haben. Die Messmethoden und das Prozedere soll auf der nächsten Konferenz 2016 in Marrakesch festgelegt werden. Alle Staaten sollen sich

zudem bemühen, den Punkt, an dem ihre Treibhausgasemissionen nicht weiter steigen, so schnell wie möglich zu erreichen.
2. Die Industrieländer übernehmen die Hauptverantwortung für die Mobilisierung der *Klimafinanzierung*. Sie verpflichten sich, wie schon 2009 vereinbart, ab 2020 den ärmsten und zugleich am meisten unter dem Klimawandel leidenden Ländern mindestens 100 Mrd. US-$ p.a. zur Verfügung zu stellen, etwa für die Vorbeugung gegen klimabedingte Katastrophen oder die Umstellung der Energieversorgung auf „green energy". Nach fünf Jahren soll überprüft werden, ob diese Summe ausreicht. Für Verluste und Schäden durch den Klimawandel in den „kleinen Inselstaaten" sollen vor allem Klimaversicherungen eintreten, für die die G7-Staaten bereits Fördermittel zur Verfügung gestellt haben.

Auch wenn diese Vereinbarung ein wichtiger Schritt zu einer globalen Umweltordnung ist, werden Umsetzung und Kontrolle dieser noch sehr allgemeinen Vereinbarungen sowie die notwendige Steigerung der bislang angegebenen nationalen Leistungen zur Reduzierung der klimaschädlichen Schadstoffemissionen weiterhin wichtige und schwierige Aufgaben der globalen Gemeinschaft bleiben. Allerdings wird sie dabei unterstützt durch die Vision eines vollständigen Verzichts auf Kohle, Öl und Gas ab 2050 – die zum einen die Finanzwirtschaft motiviert ihre Energieportfolios umzuschichten und zum anderen Forschungseinrichtungen und Unternehmen verstärkt dazu veranlasst, in die Entwicklung und den Einsatz neuer, alternativer Energietechnologien zu investieren.[17]

> **REDD+**
> Ein Beispiel für einen Ansatz zu einer globalen Umweltpolitikkomponente und gleichzeitig für den außerordentlich langwierigen Prozess dieses Ziel zu erreichen, ist die REDD+ Initiative. REDD+ steht für die „Verringerung der Emissionen durch Entwaldung und Waldzerstörung" *Reducing Emissions from Deforestation and Degradations – and the role of conservation, sustainable management of forests and enhancement of forest carbon stocks in developing countries*. Hierdurch sollen klimaschädliche Emissionen aus Entwaldung und Waldschädigung verringert, der Waldschutz ausgebaut, die nachhaltige Waldbewirtschaftung gefördert und der „Kohlenstoffspeicher Wald" in Entwicklungsländern ausgebaut werden. Das Konzept wurde unter der Bezeichnung RED zuerst 2005 auf der COP 11 der UNFCC und im gleichen Jahr auf der UN-Klimakonferenz in Montreal diskutiert. Grundidee ist, den Ländern leistungsbasierte Zahlungen für mess- und überprüfbare Emissionsreduzierungen durch Waldschutzmaßnahmen zukommen zu lassen. Dafür mussten zunächst entsprechende Messsysteme entwickelt und eingesetzt, dann

---

[17] FCCC Framework Convention on Climate Change, vom 12.12.2015, http://nfccc.int/resource/docs/2015/cop21/eng/l09r01.pdf; s.a. www.faz.net/aktuell/wirtschaft/klimaabkommen-von-paris-das-dokument-zur-rettung-der-welt-13962894.html?printPagedArticle=true#pageIndex_2, vom 14.12.15, von Lena Schipper.

die Waldemissionen gemessen und anschließend bewertet werden. In weiteren Klimakonferenzen (2006 in Nairobi, 2007 in Bali, 2008 in Posen) wurde das ursprüngliche RED zum REDD+ Konzept erweitert.[18]

Die Ergebnisse des Klimagipfels in Kopenhagen 2009, der „*Copenhagen Accord*", beinhalten den REDD+ Mechanismus und eine Einigung auf methodische Bausteine, wie die Einrichtung von nationalen Forstmonitoringsystemen, sowie Vorgaben zur Messung von und Berichterstattung über Emissionsreduktionen. Zudem fordern sie die potenziellen „REDD+ Länder" auf, nationale REDD+ Strategien zu entwickeln. 2010 in Cancun einigte man sich auf die „REDD+ Safeguards", mit denen negative ökologische oder soziale Auswirkungen von REDD+ Aktivitäten verhindert werden sollen. Hierzu sollen die REDD+ Länder sog. *Safeguard Information Systems* (*SIS*) etablieren, mit denen Informationen über die Einhaltung der REDD+ Safeguards bereitgestellt werden können. Zudem vereinbarte man einen *Phased Approach*, der drei Phasen für die Vorbereitung auf REDD+ und Umsetzung von Aktivitäten vorsieht: In Phase 1 bauen REDD+ Länder die notwendigen Kapazitäten auf und stellen die geeigneten politischen Rahmenbedingungen sicher. In Phase 2 werden Pilotmaßnahmen durchgeführt und erst in Phase 3 werden dann REDD+ Aktivitäten tatsächlich umgesetzt, die nach dem MRV-Prinzip (*measurement, reporting, verification*) gemessen, berichtet und verifiziert und auf Grundlage der berechneten Emissionsreduktionen vergütet werden. Auf dem Klimagipfel 2011 in Durban einigten sich die Vertragsstaaten u. a. auf Leitlinien für die Etablierung der nationalen Safeguard-Systeme und auf die Erstellung von *Reference Levels* für die Berechnung der Emissionsreduktionen. Allerdings wurden hier und auch 2012 in Doha noch keine Vorgaben für die Einrichtung nationaler Forstmonitoringsysteme sowie für die Umsetzung des MRV-Prinzips vereinbart. Erst bei der Klimakonferenz 2013 in Warschau wurden mit dem *Warsaw Framework for REDD+* die wesentlichen Rahmenbedingungen für die Umsetzung von REDD+ festgelegt. In der Klimakonferenz 2015 in Paris (COP 21) wurden schließlich detailliertere methodologische Konzepte zur Durchführung von REDD+ vereinbart.[19]

Eine globale Umweltordnung existiert somit bis heute allenfalls in Ansätzen. Ebenso wenig wie ein verbindliches globales umweltpolitisches Regelwerk gibt es eine allgemein anerkannte globale Umweltinstitution, die Ausbau und Konsolidierung und vor allem die Kontrolle der Einhaltung der bestehenden Abkommen vorantreiben könnte. Derzeit stellt das 1972 gegründete *United Nations Environmental Programm* (UNEP), das über ein Sekretariat mit Sitz in Nairobi verfügt, die einzige anerkannte, allerdings viel zu schwache,

---

[18] Das zweite „D" steht für Degradation, das „+" für die neuen Elemente: Erhalt des Waldes, Ausbau des Kohlenstoffbestandes sowie nachhaltige Waldbewirtschaftungsformen.
[19] vgl. hierzu u. a.: unfccc.int/land_use_and_climate_change/lulucf/items/6917.php und /unfccc.int/ home/items/6078.php?q=redd&cx=009772925632828311246%3Agjvsnghto1u&ie=UTF-8&sa= und die dort abrufbaren Dokumente zu den verschiedenen Vereinbarungen und Resolutionen.

13.4 Globale Umweltordnung

internationale Organisation auf diesem Gebiet dar. Mit etwa 500 internationalen Mitarbeitern verfügt die Organisation nur über etwa ein Drittel des Personals der zentralen deutschen Umweltbehörde, des Umweltbundesamtes in Dessau.[20]

Die UNEP muss für ein verantwortungsvolles „Management des Systems Erde" gestärkt werden. Dieses kann nur gelingen, wenn der politische Wille besteht, entweder die UNEP weiter auszubauen oder gleich eine neue *Weltumweltorganisation* zu schaffen. Eine solche Institution könnte einen entscheidenden Betrag zur Sicherung der Kohärenz und Effektivität globaler Umweltpolitik leisten, sie könnte den Informationsfluss verbessern, die Entwicklung von Lösungsstrategien vorantreiben, den Austausch umweltfreundlicher Technologien fördern, Verhandlungsprozesse und -ergebnisse koordinieren und Vorschläge zur Finanzierung globaler Programme erarbeiten und durchsetzen.

Voraussetzung wäre eine globale Akzeptanz der Problematik und der Notwendigkeit von Lösungen und einer solchen Organisation als globaler Umwelt-Dachorganisation. Allerdings dürfte die Ausstattung einer Weltumweltorganisation mit den notwendigen Kompetenzen angesichts der bisherigen Erfahrungen auf erhebliche Schwierigkeiten stoßen. Es ist daher Rechkemmer zuzustimmen, der 2006 den Zustand der derzeitigen *globalen Umweltordnung* wie folgt zusammenfasste:

> „Nach etwa fünfunddreißig Jahren internationaler Zusammenarbeit im Umweltschutz ergibt sich für den Beobachter das hochkomplexe Bild einer weitgehend differenzierten und fragmentierten institutionellen Architektonik aus Abteilungen des UN-Sekretariats, dem von der UN-Generalversammlung bestellten Umweltprogramm UNEP, ausgelagerten Zuständigkeiten und Kapazitäten bei Sonderorganisationen wie FAO, WHO, UNESCO, UNDP und der Weltbank, autonomen internationalen Regimen und Konventionen mit ihren jeweiligen spezialisierten und dezentral angesiedelten Sekretariaten sowie einer Vielzahl zwischenstaatlicher Ausschüsse und Arbeitsgruppen. Etwa 900 Übereinkommen zum Umweltschutz wurden gezählt, davon etwa 400 regionale und multilaterale (Annan 2005). … Die Folge ist ein weitgehend unkoordiniertes System autonomer Prozesse mit zahlreichen Ineffizienzen, Duplikationen,… Überschneidungen und isolierten Einzelentscheidungen einerseits und ungenutzten Synergien andererseits." (Rechkemmer 2006, S. 1).

Hieran hat sich bis heute, 2016, nichts Entscheidendes geändert. Ebenfalls nicht geändert hat sich die Diskussion darüber, welche Gestalt eine mögliche zukünftige globale Umweltordnung haben soll. Im Wesentlichen liegen bislang folgende Vorschläge vor:[21]

- Der *Clustering*-Ansatz möchte die globale Umweltpolitik vorwiegend mit Hilfe sog. „thematischer Cluster", wie Atmosphäre oder Biodiversität, managen.
- Der *Upgrade*-Ansatz sieht den schrittweisen Ausbau und damit die Stärkung der UNEP vor.
- Der *Specialized Agency*-Ansatz möchte, wie erwähnt, die UNEP zu einer Welt-Umweltorganisation, etwa einer *United Nations Environment Organization* (*UNEO*), weiterentwickeln, die dann das Mandat für eine globale Umweltpolitik erhalten soll, eine

---

[20] vgl. u. a. www.unep.org/.
[21] vgl. hierzu Rechkemmer 2006, S. 13 ff., dessen Vorschläge hier zusammengefasst wurden.

Diskussion, die Ende der 1990er-Jahre begonnen wurde und heute noch nicht abgeschlossen ist.
- Der *Global Governance*-Ansatz möchte verstärkt auch nicht-staatliche Akteure, wie die Privatwirtschaft, Interessenverbände, Gewerkschaften und international agierende umweltorientierte NGOs, wie beispielsweise *Greenpeace*, den *Worldwide Fund for Nature* (*WWF*) oder den NGO-Verband *WEED* (*World Economy, Ecology and Development*), mit einbinden, um eine angemessene Partizipation der Zivilgesellschaft zu ermöglichen.
- Der *Mainstream*-Ansatz plädiert schließlich für eine weiterhin dezentrale Steuerung der verschiedenen umweltpolitischen Prozesse, möchte aber das Umweltthema in die Organisationen und Prozesse integrieren, die die tatsächlichen politischen Machtverhältnisse am ehesten repräsentieren, nämlich WTO, Weltbank und IWF.

13.5 Abschließende Bemerkungen

Angestoßen durch Veränderungen vor allem im politischen und technisch-wirtschaftlichen Bereich, aber auch durch soziale Prozesse hat sich Globalisierung seit den 1980er-Jahren ständig fortentwickelt. Auch wenn in diesem Buch der Schwerpunkt auf die Globalisierung der Wirtschaft gelegt wurde, so konnte durch zumindest angedeutet werden, dass Globalisierungsprozesse heute in allen Bereichen von Wirtschaft, Technik, Wissenschaft oder Gesellschaft stattfinden. Wirtschafts- und Finanzkrisen, kriegerische Auseinandersetzungen oder terroristische Bedrohungen führten und führen zu Rückschlägen, die sich deutlich an den Globalisierungsindikatoren ablesen lassen. Allerdings handelt es sich hierbei bislang nur um temporäre Erscheinungen, die – vergleichbar mit Konjunktureinbrüchen – von intensiven Aufschwungphasen abgelöst wurden. In kürzester Zeit konnten wieder neue Höchststände erreicht werden. Es hat daher zumindest heutzutage den Anschein, dass Globalisierung trotz partieller gegenläufiger Tendenzen unumkehrbar ist.

Diese Prognose ist allerdings an die Voraussetzung gekoppelt, dass die Weiterentwicklung der hier skizzierten Globalen Wirtschaftsordnung, die in Abb. 13.9 abschließend noch einmal im Zusammenhang dargestellt ist, als permanente Aufgabe der Weltgemeinschaft und ihrer Institutionen begriffen wird. Nur die gemeinsamen Anstrengungen der verschiedenen politischen Kräfte sind in der Lage die Globalisierung mit einem angepassten politischen Rahmen zu versehen. Die Nachteile und Risiken der Globalisierung, auf die von vielen Seiten immer wieder hingewiesen werden, müssen als solche erkannt und ihre Wirkungen und Folgen analysiert werden: Globale Zusammenarbeit kann nicht mehr funktionieren, wenn nur Minderheiten oder Eliten sich hiervon Vorteile und Chancen versprechen können. Die adäquate politische Antwort hierauf besteht in einem zügigen weiteren systematischen Ausbau der verschiedenen Säulen der Globalen Wirtschaftsordnung. Wird dies versäumt oder zu lange verzögert, droht ein dauerhafter Rückfall. Dieser wird nicht zuletzt ausgelöst durch globalisierungsfeindliche politische Kräfte, die politische Mehrheiten erringen und versuchen werden zugunsten eines neuen Nationalismus das Rad der Globalisierung zurückzudrehen.

13.4 Globale Umweltordnung

Problem-bereich	Globale Sicherheitsarchitektur (1)			Globale Wirtschaftsarchitektur (2)				Globale Nachhaltigkeits-architektur (3)	
	1.1 Sicherheits-ordnung	1.2 Bekämpfung internationaler Kriminalität	1.3 Zukunftssicherheit durch Entwicklung	Globale Handels- und Wettbewerbsordnung		2.3 Globale Währungs-kooperation	2.4 Finanz-marktstabilität	3.1 Globale Sozialordnung – Soziale Flankierung	3.2 Globale Umweltordnung – Ökologische Nachhaltigkeit
				2.1 Globale Handelsordnung	2.2 Globale Wettbewerbs-ordnung				
Aufgabe (was?)	• Krisen-prävention • Kriseninter-ventionen • Stabilisierung / Nachsorge • Terror-bekämpfung	• Globale Kooperation bei der Bekämpfung organisierter Kriminalität • Schaffung von Sanktions-instanzen	• Armuts-verringerung, Wachstum und Beschäftigung • MDG- und Post-MDG-Prozess • Verringerung der Krisenanfälligkeit • Gute Regierungs-führung und Korruptions-bekämpfung • Stabile Wirtschafts-, Sozial- und Rechtsordnungen	• Handels-liberalisierung • Schutz des geistigen Eigentums • Investitions-sicherheit • Ethische Unterneh-mensführung (CSR)	• Unternehmen (gegen Kartelle, Monopole, Marktmacht) • Staaten (gegen Handels-beschränkungen zur Erreichung politischer Ziele)	• Standards für Währungs-politik • Vermeidung von Währungs-krisen und -kriegen • Prävention und Management von Währungs- und Finanzkrisen	• Einlagen-sicherheit und Sicherheits-standards • Kontroll-systeme und Finanzmarkt-aufsicht • Erhöhung von Transparenz und Risiko-management • Angepasste Finanzsysteme	• Kompensation von Globalisierungs-nachteilen • Internationale „Sozialhilfe" • Soziale Mindeststandards • Soziale Gerechtigkeit	• Schaffung und Angleichung von Umweltstandards • Grenzüberschreiten de Kooperation in Umweltfragen • Spezifische Belange: Klima-, Gewässer- und Artenschutz
Organi-sationen (wer, wie?)	UN, OSZE, NATO, EU/WEU, UNHCR, UNICEF, WFP	• Internationale Abkommen • Internationale Gerichtshöfe	u.a. Weltbank, FAO, UNDP, ADB, WHO • Menschenrechts-konventionen • Amnesty International • Internationale und nationale Ent-wicklungs-zusammenarbeit	WTO/GATT/GATS, UNCTAD OECD	WTO OECD: Global Forum on Competition, (Weltkartellamt)	G7/8, G20, IWF, IIF BIZ mit BCBS, CGFS und FSB IFRS, INTOSAI, ICGN, IOSCO		• UN, ILO, UNDP • UN-Global Compact • Globale Unternehmens-initiativen (CSR, Nachhaltigkeit, Global-Reporting-Initiative, Clean Clothes) • Gewerkschafts-kooperation	• NROs: Greenpeace, WWF, WEED • ca. 100 Inter-nationale und 140 regionale Umweltabkommen • UNEP, UNFCCC, IUCN, CSD • (Earth Alliance / Earth Council)
Ziele (warum?)	• (Mehr) Frieden und Sicherheit • Wachsende „zukunftssichere Einkommens- und Beschäftigungsmöglichkeiten • Planungs- und Investitionssicherheit für Global Player • Mitverantwortung für Entwicklung und Menschenrechte			• Schaffung und Sicherung des Marktzugangs • Mehr Wohlstand durch internationalen Handel • Investitionsschutz	Schutz vor Nachteilen durch unfairen Wettbewerb auf verschiedenen Ebenen	• Stabilisierung der Finanzsysteme • Verringerung der Eintrittswahrscheinlichkeit von Währungs- und Finanzkrisen • Bewältigung der (realen) Auswirkung von Krisen auf Preise, Beschäftigung, Staats-einnahmen und -ausgaben • Bessere Voraussetzungen für Wachstum und Wohlstand		• Stabilere Gesellschafts-ordnungen durch bessere Voraussetzungen • Verringerung globaler Ungerech-tigkeit und Schaffen von Fairness	• Zukunftssicherere Umwelt-bedingungen durch gemeinsame Umweltstandards • Nachhaltigkeit: Erhaltung von (Bio-)Ressourcen, Verringerung von Umweltproblemen

Abb. 13.9 Globale Wirtschaftsordnung

Literatur

Annan, K. (2005). *In larger freedom: Towards development, security and human rights for all*, New York (UN document UNGA A/59/2005).

Brühl, T., & Nölke, A. (2009). *Spurensuche: Fragmente globaler Sozialpolitik.* Peripherie – Zeitschrift für Politik und Ökonomie der Dritten Welt, 114/115, 149–167.

Donner-Reichle, C. (2000). *Elemente einer globalen Sozialpolitik.* Nord-Süd-aktuell, 4(2000), 95–101.

Hübner, C. (2015). *Globale Wertschöpfungsketten organisieren. Eine neue Herausforderung für Gewerkschaften.* In Friedrich-Ebert-Stiftung (Hrsg.). http://library.fes.de/pdf-files/iez/11565.pdf. Zugegriffen am 10.11.2015.

IAO/ILO. (2008). *Erklärung der IAO über soziale Gerechtigkeit für eine faire Globalisierung*, Genf. www.ilo.org/wcmsp5/groups/public/-dgreports/-cabinet/documents/publication/wcms_100192.pdf. Zugegriffen am 10.11.2015.

Jagodzinski, R., & Pas, I. (2011). *The EWC landscape on the eve of the transposition deadline of the recast directive 2009/38/EC. Evidence from the ETUI database of European Works Councils.* European Trade Union Institute (ETUI). Brussels. www.worker-participation.eu/European-Works-Councils/Resources/The-EWC-landscape-on-the-eve-of-the-transposition-deadline-of--the-recast-directive-2009-38-EC-Evidence-from-the-ETUI-database-of-European-Works-Councils. Zugegriffen am 10.11.2015.

Haas, S. (04. April 2013). *Blut-Klamotten aus Arbeit ohne Würde.* Süddeutsche Zeitung online. www.sueddeutsche.de/wirtschaft/textilindustrie-in-bangladesch-blut-klamotten-aus-arbeit-ohne-wuerde-1.1664831. Zugegriffen am 07.11.2015.

Leisering, L. (2008). *Soziale Globalisierung? Die Entstehung globaler Sozialpolitik.* Aus Politik und Zeitgeschichte. 21/2008. www.bpb.de/apuz/31224/soziale-globalisierung-die-entstehung-globaler-sozialpolitik?p=all. Zugegriffen am 8.11.2015.

Messner, D., & Nuscheler, F. (1996). *Organisationselemente und Säulen einer Weltordnungspolitik.* In D. Messner & F. Nuscheler (Hrsg.), Weltkonferenzen und Weltberichte. Ein Wegweiser durch die internationale Diskussion (S. 12–36). Bonn.

Müller, T. et al. (2006). *Weltbetriebsräte und globale Netzwerke – Instrumente internationaler Solidarität?* WSI Mitteilungen. 1/2006, 1–9. www.boeckler.de/wsimit_2006_01_muller.pdf. Zugegriffen am 07.11.2015.

OECD. (1996). *Neue Dimensionen des Marktzugangs im Zeichen der wirtschaftlichen Globalisierung.* Paris.

Rechkemmer, A. (2006). *Globalisierung und internationale Umweltpolitik.* Friedrich-Ebert-Stiftung online Akademie. www.fes-onlineakademie.de/modul.php?md=7&c=texte&id=167. Zugegriffen am 07.11.2015.

Senghaas-Knobloch, E. et al. (2003). *Internationale Arbeitsregulierung in Zeiten der Globalisierung.* Münster.

Steinberger, P. (2007). *Fast alle Staaten der Welt haben die Kinderrechts-Konvention akzeptiert - aber viele von ihnen nur in der Theorie.* Süddeutsche Zeitung. 19.11.2007.

Links[22]

Globale Sozialordnung

Textilindustrie in Bangladesch. www.sueddeutsche.de/wirtschaft/textilindustrie-in-bangladesch-blut-klamotten-aus-arbeit-ohne-wuerde-1.1664831

---

[22] Abrufdatum bzw. Überprüfung der Internetinformationen: November 2015.

Global Compact. www.unglobalcompact.org/Languages/german/die_zehn_prinzipien.html. www.unglobalcompact.org.
Corporate Social Responsibility. www.csr-weltweit.de/de/initiativen-prinzipien/index.html. www.csrgermany.de/www/csr_cms_relaunch.nsf/id/home-de.
www.youtube.com/watch?v=3ejgFi5hYLQ.
Internationale Gewerkschaftsarbeit. http://library.fes.de/pdf-files/iez/11565.pdf. www.boeckler.de/3995.htm.
Internationale Konventionen. www.csr-weltweit.de/de/initiativen-prinzipien/internationale-konventionen/index.html.
Moderne Sklaverei. www.eppgroup.eu/de/topic/Eine-sicherere-Gesellschaft%3A-Bek%C3%A4mpfung-von-organisierter-Kriminalit%C3%A4t-und-Terrorismus.
Social Accounting Standards. Institute of Social and Ethical Accountability ISEA (AA100). www.bsd-net.com.
ILO. www.ilo.org.
UNDP. www.undp.org.
Hans Boeckler Stiftung. www.boeckler.de/3995.htm.
Clean Clothes Campaign. www.cleanclothes.org.
Weltsozialforum. www.weltsozialforum.org.

Globale Umweltordnung
Weltgipfel in Rio des Janeiro 1992. www.nachhaltigkeit.info/artikel/weltgipfel_rio_de_janeiro_1992_539.htm.
Klimaschutzkonvention. www.nachhaltigkeit.info/artikel/klimaschutzkonvention_903.htm.
Biodiversitätskonvention. www.nachhaltigkeit.info/artikel/artenschutzkonvention_949.htm.
Walddeklaration. www.nachhaltigkeit.info/artikel/walddeklaration_772.htm.
Agenda 21. www.nachhaltigkeit.info/artikel/agenda_21_dokumente_985.htm.
Weltwüstenkonferenz. www.nachhaltigkeit.info/artikel/weltwuestenkonferenz_rom_1997_806.htm.
Internationale Klimapolitik. www.bmu.de/themen/klima-energie/klimaschutz/internationale-klimapolitik.
Earth Council Alliance. www.earthcouncilalliance.org.
Earth Council. www.earthcouncil-geneva.com.
Earth Charter Initiative. www.earthcharterinaction.org.
Greenpeace. www.greenpeace.de.
WEED. www.weed-online.org.
UNEP. www.unep.org.
Global Reporting Initiative. www.globalreporting.org.
REDD+. Copenhagen Agreement. http://unfcc.int/resource/docs/2009/cop15/eng/11a01.pdf.
Cancun Agreement. http://unfcc.int/resource/docs/2010/cop16/eng/07a01.pdf.
Durban Agreement. http://unfcc.int/resource/docs/2011/cop17/eng/09a02.pdf.
http://unfccc.int/land_use_and_climate_change/lulucf/items/6917.php.
http://unfccc.int/home/items/6078.php?q=redd&cx=009772925632828311246%3Agjvsnghto1u&ie=UTF-8&sa=.

Weiterführende Literatur

Aachener Stiftung Kathy Beys. (o. J.). *Das Lexikon der Nachhaltigkeit.* www.nachhaltigkeit.info. Zugegriffen im Nov 2015.
Deacon, B. (2007). *Global social policy and governance.* London.
Deutsche Bundesbank. (2001). *Die neue Basler-Eigenkapitalvereinbarung (Basel II) In Monatsberichte,* April 2001.
Hansen, A., & Gala, O. (2014). *Handelsabkommen: TTIP ist überall.* (18.07 2014). zeit online. www.zeit.de/wirtschaft/2014-07/eu-freihandelsabkommen. Zugegriffen im Nov 2015.
Hein, W. (2009). *Peripherie-Stichwort: Globale Sozialpolitik(en).* Peripherie – Zeitschrift für Politik und Ökonomie der Dritten Welt, 114/115, August 2009: Sozialpolitik Global, 325–328.
Hummer & Weiss. (1998). *Vom GATT '47 zur WTO '94.* Wien.
IAO/ILO. (2004). *Eine faire Globalisierung: Die Rolle der IAO, Weltkommission für die soziale Dimension der Globalisierung, eingesetzt von der IAO.* Bericht des Generaldirektors über die Weltkommission für die soziale Dimension der Globalisierung. Genf.
Kantzenbach, E. (1997). *Die Entwicklung multinationaler Unternehmen und deren Bedeutung für die nationalen Arbeits- und Kapitalmärkte.* In Heidelberger Club für Wirtschaft und Kultur e. V. (Hrsg.). Globalisierung. Berlin/Heidelberg.
Kishwar, M. (1998). *Die Kraft der Machtlosen* (10.7.1998). Deutsches Allgemeines Sonntagsblatt.
Klodt, H. (2003). *Wege zu einer globalen Wettbewerbsordnung.* Liberales Institut der Friedrich-Naumann-Stiftung (Hrsg.).
Le Monde diplomatique. (2009). *Atlas der Globalisierung 2009. Sehen und Verstehen was die Welt bewegt.* Paris.
Malcher, I. (2015). *Was bringen Freihandelsabkommen.* Brand 1, 05/2015.
Matthies, V. (1980). *Neue Weltwirtschaftsordnung: Hintergründe – Positionen – Argumente.* Darmstadt.
o. V. (2015). *Die große Abkoppelung.* Gespräch mit Andrew McAfee und Brynjolfsson. Harvard Business Manager, September 2015, 32–41.
o.V. (2011). *World Trade and the Doha Round – Final report of the High-Level Trade Experts Group:* www.gov.uk/government/uploads/system/uploads/attachment_data/file/32476/11-964-world-trade-and-the-doha-round.pdf. Zugegriffen im Nov 2015.
Putzier, K. (2015). *Der rasante Aufstieg der Schattenbanken.* Jeder zweite Kredit kommt in den USA mittlerweile von sogenannten Schattenbanken. Das Problem: Sie werden nicht reguliert. Das Risiko einer neuerlichen Krise steigt. www.zeit.de/wirtschaft/geldanlage/2015-02/schattenbanken-wall-street-finanz-krise. Zugegriffen im Nov 2015.

Shierholz, H., & Gould, E. (2012). *Already more than a lost decade*. Poverty and income trends continue to paint a bleak picture. Economic Policy Institute, September 12, 2012. www.epi.org/publication/lost-decade-poverty-income-trends-continue-2/. Zugegriffen im Nov 2015.

Spannagel, D. (2015). *Trotz Aufschwung: Einkommensungleichheit geht nicht zurück*. WSI-Verteilungsbericht 2015, Wirtschafts- und Sozialwissenschaftliches Institut der Hans-Böckler Stiftung, WSI-Report Nr. 26, November 2015, S. 9. www.boeckler.de/pdf/p_wsi_report_26_2015.pdf. Zugegriffen im Nov 2015.

Statistisches Bundesamt. (2009). *Verflechtung deutscher Unternehmen mit dem Ausland 2009*. Berlin.

Tauber, A. (2015). *EU-Kommission stellt 30 Steueroasen an den Pranger*. (17.06.2015). Die Welt. www.welt.de/wirtschaft/article142686620/EU-Kommission-stellt-30-Steueroasen-an-den-Pranger.html. Zugegriffen im Nov 2015.

The National Intelligence Council. (2000). *Global trends 2015: A dialogue about the future with nongovernment experts*. Washington, DC.

UNCTAD. (2011). Web Table 29: The world's top 100 non-financial TNC, ranked by foreign assets, 2010. http://unctad.org/Sections/dite_dir/docs/WIR11_web%20tab%2029.pdf. Zugegriffen im Nov 2015.

UNCTAD. (2012). *Trade and development report 2012*.

Wins, H. (2000). *Eine internationale Wettbewerbsordnung als Ergänzung zum GATT*. Baden-Baden.

WTO. (2006). *The General Agreement on Trade in Services. An Introduction*. www.wto.org/english/tratop_e/serv_e/serv_e.htm. Zugegriffen im Nov 2015.

Printed by Printforce, the Netherlands